"十三五"国家重点出版物出版规划项目
卓越工程能力培养与工程教育专业认证系列规划教材
（电气工程及其自动化、自动化专业）
"十三五"江苏省高等学校重点教材（序号：2020-2-073）

自动控制原理
第 2 版

王雪松　常俊林　杨春雨　编著

本书配有以下教学资源：
☆ 课件
☆ 习题答案
☆ 教案

机械工业出版社

本书是为适应人才培养的新需求，为自动化、电气工程及其自动化，以及其他相关专业本科生编写的教材。本书以加强基础、突出解决工程问题的思维方法，同时又以避繁就简、深入浅出为原则，系统地介绍了自动控制的基本原理、典型方法及应用实例。本书主要内容包括控制系统在时间域、复数域和频率域的数学模型，线性系统的时域分析法、根轨迹分析法、频域分析法，线性系统的经典校正方法以及非线性系统的描述函数与相平面分析方法。本书部分章节有机地融合了MATLAB的应用，便于读者利用MATLAB软件对控制系统进行计算和仿真分析，以加深对概念和方法的理解。

本书可作为高等院校自动化类、电气类与能源类等相关专业的教材，也可供相关工程技术人员参考和作为报考自动化类专业研究生的复习资料。

本书配有电子课件和习题答案，欢迎选用本书作教材的教师登录www.cmpedu.com注册下载，或加微信13910750469索取。

图书在版编目（CIP）数据

自动控制原理/王雪松，常俊林，杨春雨编著. — 2版. —北京：机械工业出版社，2023.12(2025.6重印)

"十三五"国家重点出版物出版规划项目　卓越工程能力培养与工程教育专业认证系列规划教材. 电气工程及其自动化、自动化专业　"十三五"江苏省高等学校重点教材

ISBN 978-7-111-74746-8

Ⅰ.①自…　Ⅱ.①王…②常…③杨…　Ⅲ.①自动控制理论-高等学校-教材　Ⅳ.①TP13

中国国家版本馆CIP数据核字(2024)第001754号

机械工业出版社（北京市百万庄大街22号　邮政编码100037）
策划编辑：吉　玲　　责任编辑：吉　玲　张振霞
责任校对：闫玥红　　封面设计：鞠　杨
责任印制：邸　敏
天津市光明印务有限公司印刷
2025年6月第2版第4次印刷
184mm×260mm・15.75印张・397千字
标准书号：ISBN 978-7-111-74746-8
定价：49.80元

电话服务　　　　　　　　　网络服务
客服电话：010-88361066　　机　工　官　网：www.cmpbook.com
　　　　　010-88379833　　机　工　官　博：weibo.com/cmp1952
　　　　　010-68326294　　金　书　网：www.golden-book.com
封底无防伪标均为盗版　　　机工教育服务网：www.cmpedu.com

序

"自动控制原理"是控制科学与工程学科的基础理论，自动控制的基本思想是使机器或设备具有类似人的功能与智能，即不需要人类的干预就能自动完成指定的任务，机器人就是最典型的实例之一。当今迅猛发展的人工智能技术将逐渐与传统产业深度融合，以自动控制为核心的自动化技术是人工智能与传统产业之间的桥梁。新技术的发展也将给自动控制原理这门传统课程带来新的挑战和机遇。

"自动控制原理"是自动化类、电气类专业的重要课程之一，它面向控制对象，注重理论和实践相结合，主要研究自动控制系统中的基本理论及分析和设计方法。该课程涉及知识面广，且内容抽象、理论性强，具有一定的学习难度和教学难度。"自动控制原理"课程以负反馈控制为主要内容，"利用误差消除误差"的核心思想，通过建立数学模型将定性的物理系统转化为定量的数学分析的思维及方法，具有普遍的科学意义。

近年来，中国矿业大学控制理论课程组结合多年的教学经验和科研实践对课程改革做出了诸多努力。在2016版培养方案中，将原现代控制理论课程中的"非线性控制系统分析"部分移至自动控制原理(经典控制)课程中。现代控制理论由原来的48学时(含8学时实验)减为32学时(含4学时实验)，自动控制原理在增加内容的情况下保持64学时(含8学时实验)不变。在2020版培养方案中，进一步加大了改革的力度。自动控制原理课程调整为48学时，另外增加12学时的线上自学环节；将自动控制原理、计算机控制技术的实验与课程设计整合，单独开设24学时的控制系统综合设计与实验课程；形成线上线下相结合、理论与实践相融合的混合式教学模式。为适应课程建设的新需求，作者重新编写了自动控制原理教材，内容深入浅出，突出工程实践背景，有机地融合了MATLAB软件的使用。本书立足经典控制的基础理论和概念，注重知识的完整性和系统性，对易混淆的知识点做了强化讲解，细化了例题的解题步骤，使其更适合读者自学，利于混合式教学的开展。本书不仅适用于自动化类、电气类专业本科课程，还可用于机械、能源、化工等专业相关课程的教学，学时数根据专业特点可以在32~64学时之间进行适当调整。

本书以"三纵三横"为主线，"三纵"指时间域、复数域和频率域中的模型与分析方法，"三横"指控制系统三个方面的性能：稳定性、动态性能和稳态性能。第1章重点讲述了反馈控制的工作原理，控制系统的分类和基本要求，并简要介绍了自动控制的发展历程；第2章给出了线性系统的时间域和复数域数学模型，其中，第2.1节拉普拉斯变换及其应用可以根据情况选学或自学，第2.5节仅给出了信号流图的一般概念，略去了具体的绘制方法，重点在于掌握梅森增益公式的使用；第3章在时间域里对线性系统进行性能分析，动态性能指标的计算重点针对欠阻尼典型二阶系统，稳定性判断介绍了最常用的劳斯判据，在稳态性能分析里讨论了误差的实际物理意义，强调了在计算稳态性能之前要先判断系统的稳定性；第4章在复数域里利用根轨迹图对线性系统进行分析与设计，根轨迹这部分内容近年来在学界存在着比较大的分歧，本书弱化了根轨迹图的手工绘制方法，重点在于借助根轨迹的分布理解开环零点、开环极点对系统性能的影响，其中，第4.5节借助 MATLAB 绘制的根轨迹图，分析了 PID 控制器参数的确定方法；第5章给出了线性系统的频率域数学模型，并利用奈奎斯特(Nyquist)图和伯德(Bode)图在频率域里对系统进行性能分析，奈奎斯特图主要用来判断系统的稳定性，在频率域里通常利用伯德图对系统进行设计，其中，第5.7节结合伯德图分析了频域性能指标与时域性能指标之间的关系；第6章重点介绍了基于伯德图的线性系统串联校正方法；第7章简要介绍了常见的非线性特性和最基本的非线性控制系统分析方法，死区、饱和、摩擦等非线性特性在实际控制系统中普遍存在，特殊情况下还可以人为增加非线性环节来改善系统的性能，因此学习非线性系统分析是非常必要的。

　　以学生的学习成效为目标，培养学生解决复杂工程问题的综合能力和创新思维是当前教学改革的主流趋势。课程内容要强调广度和深度，教学内容要体现前沿性和时代性。优秀的教材是课程建设中最重要的环节，作者结合本校学情做出了非常有意义的改革探索。教无止境，相信作者会在教学改革的道路上继续深入下去，取得更加丰硕的成果。

马士宾 教授

哈尔滨工业大学

前　言

"自动控制原理"是国内外各高校自动化、电气工程及其自动化专业重要的专业基础课程之一。随着第四次工业革命的兴起，传统制造工业正在升级改造向智能制造迈进，越来越多的知识型工作通过融入人工智能的自动化系统来完成。新技术的发展给这门传统的课程带来了新的挑战和发展机遇，自动控制理论和技术需要与计算机科学、人工智能、机器人工程等相集成与融合。

通过对知识体系的梳理，汲取国内外同类教材的优点，结合教学中遇到的突出问题编写了本书。本书以加强基础、突出解决工程问题的思维方法，同时又以避繁就简、深入浅出为原则，系统地介绍了经典控制理论中的基本原理、数学建模、系统分析和设计方法。通过温度控制、液位控制、直流电动机调速、机器人控制等工程实例将抽象的理论知识形象化，突出教材的实用性。本书内容力求与工程认证和新制定的专业标准相对应，注重对工程素养、创新思维和创新能力的培养。从自动控制理论与技术的发展中提炼课程思政元素，将科学家精神、科学方法论等有机融入教学内容。

全书共7章。第1章介绍自动控制系统的基本概念、分类以及控制理论的发展过程；第2章从实际物理系统入手，阐述控制系统的微分方程、传递函数、框图及信号流图等不同形式数学模型的构建方法；第3章在时间域里分析线性系统的动态性能、稳态性能和稳定性；第4章在复数域里利用根轨迹图分析线性系统的性能，并进行PID控制器设计；第5章在频率域里利用伯德（Bode）图、奈奎斯特（Nyquist）图对线性系统进行性能分析；第6章主要介绍基于伯德图的线性系统串联校正方法；第7章讨论了控制系统中的典型非线性特性，基于描述函数法和相平面法对非线性控制系统进行分析。为使读者深入理解图解法分析和设计控制系统的原理，书中将手工绘图与计算机辅助设计软件MATLAB绘图进行了有机结合。

本书由王雪松教授、常俊林副教授、杨春雨教授编著，常俊林副教授负责第1~4章，王雪松教授负责第5、6章，杨春雨教授负责第7章。常俊林副教授承担了全书的统稿工作。郭西进教授、贾存良教授、程玉虎教授、陈颖副教授审阅了全书，并提出了宝贵意见。本书在编写过程中得到了中国矿业大学马小平教授、李明教授、巩敦卫教授、孙晓燕教授、缪燕子教授，哈尔滨工业大学马广富教授、李传江教授，北京航空航天大学胡庆雷教授，澳大利亚西澳大学Tyrone Fernando教授，机械工业出版社吉玲编辑的大力支持与帮助，在此表示衷心的感谢。

为方便教学，本书配套的电子教案可免费提供给采用本书作为教材的相关院校使用，如有需要，请发电子邮件至junlinchang@cumt.edu.cn。

由于编者水平有限，书中难免存在不足之处，恳请读者提出宝贵意见，以便进一步修订和完善。

编　者

目 录

序
前言
第1章 绪论 1
1.1 自动控制系统的基本概念 2
1.2 自动控制系统的工作原理 3
1.2.1 开环控制系统 3
1.2.2 闭环控制系统 4
1.2.3 复合控制系统 7
1.3 控制系统举例 8
1.3.1 速度控制系统 8
1.3.2 电热炉温度计算机控制系统 9
1.3.3 汽车自动驾驶系统 9
1.3.4 业务系统 11
1.4 自动控制系统的分类 12
1.5 对控制系统的基本要求与典型输入信号 13
1.5.1 对自动控制系统的基本要求 13
1.5.2 典型输入信号 14
1.6 自动控制理论的发展简史 15
1.7 本书的主要内容及结构体系 17
本章小结 18
习题 18

第2章 控制系统的数学模型 21
2.1 数学基础——拉普拉斯变换及其应用 21
2.1.1 拉普拉斯变换的定义 22
2.1.2 拉普拉斯变换的积分下限 22
2.1.3 几个常用函数的拉普拉斯变换 23
2.1.4 拉普拉斯变换的几个重要定理 24
2.1.5 拉普拉斯反变换 27
2.1.6 用拉普拉斯变换求解微分方程 29
2.2 控制系统微分方程的建立 30
2.2.1 建立控制系统微分方程的一般方法 30
2.2.2 线性系统的基本特性 33
2.2.3 非线性数学模型的线性化 34
2.3 传递函数 36
2.3.1 传递函数的定义和主要性质 36
2.3.2 基本环节及其传递函数 39
2.4 控制系统的框图及其等效变换 43
2.4.1 控制系统框图的组成 43
2.4.2 系统框图的等效变换和化简 46
2.5 信号流图 54
2.5.1 信号流图的组成与性质 54
2.5.2 用梅森增益公式求系统的传递函数 56
2.5.3 闭环系统的传递函数 58
本章小结 59
习题 59

第3章 线性系统的时域分析法 63
3.1 线性系统的时域性能指标 63
3.1.1 典型输入信号 63
3.1.2 时域性能指标 64
3.2 一阶系统的时域分析 65
3.2.1 一阶系统的数学模型 65
3.2.2 一阶系统的单位阶跃响应 66
3.2.3 一阶系统的单位脉冲响应 66
3.2.4 一阶系统的单位速度响应 67
3.2.5 一阶系统的单位加速度响应 68
3.3 二阶系统的时域响应分析 68
3.3.1 二阶系统的数学模型 68
3.3.2 二阶系统的单位阶跃响应 69
3.3.3 欠阻尼二阶系统的瞬态响应

　　　　指标分析 ·················· 72
3.3.4　二阶系统性能的改善 ·········· 76
3.4　高阶系统的时域分析 ················ 80
　3.4.1　三阶系统的单位阶跃响应 ······ 80
　3.4.2　高阶系统的单位阶跃响应 ······ 80
3.5　线性系统的稳定性分析 ·············· 84
　3.5.1　稳定性的基本概念 ············ 84
　3.5.2　线性系统稳定的充分必要条件 ·· 85
　3.5.3　代数稳定性判据 ·············· 86
3.6　控制系统的稳态误差 ················ 89
　3.6.1　误差的定义 ·················· 90
　3.6.2　给定输入信号下的稳态误差 ···· 91
　3.6.3　系统的类型 ·················· 91
　3.6.4　不同输入信号下的稳态误差 ···· 92
　3.6.5　扰动信号下的稳态误差 ········ 93
本章小结 ································ 96
习题 ···································· 96

第4章　线性系统的根轨迹法 ··········· 99
4.1　根轨迹的基本概念 ·················· 99
　4.1.1　根轨迹的概念 ················ 100
　4.1.2　根轨迹方程及辐角、幅值条件 ·· 101
4.2　绘制根轨迹的基本规则 ·············· 102
4.3　广义根轨迹 ························ 110
　4.3.1　参数根轨迹 ·················· 110
　4.3.2　零度根轨迹 ·················· 112
4.4　控制系统的根轨迹分析 ·············· 113
　4.4.1　利用闭环主导极点估算系统的
　　　　性能 ························ 113
　4.4.2　闭环偶极子对根轨迹的影响 ···· 115
　4.4.3　附加开环零点、极点的作用 ···· 116
　4.4.4　附加开环偶极子对根轨迹的
　　　　影响 ························ 118
4.5　基于根轨迹法的PID控制器设计 ······ 118
　4.5.1　PID控制器的基本结构 ········ 118
　4.5.2　P（比例）控制 ··············· 119
　4.5.3　PD（比例-微分）控制 ········· 120
　4.5.4　PI（比例-积分）控制 ········· 121
　4.5.5　PID（比例-积分-微分）控制 ··· 124
本章小结 ································ 125
习题 ···································· 125

第5章　线性系统的频率响应法 ········· 128
5.1　频率特性 ·························· 128
　5.1.1　频率特性的基本概念 ·········· 128
　5.1.2　频率特性的图形化表示 ········ 132
5.2　典型环节的频率特性 ················ 133
5.3　典型环节的对数频率特性 ············ 137
5.4　系统开环频率特性的绘制 ············ 142
　5.4.1　最小相位系统与非最小相位
　　　　系统 ························ 142
　5.4.2　系统开环幅相特性的绘制 ······ 143
　5.4.3　系统开环对数频率特性的绘制 ·· 148
　5.4.4　由频域实验确定系统传递函数 ·· 152
5.5　基于频率特性的稳定性判据 ·········· 153
　5.5.1　奈奎斯特稳定判据的数学基础 ·· 154
　5.5.2　奈奎斯特稳定判据 ············ 155
　5.5.3　奈奎斯特稳定判据的应用 ······ 159
5.6　稳定裕度 ·························· 165
5.7　频域指标与时域性能指标的关系 ······ 170
　5.7.1　闭环频率特性与时域指标的
　　　　关系 ························ 170
　5.7.2　开环频率特性与时域指标的
　　　　关系 ························ 172
本章小结 ································ 175
习题 ···································· 175

第6章　线性系统的校正 ··············· 179
6.1　系统的设计与校正问题 ·············· 179
6.2　串联校正 ·························· 181
　6.2.1　串联超前校正 ················ 182
　6.2.2　串联滞后校正 ················ 187
　6.2.3　串联滞后—超前校正 ·········· 192
6.3　局部反馈校正与前馈补偿 ············ 198
　6.3.1　局部反馈校正 ················ 198
　6.3.2　前馈补偿 ···················· 198
6.4　PID控制器的频域分析 ·············· 202
　6.4.1　PD控制器 ··················· 202
　6.4.2　PI控制器 ··················· 202
　6.4.3　PID控制器 ·················· 203
本章小结 ································ 203
习题 ···································· 204

第7章　非线性系统分析 ··············· 206
7.1　控制系统中的典型非线性特性 ········ 206
　7.1.1　典型非线性特性 ·············· 206

7.1.2 非线性系统的特点 …………… 208
7.2 描述函数法 …………………… 210
　7.2.1 描述函数的概念 …………… 210
　7.2.2 典型非线性特性的描述函数 …… 211
　7.2.3 非线性系统的描述函数分析法 … 217
7.3 相平面法 …………………… 222
　7.3.1 相平面的基本概念 ………… 222
　7.3.2 奇点和极限环 …………… 224
　7.3.3 相轨迹的绘制 …………… 227
7.4 非线性系统的相平面分析法 ………… 230
7.5 MATLAB 在非线性控制系统中的
　　应用 …………………… 235
本章小结 …………………………… 239
习题 ……………………………… 239

参考文献 ………………………………… **242**

第 1 章

绪　　论

　　随着现代工业的不断进步，自动化和人工智能的水平得到飞速发展，新一代信息技术与传统产业深度融合，正在引发一场深刻的产业变革，自动化和智能化正是这一产业革命的最强助推力。智能化程度已经成为社会和国家发展水平的标志，自动化是工业领域实现智能化的第一步，自动控制理论是自动化的核心基础。**所谓自动控制，是指在没有人直接参与的情况下，利用外加的设备或装置（称为控制器），使机器、设备或生产过程（统称为被控对象）的某个工作状态或参数（称为被控变量）自动地按照预定的规律运行。**读者现在可能并不理解自动控制复杂的细节，但却可以从现代生活中的洗衣机、电冰箱、空调等生活用品中感受到自动控制给人们带来的便利。随着科学技术的不断发展，人们的生活对自动运行系统的依赖程度越来越大。随着物联网技术的发展，智能家居得到快速推进，在不久的将来，早晨你走向餐桌之前，桌椅自动根据需求移动至合理位置，咖啡机自动将一杯温热的咖啡倒入了你的杯中，早餐被厨房的机器人送到了你的面前。出门之前，智能家居机器人已经根据天气情况准备好了合适的衣服和与之搭配的背包、鞋子。上班的路上一路畅通，得益于自动驾驶技术和导航技术的发展，人们彻底告别了方向盘，堵车的困扰也烟消云散了。在医院里，手术机器人、医护机器人消除或减轻了医生与护士的繁重劳动，大大减少了被感染的风险。这些设备或系统在不需要人工干预的情况下，自动执行某些功能对人们的生活产生了巨大的影响，自动控制的成就令人类着迷和兴奋。

　　自动控制理论研究所有自动控制系统的普遍性、一般性问题，而不是研究某一类自动控制系统问题。它的主要任务是：①对各类系统中的信息传递与转换关系进行定量分析，然后可由这些定量关系预见整个系统的行为；②在分析的基础上进行系统的综合与校正（控制系统设计），使系统达到某种性能指标。定量分析在自动控制理论中非常重要，需要广泛地用到各种数学与物理工具，例如微积分、线性代数、复变函数、电学、力学以及相关应用学科的背景知识。

　　"自动控制原理"是一门讲授自动控制基础知识的专业基础课，首先研究自动控制系统的组成和基本结构，然后做出各元件和控制系统的数学模型。在数学模型的基础上计算系统中各个信号之间的作用和关系，分析自动控制系统能否较好实现自动控制功能，研究怎样才能使自动控制系统达到更好的控制效果。所以，"自动控制原理"是一门理论性和工程意义都很强的课程。

1.1 自动控制系统的基本概念

自动控制系统的
基本概念

"控制"是个常用词语,在人们日常生活与工作中出现的频率非常高。《现代汉语词典》对其解释是:"掌握住不使任意活动或越出范围"。在本书中,"控制"是指通过对某个装置或生产过程的某个或某些物理量进行操作,以达到使某个变量保持恒定或沿着某个预定轨迹运动的一个动态过程。比如,对房屋内温度与湿度、电动机的转速、城市供水管网的压力、机器人的动作、无人驾驶汽车的运行轨迹、飞行器的飞行姿态及轨迹等的控制。在这些控制问题中,房屋、电动机、城市供水管网、机器人、无人驾驶汽车、飞行器等被称为被控对象;温度、湿度、转速、压力、机器人或飞行器的姿态、行驶轨迹等都是控制的目的,称为被控变量。

(1) 被控对象 被控对象是控制系统要进行控制的受控客体。它可以是一种设备,还可以是某种过程,比如化学反应过程、经济学过程或者生物学过程。

(2) 被控变量 被控变量是一种被测量和被控制的量值或状态。所谓"控制",其含义是使被控变量按照一定(期望)的规律变化。在工业技术领域,大多是对各种物理量的控制。被控制的物理量主要包括运动学、电学、热学、声学等方面的量,如物体的位置、转角、线速度、角速度、线加速度、角加速度、力、力矩、电压、电流、温度、压力、流量、湿度等。

下面通过两个例子来说明"被控对象"与"被控变量"。

1) 机械臂的控制。图1-1为六自由度机械臂的实物外形和关节示意图。在生产线上,机械臂可以完成各种动作,如从一个地方拿起工件放置到另一个位置。由图可以看到,机械臂的底部有3个关节,它们的夹角分别是α_1、α_2、α_3,机械臂的腕部有2个关节,它们的夹角分别是α_4、α_5,机械手的手爪有1个关节,它的夹角是α_6。令$\alpha_1 \sim \alpha_6$这6个夹角按预定的规律变化,机械臂就可以完成预定的动作。所以,机械臂是被控对象,对机械臂的控制就是使6个被控变量$\alpha_1 \sim \alpha_6$按预定的规律变化。

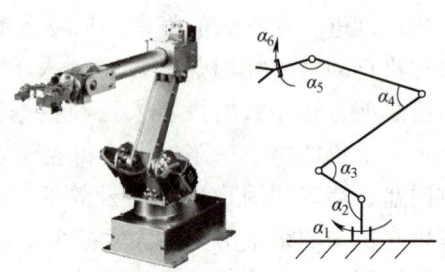

图 1-1 六自由度机械臂的实物
外形及关节示意图

2) 退火炉的温度控制。退火炉是一种新型换热设备,主要用于大型碳钢、合金钢零件的退火。将金属缓慢加热到一定温度,保持足够长的时间,然后以适宜速度冷却(通常是缓慢冷却)的一种金属热处理工艺。目的是使经过铸造、锻轧、焊接或切削加工的材料或工件软化,改善塑性和韧性,使化学成分均匀化,去除残余应力,或得到预期的物理性能。退火炉内的温度应按图1-2中曲线所示的规律变化。将退火炉作为被控对象,炉内的温度是被控变量。当外界环境温度改变对炉内温度产生干扰时,炉内温度仍应按预定的规律变化,不应受到干扰的影响。

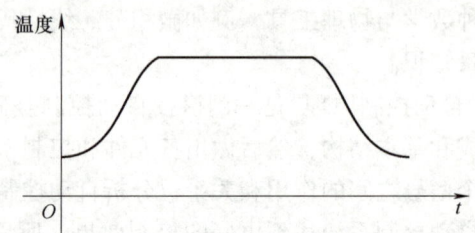

图 1-2 退火炉的温度变化曲线

(3) 系统　系统是由一些对象互相作用，互相制约，组成一个具有一定运动规律的整体。广义而言，系统不限于物理系统，还包括生物学、社会学、经济学等各领域的系统。控制器和被控对象构成一个相互作用的整体，称为**控制系统**。

(4) 扰动　扰动是一种对系统的输出量（被控变量）产生不利影响的信号。如果扰动产生在系统的内部，则称为内部扰动；反之，若扰动产生在系统的外部，则称为外部扰动。外部扰动是系统的输入量。

应当指出，仅仅使某些物理量发生变化并不困难。困难在于要求其变化符合指定的规律，而事物的惯性和环境的扰动总是妨碍实现这种要求。加热炉有热惯性，机器人有机械惯性。加热炉运行时工件的取出和送入是对炉温的扰动，加热炉的电源电压波动也是对炉温的扰动。机器人行进中遇到的障碍物是对行进路线的扰动，机器人的负载变化是对机器人姿态和运行轨迹的扰动。自动控制就是要**在惯性和扰动存在的客观条件下**控制某些物理量按照指定的规律变化，这正是自动控制科学研究的内容。

1.2　自动控制系统的工作原理

自动控制系统的工作原理

如果在一个控制系统中是由人来操作机器，例如人开汽车，那么称为人工控制系统。如果一个系统仅由机器构成，那么就称为自动控制系统。自动控制系统的种类繁多，其功能和组成也是多种多样的，就其工作原理来说，可分为开环控制、闭环控制及复合控制（开环控制和闭环控制的组合）。相应的控制系统称为开环控制系统、闭环控制系统和复合控制系统。

1.2.1　开环控制系统

构建一个控制系统时，首先要明确被控变量。例如：机床的转速、恒温箱内的温度、汽车的行驶速度和方向等。应根据实际的工程需要来确定被控变量。为了使被控变量发生变化，需要有一个装置对被控对象施加作用，这个装置称作执行装置或执行元件。例如，机床上装有电动机，电动机带动机床的旋转轴转动，使转速发生变化；恒温箱内有电阻丝，电阻丝产生热量，使恒温箱内的温度发生变化；汽车内的发动机提供行驶所需要的动力，转向操纵机构提供转向所需要的动力。执行元件的作用往往需要较大的能量，因此需要有一个放大器向执行元件提供能量。这样，被控变量、被控对象、执行元件、放大器之间的作用关系可以用图1-3表示。

图1-3　开环控制系统框图

由图可见，**系统的输出量对控制作用没有影响**，控制装置和被控对象之间只有顺向作用而没有反向联系，这类系统被称为开环控制系统。洗衣机就是一个开环控制的实例。在洗衣机中，浸湿、洗涤和漂清过程是按照程序设定的顺序进行的，洗衣机不必对输出信号，即衣服的清洁程度进行测量。图1-4给出了一个电热炉温度开环控制的原理图。该控制系统要求炉温维持在给定值附近的一定范围内。在给定炉温所要求的期望值(称为参考输入或给定值)后,根据经验和实验数据,把调压器调置到某一固定位置上,接通电源后,通过电阻丝给电炉加热。由于电源的波动,炉门开闭的次数不同,炉内实际温度与期望的温度会出现误差,有时误差可能较大。但该系统不可能由于存在误差,自动调整调压器滑动触头的位置,通过改变电阻丝的电流来消除温度误差,也就是说输出量对系统的控制作用没有任何影响。

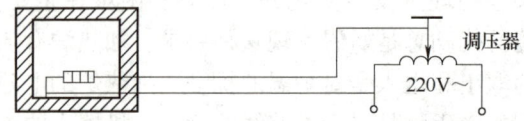

图 1-4 电热炉的温度开环控制的原理图

开环控制有两种形式:一种是按给定值控制的开环控制,如图 1-3 所示;另一种是按干扰补偿的开环控制,如图 1-5 所示。按干扰补偿的开环控制系统对干扰进行测量,利用测量得到的干扰值修正控制作用,补偿干扰对被控量的影响。从干扰作用端至输出端,也仅有顺向作用而无反向联系,因此也是开环控制。这种控制方式使用的前提条件是干扰能够被测量到。

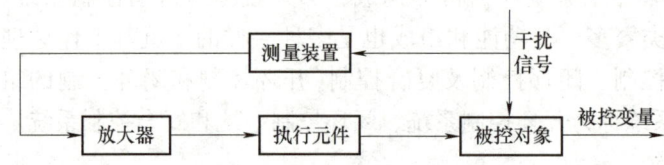

图 1-5 按干扰补偿的开环控制系统框图

开环控制是一种结构简单、成本低的控制方式,一般用于受干扰影响不大、控制精度要求不高的场合。如电风扇、自动售货机、自动洗衣机、产品自动生产流水线及交通指挥的红绿灯转换等。

1.2.2 闭环控制系统

1. 反馈的基本原理

图 1-5 所示的按干扰补偿的开环控制方式虽然具有补偿干扰影响的能力,但其使用范围具有很大的局限性。首先,其所能补偿的干扰必须是方便测量的,实际工作环境存在的干扰可能是多样的,并且有些是无法预知和测量的。其次,即便是在干扰能够测量的情况下,受控制装置物理可实现条件的限制,很多情况下很难做到对干扰影响的完全补偿。

设计自动控制系统的目的是为了取代人的劳动,不妨先看看人在生活和工作中是如何进行控制的。如,在洗澡之前,首先要调整好适宜的热水器出水水温。若水温过高,则转动阀门让冷水流出多一些使水温降低;若水温过低,则转动阀门让热水流出多一些使水温升高。调节的过程中会不断用手感知水温是否已经适宜。在这个人工控制系统里,热水器是被控对象,热水器的出口水温是被控变量,而人起到了控制装置(控制器和执行元件)的作用。在调节水温的过程中,手上的触觉器官起到了测量水温的作用,这个被测量到的信号传递到人的大脑里,由大脑来判断水温是否合适,进而支配另一只转动阀门的手做出相应的动作,逐渐使水温趋于理想的状态。这个控制系统的工作原理可以用框图 1-6 来展示。

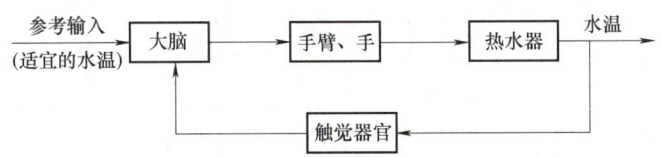

图 1-6　人工调节水温的反馈控制系统框图

在上述过程中,先从被控对象获取信息,再把被控变量馈送给被控对象的这种控制方式称为反馈控制。在反馈控制系统中,被控变量的信息被获得后,经过一些中间环节(手上的触觉器官、大脑、手、热水器的冷热水阀门),最后又作用于被控变量自身,使之发生变化。这样,信息的传送途径是一个自身闭合的环,因此反馈控制也被称为闭环控制。既然反馈控制的目的是要消除(或减小)被控变量的实测值与期望值之间的偏差,那么控制作用的方向就必须与偏差的极性相反,也就是说被控变量的期望值与实测值之间是相减的关系。为了强调说明这种性质,把这样的反馈称为**负反馈**。如果不采用负反馈而采用**正反馈**,那么在温度过高时,将阀门向加大热水流量的方向转动,出口水温会变得更高,这就与控制的目的背道而驰了。反馈控制的基本思想是按照被控变量偏离期望值的相反方向改变控制量,力图消除或者减小被控变量的实际值与期望值之间的偏差。因此,反馈控制是一种基于偏差的控制方式,它是一种广泛使用的重要控制方式。

反馈是控制理论的灵魂和精髓。对反馈应用不限于工程范畴,在各种不同的非工程领域,如社会经济领域、生态环境领域等,反馈的思想同样得到了广泛的应用。例如,在社会经济领域,人们要求国民生产总值、物价水平等按一定的规律增长,否则便会失控;在生态学方面,人们要求某个濒危物种的种群数量快速上升,当种群数量达到一定程度后便保持稳定,维持其生态平衡。

2. 闭环控制系统的基本组成

在闭环控制系统中,为了纠正和消除被控变量可能出现的误差,需要做以下工作:①为了发现被控变量的误差,在系统中装入一个测量元件,对被控变量进行测量;②为了计算被控变量的误差,在系统中装入一个比较元件,进行期望输入和测量结果的相减运算,得到的差值称作"偏差信号";③将偏差信号作用在系统上,纠正被控变量出现的误差。这样可将图 1-4 表示的开环控制系统改造成为图 1-7 所示闭环控制系统。

在这个闭环控制系统中,热电偶是一种测量温度的器件,它将测量到的温度转化为电压信号。两端连接直流电源的电位器作为给定参考输入的给定装置,电位器上分得的电压代表着电热炉的期望温度。在正常工作的时候,炉温等于期望值,热电偶的输出电压等于给定电压,电动机不转动,调压器的滑动触头停留在某个合适的位置上。这时,电热炉散失的热量正好等于从电阻丝上获取的热量,形成热平衡状态,温度保持恒定。当炉温因受某种扰动作用的影响突然下降时,热电偶输出电压下降,与给定电压比较后出现正偏差,经电压放大器、功率放大器放大后,驱动电动机使调压器电压升高,炉温回升,直至温度值等于期望值为止。当炉温受到扰动后高于期望温度时,调节的过程正好相反。

闭环控制系统可以采用图 1-8 所示的框图表示。对于图 1-7 所示的电热炉控制系统中,

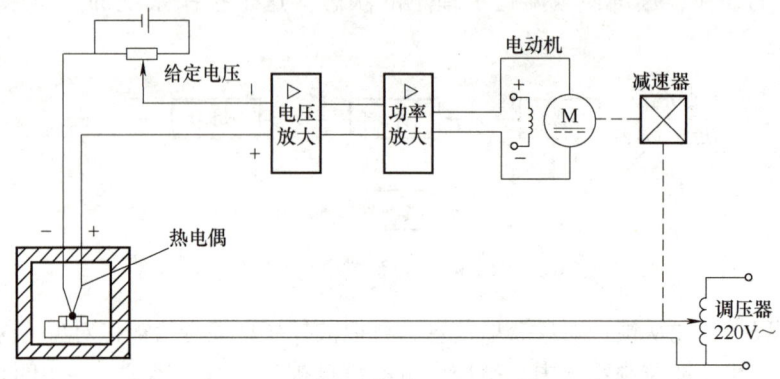

图 1-7 电热炉的闭环控制方式原理图

电动机、减速器和调压器共同构成执行元件,热电偶为测量元件。由于给定电压和热电偶输出的电压(反馈)都是直流电压,故只需将它们反向串联便可得到偏差电压。

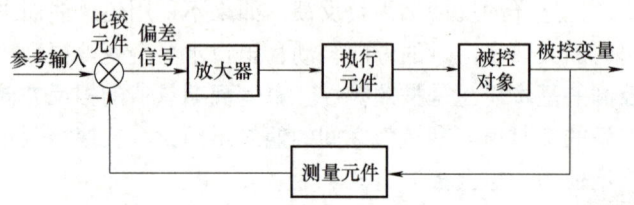

图 1-8 闭环控制系统框图

但是,闭环控制系统可能会出现不稳定现象,或者在某些方面不能满足设计者和使用者的要求(将会第 3 章中进行详细的论述)。常常需要在闭环系统中增加串联校正环节和(或)局部反馈校正环节,以改善闭环控制系统的性能。一个较完善的闭环控制系统如图 1-9 所示。

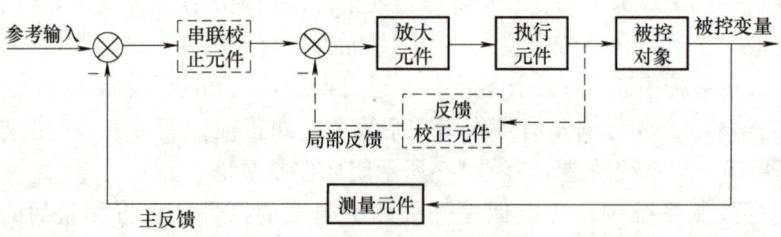

图 1-9 闭环控制系统的基本组成框图

从图 1-9 可以看出,组成闭环控制系统的元部件按职能可以分为以下几种:

1)测量元件。其职能是检测被控制的物理量,如果这个物理量是非电量,一般要转换成电量。例如,测速发电机用于检测电动机轴的转速并转换为电压;热电偶用于检测温度并转换成电压等。

2)给定元件。其职能是给出与期望的被控变量相对应的系统输入量,例如图 1-7 中的给定装置。

3)执行元件。其职能是直接推动被控对象,使被控变量发生变化。

4) 比较元件。其职能是把测量元件检测的被控变量实际值与给定元件给出的输入量进行比较，求出它们之间的误差。

5) 放大元件（即放大器）。其职能是将比较元件给出的偏差信号进行放大，用来推动执行元件去控制被控对象。

6) 校正元件。其也称为补偿元件，它是结构或参数便于调整的元部件，用串联或反馈的方式连接在系统中，以改善系统的性能。常把比较元件、放大元件和校正元件合在一起称为控制器。

3. 闭环控制系统中的信号

闭环控制系统中，各个元部件之间的作用关系可以看作是信号的传递，即图 1-9 中的箭头。闭环控制系统中的各个信号是随时间变化的，所以"信号"又称为"变量"。闭环控制系统中主要有以下信号：

1) 输出信号为控制系统的被控变量，一般记作 $c(t)$。

2) 输入信号为控制系统的参考输入，也称为给定量，一般记作 $r(t)$。被控变量应该按照输入信号的变化规律变化。

3) 反馈信号为被控变量的测量结果。

4) 偏差信号为输入信号与反馈信号的差，一般记作 $e(t)$。

5) 误差信号为期望的输出信号与实际输出信号的差。误差反映了控制系统的质量，一般记作 $e'(t)$。广义上说的误差包括偏差的概念，偏差也被称为从输入端定义的误差。

6) 干扰信号为使被控变量产生不应有的变化的信号，干扰信号会导致被控变量出现误差，一般记作 $n(t)$。

4. 闭环与开环控制系统的比较

闭环控制系统的优点是采用了反馈，使系统的响应对外部干扰和内部系统的参数变化均相当不敏感。这样，对给定的被控制对象，就可以采用不太精密且成本较低的元件构成精确的控制系统。在开环情况下，就不可能做到这一点。概括来讲，闭环控制系统适用于反应快速、精度高、动作复杂的场合。闭环控制系统的设计、计算比较复杂，本课程重点研究闭环控制系统。

从稳定性的观点出发，开环控制系统比较容易构造，因为对开环系统来说，稳定性不是主要问题。但是在闭环控制系统中，稳定性则始终是一个重要问题，因为闭环系统可能引起过调误差，从而导致系统进行等幅振荡或变幅振荡。

应当强调指出，当系统的输入量能预知，并且扰动影响较小、控制精度要求较低时，采用开环控制比较合适。只有当存在着无法预计的扰动和（或）系统中元件的参数存在着无法预计的变化，且控制精度要求较高时，闭环控制系统才具有优越性。还应当指出，系统输出功率的大小在某种程度上确定了控制系统的成本、重量和尺寸。闭环控制系统的成本和功率通常比较高。为了减小系统所需要的功率，在可能的情况下，应当采用开环控制。将开环控制和闭环控制适当地结合在一起，通常比较经济，并且能够获得满意的综合系统性能。

1.2.3 复合控制系统

反馈控制在外部作用（输入信号或干扰）对被控对象产生影响后才能做出相应的控制，当被控对象具有较大延迟时，反馈控制不能及时地影响输出的变化。前馈控制能预测输出随外部作用的变化规律，在控制对象还没有产生影响之前就做出相应的控制，使系统在偏差即将产生之前就注意纠正偏差。前馈控制是对可测量的输入信号变化或者可测量的扰动信号对系统输出的影响进行补偿的一种措施，它的信号流向不构成回路。前馈控制和反馈控制相结合构成了复合控制，也就是说复合控制是开环控制和闭环控制相结合的一种控制方式。复合控制是构成高精度控制系统的一种有效控制方式，使自动控制系统具有更好的控制性能。复合控制基本上具有两种形式：按干扰前馈补偿的复合控制和按输入前馈补偿的复合控制，如图 1-10 所示。图中，G_c 表示反馈控制器，G_p 表示由执行元件、被控对象和测量元件构成的广义被控对象，G_b 表示前馈补偿装置。

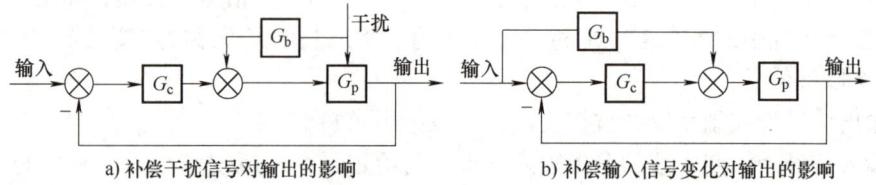

a) 补偿干扰信号对输出的影响　　　　b) 补偿输入信号变化对输出的影响

图 1-10　复合控制系统框图

1.3　控制系统举例

1.3.1　速度控制系统

在如图 1-11 所示的原理图中，展示了调节发动机转速的飞球式调速器的基本原理，飞球式调速器也被称为离心调速器。它根据发动机期望的转速与发动机的实际转速之差来调整进入发动机的蒸汽(或燃料)数量，进而改变发动机的转速。

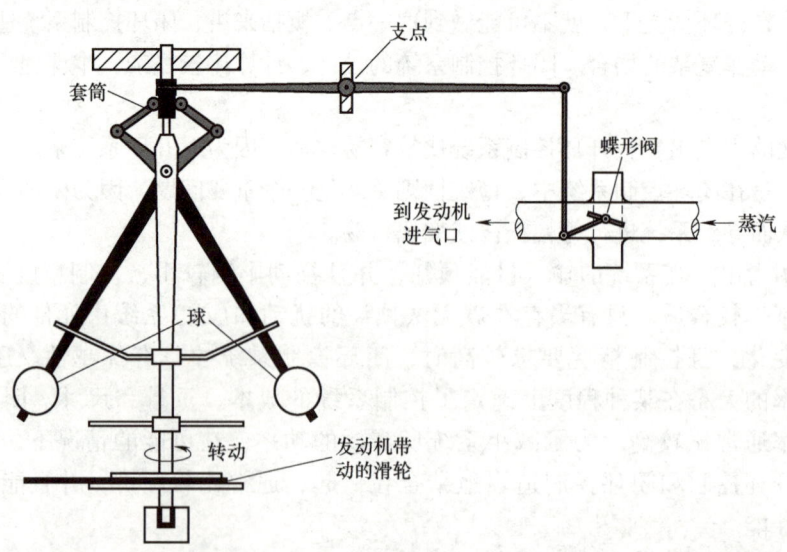

图 1-11　飞球式调速器的工作原理图

该系统的工作过程如下：当工作于期望的速度时，两只球绕着中心轴旋转，整体看起来就像一个圆锥，并且圆锥的母线与转动轴的角度已经确定。杠杆此时不动，蒸汽室的蝶形阀保持着一定的开度,恒定流量的蒸汽推动蒸汽发动机以恒速旋转。当突然给发动机施加负载时,发动机的速度降低,调速器的飞球随之减小一定角度形成一个小一些的圆锥。这样球的角度就可以用于自动检测发动机的输出转速。然后,这个动作通过控制杠杆打开蝶形阀(也就是执行元件)让更多的蒸汽进入发动机,补偿了大部分因负载增加而减小的转速。为保持蝶形阀停留在新的位置,必须使飞球在一个不同的角度继续旋转,这也意味着带负载时系统的速度并非精确地和原来一样。将在第3章的学习中进一步分析产生这种稳态误差的原因。后来的发明家给系统增加了一些机械装置,用于求取误差的积分,最终解决了存在稳态误差的问题。

在这个速度控制系统中,被控对象是发动机,而被控变量是发动机的转速。期望转速与实际转速之间的差形成误差信号。作用到被控对象(发动机)上的控制信号(蒸汽的数量)为驱动信号。对被控变量起干扰作用的外部输入量为扰动信号,不能预测的负载变化就是一种扰动信号。

飞球式调速器最早出现在欧洲风力磨坊里,解决了磨面机速度不稳定的问题。然而,直到1788年瓦特(James Watt)把这些原理应用到了蒸汽发动机上之后才使得它闻名于世,并称之为瓦特的离心调速器。

1.3.2 电热炉温度计算机控制系统

图 1-12 表示了用于工业生产的电热炉温度计算机控制系统的工作原理。图中,电阻丝通过晶闸管主电路加热,炉温期望温度由计算机键盘预先设定。炉内的温度由热电偶测量,热电偶将温度信号转换成电压信号,经放大、滤波后,由 A/D 转换器将模拟量转变为数字量信号,数字量信号通过接口设备传送到控制器(计算机)。控制器将这个数字量信号转换成温度值与键盘输入的温度进行比较,如果存在某种差别(偏差),控制器就会根据预先编程实现的控制算法计算出相应的控制量,再通过 D/A 转换器转换成模拟电流信号,通过触发器控制晶闸管的触发延迟角,从而改变电阻丝中电流的大小,达到控制炉温的目的。该系统既有精确控制炉温的功能,还有实时屏幕显示和打印功能,以及超温报警、电阻丝和热电偶损坏报警等功能。

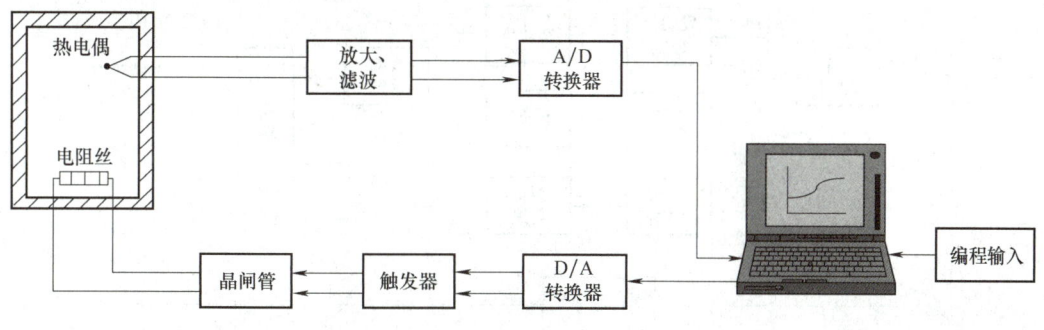

图 1-12 电热炉温度计算控制系统原理图

1.3.3 汽车自动驾驶系统

自动驾驶汽车也称智能驾驶汽车,通过搭载先进的车载传感器、控制器和数据处理器、执行机构等装置,借助现代移动通信与网络技术实现**交通参与物**彼此间信息的互换与共享，从而具备在复杂行驶环境下的传感感知、决策规划、控制执行等功能，以实现安全、高效、舒适和节能的自动（或智能）行驶。自动驾驶系统基于环境感知技术对车辆周围环境进行感知，并根据感知所获得的信息，通过车载中心计算机自主地控制车辆的转向和速度，使车辆能够安全、可靠地行驶，并到达预定目的地。图1-13为在实际路面上进行测试的一辆无人驾驶汽车。

图1-13 在实际路面上进行测试的无人驾驶汽车

国际汽车工程师学会将自动驾驶技术分为6个级别，自动驾驶系统在全部时间、全部路况和环境条件下完成所有动态驾驶任务的无人驾驶是最高级别。自动驾驶控制的核心技术是车辆的纵向控制和横向控制技术。自动驾驶系统在环境感知技术的基础上，根据决策规划出目标轨迹，通过纵向和横向控制系统的配合使汽车能够按照目标轨迹准确稳定行驶，同时使汽车在行驶过程中能够实现车速调节、车距保持、换道、超车等基本操作。实现了纵向和横向自动控制，就可以按给定目标和约束自动地控制汽车运行。

车辆纵向控制是在行车速度方向上的控制，即车速以及本车与前后车或障碍物距离的自动控制。巡航控制和紧急制动控制都是典型的自动驾驶纵向控制案例。这类控制问题可归结为对电机、发动机、传动和制动系统的控制。各种电机-发动机-传动模型、汽车运行模型和制动过程模型与不同的控制器算法结合，构成了各种各样的纵向控制模式，典型结构如图1-14所示。

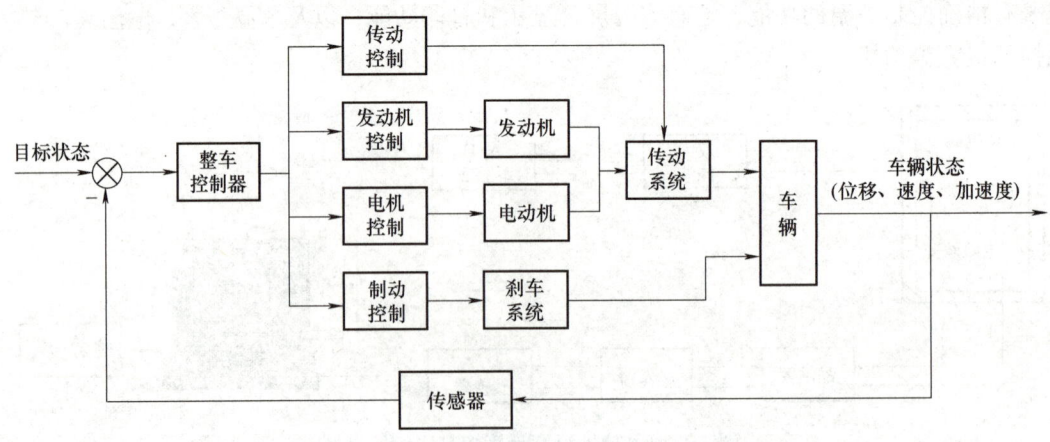

图1-14 纵向控制基本结构框图

车辆横向控制指垂直于运动方向上的控制，对于汽车也就是转向控制。目标是控制汽车自动保持期望的行车路线，并在不同的车速、载荷、风阻、路况下有很好的乘坐舒适性和稳定性。车辆横向控制主要有两种基本设计方法，一种是基于驾驶员模拟的方法；另一种是基于汽车横向动力学模型的控制方法。控制目标一般是车中心线与路中心线间的偏移量，同时受舒适性等指标约束。横向控制系统的基本结构如图1-15所示。

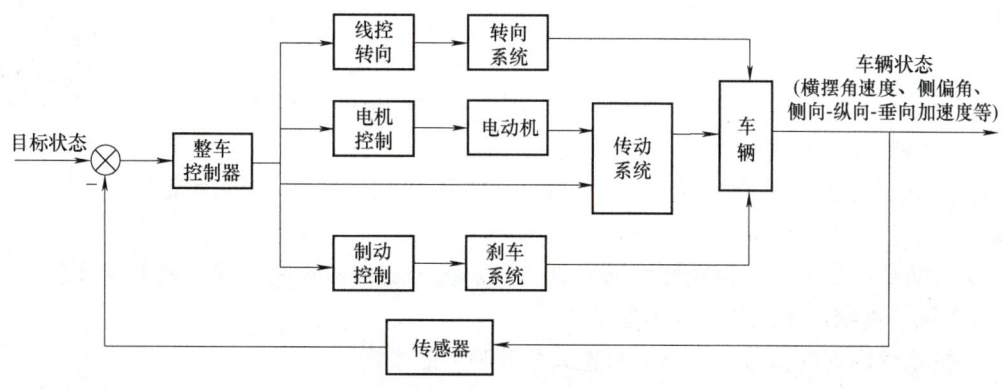

图1-15 横向控制基本结构框图

图1-14和图1-15仅仅是对自动驾驶系统纵向和横向控制结构的简单说明，图中的传感器方框并非指某一种传感器，是多种传感器的简化表示。实际自动驾驶系统为多变量、多回路的复杂自动控制系统。

1.3.4 业务系统

一个业务系统可以由许多部门组成，分配给每个部门的任务代表系统中的一个动态元件。为了保证系统正常运行，在这类系统中必须建立对每一个部门完成任务情况的反馈通报方法。为了减小系统中不希望的时间延误，必须使各个部门之间的相互牵连达到最小。这种相互牵连越小，工作信息和资料的传递就越顺利。业务系统是一个闭环系统。该系统的合理设计，将会减小必要的管理控制。应当指出，业务人员或资料的短缺、通信的中断和人员的失误是这类系统中的扰动量。虽然导出各组成部门的数学表达式的确是一项困难的任务，但是将最佳化技术应用到业务系统中去确实能使业务系统的性能获得重大改进。

一个工程组织系统由下列主要部门组成：管理部门、研究和开发部门、样品设计部门、样品试验部门、产品设计和绘图部门、制造和装配部门以及产品检验部门。这些部门互相联系在一起，共同完成一项工程任务。通过将系统简化成必需的最基本的组成部分，并且用一组简单的方程表示每一个组成部分的动态特性，就可以对系统进行分析。这种系统的动态特性可以根据完成工作的顺序与时间之间的关系来确定。

利用表示功能的方框和表示系统工作时信息或产品输出之间的信号连线，可以画出功能框图如图1-16所示。

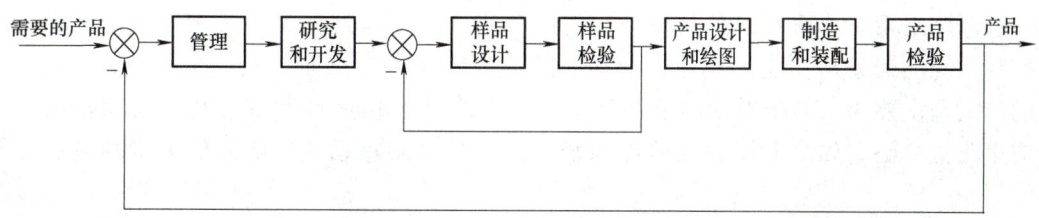

图1-16 工程组织系统框图

1.4 自动控制系统的分类

自动控制系统的分类

自动控制系统的功能和组成多种多样，因而自动控制系统有多种分类方法。常见的分类方法有：

1) 按其工作原理可分为开环控制系统、闭环控制系统和复合控制系统。

2) 按其数学模型可分为线性系统和非线性系统、定常和时变系统、集中参数系统和分布参数系统、确定性系统和不确定性系统等。

3) 按系统内部的信号特征可分为连续系统和离散系统。

4) 按系统的功能可分为温度控制系统、位置控制系统、压力控制系统等。

5) 按系统装置的类型可分为电气系统、机电系统、液压系统和生物系统等。

6) 按系统给定信号的特征可分为恒值控制系统、随动控制系统和程序控制系统等。

一般地，为了全面反映自动控制系统的特点，常常将上述各种分类方法组合应用。

控制系统的控制目标是使被控变量按照指定的规律变化。实现这一目标所面临的困难主要有两个方面。其一是有各种干扰因素作用于系统，影响被控变量偏离指定的规律。其二是控制系统本身的惯性使被控变量的变化不够灵活。如温度的升降不可能瞬间实现，这称为被控对象的动态特性。这两项困难存在于一切控制系统中。但是由于各个特定的控制系统的控制目标不同，这两项困难的重要程度也有不同。在研究控制系统的运行规律和设计方法时，需要特别注意的侧面也就不完全相同。给定信号代表了系统的控制目标，反映了控制系统要完成的基本任务和职能。**下面详细论述按系统给定信号的特征划分出的三种系统。**

1. 恒值控制系统

恒值控制系统的输入量是一个常值，要求被控变量也等于一个常值，这类系统也被称为调节系统。恒值控制系统的主要任务是当被控变量受到某种干扰偏离期望值时，能够通过自动调节系统回到正常状况；如果不能完全恢复，系统达到平衡时，误差应在一个许可的范围内。因此，恒值控制系统设计的重点是克服扰动的影响。在恒值控制系统中，输入量可以随生产条件的变化而变化，但是一经调整后，被控变量就应与调整好的输入量保持一致。图1-7所示的电热炉温度控制系统就是一种恒值控制系统，其输入量（给定电压）是常值。在工业控制中，如果被控变量是温度、流量、压力、液位等生产过程参量时，这种控制系统称为**过程控制系统**，它们大多数都属于恒值控制系统。

2. 随动控制系统

这类控制系统的输入量是预先未知的随时间任意变化的信号，又称为**伺服系统**。随动控制系统的任务是使输出快速、准确地随给定输入的变化而变化。在该类系统中，扰动的影响是次要的，系统设计的重点是被控变量跟随的快速性和准确性。随动控制系统的应用非常广泛，如高射炮自动瞄准系统、雷达自动跟踪系统、航海航天中的自动导航系统等。

3. 程序控制系统

程序控制系统的特点是输入量按照已知的函数变化，系统的控制按照预定的程序进行，常用于特定的工艺或工业生产。由于输入的变化规律已知,可根据要求事先选择好控制方案,以保证控制性能。全自动洗衣机、计算机绣花机以及机械加工中的数字程序控制机床等都属于这种系统。程序控制系统可以制成开环形式,也可以是闭环形式。

1.5 对控制系统的基本要求与典型输入信号

1.5.1 对自动控制系统的基本要求

设计自动控制系统的目的是让被控对象按照人们的意愿工作,应该满足:①系统的输出快速准确的按输入信号的要求而变化;②系统的输出尽量不要受任何扰动的影响。然而,要精确地保持被控变量与期望值在任何时刻的一致性,且不受扰动的影响,实际上是做不到的。因此,在实际的工程实践中,往往会根据被控对象与环境的具体情况对控制系统的设计提出某种性能指标,将设计控制系统的任务转化为实现性能指标的要求。综合来看,自动控制系统的性能指标在时域上可归纳为**稳定性**、**动态性能**与**稳态误差**三个方面,这是对不同类控制系统提出的共同基本要求。

1. 稳定性

稳定性是系统受到短暂的扰动后其运动性能从偏离平衡点恢复到原平衡状态的能力。控制系统都含有储能或惯性元件,若闭环系统的参数选取不合适,系统会产生振荡或发散而无法正常工作。稳定性是一切自动控制系统必须满足的最基本要求,对稳定性的研究是自动控制理论的一个基本问题。

2. 动态性能

当系统的参考输入量改变或者有外界扰动时,系统输出会偏离原平衡状态。由于控制系统中一般都含有能量不可能突变的储能元件或惯性元件,输出不可能跳变到新的平衡状态或克服干扰后马上恢复到原平衡状态,而是需要经过一个动态的过渡过程,或称为瞬态响应过程。

描述动态过程的性能可以用**平稳性**和**快速性**加以衡量。平稳性指系统由初始状态运动到新的平衡状态时,具有较小的超调(即最大振幅)和振荡性;系统由初始状态运动到新的平衡状态经历的时间表示系统动态过程的快速性。良好的动态性能是指系统运动的平稳性和快速性满足要求。平稳性由系统的稳定裕度决定,代表着系统稳定的程度,稳定裕度的概念将在本书 5.6 节详细论述。

3. 稳态误差

稳态误差是在系统过渡过程结束后,实际的稳态输出量与期望的稳态输出量之差。控制系统的稳态误差越小,说明控制精度越高。因此,稳态误差是衡量控制系统性能好坏的一项重要指标,控制系统设计任务之一就是在兼顾其他性能指标的情况下,使稳态误差尽可能小或者小于某个允许的限制值。

上面提到的三点是对控制系统的基本要求,对于不同用途的控制系统,还有一些其他要求,如:被控变量应能达到的最大速度、最大加速度、最低速度以及在低速工作时的运动平稳性;对于参数变化的敏感性要求,即要求控制系统参数在某个范围内变化时,仍能稳定地工作;对系统的可靠性和成本的要求;还有对环境的要求,如环境的温度、湿度、腐蚀性和防爆性等。

1.5.2 典型输入信号

在工程实践中,作用于自动控制系统的信号是多种多样的,既有确定性信号,也有非确定性信号,如随机信号。为了便于系统的分析与设计,常选用几种确定性信号作为典型输入信号。典型输入信号的选取原则是:

1) 该信号的函数形式容易在实验室或现场中获得。
2) 系统在这种信号作用下的性能可以代表实际工作条件下的性能。
3) 这种信号的函数表达式简单,便于计算。

工程设计中常用的典型输入信号有:阶跃函数、斜坡函数、抛物线函数、脉冲函数、正弦函数等。

1. 阶跃函数

阶跃函数的图形如图 1-17 所示,它的表达式为

$$f(t)=\begin{cases} R & t \geqslant 0 \\ 0 & t<0 \end{cases} \quad (R \text{ 为常量}) \quad (1\text{-}1)$$

幅值为 1 的阶跃函数,称为单位阶跃函数,它的表达式为

$$f(t)=\begin{cases} 1 & t \geqslant 0 \\ 0 & t<0 \end{cases} \quad (1\text{-}2)$$

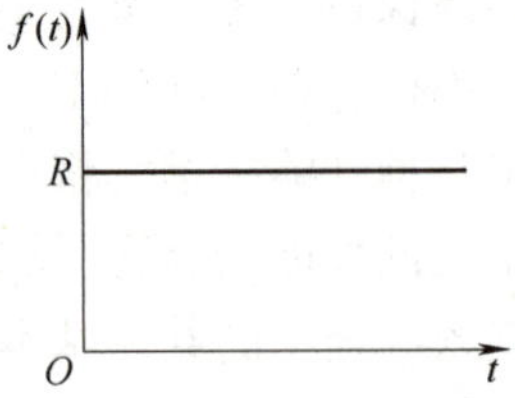

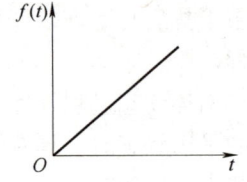

图 1-17 阶跃函数图形

常记为 $1(t)$;幅值为 R 的阶跃函数可表示为 $f(t)=R \cdot 1(t)$。在任意时刻 t_0 出现的阶跃函数可表示为 $f(t-t_0)=R \cdot 1(t-t_0)$。

在工程实践中,阶跃函数是经常遇到的一种外作用信号形式,如给定电压突然跳变、电机负载突然变化等,都可以称为阶跃信号。在控制系统的分析与设计中,一般将在阶跃函数作用下系统的输出响应特性作为评价系统动态性能的依据。

2. 斜坡函数

斜坡函数的图形如图 1-18 所示,它的表达式为

$$f(t)=\begin{cases} Rt & t \geqslant 0 \\ 0 & t<0 \end{cases} \quad (R \text{ 为常量}) \quad (1\text{-}3)$$

斜坡函数也称为等速度函数。它等于阶跃函数对时间的积分,而它的导数就是阶跃函数。当 $R=1$ 时,称为单位斜坡函数。在工程实践中,某些随动系统经常工作于这种函数作用之下,例如雷达-高射炮防空系统,当雷达跟踪的目标以恒定速率飞行时,便可视为该系统工作于斜坡函数作用之下。

图 1-18 斜坡函数图形

3. 抛物线函数

抛物线函数的图形如图 1-19 所示,它的表达式为

$$f(t)=\begin{cases} Rt^2 & t \geqslant 0 \\ 0 & t<0 \end{cases} \quad (R \text{ 为常量}) \quad (1\text{-}4)$$

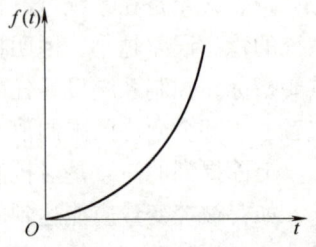

抛物线函数也称为加速度函数,它等于斜坡函数对时间的积分,而它对时间的导数就是斜坡函数。当 $R=1/2$ 时,称为单位加速度函数。

图 1-19 抛物线函数图形

4. 脉冲函数

脉冲函数的图形如图 1-20 所示，它的表达式为

$$f(t) = \begin{cases} \dfrac{R}{\varepsilon} & 0 < t < \varepsilon \\ 0 & t < 0 \text{ 或 } t > \varepsilon \end{cases} \quad (R \text{ 为常量}) \tag{1-5}$$

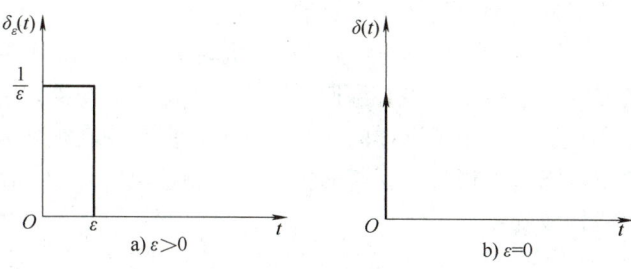

图 1-20 脉冲函数图形

当 $R=1$ 时，记为 δ_ε，如图 1-20a 所示；若令 $\varepsilon \to 0$，则称为 δ 函数，如图 1-20b 所示。工程上，常将 δ 函数称为单位脉冲函数。单位脉冲函数 $\delta(t)$ 的表达式为

$$\delta(t) = \begin{cases} \infty & t = 0 \\ 0 & t \neq 0 \end{cases} \quad \text{且} \int_{-\infty}^{\infty} \delta(t) \, dt = 1 \tag{1-6}$$

式(1-6)表明，单位脉冲函数 $\delta(t)$ 是一个宽度为 0、幅值为 ∞、面积为 1 的脉冲。脉冲函数的强度通常用其面积表示，强度为 R 的脉冲函数可表示为 $f(t) = R\delta(t)$。在 t_0 时刻出现的单位脉冲函数可表示为 $f(t-t_0) = \delta(t-t_0)$。单位脉冲函数是单位阶跃函数对时间的导数，而单位阶跃函数则是单位脉冲函数对时间的积分。

应当指出，单位脉冲函数只有数学上的定义，在现实中并不存在，但它是一个重要的数学工具。在控制理论研究中，它具有重要的作用。如一个任意形式的外作用函数，可以分解为不同时刻一系列脉冲函数之和。这样，通过研究系统在脉冲函数作用下的响应特性，便可了解系统在任意形式函数作用下的响应特性。

5. 正弦函数

正弦函数的表达式为

$$f(t) = A\sin(\omega t + \varphi) \tag{1-7}$$

式中，A 为振幅；ω 为角频率，$\omega = 2\pi f$；φ 为初相角。

正弦函数是控制系统常用的一种典型外作用信号，许多随动系统就是在这种函数作用下工作的，如舰船的消摆系统、稳定平台的随动系统等，就是在正弦函数的波形作用下工作的。用正弦函数作为输入信号，可以求得不同频率的正弦函数输入的稳态响应，称为频率响应，利用频率响应来分析和设计自动控制系统，称为频域响应法，这部分内容将在第 5 章中介绍。

1.6 自动控制理论的发展简史

控制理论的形成远比控制技术的应用来得晚。最早的控制系统应用可以追溯到中国古代发明。2200 多年前，李冰主持修建的都江堰水利工程至

自动控制理论的
发展历程

今仍发挥着重要作用，都江堰的鱼嘴分水堤、宝瓶口和飞沙堰三大部分互相配合，完全利用自然规律做到了自动防洪与排沙。指南车被英国著名的科技史专家李约瑟称为世界上第一个自动控制系统，它采用了巧妙的齿轮传动，根据左右轮速的差，得到车向变化的信息，并通过相应的补偿，使车上的木头人能够始终指向原定方向。北宋年间（公元 1086—1089 年），苏颂和韩公廉利用天衡装置制造的水运仪象台，集天文观测、天文演示和报时系统为一体，是一个按负反馈原理构成的大型自动化天文仪器。

但是直到 1788 年前后，瓦特离心调速器在蒸汽机转速控制上得到普遍的应用，才开始出现研究控制理论的需求。一般都把离心调速器叫作瓦特离心调速器，它实际上并不是瓦特的发明。瓦特发明的蒸汽机只是用了这样的一个调速器，但是现在很多人都愿意把这个离心调速器挂在瓦特的名下。随后大概有一百年的历史，工业领域里自动控制系统主要就是由这个离心调速器和蒸汽机构成的系统。

1868 年，英国物理学家 J. C. 麦克斯韦首先解释了瓦特速度控制系统中出现的不稳定问题，通过线性常微分方程的建立和分析，指出了振荡现象的出现与由系统导出的一个代数方程根的分布有密切的关系，开辟了用数学方法研究控制系统中运动的途径。此后，英国数学家 E. J. 劳思和德国数学家赫尔维茨分别在 1877 年和 1895 年独立地建立了直接根据代数方程的系数判别系统稳定性的准则。赫尔维茨利用稳定性理论解决了瑞士达沃斯电厂的一个蒸汽机的调速系统设计问题。1892 年，俄国数学家李雅普诺夫用严格的数学分析的方法全面地论述了稳定性问题，李雅普诺夫稳定性理论至今仍然是分析系统稳定性的重要方法。

1932 年，美国物理学家 H. 奈奎斯特提出了一种相当简单的稳定性判据，根据对稳态正弦输入的开环响应确定闭环控制系统的稳定性。这种方法比当时流行的基于微分方程的分析方法有更大的实用性，也更便于设计反馈控制系统。奈奎斯特的工作奠定了频率响应法的基础。

1948 年前后，美国科学家 W. R. 伊万斯提出并完善了根轨迹分析方法。频率响应法和根轨迹法是经典控制理论（也称古典控制理论）的核心。在这一个时期，理论应用所获得的成就，促使人们试图把这些原理推广到像生物控制机理、神经网络、经济及社会过程等非常复杂的系统，其中美国数学家 N. 维纳在 1948 年出版的《控制论》具有重要的影响。我国科学家钱学森 1954 年出版的《工程控制论》首次将控制论的思想和方法引入科研和生产领域，系统地提出了自动运转系统的控制理论基础和控制方法。

由频率响应法和根轨迹法设计出来的系统是稳定的，并且或多或少地满足一组独立的性能要求。一般来说，这些系统是令人满意的，但它不是某种意义上的最佳系统。从 20 世纪 50 年代末期开始，控制系统设计的重点从设计许多可行系统中的一种系统，转变到设计在某种意义上的一种最佳系统。

由于具有多输入和多输出的现代设备变得越来越复杂，所以需要大量方程来描述现代控制系统。古典控制理论只涉及单输入、单输出系统，对于多输入、多输出系统就无能为力了。大约从 1960 年开始，计算机的出现为复杂系统的时域分析提供了可能性。因此，利用状态变量、基于时域分析的现代控制理论应运而生，从而适应了现代设备日益增加的复杂性，同时满足了军事、空间技术和工业应用领域对精确度、重量和成本方面的严格要求。

"经典控制理论"和"现代控制理论"这两个名词是 1960 年在第一届全美联合自动控制会

议上提出的。在这次会议上把系统和控制领域中研究单变量控制问题的理论称为经典控制理论，研究多变量控制问题的理论称为现代控制理论。现在，一些学者对"经典"和"现代"的提法是否合适提出了意见。按经典控制理论和现代控制理论的提法，经典控制理论的研究对象是单输入、单输出控制系统（单变量控制系统），特别是线性定常系统。经典控制理论采用输入、输出特性（主要是传递函数）为系统的数学模型，采用频率响应法和根轨迹法这些图解的分析方法，分析系统的性能和设计控制装置。现代控制理论可以说是建立在状态空间法基础上的一种控制理论。在现代控制理论中，对控制系统的分析和设计主要是通过对系统的状态变量描述进行的，基本方法是时域方法。

在 1960—1980 年这段时间内，不论是确定性系统和随机系统的最优控制，还是复杂系统的自适应和学习控制，都得到了充分的研究。从 20 世纪 80 年代以来，现代控制理论的进展集中在对鲁棒控制、H_∞ 控制、智能控制等相关课题的研究方面。随着人工智能和计算机技术的发展，有可能把自动控制和人工智能以及系统科学中一些有关学科分支（如系统工程、系统学、运筹学、信息论）深度结合起来，建立一种适用于复杂系统的智能控制理论和技术体系。这是自动控制技术的最新发展阶段，也是用计算机模拟人类智能进行控制的研究领域。此外，控制理论与技术已在智能交通、现代服务系统、电子商务、生物系统、生物医学系统和社会态势分析等非传统控制领域内得到了切实和有效的应用。

钱学森、张钟俊、杨嘉墀等是我国自动控制技术的开拓者，为我国在国防建设、载人航天、火星探测、北斗系统和高速铁路等领域的发展奠定了基础。

1.7 本书的主要内容及结构体系

本书的主要内容是介绍经典控制理论中线性系统的数学模型、系统分析和系统设计的基本概念、基本原理和方法，同时对非线性系统的相关知识进行简单介绍。

系统分析是指在已知系统结构和参数的情况下，根据系统对于某种典型输入信号作用下的输出响应，求出反应系统稳定性、动态性与稳态性的性能指标。如果给定的系统经过分析，其性能指标满足要求，则不存在进行控制系统设计的问题；如果性能指标不满足要求而被控对象本身又不能改变，则控制系统设计的任务就是改变系统的某些参数或加入某种控制装置，使其满足性能指标的要求。系统分析与系统设计通常是互相联系、交替进行的，系统分析是为了更好地了解系统，设计出合适的控制系统。

本书共 7 章，各章的主要内容如下：

第 1 章为绪论，简单介绍控制系统的基本概念、分类以及控制理论的发展过程。

第 2 章是控制系统的数学模型。本章复习了经典控制理论中所要用到的拉普拉斯变换基础，并利用拉普拉斯变换求解线性系统的微分方程。本章涉及的数学模型有微分方程、传递函数、框图及信号流图。重点内容为传递函数的性质、框图的等效变换以及利用梅森增益公式求取复杂系统的传递函数关系。

第 3 章是线性系统的时域分析法，在时间域内对连续时间控制系统进行动态响应分析。重点讨论一阶、二阶及高阶系统的动态特性及动态性能指标；利用劳斯稳定判据判断线性系统的稳定性；系统的"型"别以及利用稳态误差系数求取稳态误差。

第 4 章是线性系统的根轨迹法。重点讲解绘制常规根轨迹和广义根轨迹的方法，分析系统稳定性、动态性和稳态性的根轨迹法，以及如何基于根轨迹进行系统的 PID 控制设计。

第 5 章是线性系统的频率响应法,在频率域内对连续时间控制系统进行动态响应分析。主要内容有线性系统的伯德(Bode)图、奈奎斯特稳定(Nyquist)图、奈奎斯特稳定判据、最小相位系统、稳定裕度以及频率特性与时域性能指标的关系等。

第 6 章是线性系统的校正。重点讲解基于伯德图的线性系统串联超前校正法、串联滞后校正法和串联滞后-超前校正法。对反馈校正、复合校正和 PID 控制器设计的一般问题也进行了介绍。

第 7 章是非线性系统分析。主要阐述了控制系统中的典型非线性特性及其对控制系统性能的影响;基于描述函数法和相平面法的非线性控制系统分析。

上述前 6 章内容涉及的均是线性定常系统。概括起来讲,主要是**在时间域、复数域和频率域内对控制系统的稳定性、快速性和准确性问题进行分析和设计**。第 7 章是对非线性控制系统中的一般问题和基本方法进行初步了解。

本 章 小 结

本章重点介绍了自动控制系统的基本概念以及开环控制、反馈控制和复合控制的工作原理,自动控制系统的分类和基本要求。还给出了 4 个控制系统示例和 5 个典型的输入信号,并介绍了自动控制理论的发展简史。自动控制系统广泛应用于工业、农业、国防等领域,在国民经济中有着举足轻重的作用。

习　　题

1-1　图 1-21 是液位自动控制系统原理图。在任意情况下,希望液面高度 c 维持不变,试说明系统工作原理并画出系统框图。

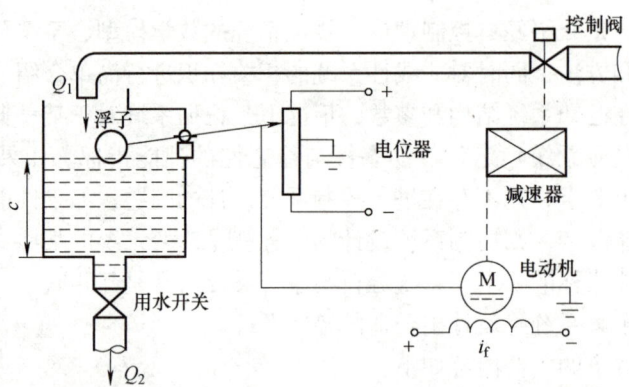

图 1-21　题 1-1 液位自动控制系统原理图

1-2　恒温箱的温度自动控制系统如图 1-22 所示。
(1) 画出系统的框图;
(2) 简述保持恒温箱温度恒定的工作原理;
(3) 指出该控制系统的被控对象和被控变量分别是什么。

1-3　图 1-23 是自整角机随动系统原理图。系统的功能是使接收自整角机 TR 的转子角位移 θ_0 与发送自整角机 TX 的转子角位移 θ_i 始终保持一致,试说明系统是如何工作的,并指出被控对象、被控量以及控制装置各部件的作用并画出系统框图(TX 为自整角机的发送机;TR 为自整角机的接收机)。

1-4　图 1-24 为物料温度控制系统,冷物料在热交换器中由通入的蒸汽加热,从而得到一定温度的热物料。冷物料流量的变化可以用流量计测量得到。

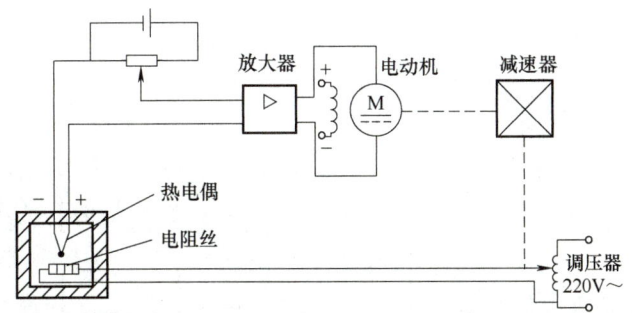

图 1-22 题 1-2 恒温箱的温度自动控制系统原理图

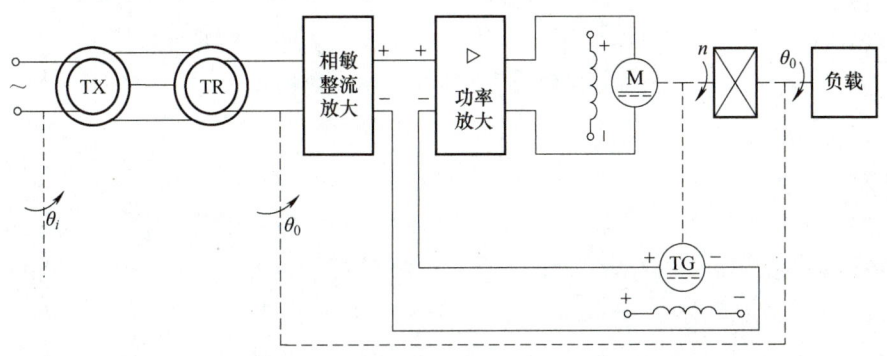

图 1-23 题 1-3 自整角机随动系统原理图

（1）说明为了保持出口物料的温度为给定值，系统是如何工作的？
（2）指出系统的控制对象及控制器；
（3）绘制系统的原理框图；
（4）指出系统属于何种类型？

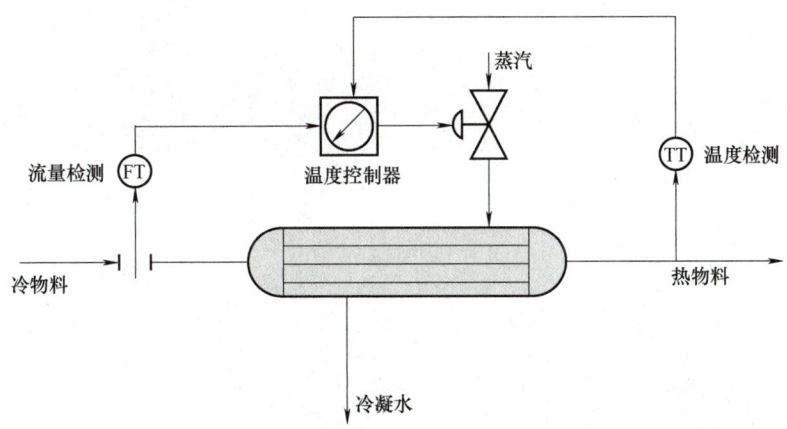

图 1-24 题 1-4 物料温度控制系统原理图

1-5 图 1-25a、b 均为自动调压系统。设空载时，图 1-25a 与图 1-25b 发电机端电压均为 110V。试问带上负载后，图 1-25a 与图 1-25b 中哪个系统能保持 110V 电压不变？哪个系统的电压会稍低于 110V？为什么？

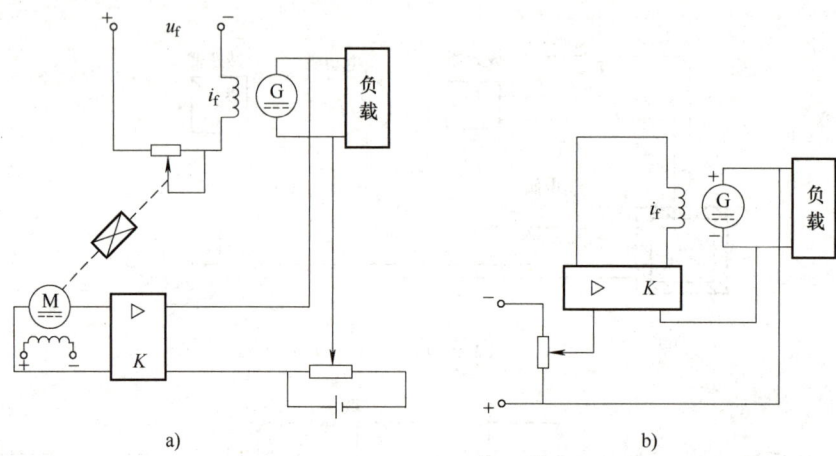

图 1-25　题 1-5 自动调压系统原理图

第 2 章

控制系统的数学模型

分析与设计控制系统,首先要建立它的数学模型。对于控制工程师来说,"数学模型"这个词也就相当于一组描述系统的动态行为方程,即描述系统中各变量之间关系的数学表达式。控制系统在稳态工作条件下或系统中各变量随时间变化缓慢情况下,以至于它们对时间的变化率可以忽略不计(即变量的各阶导数为零),此时描述变量之间关系的代数方程称为静态数学模型。如果各变量对时间的变化率不可忽略(即变量的各阶导数不为零),则描述变量各阶导数之间关系的微分方程称为动态数学模型,只有把握住系统的动态变化过程,才能从理论上对系统进行定量的分析和计算。

控制系统的种类很多,如机械系统、电气系统、液压系统、热力系统等。这些在表面上完全不同的物理系统,却可能具有完全相同的数学模型。因此,数学模型可以表示这些系统动态过程的共同特性。因此只要深入研究一种数学模型,也就了解了具有这种数学模型的各类系统的特性。由此可见,控制系统的数学模型一旦建立后,对于系统的分析与研究主要是针对系统所对应的数学模型,而不再涉及实际物理系统的具体性质和特点。

建立数学模型的方法通常有**机理分析法**和**实验辨识法**两种,机理分析法是对系统各部分的运动机理进行分析,根据它们所依据的物理、化学及各种科学规律,列写相应的运动方程。例如,力学中的牛顿定律,电学中的基尔霍夫定律等。实验辨识法是人为地给被测系统施加某种测试信号,根据测得的实验数据,用某种数学方法进行数据处理,拟合出与实际系统比较接近的数学模型。本章重点研究用机理分析法建立系统的数学模型。

应当指出,对于给定的系统,数学模型不是唯一的,一个系统可以用不同的方式表示。在时间域中常用的数学模型有微分方程、差分方程、状态方程等,在复数域中有传递函数、动态结构图(框图);在频率域中有频率特性等。本章只研究微分方程以及由此派生出的传递函数和框图,其应用范围只限于线性定常系统。

2.1 数学基础——拉普拉斯变换及其应用

数学基础——拉普拉斯变换及其应用

线性连续系统的动态数学模型通常是由微分方程描述的,为了分析系统的控制过程性能,最直接的办法是求出微分方程的解。用拉普拉斯变换求解微分方程,可以将微积分运算转化为代数运算,借助于拉普拉斯变换表可以大大简化微分方程的求解过程;另外利用这一数学工具可以引出控制理论极为重要的基本概念——传递函数。因此,这里对经典控制理论的数学基础——拉普拉斯变换进行简要介绍。

2.1.1 拉普拉斯变换的定义

设函数 $f(t)$，t 为实变量，若满足：
1) 当 $t<0$ 时，$f(t)=0$；
2) 当 $t \geq 0$ 时，如果线性积分

$$\int_0^\infty f(t)\mathrm{e}^{-st}\mathrm{d}t \quad (s \text{ 为复变量})$$

在 s 的某一邻域内收敛，则称其为函数 $f(t)$ 的拉普拉斯变换，变换后的新函数是复变量 s 的函数，记为 $F(s)$ 或 $L[f(t)]$，即

$$F(s) = L[f(t)] = \int_0^\infty f(t)\mathrm{e}^{-st}\mathrm{d}t \tag{2-1}$$

通常称 $F(s)$ 为 $f(t)$ 的象函数，而 $f(t)$ 为 $F(s)$ 的原函数。

另外，又有拉普拉斯反变换，定义为

$$f(t) = L^{-1}[F(s)] = \frac{1}{2\pi \mathrm{j}}\int_{\sigma-\mathrm{j}\infty}^{\sigma+\mathrm{j}\infty} F(s)\mathrm{e}^{st}\mathrm{d}s \tag{2-2}$$

即已知象函数 $F(s)$ 可以通过式(2-2)运算，求出原函数的时间表达式 $f(t)$。在式(2-1)和式(2-2)中，$s=\sigma+\mathrm{j}\omega$ 是复数。

表面看来，上述积分与反演积分运算很复杂，实际上，绝大多数典型函数都可以预先制作成表格，函数变换只需查表即可。另外，从拉普拉斯变换的定义来看，能利用拉普拉斯变换的函数必须满足上述两个条件。控制系统动态表达式中的变量时间函数一般是可以满足的，因为研究控制系统的动态过程，通常都是从加入某一扰动开始，令此时刻为零，即 $t<0$ 时，各变量时间函数值均为零，这一假设通常是符合工程实际情况的。另外，控制系统各变量的上述积分值也是有限值，即满足收敛条件，因此可以利用拉普拉斯变换求解。

2.1.2 拉普拉斯变换的积分下限

拉普拉斯变换中定义式中，积分下限为零，但有 0 的右极限 0_+ 和 0 的左极限 0_- 之分。对于在 $t=0$ 处连续或只有第一类间断点的函数，0_+ 型和 0_- 型的拉普拉斯变换是相同的；对于在 $t=0$ 处有无穷跳跃的函数，例如单位脉冲函数（δ 函数），两种变换的结果并不一致。

δ 函数是脉冲面积为 1，在 $t=0$ 瞬时出现无穷跳跃的特殊函数，其数学表达式见式(1-6)。取 $\delta(t)$ 的 0_+ 型拉普拉斯变换为

$$\int_{0_+}^\infty \delta(t)\mathrm{e}^{-st}\mathrm{d}t = 0$$

而 $\delta(t)$ 的 0_- 型拉普拉斯变换为

$$\int_{0_-}^\infty \delta(t)\mathrm{e}^{-st}\mathrm{d}t = \int_{0_-}^{0_+} \delta(t)\mathrm{e}^{-st}\mathrm{d}t + \int_{0_+}^\infty \delta(t)\mathrm{e}^{-st}\mathrm{d}t = 1$$

实质上，0_+ 型拉普拉斯变换没有反映出 δ 函数在 $[0_-,0_+]$ 区间的跳跃特性，而 0_- 型拉普拉斯变换则包含了这一区间。因此，0_- 型拉普拉斯变换反映出了客观实际情况。在拉普拉斯变换过程中，若不特别指出是 0_+ 或 0_-，均认为是 0_- 型变换。

2.1.3 几个常用函数的拉普拉斯变换

1. 阶跃函数

阶跃函数的表达式为 $f(t) = \begin{cases} R & t \geq 0 \\ 0 & t < 0 \end{cases}$，$R$ 为常量，则其拉普拉斯变换为

$$F(s) = L[f(t)] = \int_0^\infty R e^{-st} dt = -\frac{R}{s} e^{-st} \bigg|_0^\infty = \frac{R}{s}$$

当 $R=1$ 时，即为单位阶跃函数，记为 $1(t)$ 或 $u(t)$，有

$$1(t) = \begin{cases} 1 & t \geq 0 \\ 0 & t < 0 \end{cases}$$

$$F(s) = L[u(t)] = L[1(t)] = \frac{1}{s} \tag{2-3}$$

2. 单位斜坡函数

单位斜坡函数的数学表达式为

$$f(t) = t \cdot 1(t) = \begin{cases} t & t \geq 0 \\ 0 & t < 0 \end{cases}$$

则其拉普拉斯变换为

$$F(s) = L[t \cdot 1(t)] = \int_0^\infty t \cdot 1(t) e^{-st} dt = -\frac{t}{s} e^{-st} \bigg|_0^\infty + \int_0^\infty \frac{1}{s} e^{-st} dt = \frac{1}{s^2} \tag{2-4}$$

3. 单位加速度函数

单位加速度函数的表达式为

$$f(t) = \frac{1}{2} t^2 \cdot 1(t)$$

则其拉普拉斯变换为

$$F(s) = L\left[\frac{1}{2} t^2 \cdot 1(t)\right] = \int_0^\infty \frac{1}{2} t^2 \cdot 1(t) e^{-st} dt = \frac{1}{s^3} \tag{2-5}$$

4. 指数函数 e^{-at}

指数函数 e^{-at} 的拉普拉斯变换为

$$F(s) = L[e^{-at}] = \int_0^\infty e^{-at} e^{-st} dt = \frac{1}{s+a} \tag{2-6}$$

5. 正弦函数和余弦函数

正弦函数的拉普拉斯变换为

$$F(s) = L[\sin\omega t] = \int_0^\infty \sin(\omega t) e^{-st} dt = \int_0^\infty \frac{1}{2j}(e^{j\omega t} - e^{-j\omega t}) e^{-st} dt = \frac{\omega}{s^2 + \omega^2} \tag{2-7}$$

与此类似，可求出余弦函数的拉普拉斯变换为

$$F(s) = L[\cos\omega t] = \int_0^\infty \cos(\omega t) e^{-st} dt = \frac{s}{s^2 + \omega^2} \tag{2-8}$$

2.1.4 拉普拉斯变换的几个重要定理

1. 线性定理

设 $F_1(s)=L[f_1(t)]$，$F_2(s)=L[f_2(t)]$，a、b 均为常数，则有

$$L[af_1(t)+bf_2(t)]=aL[f_1(t)]+bL[f_2(t)]=aF_1(s)+bF_2(s) \tag{2-9}$$

2. 微分定理

设 $F(s)=L[f(t)]$，则有

$$L\left[\frac{\mathrm{d}f(t)}{\mathrm{d}t}\right]=\int_0^\infty \left[\frac{\mathrm{d}f(t)}{\mathrm{d}t}\right]\mathrm{e}^{-st}\mathrm{d}t=sF(s)-f(0)$$

$$L\left[\frac{\mathrm{d}^2 f(t)}{\mathrm{d}t^2}\right]=s^2 F(s)-sf(0)-f'(0) \tag{2-10}$$

$$L\left[\frac{\mathrm{d}^n f(t)}{\mathrm{d}t^n}\right]=s^n F(s)-s^{n-1}f(0)-s^{n-2}f'(0)-\cdots-f^{(n-1)}(0)$$

式中，$f(0)$，$f'(0)$，$\cdots$，$f^{(n-1)}(0)$ 为函数 $f(t)$ 及各阶导数在 $t=0$ 时的值。当 $f(0)=f'(0)=\cdots=f^{(n-1)}(0)=0$ 时，则有

$$L\left[\frac{\mathrm{d}^n f(t)}{\mathrm{d}t^n}\right]=s^n F(s) \tag{2-11}$$

3. 积分定理

若 $F(s)=L[f(t)]$，则

$$L\left[\int f(t)\mathrm{d}t\right]=\frac{1}{s}F(s)+\frac{1}{s}f^{(-1)}(0)$$

同理，对 $f(t)$ 多重积分的拉普拉斯变换，$f^{(-1)}(0)$，$f^{(-2)}(0)$，$\cdots$，$f^{(-n)}(0)$ 为 $f(t)$ 及各重积分在 $t=0$ 的值，若 $f^{(-1)}(0)=f^{(-2)}(0)=\cdots=f^{(-n)}(0)=0$，则有

$$L\left[\int\cdots\int f(t)(\mathrm{d}t)^n\right]=\frac{1}{s^n}F(s) \tag{2-12}$$

需要注意的是，如果函数 $f(t)$ 在 $t=0$ 时不连续，求初始条件时取 $t=0_-$。

4. 位移定理

位移定理又分两个方面：一是在时间坐标中有一个位移；另一个是在复数 s 坐标中有一个位移。下面分别予以说明。

(1) 实位移定理

若 $F(s)=L[f(t)]$，则

$$L[f(t-\tau)]=\mathrm{e}^{-\tau s}F(s) \tag{2-13}$$

式(2-13)说明，如果时域函数 $f(t)$ 平移 τ，则相当于复域中的象函数乘以 $\mathrm{e}^{-\tau s}$，利用变量置换法可以得到证明，该定理又称为延迟定理。

(2) 复位移定理

若 $F(s)=L[f(t)]$，则

$$L[\mathrm{e}^{-at}f(t)]=F(s+a) \tag{2-14}$$

式(2-14)说明，一个指数函数 e^{-at} 乘以原函数 $f(t)$，其拉普拉斯变换相当于象函数在复域中做位移 a，例如，若

$$L[\cos\omega t] = \frac{s}{s^2+\omega^2}$$

则

$$L[e^{-at}\cos\omega t] = \frac{s+a}{(s+a)^2+\omega^2}$$

5. 终值定理

若 $L[f(t)] = F(s)$，$f(t)$ 在 $[0,+\infty)$ 上可微，$f'(t)$ 满足拉普拉斯变换存在定理的条件，$sF(s)$ **在包含虚轴的右半平面内解析**，则

$$\lim_{t\to\infty} f(t) = \lim_{s\to 0} sF(s) \tag{2-15}$$

注意：当 $t\to\infty$ 时，若 $f(t)$ 不存在极限，不能使用终值定理。例如，$f(t)=\sin\omega t$，终值定理便不适用。

6. 初值定理

若 $L[f(t)] = F(s)$，函数 $f(t)$ 及其一阶导数都是可以进行拉普拉斯变换的，则 $f(t)$ 的初始值为

$$f(0_+) = \lim_{t\to 0_+} f(t) = \lim_{s\to\infty} sF(s) \tag{2-16}$$

式中，$f(0_+)$ 表示 $f(t)$ 在 $t=0$ 右极限时的值。

表 2-1 简要列出拉普拉斯变换的基本特性，表 2-2 列出常用函数的拉普拉斯变换式，可供查用。

表 2-1　拉普拉斯变换的基本特性

序号	基本运算	原函数 $f(t)$	象函数 $F(s)=L[f(t)]$
1	拉普拉斯变换定义	$f(t)$	$F(s) = \int_0^\infty f(t)e^{-st}dt$
2	位移（时间域）	$f(t-\tau_0)\cdot 1(t-\tau_0)$	$e^{-\tau_0 s}F(s)$，$\tau_0 > 0$
3	相似性	$f(at)$	$\frac{1}{a}F\left(\frac{s}{a}\right)$，$a>0$
4	一阶导数	$\dfrac{df(t)}{dt}$	$sF(s)-f(0)$
5	n 阶导数	$\dfrac{d^n}{dt^n}f(t)$	$s^n F(s)-s^{n-1}f(0)-s^{n-2}f'(0)-\cdots-f^{(n-1)}(0)$
6	不定积分	$\int f(t)dt$	$\dfrac{1}{s}[F(s)+f^{(-1)}(0)]$
7	定积分	$\int_0^t f(t)$	$\dfrac{1}{s}F(s)$
8	位移（复数域）	$e^{-at}f(t)$	$F(s+a)$
9	初始值	$\lim\limits_{t\to 0_+} f(t)$	$\lim\limits_{s\to\infty} sF(s)$
10	终值	$\lim\limits_{t\to\infty} f(t)$	$\lim\limits_{s\to 0} sF(s)$

表 2-2 常用函数的拉普拉斯变换对照表

序号	象函数 $F(s)$	原函数 $f(t)$
1	1	$\delta(t)$
2	$\dfrac{1}{s}$	$1(t)$
3	$\dfrac{1}{s^2}$	t
4	$\dfrac{1}{s^n}$	$\dfrac{t^{n-1}}{(n-1)!}$
5	$\dfrac{1}{s+a}$	e^{-at}
6	$\dfrac{1}{(s+a)(s+b)}$	$\dfrac{1}{(b-a)}(e^{-at}-e^{-bt})$
7	$\dfrac{s+a_0}{(s+a)(s+b)}$	$\dfrac{1}{(b-a)}[(a_0-a)e^{-at}-(a_0-b)e^{-bt}]$
8	$\dfrac{1}{s(s+a)(s+b)}$	$\dfrac{1}{ab}+\dfrac{1}{ab(a-b)}(be^{-at}-ae^{-bt})$
9	$\dfrac{1}{s^2+\omega^2}$	$\dfrac{1}{\omega}\sin\omega t$
10	$\dfrac{s}{s^2+\omega^2}$	$\cos\omega t$
11	$\dfrac{s+a_0}{s^2+\omega^2}$	$\dfrac{1}{\omega}(a_0^2+\omega^2)^{\frac{1}{2}}\sin(\omega t+\varphi)$, $\varphi=\arctan\dfrac{\omega}{a_0}$
12	$\dfrac{1}{s(s^2+\omega^2)}$	$\dfrac{1}{\omega^2}(1-\cos\omega t)$
13	$\dfrac{s+a_0}{s(s^2+\omega^2)}$	$\dfrac{a_0}{\omega}-\dfrac{(a_0^2+\omega^2)^{\frac{1}{2}}}{\omega^2}\cos(\omega t+\varphi)$, $\varphi=\arctan\dfrac{\omega}{a_0}$
14	$\dfrac{s+a_0}{(s+a)(s^2+\omega^2)}$	$\dfrac{a_0-a}{a^2+\omega^2}e^{-at}+\dfrac{1}{\omega}\left(\dfrac{a_0^2+\omega^2}{a^2+\omega^2}\right)^{\frac{1}{2}}\sin(\omega t+\varphi)$, $\varphi=\arctan\dfrac{\omega}{a_0}-\arctan\dfrac{\omega}{a}$
15	$\dfrac{1}{(s+a)^2+\omega^2}$	$\dfrac{1}{\omega}e^{-at}\sin\omega t$
16	$\dfrac{s+a_0}{(s+a)^2+\omega^2}$	$\dfrac{1}{\omega}[(a_0-a)^2+\omega^2]^{\frac{1}{2}}\sin(\omega t+\varphi)$, $\varphi=\arctan\dfrac{\omega}{a_0-a}$
17	$\dfrac{s+a}{(s+a)^2+\omega^2}$	$e^{-at}\cos\omega t$
18	$\dfrac{1}{s^2(s+a)}$	$\dfrac{e^{-at}+at-1}{a^2}$

(续)

序号	象函数 $F(s)$	原函数 $f(t)$
19	$\dfrac{s+a_0}{s^2(s+a)}$	$\dfrac{a_0-a}{a^2}e^{-at}+\dfrac{a_0}{a}t+\dfrac{a-a_0}{a^2}$
20	$\dfrac{s+a_0}{(s+a)^2}$	$[(a_0-a)t+1]e^{-at}$
21	$\dfrac{1}{(s+a)^n}$	$\dfrac{1}{(n-1)!}t^{n-1}e^{-at}$
22	$\dfrac{1}{s(s+a)^2}$	$\dfrac{1-(1+at)e^{-at}}{a^2}$
23	$\dfrac{1}{s(s+a)}$	$\dfrac{1}{a}(1-e^{-at})$
24	$\dfrac{s+a_0}{s(s+a)}$	$\dfrac{1}{a}[a_0-(a_0-a)e^{-at}]$
25	$\dfrac{s}{s^2+2\zeta\omega_n s+\omega_n^2}$	$\dfrac{-1}{\sqrt{1-\zeta^2}}e^{-\zeta\omega_n t}\sin(\omega_n\sqrt{1-\zeta^2}\cdot t-\varphi),\ \varphi=\arctan\dfrac{\sqrt{1-\zeta^2}}{\zeta}$
26	$\dfrac{\omega_n}{s^2+2\zeta\omega_n s+\omega_n^2}$	$\dfrac{\omega_n}{\sqrt{1-\zeta^2}}e^{-\zeta\omega_n t}\sin(\omega_n\sqrt{1-\zeta^2}\cdot t)$
27	$\dfrac{\omega_n^2}{s(s^2+2\zeta\omega_n s+\omega_n^2)}$	$1-\dfrac{1}{\sqrt{1-\zeta^2}}e^{-\zeta\omega_n t}\sin(\omega_n\sqrt{1-\zeta^2}\cdot t+\varphi),\ \varphi=\arctan\dfrac{\sqrt{1-\zeta^2}}{\zeta}$

2.1.5 拉普拉斯反变换

拉普拉斯反变换的定义式已由式(2-2)给出，即

$$f(t)=L^{-1}[F(s)]=\dfrac{1}{2\pi j}\int_{\sigma-j\infty}^{\sigma+j\infty}F(s)e^{st}ds \quad (2\text{-}17)$$

这是复变函数积分，一般很难计算，故由 $F(s)$ 求出 $f(t)$ 常用部分分式法，即首先将 $F(s)$ 分解成一些简单的有理分式函数之和，然后由拉普拉斯变换表一一查出所对应的反变换函数，即得所求的原函数 $f(t)$。

$F(s)$ 通常是 s 的真有理分式函数，其一般表达式为

$$F(s)=\dfrac{B(s)}{A(s)}=\dfrac{b_0 s^m+b_1 s^{m-1}+\cdots+b_{m-1}s+b_m}{s^n+a_1 s^{n-1}+\cdots+a_{n-1}s+a_n} \quad (2\text{-}18)$$

式中，a_1，a_2，$\cdots$，a_n 和 b_1，b_2，$\cdots$，b_m 均为实数，m、n 为正数，且 $n>m$。如果 $F(s)$ 分母多项式的阶次 n 小于或等于分子多项式的阶次 m，需要先将 $F(s)$ 化成有理多项式和真有理分式之和的形式，如例 2-2。

首先对 $F(s)$ 的分母多项式进行因式分解，得

$$A(s)=(s-s_1)(s-s_2)\cdots(s-s_n)$$

式中，s_1，s_2，$\cdots$，s_n 为 $A(s)=0$ 的根，下面分两种情况讨论：

1. $A(s)=0$ 无重根

将 $F(s)$ 换写为 n 个部分分式之和的形式，即

$$F(s) = \frac{c_1}{s-s_1} + \frac{c_2}{s-s_2} + \cdots + \frac{c_i}{s-s_i} + \cdots + \frac{c_n}{s-s_n} = \sum_{i=1}^{n} \frac{c_i}{s-s_i} \quad (2\text{-}19)$$

式中，c_i 是为待定常数，称为 $F(s)$ 在极点 s_i 处的留数。

若确定了每个部分分式中的 c_i，则由拉普拉斯变换表可查得 $F(s)$ 的反变换为

$$L^{-1}[F(s)] = f(t) = L^{-1}\left[\sum_{i=1}^{n} \frac{c_i}{s-s_i}\right] = \sum_{i=1}^{n} c_i e^{s_i t} \quad (2\text{-}20)$$

c_i 可由式(2-21)求得，即

$$c_i = \lim_{s \to s_i}(s-s_i)F(s) \quad (2\text{-}21)$$

或

$$c_i = \left.\frac{B(s)}{A'(s)}\right|_{s=s_i} \quad (2\text{-}22)$$

例 2-1 求 $F(s) = \dfrac{s+3}{(s+1)(s+2)}$ 的原函数。

解 $F(s)$ 的部分展开式为

$$F(s) = \frac{s+3}{(s+1)(s+2)} = \frac{c_1}{s+1} + \frac{c_2}{s+2}$$

$$c_1 = [(s+1)F(s)]_{s=-1} = 2$$

$$c_2 = [(s+2)F(s)]_{s=-2} = -1$$

所以

$$f(t) = L^{-1}[F(s)] = L^{-1}\left[\frac{2}{s+1}\right] + L^{-1}\left[\frac{-1}{s+2}\right] = 2e^{-t} - e^{-2t} \quad (t \geq 0)$$

例 2-2 求 $F(s) = \dfrac{s^2+5s+5}{s^2+4s+3}$ 的原函数。

解 由于 $F(s)$ 得分子、分母同阶，不能直接展成部分分式形式，故先分解为

$$F(s) = 1 + \frac{s+2}{s^2+4s+3}$$

故原函数为

$$f(t) = L^{-1}[F(s)] = L^{-1}[1] + L^{-1}\left[\frac{s+2}{s^2+4s+3}\right]$$

$$= \delta(t) + L^{-1}\left[\frac{\frac{1}{2}}{s+1} + \frac{\frac{1}{2}}{s+3}\right] = \delta(t) + \frac{1}{2}e^{-t} + \frac{1}{2}e^{-3t} \quad (t \geq 0)$$

例 2-3 求 $F(s)$ 的原函数。

$$F(s) = \frac{s+3}{s^2+2s+2}$$

解 令分母多项式 $A(s) = 0$，可求得分母多项式方程的根为

$$s_1 = -1+j1, \quad s_2 = -1-j1$$

即共轭复根。

此时

$$F(s) = \frac{s+3}{(s+s_1)(s+s_2)} = \frac{s+3}{(s+1-j1)(s+1+j1)} = \frac{c_1}{s+1-j1} + \frac{c_2}{s+1+j1}$$

其中
$$c_1 = \lim_{s \to -1+j1}(s+1-j1)F(s) = \frac{2+j}{2j}$$
$$c_2 = \lim_{s \to -1-j1}(s+1+j1)F(s) = -\frac{2-j}{2j}$$

所以原函数为
$$f(t) = \frac{2+j}{2j}e^{(-1+j)t} - \frac{2-j}{2j}e^{(-1-j)t}$$
$$= \frac{1}{2j}e^{-t}\left[(2+j)e^{jt} - (2-j)e^{-jt}\right]$$
$$= \frac{1}{2j}e^{-t}[2\cos t + 4\sin t]j = e^{-t}(\cos t + 2\sin t) \quad (t \geq 0)$$

2. $A(s) = 0$ 有重根

设 s_1 为 m 重根，s_{m+1}，s_{m+2}，$\cdots$，s_n 为单根，则 $F(s)$ 可展开如下
$$F(s) = \frac{c_m}{(s-s_1)^m} + \frac{c_{m-1}}{(s-s_1)^{m-1}} + \cdots + \frac{c_1}{s-s_1} + \frac{c_{m+1}}{s-s_{m+1}} + \cdots + \frac{c_n}{s-s_n}$$

式中，c_{m+1}，$\cdots$，c_n 为单根部分分式的待定常数，可按式(2-21)求得。重根待定系数 c_1，$\cdots$，c_m 可按下面计算公式求得。

$$c_m = \lim_{s \to s_1}(s-s_1)^m F(s)$$
$$c_{m-1} = \lim_{s \to s_1}\frac{d}{ds}[(s-s_1)^m F(s)]$$
$$c_{m-j} = \frac{1}{j!}\lim_{s \to s_1}\frac{d^j}{ds^j}[(s-s_1)^m F(s)]$$
$$c_1 = \frac{1}{(m-1)!}\lim_{s \to s_1}\frac{d^{(m-1)}}{ds^{(m-1)}}[(s-s_1)^m F(s)] \tag{2-23}$$

例 2-4 求 $F(s) = \dfrac{s^2+2s+3}{(s+1)^3}$ 的原函数。

解 将 $F(s)$ 的部分展开式为
$$F(s) = \frac{c_3}{(s+1)^3} + \frac{c_2}{(s+1)^2} + \frac{c_1}{(s+1)}$$

其中，
$$c_3 = [(s+1)^3 F(s)]_{s=-1} = (s^2+2s+3)_{s=-1} = 2$$
$$c_2 = \left\{\frac{d}{ds}[(s+1)^3 F(s)]\right\}_{s=-1} = \left[\frac{d}{ds}(s^2+2s+3)\right]_{s=-1} = 0$$
$$c_1 = \frac{1}{2!}\left\{\frac{d^2}{ds^2}[(s+1)^3 F(s)]\right\}_{s=-1} = \frac{1}{2}\left[\frac{d^2}{ds^2}(s^2+2s+3)\right]_{s=-1} = 1$$
$$f(t) = L^{-1}[F(s)] = L^{-1}\left[\frac{2}{(s+1)^3}\right] + L^{-1}\left[\frac{1}{s+1}\right] = (t^2+1)e^{-t} \quad (t \geq 0)$$

由上述例题可见，求 $F(s)$ 的原函数，关键要求出分母多项式方程的根，然后再用部分分式法将复杂函数展开成简单函数的和。

2.1.6 用拉普拉斯变换求解微分方程

求解微分方程的方法有解析法、数值解法和拉普拉斯变换法等，拉普拉斯变换法是工程上常用的方法之一，具体步骤如下：

1) 考虑初始解，对微分方程中的各项进行拉普拉斯变换，将微分方程转换成以 s 为变量的代数方程；

2) 由以 s 为变量的代数方程求出系统输出量的拉普拉斯变换式；

3) 对系统输出量的拉普拉斯变换式进行拉普拉斯反变换，得到系统微分方程的解。

例 2-5　设线性定常微分方程为

$$\frac{d^2 y(t)}{dt^2} + 3\frac{dy(t)}{dt} + 2y(t) = 5u(t)$$

式中，$u(t)$ 为单位阶跃函数，初始条件为 $y(0)=-1$，$\dot{y}(0)=2$，试求该微分方程的解。

解　对微分方程中的各项进行拉普拉斯变换得

$$s^2 Y(s) - sy(0) - \dot{y}(0) + 3[sY(s) - y(0)] + 2Y(s) = \frac{5}{s}$$

代入初始条件，求得 $Y(s)$，即

$$Y(s) = \frac{-s^2 - s + 5}{s(s^2 + 3s + 2)} \tag{2-24}$$

对式(2-24)进行因式分解得

$$Y(s) = \frac{A}{s} + \frac{B}{s+1} + \frac{C}{s+2}$$

式中，$A = Y(s)s\big|_{s=0} = \frac{5}{2}$；$B = Y(s)(s+1)\big|_{s=-1} = -5$；$C = Y(s)(s+2)\big|_{s=-2} = \frac{3}{2}$。

对 $Y(s)$ 取拉普拉斯反变换得微分方程的解为

$$y(t) = \frac{5}{2} - 5e^{-t} + \frac{3}{2}e^{-2t} \quad (t \geq 0)$$

2.2　控制系统微分方程的建立

2.2.1　建立控制系统微分方程的一般方法

控制系统中输出量和输入量通常都是时间 t 的函数。很多常见的元件或系统的输出量和输入量之间的关系都可以用一个微分方程表示，方程中含有输出量、输入量及它们各自对时间的导数或积分。微分方程的阶数一般都是指方程中最高导数项的阶数，又称为系统的阶数。

建立控制系统微分方程的一般方法(1)

对于单输入—单输出的系统可以由以下一般形式的微分方程来描述：

$$a_0 \frac{d^n}{dt^n} c(t) + a_1 \frac{d^{n-1}}{dt^{n-1}} c(t) + \cdots + a_{n-1} \frac{d}{dt} c(t) + a_n c(t)$$

$$= b_0 \frac{d^m}{dt^m} r(t) + b_1 \frac{d^{m-1}}{dt^{m-1}} r(t) + \cdots + b_{m-1} \frac{d}{dt} r(t) + b_m r(t)$$

式中，$c(t)$ 为系统的输出量；$r(t)$ 为系统的输入量。

$a_i(i=0,1,2,\cdots,n)$，$b_j(j=0,1,\cdots,m)$ 都是由系统的结构参数决定的系数。如果微分方程的系数都不随时间的变化而变化，则称为定常系统；如果微分方程的系数都不随空间位置的变化而变化，则称为集中(总)参数系统。**由线性定常集中参数元件构成的动态系统称为线性定常系统**。线性定常系统或者近似后的线性定常系统在工程上是最常见的，本书前六章只考虑线性定常系统。

列写微分方程的目的在于确定系统的输出与输入间的函数关系。系统都是由不同的元器件组成的，列写微分方程可按下述步骤进行。

1）确定系统(或元件)的输入量、输出量。系统的输入量包括给定输入和扰动输入两类信号，而输出量是指被控变量。对于一个元件或一个环节而言，输入、输出量的确定可以根据信号传递的先后顺序来确定。

2）按照信号传递的顺序，根据各变量所遵循的运动规律列写出各环节的动态方程。列写过程中要考虑到相邻元件间的负载效应，有时要进行必要的简化，忽略某些次要因素，必要时对非线性因素还要进行线性化处理。列写完后一般构成微分方程组，称为系统原始模型。

3）消去中间变量，导出只含有输入变量和输出变量的系统微分方程。

4）规范化整理微分方程，将输出项归放到方程左侧，输入项归放到方程右侧，各阶导数项按阶次从高到低的顺序排列。

应当说明，建立系统运动方程的关键是系统及其元部件所属学科领域的有关科学规律，而不是数学本身。但是微分方程的求解过程却需要数学工具(如拉普拉斯变换)。由各个元器件组成系统之后，各元件输入量、输出量之间是相互联系的，而不是孤立的。例如放大器空载和带负载之后放大器倍数往往是不同的，阻性负载、容性负载和感性负载产生的相移也不相同。电阻元件、电容元件、电感元件两端电压与电流的关系很简单，但电阻、电容和电感组合在一起却可能产生谐振现象，这是单独一个元件不会有的现象，所以建立数学模型时应特别注意负载效应的影响。

例 2-6 *RLC* 电路如图 2-1 所示，u_r 为输入电压，u_c 为输出电压，试列出 u_r 和 u_c 之间的微分方程。

解 设回路电流为 i，根据基尔霍夫定律，可得

$$iR + L\frac{di}{dt} + u_c = u_r$$

$$u_c = \frac{1}{C}\int i\, dt$$

消去中间变量 i，可得

$$LC\frac{d^2 u_c}{dt^2} + RC\frac{du_c}{dt} + u_c = u_r$$

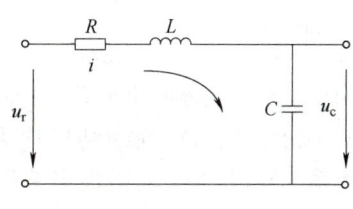

图 2-1 *RLC* 电路

或写为

$$T_1 T_2 \frac{d^2 u_c}{dt^2} + T_2 \frac{du_c}{dt} + u_c = u_r \tag{2-25}$$

式中，$T_1 = L/R$；$T_2 = RC$。

例 2-7 已知 *RC* 滤波网络如图 2-2 所示，试写出网络输入、输出间的微分方程。

解 该网络由两个形式相同的单级 *RC* 电路串联而成。在列写微分方程时，必须考虑后级电路是否对前级电路产生影响。对于图 2-2 所示电路，如果只是简单地分别列出

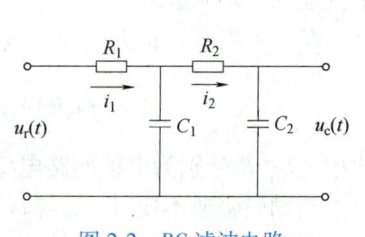

图 2-2 *RC* 滤波电路

两个单级 RC 电路的方程，消去中间变量而得出的微分方程将是错误的。只有当后一环节的输入阻抗很大，对前面环节的影响可以忽略时，才可以单独地分别列写每个环节的方程。

在考虑负载效应的情况下，微分方程的列写步骤如下：

1）根据基尔霍夫定律，写出下面原始方程组，即

$$\begin{cases} i_1 R_1 + \dfrac{1}{C_1}\int (i_1 - i_2)\,\mathrm{d}t = u_r \\ i_2 R_2 + \dfrac{1}{C_2}\int i_2\,\mathrm{d}t = \dfrac{1}{C_1}\int (i_1 - i_2)\,\mathrm{d}t \\ \dfrac{1}{C_2}\int i_2\,\mathrm{d}t = u_c \end{cases}$$

2）消去中间变量 i_1、i_2，得

$$R_1 C_1 R_2 C_2 \frac{\mathrm{d}^2 u_c}{\mathrm{d}t^2} + (R_1 C_1 + R_2 C_2 + R_1 C_2)\frac{\mathrm{d}u_c}{\mathrm{d}t} + u_c = u_r$$

或写为

$$T_1 T_2 \frac{\mathrm{d}^2 u_c}{\mathrm{d}t^2} + (T_1 + T_2 + T_3)\frac{\mathrm{d}u_c}{\mathrm{d}t} + u_c = u_r \tag{2-26}$$

式中，$T_1 = R_1 C_1$；$T_2 = R_2 C_2$；$T_3 = R_1 C_2$。

例 2-8 弹簧-质量-阻尼器系统如图 2-3 所示。试求该系统在外力 $x(t)$ 作用下，位移 $y(t)$ 与 $x(t)$ 之间的微分方程。

解 根据牛顿第二定律，系统在外力 $x(t)$ 作用下，当克服了弹簧拉力 $ky(t)$ 和阻尼力 $f\dfrac{\mathrm{d}y(t)}{\mathrm{d}t}$ 之后，使质量块 m 产生加速度。于是有

$$x(t) - ky(t) - f\frac{\mathrm{d}y(t)}{\mathrm{d}t} = m\frac{\mathrm{d}^2 y(t)}{\mathrm{d}t^2}$$

即

$$m\frac{\mathrm{d}^2 y(t)}{\mathrm{d}t^2} + f\frac{\mathrm{d}y(t)}{\mathrm{d}t} + ky(t) = x(t) \tag{2-27}$$

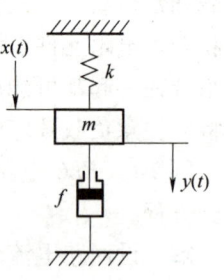

图 2-3 弹簧-质量-阻尼器系统

式中，f 是阻尼器的阻尼系数；k 为弹簧的弹性系数。

以上三例所得到的结果均为二阶常系数非齐次线性微分方程，此类方程所描述的环节（系统）被称为二阶线性定常环节（系统）。

例 2-9 建立他励直流电动机运动方程，直流电动机供电电路如图 2-4 所示。u_a 为电枢两端供电电压；ω 为电动机旋转角速度；M_L 为折合到电动机轴上的等效负载转矩，设励磁电流 i_f 不变；u_a 为给定输入，M_L 为干扰输入，ω 为输出。

解 根据基尔霍夫定律，电枢回路方程为

$$L\frac{\mathrm{d}i_a}{\mathrm{d}t} + i_a R + e_d = u_a$$

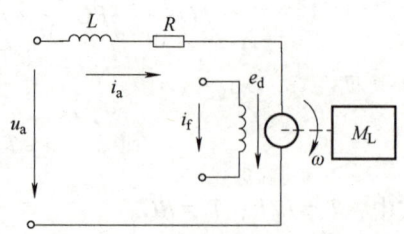

图 2-4 直流电动机供电电路

式中，L、R 分别为电枢回路电感和电阻；e_d 为电枢两端反电动势。

当励磁磁通不变时，e_d 与 ω 成正比，即

$$e_d = k_e \omega$$

式中，k_e 为电动势常数 $[V/(rad \cdot s^{-1})]$。

代入上式，有

$$L\frac{di_a}{dt}+i_a R+k_e \omega = u_a \tag{2-28}$$

根据牛顿转动定律，电动机转子的运动方程为

$$J\frac{d\omega}{dt}=M-M_L$$

式中，J 为电动机轴上总的转动惯量 $(kg \cdot m \cdot s^2)$；M 为电动机的电磁转矩 $(kg \cdot m)$；M_L 为折算到电动机轴上的等效负载转矩 $(kg \cdot m)$。

当励磁磁通不变时，M 与 i_a 成正比，即

$$M=k_M i_a$$

式中，k_M 为电动机电磁转矩常数 $[(kg \cdot m)/A]$。

将此式代入上式，得

$$J\frac{d\omega}{dt}=k_M i_a - M_L \tag{2-29}$$

将式(2-28)与式(2-29)联立，消去中间变量，可得

$$T_a T_m \frac{d^2\omega}{dt^2}+T_m \frac{d\omega}{dt}+\omega = K_a u_a - K_L T_a \frac{dM_L}{dt}-K_L M_L \tag{2-30}$$

式中，$T_a = L/R$ 为电枢回路的电磁时间常数 (s)；$T_m = RJ/(k_e k_M)$ 为电动机的机电时间常数 (s)；$K_a = 1/k_e$ 为电动机的传递系数 $[rad/(s \cdot V)]$；$K_L = T_m/J$。

由式(2-30)可见，输出转速 ω 既受 u_a 控制，又受到 M_L 的影响。对于具有两个输入、一个输出的线性系统，可以应用叠加原理进行分析。

若令干扰力矩 $M_L = 0$，$\frac{dM_L}{dt}=0$，则有

$$T_a T_m \frac{d^2\omega}{dt^2}+T_m \frac{d\omega}{dt}+\omega = K_a u_a \tag{2-31}$$

若令 $u_a = 0$，则有

$$T_a T_m \frac{d^2\omega}{dt^2}+T_m \frac{d\omega}{dt}+\omega = -K_L \left(T_a \frac{dM_L}{dt}+M_L\right) \tag{2-32}$$

当两种输入同时作用于系统时，可以将式(2-31)和式(2-32)两种输入单独作用引起的输出变化进行叠加，便得到系统总的输出。

在工程应用下，由于电枢回路电感 L 较小，通常忽略不计，即 $T_a = 0$，此时式(2-30)可简化为

$$T_m \frac{d\omega}{dt}+\omega = K_a u_a - K_L M_L$$

如果忽略电枢电阻 R 和电动机转动惯量 J，有 $T_m = 0$，$K_L = 0$。上式可进一步化简为

$$\omega = K_a u_a \quad \text{或} \quad k_e \omega = u_a$$

此时，电动机转速 ω 与电枢电压 u_a 成正比，电动机可作为测速发电机使用。

2.2.2 线性系统的基本特性

用线性微分方程描述的元件或系统，称为线性元件或线性系统。线性系统的重要性质可

以应用叠加原理。叠加原理有两重含义，即具有可叠加性和齐次性（或均匀性）。现举例说明：设有线性微分方程为

$$\frac{d^2c(t)}{dt^2}+\frac{dc(t)}{dt}+c(t)=r(t)$$

叠加性：如果线性系统对激励（输入）信号 $r(t)=r_1(t)$ 的响应（方程的解）为 $c(t)=c_1(t)$，对激励信号 $r(t)=r_2(t)$ 的响应为 $c(t)=c_2(t)$，则线性系统对激励信号 $r(t)=r_1(t)+r_2(t)$ 的响应为 $c(t)=c_1(t)+c_2(t)$。即两个外作用同时加于系统所产生的总输出等于各个外作用单独作用时分别产生的输出之和。

齐次性：如果线性系统对激励信号 $r(t)$ 的响应为 $c(t)$，则线性系统对激励信号 $Ar(t)$ 的响应为 $Ac(t)$，式中 A 为常数，即外作用的数值增大若干倍时，其输出亦相应增大同样的倍数。

叠加原理是线性系统理论中非常重要的性质，也是非常有利的工具。在对线性系统进行分析和设计时，如果有几个外作用（如给定输入和干扰输入）同时加于系统，则可以将它们分别处理，依次求出各个外作用单独加入时系统的输出，然后将它们叠加。此外，每个激励信号在数值上可只取单位值，从而大大简化了线性系统的研究工作。

2.2.3 非线性数学模型的线性化

1. 问题的提出

在建立数学模型的过程中经常会遇到非线性问题。严格地讲，一个实际的物理系统都会含有不同程度的非线性因素，如元件的死区、传动的间隙、输出饱和等，然而许多非线性元件或系统在一定条件下可以近似地视为线性系统。这种在一定条件下将非线性模型转化为线性模型的处理方法，称为非线性模型的线性化。通过线性化，可以在一定条件下将线性系统的理论用于非线性系统，从而使问题得到简化。因此，在建立系统或元件的动态方程时，线性化是一种行之有效的常见方法。

2. 增量方程与非线性方程的线性化

由例2-9中直流电动机的动态方程式(2-30)可知，如果电动机处于平衡状态，则方程中各阶导数均为零。此时微分方程变为代数方程，即

$$\omega=K_a u_a - K_L M_L \tag{2-33}$$

此式称为系统的稳态（静态）数学模型。其稳态特性可分别由机械特性曲线（当 u_a 为常数时，ω 与 M_L 的关系曲线）和控制特性曲线（当 M_L 为常数时，ω 与 u_a 的关系曲线）来表示。

在平衡状态下，对应的各变量值称为稳态工作点，分别表示为

$$u_a=u_{a0},\ M_L=M_{L0},\ \omega=\omega_0$$

代入式(2-33)有

$$\omega_0=K_a u_{a0} - K_L M_{L0} \tag{2-34}$$

在平衡状态下，若某一时刻，输入量发生了变化，其变化量分别为 Δu_a 和 ΔM_L，则系统的平衡状态将被破坏，输出量亦发生变化，其变化增量为 $\Delta\omega$，此时各变量可分别表示为

$$u_a=u_{a0}+\Delta u_a,\ M_L=M_{L0}+\Delta M_L,\ \omega=\omega_0+\Delta\omega$$

代入动态方程式(2-30)，可得

$$T_a T_m \frac{d^2(\omega_0+\Delta\omega)}{dt} + T_m \frac{d(\omega_0+\Delta\omega)}{dt} + (\omega_0+\Delta\omega)$$

$$= K_a(u_{a0}+\Delta u_a) - K_L T_a \frac{d(M_{L0}+\Delta M_L)}{dt} - K_L(M_{L0}+\Delta M_L) \quad (2\text{-}35)$$

将式(2-35)与式(2-34)相减，可得微分方程式(2-30)的增量的表达式

$$T_a T_m \frac{d^2 \Delta \omega}{dt^2} + T_m \frac{d\Delta\omega}{dt} + \Delta\omega = c_d \Delta u_a - c_m T_a \frac{d\Delta M_L}{dt} - c_m \Delta M_L \quad (2\text{-}36)$$

此式是以平衡状态为基础的增量表达式。即把变量的坐标原点放在静态工作点上。这样在求解式(2-36)时，可以认为初始条件为零。为书写方便，习惯上将"Δ"号省掉，则式(2-36)与式(2-30)在形式上就完全相同了。

应当指出，增量方程中变量是以平衡状态下相应的工作点为基准产生增量变化的。尽管相应工作点通常不在坐标原点，用各变量的增量表示该变量，可以认为将坐标原点移到了额定工作点。这样在以增量表示的新坐标系中，系统运动的初始状态就等于零了，这是省略"Δ"号的依据。

另外，以增量表示的系统便于非线性方程的线性化。系统中所包含的有关变量的非线性函数，只要在给定工作点附近连续，且各阶导数存在，就可以在给定工作点的邻域内，将此非线性函数以其自变量偏差的形式展开为泰勒级数，给定工作点为期望的平衡工作点。如果此偏差很小，则可忽略级数中此偏差的高次项，而只保留一次项，用所得到的线性化方程代替原来的非线性方程，这种线性化方法叫作小偏差线性化，又称微偏法。如果非线性函数在给定工作点处的特性不连续，如呈现跳跃或折线情况(即本质非线性)，则不能应用这种方法。

以微偏法所形成的运动方程中各变量不是它们的绝对值，而是它们相对给定工作点的偏差，即增量方程。

设有一单变量非线性函数为

$$y = f(x) \quad (2\text{-}37)$$

x 与 y 的关系如图2-5所示。在给定工作点(x_0, y_0)附近将$y=f(x)$按泰勒级数展开，即

$$y = f(x) = f(x_0) + \frac{df}{dx}\bigg|_{x=x_0}(x-x_0) + \frac{1}{2!}\frac{d^2 f}{dx^2}\bigg|_{x=x_0}(x-x_0)^2 + \cdots$$

如果点(x, y)在给定工作点(x_0, y_0)附近，$(x-x_0)$变化很小，则对于展开式中$(x-x_0)^2$项以及后面的高次项都可以略去，上式可近似表示为

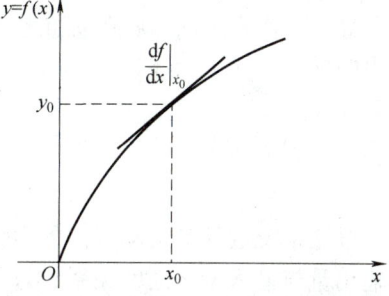

图 2-5 某单变量非线性函数曲线

$$y = y_0 + \frac{df}{dx}\bigg|_{x=x_0}(x-x_0)$$

或写为
$$\Delta y = k\Delta x \quad (2\text{-}38)$$

$$\Delta y = y - y_0, \quad \Delta x = x - x_0, \quad k = \frac{df}{dx}\bigg|_{x=x_0}$$

式(2-38)就是式(2-37)的线性化方程。

对于含有两个或两个以上变量的非线性函数，线性化的方法与单变量完全相同。

设非线性$f(x, y)$可在给定工作点(x_0, y_0)处将$f(x, y)$按泰勒级数展开，即可得到给定工作点附近的增量线性表达式

$$\Delta f(x, y) = \frac{\partial f}{\partial x}\bigg|_{(x_0, y_0)} \Delta x + \frac{\partial f}{\partial y}\bigg|_{(x_0, y_0)} \Delta y$$

或改写成
$$\Delta f(x,y) = k_1\Delta x + k_2\Delta y$$
式中，$k_1 = \dfrac{\partial f}{\partial x}\bigg|_{(x_0,y_0)}$；$k_2 = \dfrac{\partial f}{\partial y}\bigg|_{(x_0,y_0)}$。

例 2-10 设三相桥式晶闸管整流电路的输入量为触发延迟角 α，输出量为整流电压 u_d，u_d 与 α 的关系为
$$u_d = 2.34u_2\cos\alpha = u_0\cos\alpha$$
式中，u_2 为交流电源相电压的有效值；u_0 为 $\alpha=0$ 时的整流电压。

整流特性曲线如图 2-6 所示，显然 u_d 与 α 呈非线性关系。假如正常额定工作点为 A，此时 $u_{d0} = u_0\cos\alpha_0$。

设触发延迟角以工作点 A 为基准在小范围内变化，由式（2-38）有
$$u_d - u_{d0} = k_s(\alpha - \alpha_0) \tag{2-39}$$
式中，$k_s = \dfrac{du_d}{d\alpha}\bigg|_{\alpha=\alpha_0} = -u_0\sin\alpha_0$。

将式（2-39）写成增量方程，有

式中，
$$\Delta u_d = k_s\Delta\alpha$$
$$\Delta u_d = u_d - u_{d0}$$
$$\Delta\alpha = \alpha - \alpha_0$$

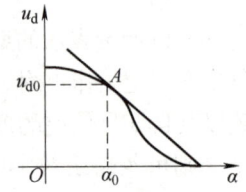

图 2-6 晶闸管整流特性曲线

例如，当 $\alpha_0 = \dfrac{\pi}{6}$ 时，则有
$$k_s = -u_0\sin30° = -0.5u_0$$

显然工作点不同，k_s 值也随之变化。省去"Δ"号，增量方程可改写为一般形式 $u_d = k_s\alpha$。应当明确，该式中的变量 u_d 与 α 仍表示增量。

2.3 传递函数

描述系统或环节运动规律的微分方程是数学模型的最基本形式，微分方程在时间域内描述输出量与输入量之间的关系，方程的解是系统或环节输出量变化的规律。求解二阶微分方程比较容易，而求解高阶微分方程就比较困难。对微分方程进行拉普拉斯变换，可以将时域内的微分方程变成复数(s)域内的代数方程，为方程的求解带来方便。通过拉普拉斯变换，可以得到线性系统或元件在复数域内的数学模型——传递函数。传递函数在复数域内把系统或元件的输入量与输出量之间的关系、信号的传递和变换表示得更加简单明了。

2.3.1 传递函数的定义和主要性质

设线性定常系统的输入信号为 $r(t)$，输出信号为 $c(t)$，则这个系统的运动规律可以用如下线性常系数微分方程来描述，即
$$a_0c^{(n)}(t) + a_1c^{(n-1)}(t) + a_2c^{(n-2)}(t) + \cdots + a_{n-1}c(t) + a_nc(t)$$
$$= b_0r^{(m)}(t) + b_1r^{(m-1)}(t) + \cdots + b_{m-1}r(t) + b_mr(t) \tag{2-40}$$

传递函数的定义和主要性质

式中，a_i，$b_i(i=0,1,2,\cdots,n;j=0,1,2,\cdots,m)$ 是由系统结构决定的常系数；$c^{(i)}(t)$ 是对 $c(t)$ 求 i 阶导数。

设初始条件为零，即

$$r^{(i)}(0_-) = 0 \quad i = 0,1,2,\cdots,m-1$$
$$c^{(i)}(0_-) = 0 \quad i = 0,1,2,\cdots,n-1$$

对式(2-40)取拉普拉斯变换得到
$$(a_0 s^n + a_1 s^{n-1} + a_2 s^{n-2} + \cdots + a_{n-1} s + a_n) C(s)$$
$$= (b_0 s^m + b_1 s^{m-1} + \cdots + b_{m-1} s + b_m) R(s) \tag{2-41}$$

式中，s 为拉普拉斯变换中的复数变量。

信号的拉普拉斯变换式习惯用大写字母表示。如 $C(s)$ 表示输出信号 $c(t)$ 的拉普拉斯变换表达式；$R(s)$ 表示输入信号 $r(t)$ 的拉普拉斯变换表达式。

式(2-40)的微分方程是在时域内描述系统输出变量与输入变量之间的关系；而式(2-41)是在复数域中描述系统输出变量与输入变量之间的关系。通过拉普拉斯变换，将时域中的一个微分方程变成了复数域中以 s 为变量的代数方程，这个方程把系统的输出信号与输入信号联系起来。

传递函数的定义如下：

在零初始条件下，线性定常系统或元件输出信号的拉普拉斯变换式 $C(s)$ 与输入信号的拉普拉斯变换式 $R(s)$ 之比为该系统或元件的传递函数。若将传递函数记为 $G(s)$，则有

$$G(s) = \frac{C(s)}{R(s)} = \frac{b_0 s^m + b_1 s^{m-1} + \cdots + b_{m-1} s + b_m}{a_0 s^n + a_1 s^{n-1} + a_2 s^{n-2} + \cdots + a_{n-1} s + a_n} = \frac{M(s)}{N(s)} \tag{2-42}$$

式中，$M(s) = b_0 s^m + b_1 s^{m-1} + \cdots + b_{m-1} s + b_m$ 是传递函数 $G(s)$ 的分子多项式；$N(s) = a_0 s^n + a_1 s^{n-1} + a_2 s^{n-2} + \cdots + a_{n-1} s + a_n$ 是传递函数 $G(s)$ 的分母多项式。

由式(2-42)可知
$$C(s) = G(s) R(s)$$

已知系统（或元件）的传递函数和输入信号的拉普拉斯变换式，就很容易求得系统（或元件）输出信号的拉普拉斯变换式，输入信号经过传递函数的转换和传递产生了输出信号。传递函数可以有量纲和单位，其单位是输出变量的单位与输入变量单位之比。

由上述可见，求系统传递函数的一个方法就是利用它的微分方程式求取其拉普拉斯变换。

例 2-11 求图 2-1 所示的 RLC 电路的传递函数 $G(s) = U_c(s)/U_r(s)$。

解 由例 2-6 已解出该电路的微分方程为
$$LC\frac{\mathrm{d}^2 u_c(t)}{\mathrm{d}t^2} + RC\frac{\mathrm{d}u_c(t)}{\mathrm{d}t} + u_c(t) = u_r(t)$$

在零初始条件下对上式取拉普拉斯变换得
$$(LCs^2 + RCs + 1) U_c(s) = U_r(s)$$

则传递函数为
$$G(s) = \frac{U_c(s)}{U_r(s)} = \frac{1}{LCs^2 + RCs + 1}$$

由于输出信号和输入信号都是电压，所以传递函数是无量纲的。

例 2-12 求图 2-2 所示 RC 滤波网络的传递函数。

解 由例 2-7 已求出该电路的微分方程为
$$R_1 C_1 R_2 C_2 \frac{\mathrm{d}^2 u_c}{\mathrm{d}t^2} + (R_1 C_1 + R_2 C_2 + R_1 C_2) \frac{\mathrm{d}u_c}{\mathrm{d}t} + u_c = u_r$$

在零初始条件下对上式取拉普拉斯变换有
$$[R_1C_1R_2C_2s^2+(R_1C_1+R_2C_2+R_1C_2)s+1]U_c(s)=U_r(s)$$
所以传递函数为
$$G(s)=\frac{U_c(s)}{U_r(s)}=\frac{1}{R_1C_1R_2C_2s^2+(R_1C_1+R_2C_2+R_1C_2)s+1}$$

例 2-13 求图 2-3 所示弹簧-质量-阻尼器系统的传递函数 $G(s)=Y(s)/F(s)$。

解 由例 2-8 已解出该系统的微分方程为
$$m\frac{d^2y(t)}{dt^2}+f\frac{dy(t)}{dt}+ky(t)=x(t)$$

零初始条件下取拉普拉斯变换得到
$$(ms^2+fs+k)Y(s)=X(s)$$

其传递函数为
$$G(s)=\frac{Y(s)}{X(s)}=\frac{1}{ms^2+fs+k}$$

若外作用力的单位为 N，位移的单位为 m，则传递函数的单位为 m/N。

例 2-14 分别求出图 2-4 中电枢控制直流电动机以 u_a 为输入，以 ω 为输出的简化模型的传递函数。

解 在例 2-9 中已求出了以电枢电压 u_a 为输入，电机轴转速 ω 为输出，忽略了负载力矩 M_L 的简化的微分方程为
$$T_m\frac{d\omega}{dt}+\omega=K_au_a$$

在零初始条件下，对上式取拉普拉斯变换有
$$T_ms\Omega(s)+\Omega(s)=K_aU_a(s)$$

传递函数为
$$G(s)=\frac{\Omega(s)}{U_a(s)}=\frac{K_a}{T_ms+1}$$

输入电枢电压的单位为 V，输出角速度的单位为 rad/s，则传递函数的单位为 rad/(s·V)。

传递函数具有以下几点性质：

1) 线性定常系统或元件的传递函数是在复数域中描述其运动特性的数学模型，它与时间域的数学模型线性定常系数微分方程一一对应。

2) 传递函数反映线性定常系统或元件自身的固有特性，由系统或元件的结构和参数决定，与输入信号的形式无关。

3) 传递函数与输入信号的作用位置和输出信号的取出位置有关。所以谈到传递函数，需指明哪个信号作为输入信号，哪个信号作为输出信号，例如在例 2-6 和例 2-11 中，若选择 $u_r(t)$ 为输入信号，而电流 $i(t)$ 为输出信号，则可求得传递函数为
$$G(s)=\frac{I(s)}{U_r(s)}=\frac{Cs}{LCs^2+RCs+1}$$

若系统有多个输入信号，在求传递函数时，除了选定的一个输入信号以外，令其他输入信号为零，线性系统满足叠加定理，可先分别求出每一个输入信号对某一输出信号之间的传递函数，再由叠加原理求出各个信号同时作用时对该输出信号的影响。

4）对于实际的元件和系统，传递函数是复变量 s 的有理分式。其分子多项式 $M(s)$ 和分母多项式 $N(s)$ 是 s 的有理多项式，其系数都是实数。通常可以把传递函数的分子多项式和分母多项式写成式（2-42）所示的 s 的降幂形式。控制系统的传递函数还可以写成如下形式，即

$$G(s) = \frac{K_r(s-z_1)(s-z_2)\cdots(s-z_m)}{(s-p_1)(s-p_2)\cdots(s-p_n)} = \frac{M(s)}{N(s)} \tag{2-43}$$

式中，$z_i(i=1,2,\cdots,m)$ 和 $p_j(j=1,2,\cdots,n)$ 分别为传递函数的零点和极点。由于多项式 $M(s)$ 和 $N(s)$ 的各项系数均为实数，所以传递函数的零点和极点是实数或共轭复数。

5）对于实际的物理系统和元件，输入信号与它所引起的响应（即输出信号）之间的传递函数，分子多项式 $M(s)$ 的阶次 m 总是小于或等于分母多项式 $N(s)$ 的阶次 n，这是因为实际系统或元件通常具有惯性及能源有限的缘故。如果一个传递函数分子的阶次高于分母的阶次，就称它是物理上不可实现的。

6）传递函数不反映系统及元件的物理结构，那些物理结构截然不同的系统或元件，只要运动特性相同，它们便可以具有相同形式的传递函数。例如，例 2-8 中弹簧-质量-阻尼器组成的机械系统与例 2-6 中由电阻、电容和电感组成的电路有着相同形式的传递函数。

7）令传递函数的分母多项式等于零所得到的方程称为系统的特征方程，即

$$N(s) = 0$$

特征方程的根称作特征根，特征根就是传递函数的极点。

8）传递函数 $G(s)$ 的反拉普拉斯变换是脉冲响应 $g(t)$，脉冲响应 $g(t)$ 是系统在单位脉冲信号 $\delta(t)$ 作用下的输出响应。因为 $\delta(t)$ 的拉普拉斯变换为 1，所以在输入信号为 $\delta(t)$ 时，

$$C(s) = G(s)R(s) = G(s)$$

$$c(t) = g(t) = L^{-1}[C(s)] = L^{-1}[G(s)]$$

2.3.2 基本环节及其传递函数

实际的系统往往是很复杂的。为了分析方便，一般把一个复杂的控制系统分成一个个小部分，称为**环节**。从动态方程、传递函数和运动特性的角度看，不宜再分的最小环节称为基本环节。控制系统虽然是各种各样的，但是常见的典型基本环节并不多。下面介绍最常见的典型基本环节。

基本环节及其传递函数

以下叙述中设 $r(t)$ 为环节的输入信号，$c(t)$ 为环节的输出信号，$G(s)$ 为环节的传递函数。

1. 比例环节（放大环节）

比例环节的动态方程是

$$c(t) = Kr(t) \tag{2-44}$$

由式（2-44）可求得比例环节的传递函数为

$$G(s) = \frac{C(s)}{R(s)} = K \tag{2-45}$$

式中，K 为比例系数，其为常数。

比例环节又称为放大环节，其输出量与输入量成比例，它的传递函数是一个常数。

几乎每一个控制系统中都有比例环节。由电子电路组成的放大器是最常见的比例环节。机械系统中的齿轮减速器，也是一个比例环节。比例环节虽然也叫放大环节，但比例系数是

可以小于或等于 1 的。

伺服系统中使用的绝大部分测量元件，如电位器、旋转变压器、感应同步器等，都可以看成是比例环节。

2. 惯性环节（也称惰性环节）

惯性环节的微分方程是

$$T\frac{\mathrm{d}c(t)}{\mathrm{d}t}+c(t)=r(t) \tag{2-46}$$

由式(2-46)可求得惯性环节的传递函数为

$$G(s)=\frac{C(s)}{R(s)}=\frac{1}{Ts+1} \tag{2-47}$$

式中，T 为惯性环节的时间常数，若 $T=0$，该环节就变成比例环节。

3. 积分环节

积分环节的动态方程是

$$c(t)=\int r(t)\mathrm{d}t \tag{2-48}$$

由式(2-48)可求得积分环节的传递函数为

$$G(s)=\frac{C(s)}{R(s)}=\frac{1}{s} \tag{2-49}$$

积分环节的输出量等于输入量的积分。当输入信号变为零后，积分环节的输出信号将保持输入信号变为零时刻的值不变。

4. 振荡环节

二阶振荡环节的微分方程是

$$T^2\frac{\mathrm{d}^2c(t)}{\mathrm{d}t^2}+2\zeta T\frac{\mathrm{d}c(t)}{\mathrm{d}t}+c(t)=r(t) \qquad 0\leqslant\zeta<1 \tag{2-50}$$

二阶振荡环节的传递函数是

$$G(s)=\frac{C(s)}{R(s)}=\frac{1}{T^2s^2+2\zeta Ts+1} \qquad 0\leqslant\zeta<1$$

或

$$G(s)=\frac{\omega_n^2}{s^2+2\zeta\omega_n s+\omega_n^2} \qquad 0\leqslant\zeta<1 \tag{2-51}$$

式中，T 为该环节的时间常数；ω_n 为无阻尼自振角频率，$\omega_n=1/T$；ζ 为阻尼比。

二阶振荡环节要求 $0\leqslant\zeta<1$，若 $\zeta\geqslant 1$ 则其阶跃响应呈单调上升形式，不再振荡了。振荡环节一般含有两个或两个以上的储能元件。例 2-11 的 *RLC* 电路在阻尼比小于 1 时就是一个振荡环节，例 2-13 中的弹簧-质量-阻尼器系统在阻尼比小于 1 时也是一个振荡环节。

5. 纯微分环节

纯微分环节也称为理想微分环节，简称为微分环节。它的微分方程是

$$c(t)=\frac{\mathrm{d}r(t)}{\mathrm{d}t} \tag{2-52}$$

纯微分环节的传递函数是

$$G(s)=\frac{C(s)}{R(s)}=s \tag{2-53}$$

纯微分环节的输出信号是输入信号的微分。

6. 一阶微分环节

一阶微分环节的微分方程是

$$c(t) = \tau \frac{\mathrm{d}r(t)}{\mathrm{d}t} + r(t) \tag{2-54}$$

式中，τ 为该环节的时间常数。

一阶微分环节的传递函数是

$$G(s) = \frac{C(s)}{R(s)} = \tau s + 1 \tag{2-55}$$

7. 二阶微分环节

二阶微分环节的微分方程为

$$c(t) = \tau^2 \frac{\mathrm{d}^2 r(t)}{\mathrm{d}t^2} + 2\zeta\tau \frac{\mathrm{d}r(t)}{\mathrm{d}t} + r(t) \tag{2-56}$$

二阶微分环节的传递函数是

$$G(s) = \frac{C(s)}{R(s)} = \tau^2 s^2 + 2\zeta\tau s + 1 \tag{2-57}$$

式中，τ，ζ 均为常数，其中 τ 为该环节的时间常数。

8. 延迟环节（纯滞后环节）

延迟环节，又称为纯滞后环节，其时间域的方程式为

$$c(t) = r(t-\tau) \tag{2-58}$$

式中，τ 为常数，称为该环节的延迟时间。

由式(2-58)可见，延迟环节任意时刻的输出值等于 τ 时刻以前的输入值，也就是说，输出信号比输入信号延迟了 τ 个时间单位。

延迟环节的传递函数是

$$G(s) = \frac{C(s)}{R(s)} = \mathrm{e}^{-\tau s} \tag{2-59}$$

与其他七个典型环节不一样，延迟环节不是关于 s 的有理函数。含有延迟环节的系统处理起来比较棘手，工程上有时希望用有理函数近似替代延迟环节，详见参考文献[5]。

一个控制系统是由若干个典型环节组合而成的，熟悉典型环节的特性有利于分析整个系统的特性。**系统的开环传递函数经常写成典型环节乘积的形式**，例如一个系统的开环传递函数为

$$G(s)H(s) = \frac{10(0.5s+1)}{s(s+1)(0.01s+1)}$$

它是由一个放大环节 $K=10$，一个一阶微分环节 $(0.5s+1)$，一个积分环节 $1/s$，及两个惯性环节 $1/(s+1)$ 和 $1/(0.01s+1)$ 相乘构成的。如果把这个传递函数写成零极点形式，有

$$G(s)H(s) = \frac{500(s+2)}{s(s+1)(s+100)}$$

这个传递函数还可以写成 s 的有理分式形式，即

$$G(s)H(s) = \frac{500s+1000}{s^3+101s^2+100s}$$

例 2-15 图 2-7a 表示一个汽车悬浮系统的原理图。当汽车沿着道路行驶时，轮胎的垂

直位移作为一种运动激励作用在汽车的悬浮系统上。该系统的运动,由质心的平移运动和围绕质心的旋转运动组成。建立整个系统的数学模型是相当复杂的。

图 2-7b 表示了一种大为简化的悬浮系统。假设 p 点上的运动位移 x_i 为系统的输入量,车体的垂直运动位移 x_o 为系统的输出量,试求出传递函数 $X_o(s)/X_i(s)$(只考虑车体在垂直方向的运动)。位移 x_o 从无输入量 x_i 作用时的平衡位置开始测量。

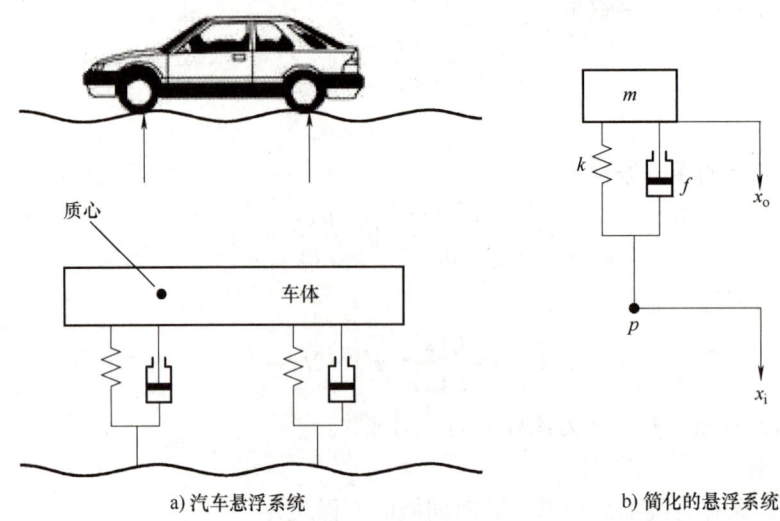

图 2-7 汽车悬浮系统示意图

解 图 2-7b 所示系统的运动方程为

$$m\ddot{x}_o + f(\dot{x}_o - \dot{x}_i) + k(x_o - x_i) = 0$$

即

$$m\ddot{x}_o + f\dot{x}_o + kx_o = f\dot{x}_i + kx_i$$

对上述方程进行拉普拉斯变换,并且假设初始条件为零,得到

$$(ms^2 + fs + k)X_o(s) = (fs + k)X_i(s)$$

因此,传递函数 $X_o(s)/X_i(s)$ 为

$$\frac{X_o(s)}{X_i(s)} = \frac{fs + k}{ms^2 + fs + k}$$

例 2-16 设单容水槽如图 2-8 所示,水流通过控制阀门不断地流入水槽,同时也有水通过负载阀不断地流出水槽。水流入量 q_i 由调节阀开度 μ 加以控制,流出量 q_o 则由用户根据需要通过负载阀来改变。被控变量为水槽的液位 h,它反映水的流入量与流出量之间的平衡关系。用 q_i 表示输入水流量的稳态值,Δq_i 表示输入水流量的增量,q_o 表示输出水流量的稳态值,Δq_o 表示输出水流量的增量,h_o 表示液位高度的稳态值,Δh 表示液位的增量。

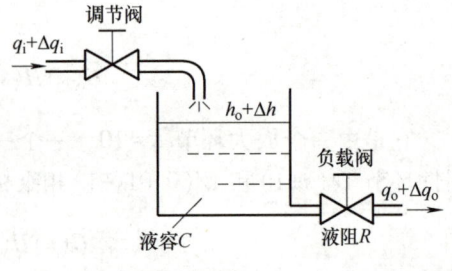

图 2-8 单容水槽

设 C 为水槽的液容,即水槽的横截面积。R 为流出端负载阀门的阻力,即液阻。K_u 为调节阀流量系数。根据物料平衡关系,在正常工作状态下,初始时刻处于平衡状态:$q_o = q_i$,

$h = h_o$。当调节阀开度发生变化 Δu 时,液位随之发生变化。在流出端负载阀开度不变的情况下,液位的变化将使流出量发生改变。

解 水槽液位的动态平衡关系如下:

单位时间内的流入量与流出量之差为水槽内液体的体积变化率,即

$$\Delta q_i - \Delta q_o = \frac{dV}{dt} = C\frac{d\Delta h}{dt} \tag{2-60}$$

式中,V 为水槽液体储存量;Δq_i 是由调节阀开度变化 Δu 引起的,当调节阀前后压差不变时,有

$$\Delta q_i = K_u \Delta u \tag{2-61}$$

流出量与液位高度的关系是非线性的,可在平衡点处线性化为

$$\Delta q_o = \frac{\Delta h}{R} \tag{2-62}$$

将式(2-61)和式(2-62)代入式(2-60),可得

$$RC\frac{d\Delta h}{dt} + \Delta h = K_u R \Delta u \tag{2-63}$$

在零初始条件下,对式(2-63)两端进行拉普拉斯变换,得到单容水槽的传递函数为

$$G(s) = \frac{\Delta H(s)}{\Delta M(s)} = \frac{K}{Ts+1}$$

式中,$T = RC$;$K = K_u R$。

若调节阀距离水槽有一段较长的距离,则调节阀开度变化所引起的流入量变化 Δq_i 需要经过一段传输时间 τ 才能对水槽液位产生影响,其中 τ 通常称为延迟时间。参照式(2-63)的推导过程,可得有延迟时间的单容水箱微分方程为

$$T\frac{d\Delta h}{dt} + \Delta h = K\Delta u(t-\tau)$$

相对应的传递函数为

$$G(s) = \frac{\Delta H(s)}{\Delta M(s)} = \frac{Ke^{-\tau s}}{Ts+1}$$

2.4 控制系统的框图及其等效变换

控制系统的传递函数方框图,简称框图,也叫方块图或结构图,是用图形表示的数学模型。框图能够非常直观地表示出各信号之间的传递关系、各环节间连接方式和系统的结构。利用框图可以方便地求出控制系统或者复杂环节的传递函数,框图是分析自动控制系统的一个简明而有效的工具。本节介绍如何绘制框图,以及如何利用框图的变换规则化简框图进而求取控制系统或者复杂环节的传递函数。

2.4.1 控制系统框图的组成

方框表示输入变量和输出变量之间的函数关系,通常把传递函数写在方框中;输入变量用指向函数方框的信号线表示;输出变量由从函数方框引出的信号线表示。框图形象地表示了信号之间的传递关系,输入信号经

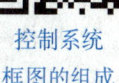

控制系统
框图的组成

过传递函数转换成了输出信号。从一个控制系统的框图中可以一目了然地看出系统的组成结构、各环节间的关系、信号间的流向等。根据框图的变换规则可以将一个复杂的控制系统的框图化简，求出控制系统输出量与输入量之间的传递函数。系统的框图由信号线、函数方框、比较点和引出点组成。

1. 信号线

信号线是带箭头的直线，箭头表示信号的流向，在直线旁边标记信号的时间函数或象函数，如图 2-9 中的 $X_1(s)$、$X_2(s)$。

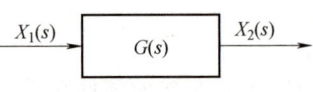

图 2-9　信号线和函数方框

2. 函数方框

函数方框中是传递函数，表示在零初始条件下输出信号与输入信号间的关系，输入信号经过函数方框中传递函数的传递变成了输出信号。在图 2-9 中有

$$X_2(s) = G(s)X_1(s)$$

$$G(s) = \frac{X_2(s)}{X_1(s)}$$

3. 比较点

比较点表示有两个或两个以上的输入信号进行加减运算，输出信号等于各输入信号的代数和。指向比较点的信号线表示输入信号；从比较点引出的信号线表示输出信号。需要特别注意的是，输入信号的信号线上所标出的"＋""－"号表示信号之间的运算是相加还是相减，加号(＋)可以省略，但减号(－)一定不能省略。在图 2-10 中，有

$$X_3(s) = X_1(s) - X_2(s)$$

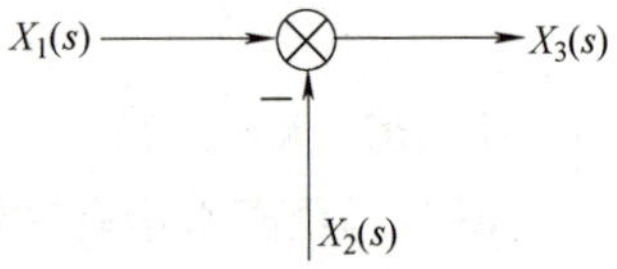

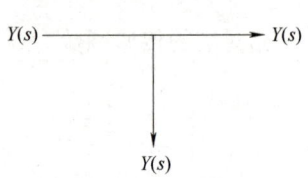

图 2-10　比较点

4. 引出点

引出点，也叫分支点，表示信号的引出或测量位置，无论从同一位置引出多少条信号流线，它们都代表一个信号，其大小和性质与原信号完全相同，如图 2-11 所示。

图 2-12 是一个简单负反馈控制系统的闭环结构方框图，其中有两个函数方框，一个比较点和一个引出点。

绘制控制系统方框图的根据就是系统各个环节的动态微分方程式及其拉普拉斯变换式。由于系统是由若干个环节组成的，这些环节又是相互联系的，所以系统中各环节的动态微分方程式将构成一个微分方程组。各环节的拉普拉斯变换式也将形成一个以 s 为变量的代数方程组。

图 2-11　引出点

建立系统框图可按以下步骤进行：

1) 建立各环节的微分方程，要注意负载效应。在零初始条件下求各环节的传递函数。若是电路系统，用 s 表示复阻抗，可直接得到复数域的代数方程，求传递函数更方便。

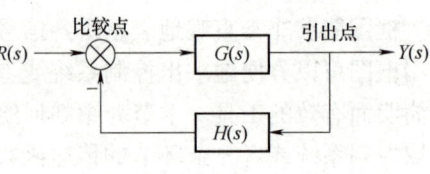

图 2-12　负反馈系统的框图

2) 画出各个环节的函数方框。

3) 按信号传输方向连接各函数方框。

例 2-17　图 2-13a 所示为 RC 滤波网络，其中电压 $u_1(t)$ 为滤波网络的输入，电压 $u_2(t)$

为滤波网络的输出,试绘制该滤波网络的框图。

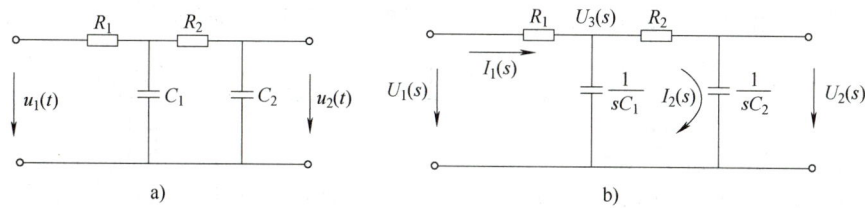

图 2-13　RC 滤波网络

解　这是例 2-7 中提到的 RC 滤波网络,将其中的元件写成复阻抗的形式,电压和电流也写成其拉普拉斯变换的形式,如图 2-13b 所示。设两个回路电流的拉普拉斯变换式分别为 $I_1(s)$ 和 $I_2(s)$,电容 C_1 两端电压的拉普拉斯变换记为 $U_3(s)$。

可以首先从输出量开始,以滤波网络的输出量作为第一个方程左边的变量,方程的右边是描述这个变量的中间变量或输入量,即

$$U_2(s) = \frac{1}{sC_2} I_2(s) \tag{2-64}$$

每个方程左边通常只有一个变量,从第二个方程开始,每个方程左边的变量是前面方程中右边出现过的中间变量,即

$$I_2(s) = \frac{U_3(s) - U_2(s)}{R_2} \tag{2-65}$$

$$U_3(s) = \frac{1}{sC_1}[I_1(s) - I_2(s)] \tag{2-66}$$

$$I_1(s) = \frac{1}{R_1}[U_1(s) - U_3(s)] \tag{2-67}$$

由于框图中写的是传递函数,是两个变量拉普拉斯变换之比,所以还要将以上 4 个式子改写成变量拉普拉斯变换之比的形式,即

$$\frac{U_2(s)}{I_2(s)} = \frac{1}{sC_2} \tag{2-68}$$

$$\frac{I_2(s)}{U_3(s) - U_2(s)} = \frac{1}{R_2} \tag{2-69}$$

$$\frac{U_3(s)}{I_1(s) - I_2(s)} = \frac{1}{sC_1} \tag{2-70}$$

$$\frac{I_1(s)}{U_1(s) - U_3(s)} = \frac{1}{R_1} \tag{2-71}$$

式(2-68)~式(2-71)右边是传递函数的形式,对应 4 个函数方框;等式左边分母中变量相加减的情况对应着比较点。画出式(2-68)~式(2-71)所对应的框图时按照从滤波网络的输入信号到其输出信号,从左到右的顺序,如图 2-14 所示。

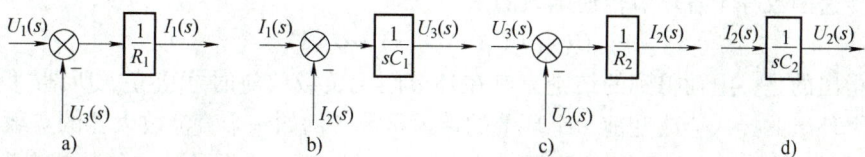

图 2-14　方程所对应的框图

按信号传递关系连接函数方框及比较点就可得到该网络完整的框图,如图 2-15 所示。这个框图中有 4 个函数方框,3 个比较点,3 个引出点,3 个反馈回路。

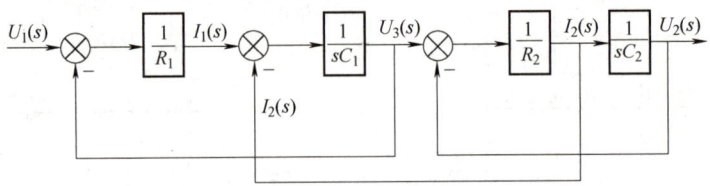

图 2-15 RC 滤波网络的框图

需要注意的是:在例 2-17 中,用方框图表示的是 RC 滤波网络这样一个环节,而不是一个实际的控制系统。反馈仅表示变量间的关系,而不是信号的检测。控制系统框图的表示方法与此类似。借助框图表示,可以方便地求取复杂环节(或控制系统)从输入信号到输出信号之间的传递函数关系,避免直接求解方程组。下一节将学习如何利用框图,求出复杂环节(或控制系统)的传递函数。

2.4.2 系统框图的等效变换和化简

在利用框图分析和设计系统时,往往需要求整个系统的传递函数或者求系统中某两个变量之间的传递函数。这就需要对框图进行化简,化简要遵循等效原则。**所谓等效原则是指化简前后两个变量之间的数学关系不变,即传递函数不变**,而这两个变量之间内部的结构和中间变量可以按等效原则进行变化。

系统框图的等效
变换和化简(1)

下面根据等效原则推导几条方框变换规则。

1. 串联环节的化简

传递函数为 $G_1(s)$ 和 $G_2(s)$ 的环节相串联,如图 2-16 所示。

所谓串联,是将第一个环节 $G_1(s)$ 的输出信号 $X_2(s)$ 作为第二个环节 $G_2(s)$ 的输入信号。由图 2-16 可知

图 2-16 两个环节串联

$$X_2(s) = G_1(s)X_1(s)$$
$$X_3(s) = G_2(s)X_2(s)$$

消去中间变量 $X_2(s)$ 有

$$X_3(s) = G_1(s)G_2(s)X_1(s)$$

$X_1(s)$ 作为化简后等效环节的输入,$X_3(s)$ 作为输出,则化简后等效的传递函数为

$$G(s) = \frac{X_3(s)}{X_1(s)} = G_1(s)G_2(s) \tag{2-72}$$

即两个环节串联,等效的传递函数等于两串联环节传递函数的乘积。这个结论可以推广到多个环节串联的情况。若 n 个环节串联,其传递函数分别为 $G_1(s)$,$G_2(s)$,$\cdots$,$G_n(s)$,则等效的传递函数等于各环节传递函数的乘积,即

$$G(s) = G_1(s)G_2(s)\cdots G_n(s) \tag{2-73}$$

应当指出的是,上面得到的结论只有在环节间无负载效应时才成立。所谓"负载效应"是指后一个环节的接入会改变前一个环节的传递函数。例如一个直流放大器的空载放大倍数是 10,输出阻抗是 2Ω。如果负载是 8Ω,则接上负载之后放大器的放大倍数就变为

$$10 \times \frac{8\Omega}{2\Omega + 8\Omega} = 8$$

如果是感性负载或容性负载还有相移的问题需要考虑。

通常希望放大器的输入阻抗大，输出阻抗小。如果放大器的输出阻抗与负载阻抗相比，可以忽略，放大器的空载放大倍数与负载放大倍数基本相同，则可以认为没有负载效应。

2. 并联环节的化简

两个或多个环节具有相同的输入信号，而以各自环节输出信号的代数和作为总的输出信号，这种结构称作并联。图 2-17 表示了三个环节并联的结构。

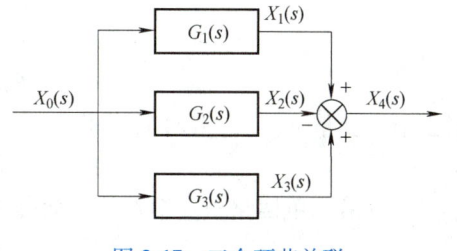

图 2-17 三个环节并联

由图可知

$$X_1(s) = G_1(s) X_0(s)$$
$$X_2(s) = G_2(s) X_0(s)$$
$$X_3(s) = G_3(s) X_0(s)$$
$$\begin{aligned} X_4(s) &= X_1(s) - X_2(s) + X_3(s) \\ &= G_1(s) X_0(s) - G_2(s) X_0(s) + G_3(s) X_0(s) \\ &= [G_1(s) - G_2(s) + G_3(s)] X_0(s) \end{aligned}$$

所以整个结构的等效传递函数为

$$G(s) = \frac{X_4(s)}{X_0(s)} = G_1(s) - G_2(s) + G_3(s) \tag{2-74}$$

由此可以得出这样的结论：**环节并联，等效的传递函数为各环节传递函数的代数和**。化简并联环节时要特别注意比较点处的符号。

上述结论可以推广到任意 n 个环节并联的情形：n 个环节并联，其等效的传递函数是各并联环节传递函数的代数和。

3. 单回路反馈的化简

反馈是自动控制系统中常见的一种连接方式。所谓反馈，简单地说，就是将一个对象的输出信号反送到其输入端。图 2-18 是一个简单的单回路反馈框图。

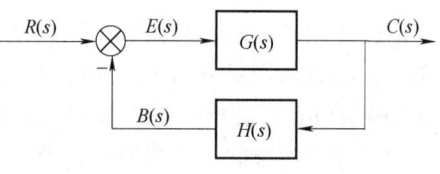

图 2-18 单回路反馈

在图 2-18 中，$R(s)$ 是输入信号，$C(s)$ 是输出信号，$B(s)$ 为反馈信号，$E(s)$ 为偏差信号。从偏差信号 $E(s)$ 到输出信号 $C(s)$ 的通道称为前向通道，并且满足

$$G(s) = \frac{C(s)}{E(s)}$$

式中，$G(s)$ 为前向通道的传递函数。

由输出信号 $C(s)$ 到反馈信号 $B(s)$ 的通道称为反馈通道，并且满足

$$H(s) = \frac{B(s)}{C(s)}$$

式中，$H(s)$ 为反馈通道的传递函数。

一般输入信号 $R(s)$ 在比较点处取"+"号，此时若反馈信号 $B(s)$ 在比较点前取"+"号，

则称为正反馈，$E(s)=R(s)+B(s)$；若反馈信号在比较点前取"-"号，则称为负反馈，$E(s)=R(s)-B(s)$。负反馈是自动控制系统中最常用的基本连接方式。通常比较点前的"+"号可以省略，但"-"号一定不能省略。

由图 2-18 可列出方程组

$$C(s)=G(s)E(s)$$
$$E(s)=R(s)-B(s)$$
$$B(s)=H(s)C(s)$$

消去中间变量 $E(s)$，$B(s)$ 后可得到

$$[1+G(s)H(s)]C(s)=G(s)R(s)$$

于是可以得到单回路负反馈系统等效传递函数为

$$\Phi(s)=\frac{C(s)}{R(s)}=\frac{G(s)}{1+G(s)H(s)} \qquad (2\text{-}75)$$

$\Phi(s)$ 也称反馈回路的闭环传递函数。前向通道传递函数 $G(s)$ 与反馈通道传递函数 $H(s)$ 的乘积 $G(s)H(s)$ 称为**开环传递函数**。所以，单回路负反馈系统的闭环传递函数可表示为

$$\Phi(s)=\frac{C(s)}{R(s)}=\frac{\text{前向通道传递函数}}{1+\text{开环传递函数}}$$

如果反馈信号在比较点取"+"号，是正反馈形式，则单回路正反馈系统的闭环传递函数为

$$\Phi(s)=\frac{C(s)}{R(s)}=\frac{G(s)}{1-G(s)H(s)} \qquad (2\text{-}76)$$

应指出并联和反馈的区别：环节并联，各并联环节信号的流向是相同的，没有反馈，不构成回路。

需要特别注意的是，开环传递函数的概念在控制系统分析与设计中经常使用，它指的是闭环控制系统的主回路中各个环节的乘积，是为了表述简便而人为定义的，不要将其与开环控制相混淆。

4. 比较点和引出点的移动

前面介绍的串联、并联和单回路反馈的简化是最基本的三个化简规则。在一些结构比较复杂的系统方框图的化简过程中，往往不能直接按串联、并联或单回路反馈的规则化简，图 2-15 所示 RC 滤波网络的方框图就是这样一个例子。这就需要先改变比较点或引出点的位置，然后才能按串联、并联和单回路反馈的规则化简。比较点和引出点的移动也要遵循变换前后输入信号和输出信号不变的原则。

(1) 比较点前移

将一个比较点从一个函数方框的输出端移到输入端称为前移。图 2-19a 为变换前的框图，图 2-19b 为比较点前移后的框图。

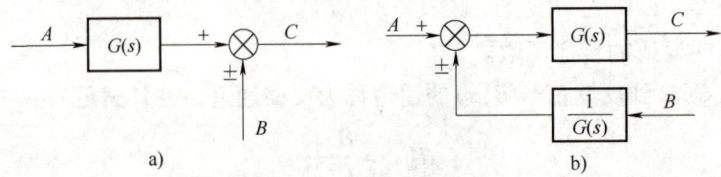

图 2-19 比较点前移

由图 2-19a 可知

$$C = AG(s) \pm B = G(s)\left[A \pm \frac{1}{G(s)}B\right]$$

所以图 2-19b 中，在 B 信号和比较点之间应加一个传递函数 $1/G(s)$。

（2）比较点之间的移动

图 2-20a 中有两个比较点，希望把这两个比较点先后的位置交换一下。由加法交换律知

$$D = A \pm B \pm C = A \pm C \pm B$$

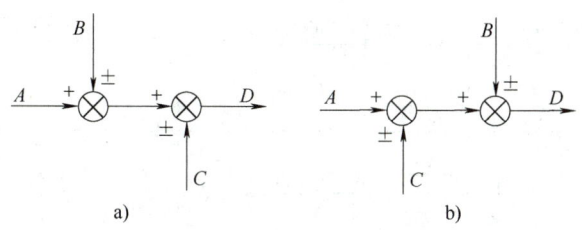

图 2-20 比较点之间的移动

于是，由图 2-20a 可得到图 2-20b。可见，两个相邻的比较点之间可以相互交换位置而不改变该结构输入和输出信号间的关系。所谓相邻关系，是指这两个比较点之间没有任何引出点或者方框。这个结构对于相邻的多个比较点也是适用的。

（3）引出点后移

将引出点由函数方框的输入端移到输出端，称为引出点后移。图 2-21a 表示变换前的结构，图 2-21b 表示引出点后移之后的结构。因为

$$A = AG(s)\frac{1}{G(s)}$$

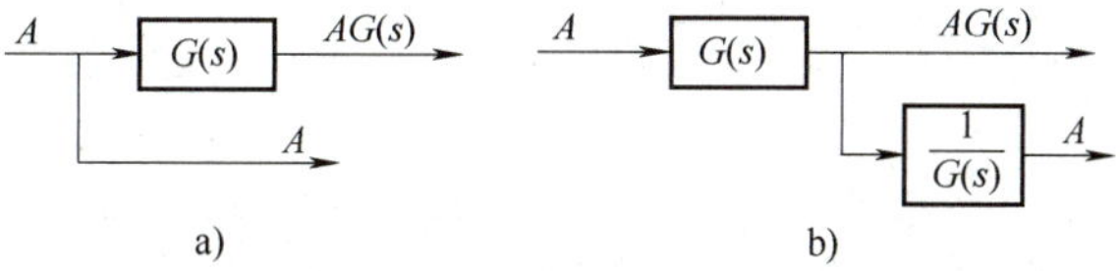

所以引出点后移时，应在被移动的通路上串入 $1/G(s)$ 的函数方框，如图 2-21b 所示。从另一个角度分析，可在被移动的通路上串入

$$G_1(s) = \frac{A}{AG(s)} = \frac{1}{G(s)}$$

图 2-21 引出点后移

（4）相邻引出点之间的移动

从一条信号流线上无论分出多少条信号线，它们都是代表同一个信号。所以在一条信号线上的各引出点之间可以随便改变位置，不必进行任何其他改动，如图 2-22 所示。

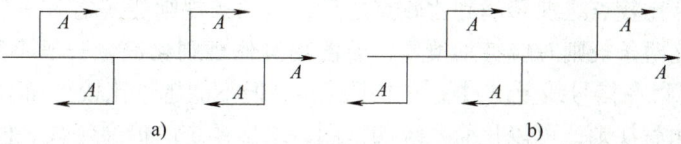

图 2-22 相邻引出点的移动

框图变换时经常碰到的变换规则见表2-3。

表 2-3　框图的等效变换规则

	变　换	原　框　图	等　效　框　图
1	引出点前移	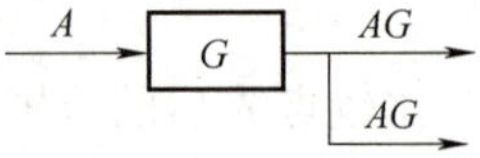	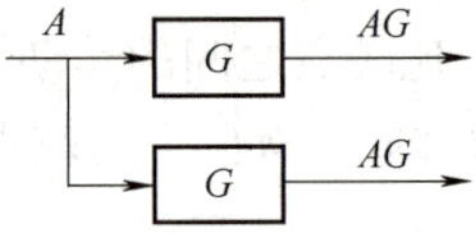
2	引出点后移	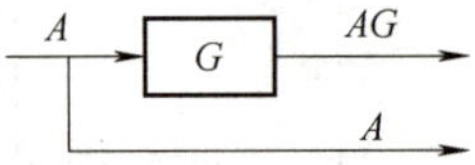	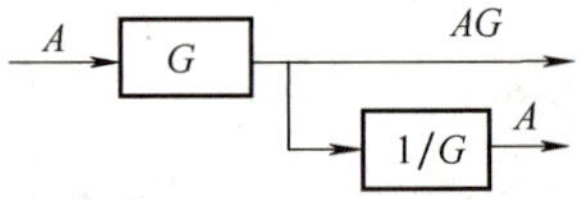
3	比较点前移	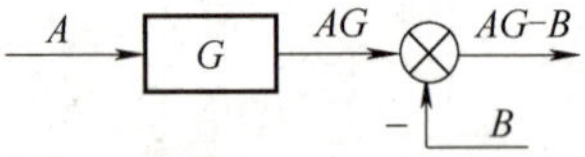	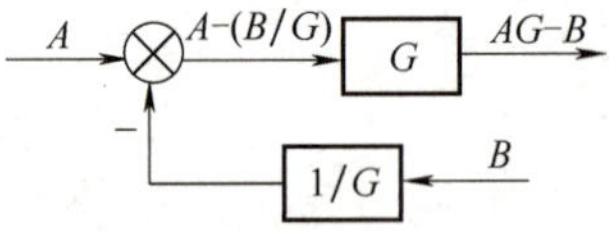
4	比较点后移	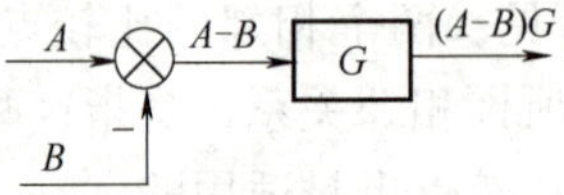	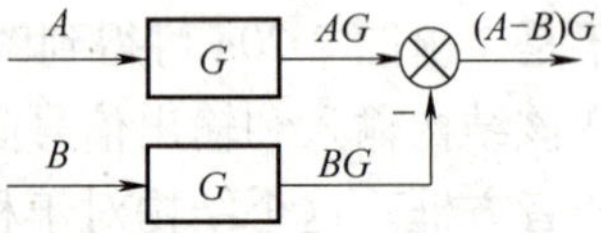
5	变单位反馈	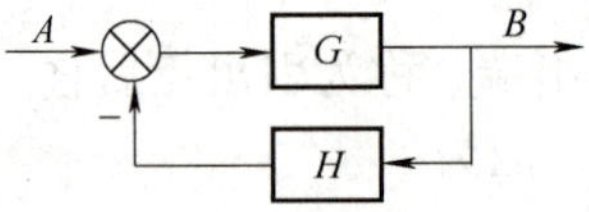	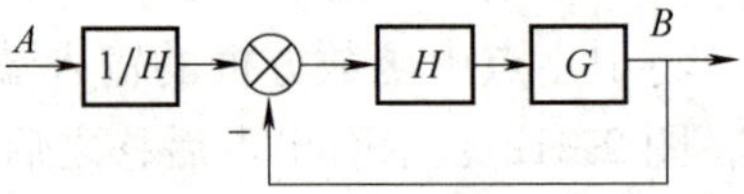
6	比较点变换	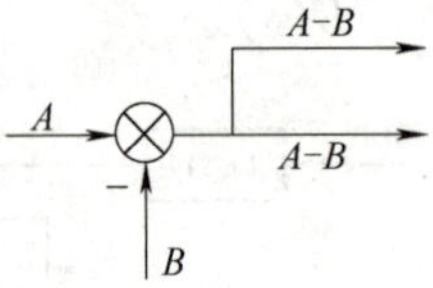	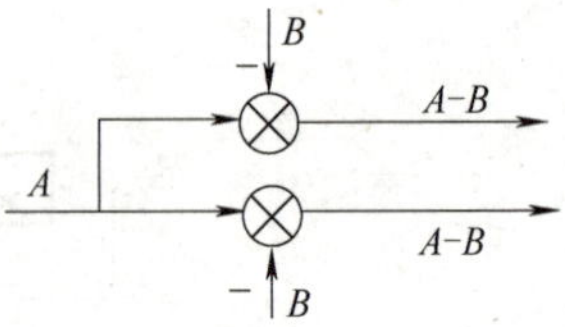

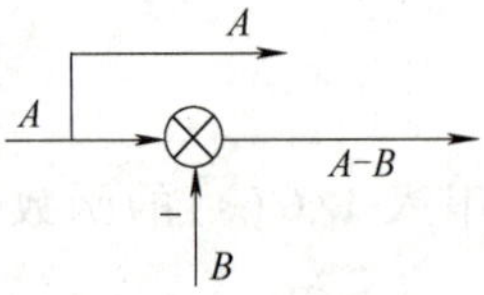

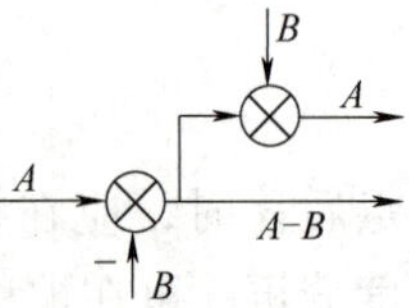

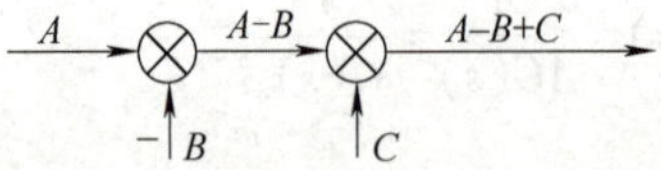

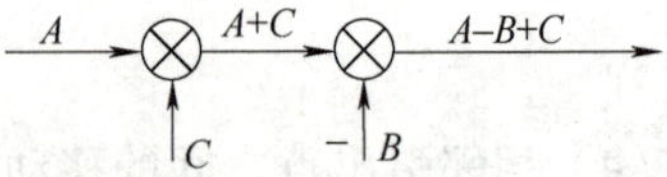

在表 2-3 中，比较点变换的前两条规则，一个是引出点从比较点之后移到比较点之前，另一个是引出点从比较点之前移动到比较点之后，这两条规则变换之后一个比较点变成了两个比较点。使用这两条规则时应特别慎重，**若能用其他规则化简，一般不采用这两条规则**。此外，减号"-"可以在信号线上越过函数方框移动，但不能越过比较点和引出点。

根据框图的化简规则，可以化简系统的框图，求出系统的传递函数。框图的化简实质上是代数方程组的图解法。串联、并联和单回路反馈的化简是最基本的化简方法，但有些控制系统并不是简单的串联、并联或单回路反馈的结构，可能存在着多个反馈回路，反馈回路之间还可能存在着交叉，化简框图的关键就是解除交叉结构，而解除交叉结构的方法就是移动比较点或引出点。对于同一个方框图可以有不同的化简方法，但结果应该是一样的。

例 2-18 例 2-17 中 RC 滤波网络的框图如图 2-23a，试化简框图，求该滤波网络的传递函数 $\dfrac{U_2(s)}{U_1(s)}$。

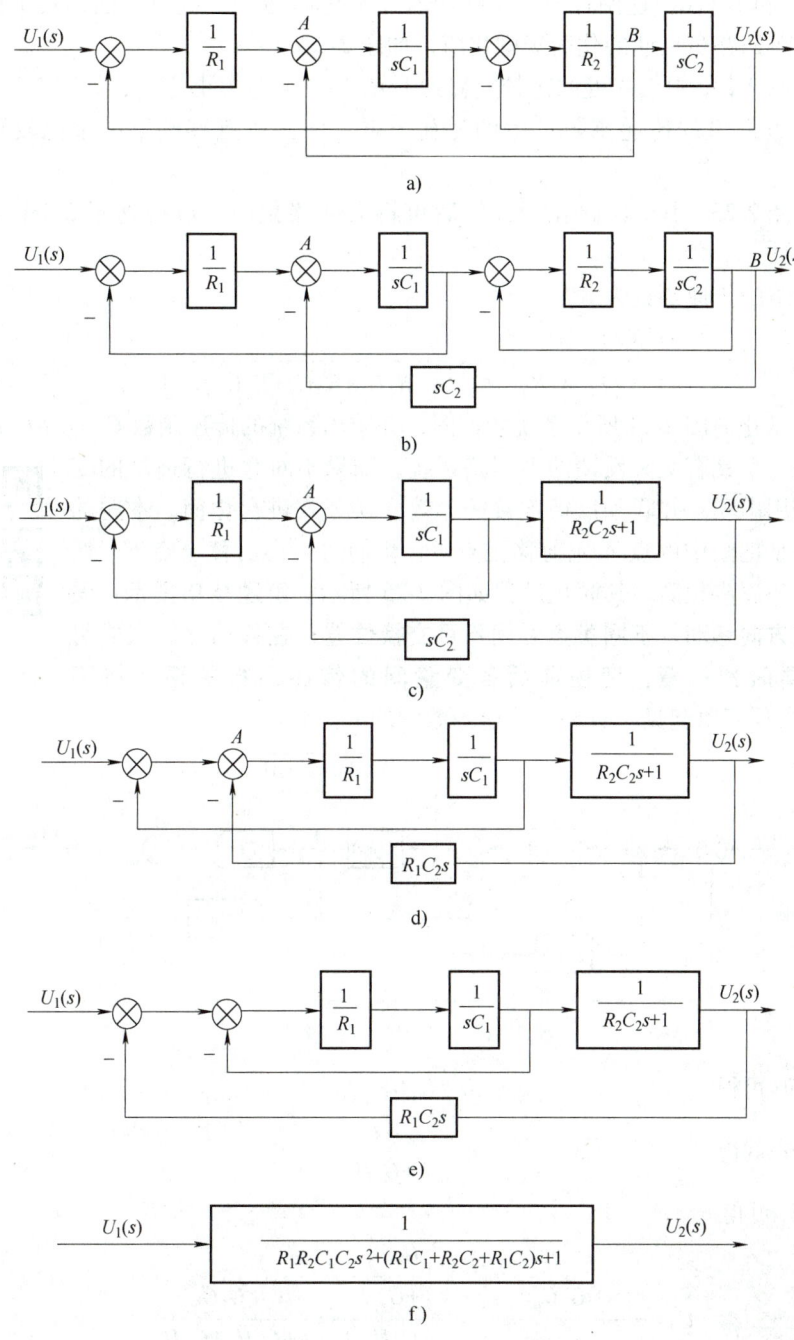

图 2-23 RC 滤波网络的框图

解 这个框图中由 3 个负反馈回路，3 个比较点，3 个引出点，4 个函数方框。反馈回路之间存在着交叉，有的回路中比较点处（图中点 A）的信号来自其他回路，有的回路中引出点（图中点 B）将信号引出到其他回路。这个框图如果不进行比较点或引出点的移动就不能直接按串联、并联或单回路反馈的规则化简。

首先可把点 B 处的引出点移到 $1/(sC_2)$ 所在的函数方框之后，如图 2-23b 所示，注意移动后相应框里的传递函数发生的变化。

这样 $1/R_2$ 和 $1/(sC_2)$ 这两环节就可按串联规则化简为一个函数方框，其所在的最后一个回路也可按单回路负反馈的化简规则化简，如图 2-23c 所示。

然后可将图 2-23c 中点 A 处的比较点移到 $1/R_1$ 所在函数方框之前，如图 2-23d 所示，注意移动后相应方框里的传递函数发生的变化。再将该比较点移到第一个比较点之前，如图 2-23e所示。

这样先将图 2-23e 中小回路化简，然后再将大回路化简，可得到图 2-23f 所示最终的结果。

该滤波网络的传递函数为

$$\frac{U_2(s)}{U_1(s)} = \frac{1}{R_1R_2C_1C_2s^2+(R_1C_1+R_2C_2+R_1C_2)s+1}$$

例 2-19 试化简图 2-24 所示系统的框图，并求出系统的传递函数 $C(s)/R(s)$。

解 这是一个具有交叉反馈的多回路系统，如果不对它进行适当的变换，就难以应用串联、并联和反馈连接的等效变换公式进行化简。本题的求解方法之一是把图中的点 A 先前移至点 B，化简后，再后移至点 C，然后从内环到外环逐步化简，其简化过程如图 2-25 所示。**解题技巧提示：同类点向同类点方向移动，不同类点之间不可交换位置；在移动比较点或引出点的时候要时刻留意，变换前后各变量间的传递函数关系保持不变。**（注：为书写简单起见，省略了传递函数中的 s 变量）

系统框图的等效变换和化简(2)

图 2-24 例 2-19 的系统框图

由图 2-25b 可得

$$G_5 = G_2G_3 + G_4 \tag{2-77}$$

由图 2-25e 可得

$$G_6 = \frac{G_5}{1+G_5H_2} \tag{2-78}$$

由图 2-25f 可得

$$G_7 = \frac{G_1G_6}{1+G_1G_6H_1G_2\frac{1}{G_5}} = \frac{\frac{G_1G_5}{1+G_5H_2}}{1+\frac{G_1H_1G_2}{1+G_5H_2}} = \frac{G_1G_5}{1+G_5H_2+G_1H_1G_2} \tag{2-79}$$

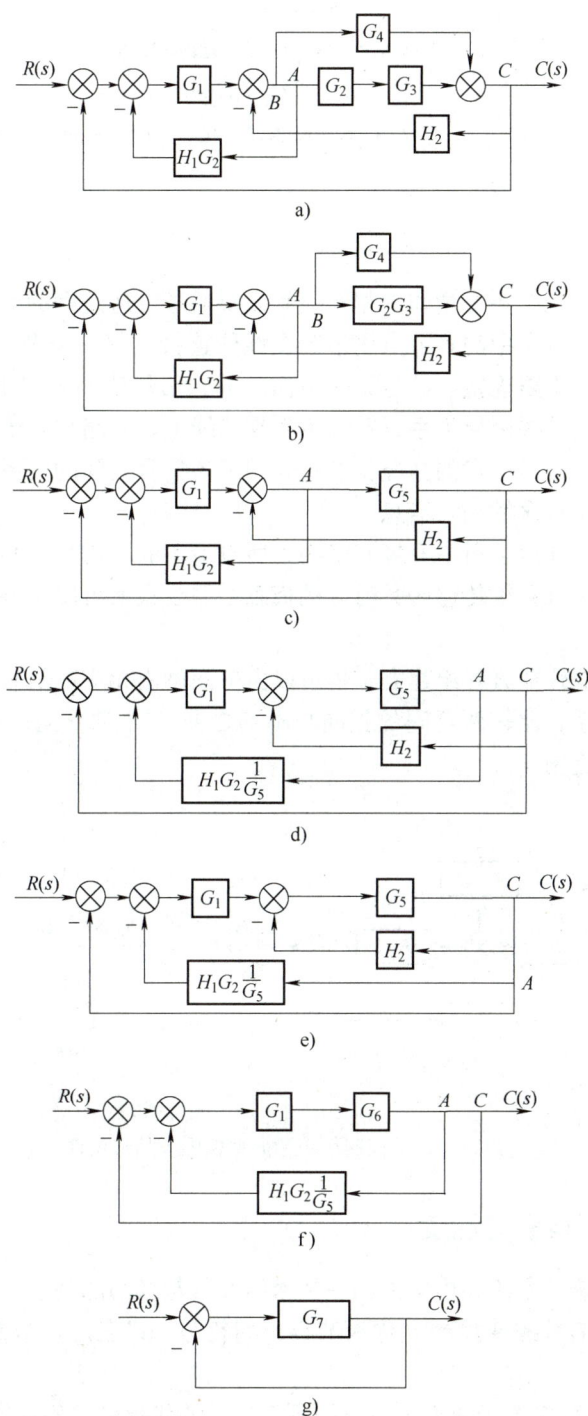

图 2-25 例 2-19 的系统框图化简过程

由图 2-25g 得

$$\frac{C(s)}{R(s)} = \frac{G_7}{1+G_7} = \frac{G_1 G_5}{1+G_5 H_2 + G_1 H_1 G_2 + G_1 G_5} \quad (2\text{-}80)$$

将式(2-77)代入式(2-80)得到系统的传递函数为

$$\frac{C(s)}{R(s)} = \frac{G_1(G_2G_3+G_4)}{1+(G_2G_3+G_4)(G_1+H_2)+G_1G_2H_1}$$
$$= \frac{G_1G_2G_3+G_1G_4}{1+G_1G_2G_3+G_2G_3H_2+G_1G_4+G_4H_2+G_1G_2H_1}$$

2.5 信号流图

信号流图是表示系统中各变量间的相互关系以及信号传递过程的另一种图解方法。信号流图是由网络组成的，网络中的各节点用定向支线段连接。每一个节点表示一个系统变量，而每两个节点之间通过支路连接。信号只能单向流通，信号流的方向由支路上的箭头表示。用支路增益表示两个变量的因果关系，并标示在支路线上。支路相当于乘法器。信号流图描绘了信号从系统一点流向另一点的情况，并且表明了各信号之间的关系。如上所述，信号流图基本上包含了框图所包含的同一信息。

由于信号流图是在通信学科中发展起来的，所以沿用的名词与控制学科中不太相同。使用信号流图的优点是在求系统传递函数时应用梅森增益公式就可得出要求的结果，不必像框图那样一步一步地化简。

信号流图可以根据代数方程组建立，也可以由框图画出相应的信号流图。学习信号流图时应注意与框图相联系，比较两者间的相同与不同之处。图2-26是一个反馈控制系统的框图和与之对应的信号流图。

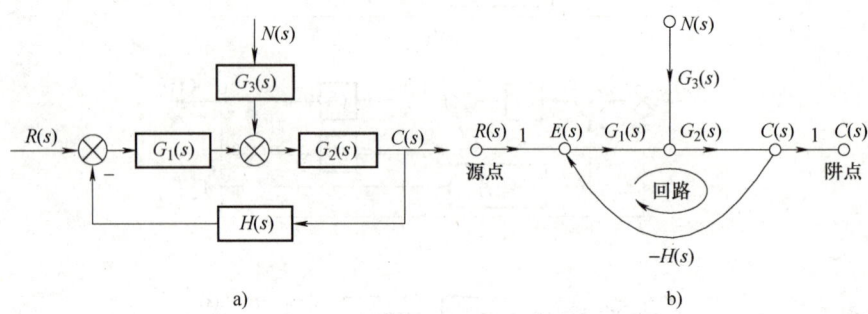

图2-26 反馈控制系统的典型框图与信号流图

2.5.1 信号流图的组成与性质

下面介绍控制系统信号流图中常用的一些术语及其与框图的关系。

节点 用以表示信号或变量的点称为节点，用符号"○"表示。节点有以下两条重要的性质：

1) 节点所表示的变量等于流入该节点的所有信号的代数和。例如图2-26b中有
$$E(s) = R(s) - H(s)C(s)$$

2) 从节点流出的每一条分支中的信息都等于该节点所表示的变量。

由此可见，信号流图中的节点起到了框图中比较点和引出点的作用。但与框图中比较点处不同的是，节点处不标"−"号，如果有"−"号则标在支路增益（即传递函数）上。

输入节点或源点 系统中输入信号所对应的节点称为输入节点，也称为源点。输入节点

信号流图的组成与性质

在信号流图中只有输出支路而没有输入支路。图 2-26b 中的 $R(s)$ 和 $N(s)$ 都是输入节点。

输出节点或阱点　系统中输出信号所对应的节点称为输出节点,也称阱点。为了明显表示出这个节点是输出节点,可用一条增益为 1 的支路将其引出,如图 2-26b 中的 $C(s)$。这样就形成了一个只有输入支路而没有输出支路的节点。实际上,在分析系统输入信号之外的任一信号与输入信号之间的关系时,这个信号所对应的节点都可看成输出节点。例如分析 $E(s)$ 与 $R(s)$ 之间的关系式,$E(s)$ 就是输出节点。

混合节点　既有输入支路,又有输出支路的节点,叫作混合节点。

通路　沿支路箭头所指方向穿过各相连支路的路径称为通路。如果通路与任一节点相交不多于一次,则称为开通路;如果通路的终点就是通路的起点,而与任何其他节点相交的次数不多于一次,则称为闭通路或回路,相当于框图中的一个闭环回路。

回路增益　回路中各支路增益的乘积称为回路增益。回路增益相当于框图中一个闭环回路的开环传递函数乘上反馈比较点处的符号,而开环传递函数是不包括反馈比较点处的符号的。

不接触回路　如果不同回路之间没有任何共有的节点(共有变量),则称它们为不接触回路,而相互接触的回路至少有一个共有节点。

前向通路　如果从输入节点到输出节点的通路上,通过任何节点不多于一次,则该通路称为前向通路。前向通路中各支路增益的乘积,称为前向通路增益,相当于框图中前向通路传递函数。

上列术语在信号流图中的体现,如图 2-26b 所示。

信号流图可以根据微分方程绘制,也可以从系统框图按照对应关系得到。鉴于由信号流图发展起来的梅森增益公式可以直接应用在系统框图上,得到系统中各变量之间的传递函数关系,本书不再对信号流图的绘制方法进行详细论述,读者如有需要可以参阅参考文献[1]。表 2-4 给出了一些简单控制系统的框图与信号流图。从中可以看出,控制系统的框图与信号流图是一一对应的,同时也是可以互相转化的。

表 2-4　控制系统框图与信号流图对照表

框 图	信 号 流 图
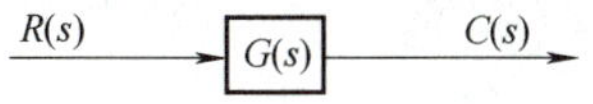 $R(s) \rightarrow G(s) \rightarrow C(s)$	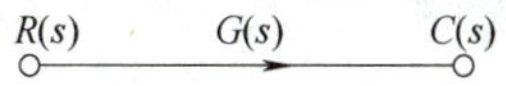 $R(s) \quad G(s) \quad C(s)$
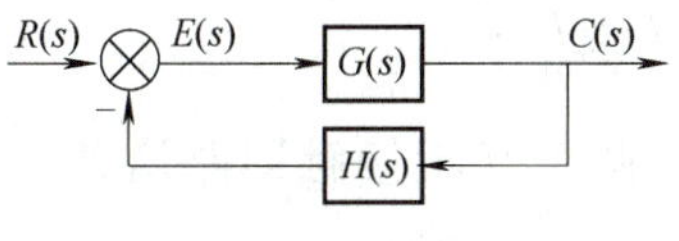 $R(s) \rightarrow \otimes \xrightarrow{E(s)} G(s) \rightarrow C(s)$, 反馈 $H(s)$	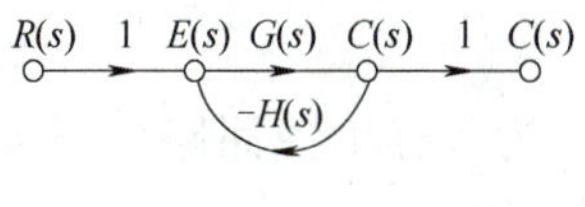 $R(s) \; 1 \; E(s) \; G(s) \; C(s) \; 1 \; C(s)$, 反馈 $-H(s)$
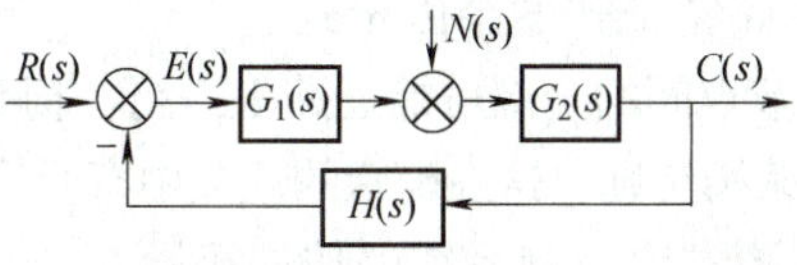 $R(s) \rightarrow \otimes \xrightarrow{E(s)} G_1(s) \rightarrow \otimes \xleftarrow{N(s)} G_2(s) \rightarrow C(s)$, 反馈 $H(s)$	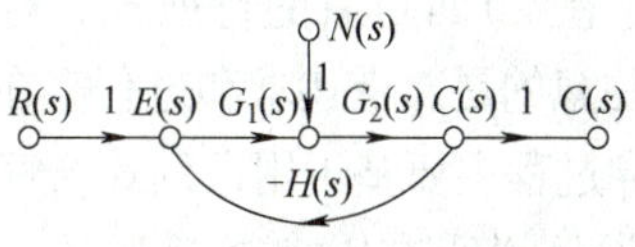 $R(s) \; 1 \; E(s) \; G_1(s) \; 1 \; G_2(s) \; C(s) \; 1 \; C(s)$, $N(s)$ 输入, 反馈 $-H(s)$

(续)

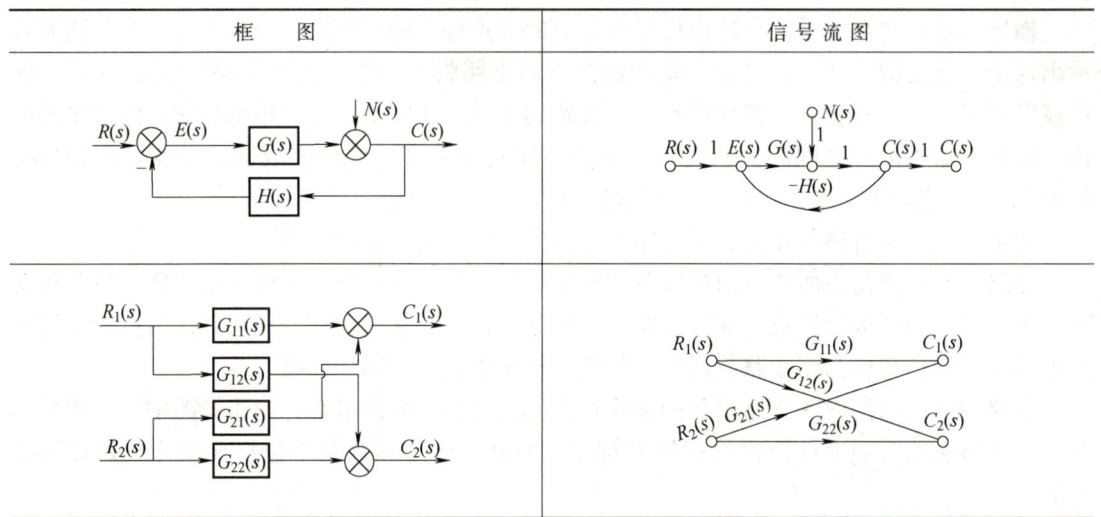

信号流图的基本性质可以归纳为以下几点:
1) 信号流图适用于线性系统。
2) 支路表示一个信号对另一个信号的函数关系, 信号只能沿支路上的箭头指向传递。
3) 在节点上可以把所有输入支路的信号叠加, 并把相加后的信号送到所有的输出支路。
4) 具有输入和输出节点的混合节点, 通过增加一个具有单位增益的支路把它作为输出节点来处理。
5) 对于一个给定的系统, 信号流图不是唯一的。由于描述同一个系统的方程可以写成不同的形式, 所以对于给定的系统, 可以画出许多不同的信号流图。

2.5.2 用梅森增益公式求系统的传递函数

在控制工程中, 常应用梅森增益公式直接根据控制系统的信号流图或者框图计算从输入节点到输出节点的传递函数, 而不需要等效简化处理。输入节点到输出节点的传递函数, 等于这两个节点之间的总增益。计算总增益的梅森公式为

用梅森增益公式求系统的传递函数

$$P = \frac{1}{\Delta}\sum_{k=1}^{n} p_k \Delta_k$$

式中, P 为总增益; p_k 为第 k 条前向通路的通路增益; Δ 为信号流图的特征式, 即

$$\Delta = 1 - \sum_a L_a + \sum_{bc} L_b L_c - \sum_{def} L_d L_e L_f + \cdots$$

其中, $\sum_a L_a$ 为所有单独回路的增益之和; $\sum_{bc} L_b L_c$ 为每两个互不接触回路增益乘积之和; $\sum_{def} L_d L_e L_f$ 为每三个互不接触回路增益乘积之和; Δ_k 为在 Δ 中除去与第 k 条前向通路相接触的(即共有节点)回路后的特征式, 称为第 k 条前向通路特征式的余因子式。

需要注意的是, 上述求和过程需在输入节点与输出节点间的全部可能通路上进行。梅森增益公式的推导过程主要基于用行列式求解线性方程组的克莱姆法则, 这在梅森的论文中有所论述。

下面举例说明应用梅森增益公式由信号流图或框图求取控制系统的传递函数。

例 2-20 试求图 2-27 信号流图中的传递函数 $C(s)/R(s)$。

解 在本例中，单独回路有四个，即

$$L_1 = -G_1;\quad L_2 = -G_2;\quad L_3 = -G_3;\quad L_4 = -G_1G_2$$

两个互不相接触的回路有四组，即

$$L_1L_2;\quad L_2L_3;\quad L_1L_3;\quad L_3L_4$$

三个不相接触的回路有一组，即

$$L_1L_2L_3$$

于是，信号流图的特征式为

$$\Delta = 1 - \sum_a L_a + \sum_{bc} L_b L_c - \sum_{def} L_d L_e L_f$$
$$= 1 + G_1 + G_2 + G_3 + 2G_1G_2 + G_1G_3 + G_2G_3 + 2G_1G_2G_3$$

从输入节点 $R(s)$ 到输出节点 $C(s)$ 的前向通路共有四条，其前向通路增益以及该前向通路所对应的余因子式分别为

$$p_1 = G_1G_2G_3K \qquad \Delta_1 = 1$$
$$p_2 = G_2G_3K \qquad \Delta_2 = 1+G_1$$
$$p_3 = G_1G_3K \qquad \Delta_3 = 1+G_2$$
$$p_4 = -G_2G_1G_3K \qquad \Delta_4 = 1$$

因此，由梅森增益公式求解该系统的传递函数为

$$\frac{C(s)}{R(s)} = \frac{p_1\Delta_1 + p_2\Delta_2 + p_3\Delta_3 + p_4\Delta_4}{\Delta}$$
$$= \frac{G_2G_3K(1+G_1) + G_1G_3K(1+G_2)}{1+G_1+G_2+G_3+2G_1G_2+G_1G_3+G_2G_3+2G_1G_2G_3}$$

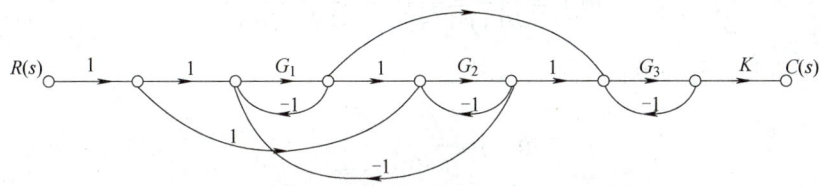

图 2-27 例 2-20 的信号流图

例 2-21 使用梅森增益公式法重新求解例 2-19。

解 可以直接在方框图 2-24 上使用梅森增益公式，从输入 $R(s)$ 到输出 $C(s)$ 有两条前向通路，五个单独回路（回路找不全，是该题目的易错之处），没有不接触回路，且所有回路均与两条前向通路接触，因此有

$$L_1 = -G_1G_2H_1;\quad L_2 = -G_2G_3H_2;\quad L_3 = -G_1G_2G_3;\quad L_4 = -G_4H_2;\quad L_5 = -G_1G_4$$

$$\Delta = 1 - (L_1 + L_2 + L_3 + L_4 + L_5)$$

$$p_1 = G_1G_2G_3 \qquad \Delta_1 = 1$$
$$p_2 = G_1G_4 \qquad \Delta_2 = 1$$

$$\frac{C(s)}{R(s)} = \frac{p_1\Delta_1 + p_2\Delta_2}{\Delta} = \frac{G_1G_2G_3 + G_1G_4}{1+G_1G_2H_1+G_2G_3H_2+G_1G_2G_3+G_4H_2+G_1G_4}$$

2.5.3 闭环系统的传递函数

一个典型的反馈控制系统的典型框图和信号流图如图 2-28 所示。图中，$R(s)$ 和 $N(s)$ 都是施加于系统的外作用，$R(s)$ 是有用输入作用，简称输入信号；$N(s)$ 为扰动输入信号；$C(s)$ 为系统的输出信号。

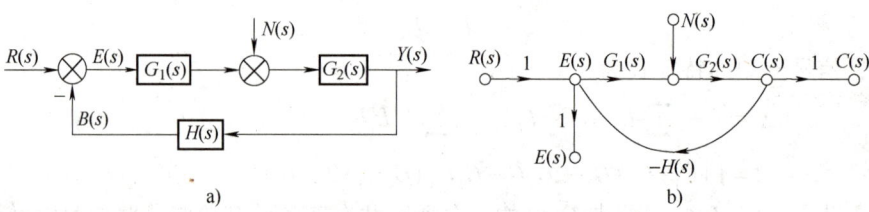

图 2-28　反馈控制系统的典型框图与信号流图

基于后面章节的需要，下面介绍几个系统传递函数的概念。

（1）系统的开环传递函数

如前所述，**在反馈控制系统中**，定义主回路中前向通路的传递函数与反馈通路的传递函**数乘积为开环函数**。图 2-28 所示系统的开环传递函数等于 $G_1(s)G_2(s)H(s)$，它等效为主反馈断开时，从输入信号 $R(s)$ 到反馈信号 $B(s)$ 之间的传递函数。

（2）输入信号下的闭环传递函数

根据叠加原理，令 $N(s)=0$，这时称 $\Phi(s)=C(s)/R(s)$ 为输出对于有用输入的闭环传递函数。由梅森公式可得

$$\Phi(s)=\frac{C(s)}{R(s)}=\frac{G_1(s)G_2(s)}{1+G_1(s)G_2(s)H(s)}$$

当 $H(s)=1$ 时，称为单位反馈，这时有

$$\Phi(s)=\frac{G_1(s)G_2(s)}{1+G_1(s)G_2(s)}$$

系统在输入信号作用下的输出响应 $C(s)$ 取决于闭环传递函数 $\Phi(s)$ 以及输入信号 $R(s)$ 的形式，即

$$C(s)=\Phi(s)R(s)=\frac{G_1(s)G_2(s)}{1+G_1(s)G_2(s)H(s)}R(s)$$

（3）扰动作用下的闭环传递函数

为分析扰动信号对系统的影响，需要求出输出信号 $C(s)$ 与扰动信号 $N(s)$ 之间的关系。根据叠加原理，令 $R(s)=0$，称 $\Phi_N(s)=C(s)/N(s)$ 为系统输出对扰动输入的闭环传递函数。可直接利用梅森增益公式求得

$$\Phi_N(s)=\frac{C(s)}{N(s)}=\frac{G_2(s)}{1+G_1(s)G_2(s)H(s)}$$

在扰动作用下的系统输出为

$$C(s)=\Phi_N(s)N(s)=\frac{G_2(s)}{1+G_1(s)G_2(s)H(s)}N(s)$$

(4) 系统的总输出

根据线性系统的叠加原理，当 $R(s) \neq 0$，$N(s) \neq 0$ 时，系统总的输出 $C(s)$ 应等于它们各自单独作用的输出之和，故有

$$C(s) = \Phi(s)R(s) + \Phi_N(s)N(s)$$
$$= \frac{G_1(s)G_2(s)}{1+G_1(s)G_2(s)H(s)}R(s) + \frac{G_2(s)}{1+G_1(s)G_2(s)H(s)}N(s)$$

(5) 偏差信号对于参考输入的闭环传递函数

偏差信号 $E(s)$ 的大小反映误差的大小，所以有必要了解偏差信号与参考输入和扰动信号的关系。令 $N(s)=0$，则称 $\Phi_E(s) = E(s)/R(s)$ 为偏差信号对于参考输入的闭环传递函数。由梅森增益公式可得

$$\Phi_E(s) = \frac{E(s)}{R(s)} = \frac{1}{1+G_1(s)G_2(s)H(s)}$$

(6) 偏差信号对于扰动输入的闭环传递函数

令 $R(s)=0$，称 $\Phi_{EN}(s) = E(s)/N(s)$ 为偏差信号关于扰动输入的闭环传递函数。这时 $E(s)$ 为输出，$N(s)$ 为输入，由梅森公式可得

$$\Phi_{EN}(s) = \frac{E(s)}{N(s)} = \frac{-G_2(s)H(s)}{1+G_1(s)G_2(s)H(s)}$$

(7) 系统的总偏差

根据叠加原理，当 $R(s) \neq 0$，$N(s) \neq 0$ 时，系统的总偏差为

$$E(s) = \Phi_E(s)R(s) + \Phi_{EN}(s)N(s)$$

比较上面的几个闭环传递函数 $\Phi(s)$、$\Phi_N(s)$、$\Phi_E(s)$、$\Phi_{EN}(s)$，可以看出它们的分母是相同的，这是因为它们都具有同一个信号流图的特征式，$\Delta = 1+G_1(s)G_2(s)H(s)$。$1+G_1(s)G_2(s)H(s)$ 也被称为**闭环系统的特征多项式**，$1+G_1(s)G_2(s)H(s)=0$ 被称为**闭环系统的特征方程**。

鉴于传递函数在后续章节中的重要性，请读者务必掌握典型反馈控制系统框图中各变量间的传递函数关系。如果控制系统的结构是多回路的，在不改变主反馈通道的前提下先将控制系统等效为单回路的控制结构，再按以上方法进行分析。

本 章 小 结

本章首先简单介绍了经典控制理论中所用到的重要数学工具——拉普拉斯变换。然后，根据对象或者环节的运行机理出发，建立对象的微分方程模型。鉴于直接求解微分方程非常困难，因此利用拉普拉斯变换将微分方程模型转换为传递函数模型。接下来，重点介绍了控制系统模型的图形化表示方法——框图和信号流图，通过框图的等效变换或梅森增益公式求出复杂系统的传递函数模型。在工程实践中，要运用变通性思维灵活分析复杂问题，建立方便求解的数学模型。

习 题

2-1 设机械系统如图 2-29 所示，其中 x_i 是输入位移，x_o 是输出位移。试分别列写各系统的微分方程式。

2-2 试证明图 2-30a 的电网络与图 2-30b 的机械系统有相同的数学模型。

2-3 在液压系统管道中，设通过阀门的流量 Q 满足如下流量方程：$Q = K\sqrt{P}$，式中，K 为比例常数；P 为阀门前后的压差。若流量 Q 与压差 P 在其平衡点 (Q_0, P_0) 附近进行微小变化，试导出线性化流量方程。

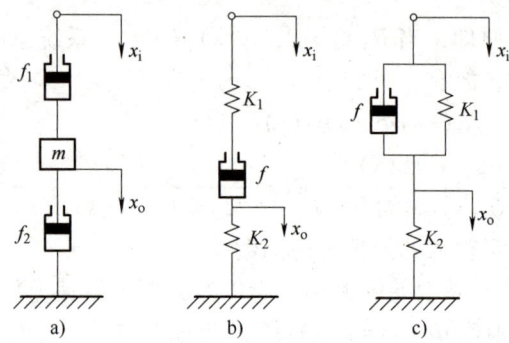

图 2-29 题 2-1 机械系统

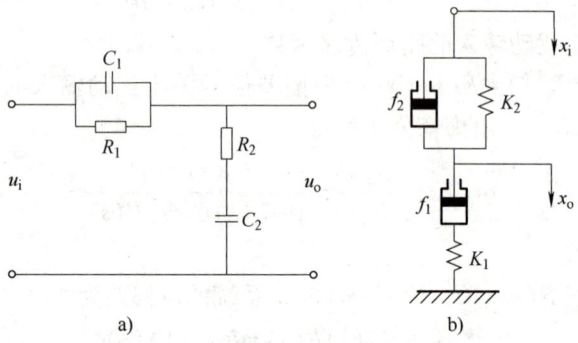

图 2-30 题 2-2 电网络与机械系统

2-4 若某系统在阶跃输入 $r(t)=1(t)$ 时，零初始条件下的输出响应 $c(t)=1-\mathrm{e}^{-2t}+\mathrm{e}^{-t}$，试求系统的传递函数和脉冲响应。

2-5 图 2-31 为相互有影响的双容液位系统。假设两个水槽的液容分别为 C_1 和 C_2，第二个水槽的液位高度 h_2 为过程的输出变量，流入第一个水槽的液体体积流量 q_i 为过程的输入变量。试求过程输出 $H_2(s)$ 与输入 $Q_i(s)$ 之间的传递函数关系。

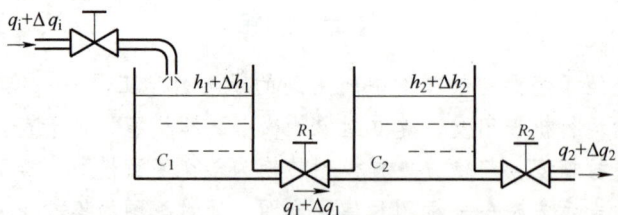

图 2-31 题 2-5 相互有影响的双容液位系统

2-6 在图 2-32 中，已知 $G(s)$ 和 $H(s)$ 两方框相对应的微分方程分别是

$$6\times\frac{\mathrm{d}c(t)}{\mathrm{d}t}+10c(t)=20e(t)$$

$$20\times\frac{\mathrm{d}b(t)}{\mathrm{d}t}+5b(t)=10c(t)$$

且初始条件均为零，试求传递函数 $C(s)/R(s)$ 及 $E(s)/R(s)$。

2-7 求图 2-33 所示有源网络的传递函数 $U_o(s)/U_i(s)$。

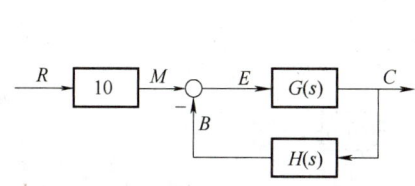

图 2-32 题 2-6 系统结构图

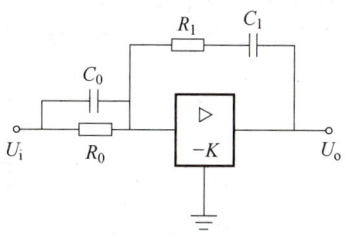

图 2-33 题 2-7 有源网络

2-8 求图 2-34 所示机械系统的传递函数 $X_1(s)/U(s)$ 和 $X_2(s)/U(s)$。

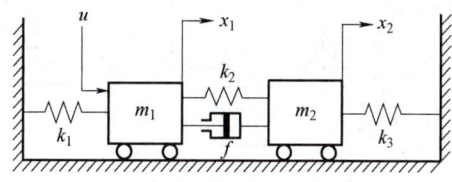

图 2-34 题 2-8 机械系统结构图

2-9 已知控制系统结构图如图 2-35 所示。试通过结构图等效变换和梅森公式分别求系统传递函数 $C(s)/R(s)$。

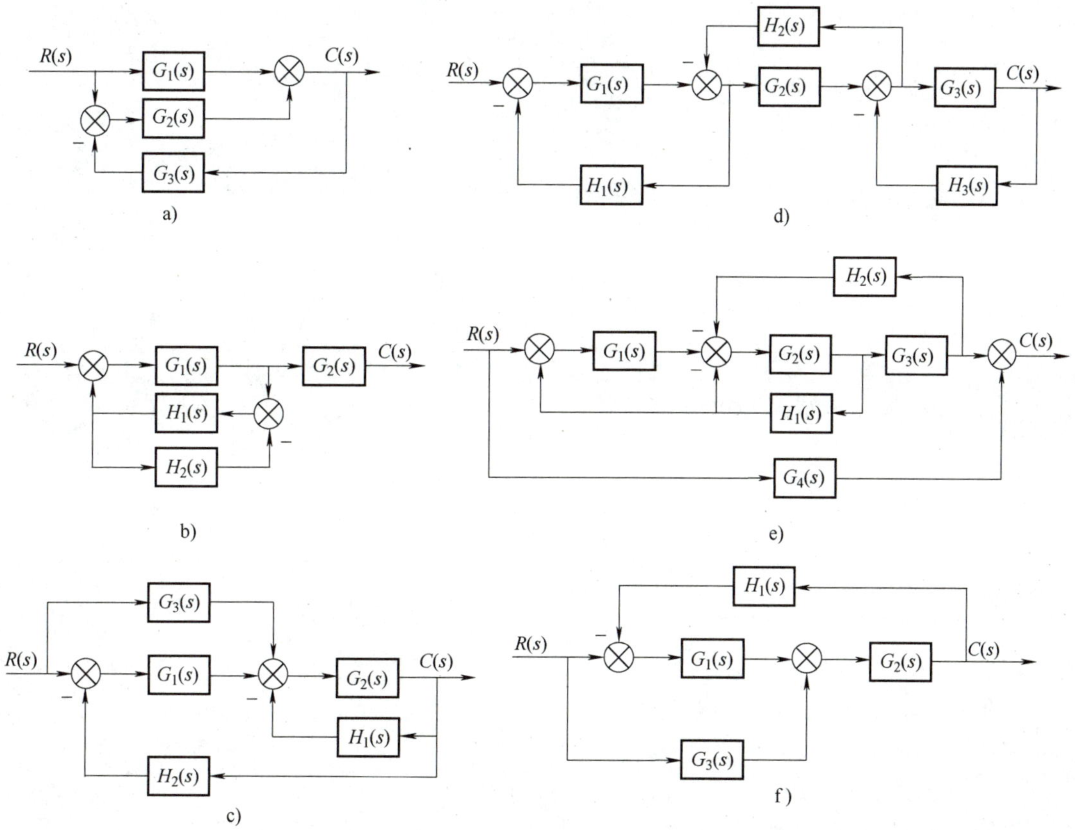

图 2-35 题 2-9 系统结构图

2-10 试简化图 2-36 中的系统结构图，并求传递函数 $C(s)/R(s)$ 和 $C(s)/N(s)$。

2-11 用梅森增益公式求图 2-36 中各系统中的传递函数 $C(s)/R(s)$ 和 $C(s)/N(s)$。

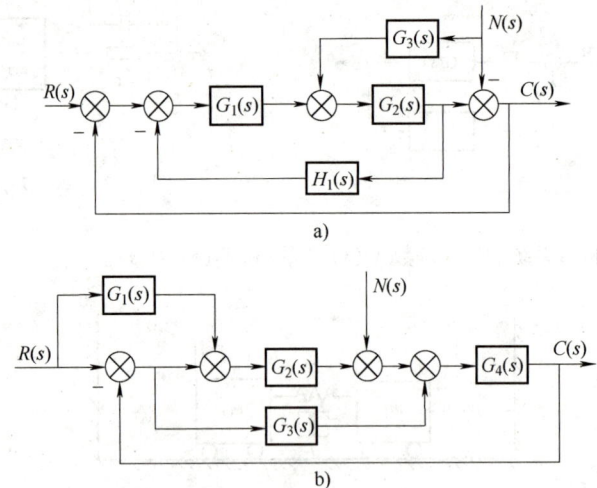

图 2-36 题 2-10 和题 2-11 系统结构图

第 3 章

线性系统的时域分析法

分析和设计系统的首要工作是确定系统的数学模型。一旦建立了合理的、便于分析的数学模型，就可以对控制系统进行分析，得到系统的性能指标，并可进一步得出系统性能的改进方法。

经典控制理论中，常用时域分析法、根轨迹法或频率分析法来分析控制系统的性能。本章介绍的时域分析法是通过传递函数、拉普拉斯变换及其反变换求出系统在典型输入信号作用下的输出表达式，从而分析系统时间响应的全部信息。与其他分析法比较，时域分析法是一种直接分析法，可以给出系统精确的时间响应曲线和响应曲线的界限特征（即时域指标），具有直观和准确的优点，尤其适用于一、二阶系统性能的分析和计算。实际使用中，高阶系统的时域分析和计算比较烦琐，可以借助于计算机进行分析，也可以采用根轨迹法或频率分析法进行分析。

3.1 线性系统的时域性能指标

线性系统的
时域性能指标

所谓系统的时域响应分析，就是在时间域内，研究在各种形式的输入信号作用下，系统输出响应的时间特征，也就是对系统施加一定形式的输入信号，然后研究系统的输出量随时间的变化规律。

3.1.1 典型输入信号

控制系统的输出响应是系统数学模型的解，该解不仅取决于系统本身的结构参数、初始状态，还与输入信号的形式有关。对各种控制系统的性能进行比较时，初始状态可以进行统一规定，如规定为零初始状态。将输入信号规定为统一的形式，则系统响应由系统本身的结构、参数来确定。虽然在实际情况下，控制系统的输入信号有时是很难预先准确知道的，但为了对各种控制系统的性能进行比较，必须事先假定一些基本的输入信号和扰动信号形式。这样的信号称为典型输入信号，工程上以"接近实际、容易产生、使系统工作在最不利条件下"为前提选择典型输入信号。

常用的典型输入信号有：单位阶跃函数、单位速度函数、单位加速度函数、单位脉冲函数和正弦函数，具体见表 3-1。

控制系统输入信号的突然转换、电源的突然接通、负荷的突然变化等，都可视为阶跃函数的作用；斜坡函数相当于在控制系统中加入一个按恒速变化的位置信号，适用于诸如跟踪卫星的天线控制系统；加速度函数又叫抛物线函数，可作为宇宙飞船控制系统的典型输入；单位脉冲函数在现实中是不存在的，它是某些物理现象经数学抽象化的结果，不过在实际中有很多信号与脉冲信号相似,如脉冲电压信号、冲击力等,尤其理论分析和计算机仿真中,常采用脉冲函数作为系统的激励,因此非常有用;用正弦函数作输入信号,可以求得系统对不同频率的正弦输入函数的稳态响应,由此可以间接判断系统的性能。

表 3-1 典型输入信号

名称	时域表达式	复域表达式
单位阶跃函数	$1(t), t \geq 0$	$\dfrac{1}{s}$
单位速度函数	$t, t \geq 0$	$\dfrac{1}{s^2}$
单位加速度函数	$\dfrac{1}{2}t^2, t \geq 0$	$\dfrac{1}{s^3}$
单位脉冲函数	$\delta(t), t = 0$	1
正弦函数	$A\sin\omega t, t \geq 0$	$\dfrac{A\omega}{s^2+\omega^2}$

以上这些函数都是简单的时间函数,采用这些输入信号,控制系统的数学分析和实验工作比较容易进行。

3.1.2 时域性能指标

任何一个控制系统的时间响应都由动态过程和稳态过程两部分组成的,因此对应的时域性能指标有动态性能指标和稳态性能指标。系统在输入信号作用下,系统的输出量从初始状态到最终状态的时间响应过程,又称动态过程;稳态过程是指时间趋近于无穷大时,系统的输出状态。通过对系统过渡过程的分析讨论,就可以提供有关控制系统的稳定性、超调量以及响应快速性等信息,而系统的稳态输出量若不完全等于期望输出量,则认为系统存在稳态误差,稳态误差是衡量系统控制准确度(稳态精度)的标志。需要指出的是,稳定性是控制系统的第一要求,对于不稳定的控制系统来说,研究其时域性能指标是没有意义的。

时域中系统动态性能的评价通常是以系统单位阶跃输入信号的动态响应为依据的。假定系统在单位阶跃输入信号作用前处于静止状态,而且输出量及其各阶导数等于零(称为零初始条件),此时系统的动态响应称为单位阶跃响应。对稳定的控制系统,其典型的单位阶跃响应曲线如图 3-1 所示,并可以定义以下主要性能指标。

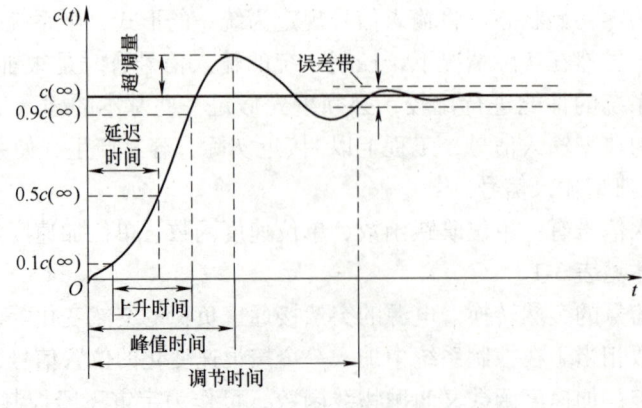

图 3-1 单位阶跃输入信号下的响应曲线

1. 延迟时间(delay time) t_d

延迟时间是响应曲线第一次达到其稳态值 $c(\infty)$ 一半时所需的时间。

2. 上升时间(rise time) t_r

上升时间为响应曲线第一次到达稳态值 $c(\infty)$ 的时间,若系统响应无振荡,则定义 t_r 为响应曲线从终值 $c(\infty)$ 的 10% 上升到 $c(\infty)$ 的 90% 所需的时间。

3. 峰值时间(peak time) t_p

峰值时间是响应曲线超过终值到达第一个峰值所需时间。

4. 调节时间(settling time) t_s

调节时间是响应曲线到达并保持在 $c(\infty)\pm5\%$ [或 $c(\infty)\pm2\%$] 内所需的最短时间。

5. 超调量(percent overshoot) $\sigma\%$

超调量是响应的最大偏离量 $c(t_p)$ 与稳态值 $c(\infty)$ 之差与稳态值 $c(\infty)$ 的百分比,即

$$\sigma\% = \frac{c(t_p) - c(\infty)}{c(\infty)} \times 100\% \tag{3-1}$$

以上都属于动态性能指标。

6. 稳态误差(steady state error) e_{ss}

稳态误差指系统输出的稳态值 $c(\infty)$ 与期望值之差,稳态误差属于稳态性能指标。

在上述六项指标中,延迟时间 t_d、上升时间 t_r 和峰值时间 t_p 均表征系统响应初始阶段的快慢;调节时间 t_s 表征系统过渡过程(动态过程)的持续时间,从总体上反映了系统的快速性和阻尼程度;而超调量 $\sigma\%$ 标志过渡过程的平稳性,是系统阻尼程度的评价;稳态误差反映系统复现输入信号的能力,e_{ss} 越小,则控制系统的控制精度越高。

3.2 一阶系统的时域分析

控制系统的输出信号与输入信号之间用一阶微分方程表示的系统,称为一阶系统,是工程实践中常见的最基本系统之一。

一阶线性系统的时域分析

3.2.1 一阶系统的数学模型

由电路的基本知识,可列写出图 3-2a 所示 RC 充电电路的微分方程,即

$$T\frac{dc(t)}{dt} + c(t) = r(t) \tag{3-2}$$

式中,$r(t)$ 为系统输入量(电压),$c(t)$ 为系统的输出量(电压),$T=RC$ 为充电时间常数。

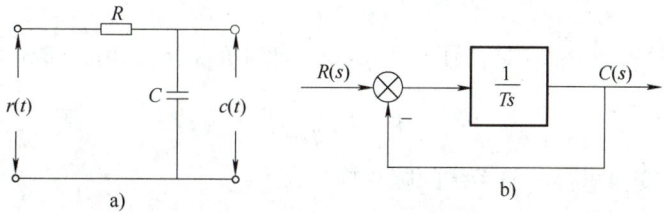

图 3-2 一阶控制系统

零初始条件下,容易得到该系统的传递函数为惯性环节,即

$$\Phi(s) = \frac{C(s)}{R(s)} = \frac{1}{RCs+1} = \frac{1}{Ts+1} \tag{3-3}$$

相应的框图如图3-2b所示,相当于由积分环节和单位反馈构成的闭环系统,T通常称为一阶系统的时间常数。采用比例控制的恒温箱和单容液位控制系统,它们均具有式(3-2)、式(3-3)形式的数学模型,只是T的含义随系统的不同而不同。

3.2.2 一阶系统的单位阶跃响应

设一阶系统的输入为单位阶跃信号$r(t)=1(t)$,此时$R(s)=1/s$,由式(3-3)可得系统的输出为

$$C(s) = \Phi(s)R(s) = \frac{1}{Ts+1}\frac{1}{s} = \frac{1}{s} - \frac{T}{Ts+1} \tag{3-4}$$

取反拉普拉斯变换得

$$c(t) = 1 - e^{-\frac{t}{T}} \quad (t \geq 0) \tag{3-5}$$

单位阶跃响应曲线如图3-3所示。

可见该一阶系统的单位阶跃响应是初始值为零,终值$c(\infty)$为1的曲线。由于响应曲线具有非振荡特征,故该响应又称为非周期响应。图3-3及式(3-5)表明一阶系统的单位阶跃响应具备以下特点:

1) 指数规律的单调上升过程,且无超调,因此不存在峰值时间t_p和超调量$\sigma\%$。根据动态性能指标的定义和式(3-5),可以求出

延迟时间 $t_d = 0.69T$;
上升时间 $t_r = 2.20T$。

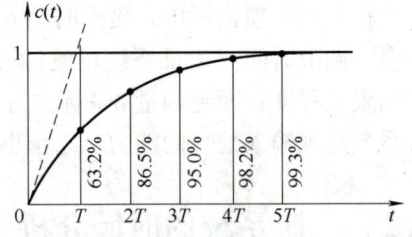

图3-3 一阶系统的单位阶跃响应

2) $t=3T$时,$c(3T)=0.950$,进入$\Delta=\pm5\%c(\infty)$误差带;$t=4T$时,$c(4T)=0.982$,进入$\Delta=\pm2\%c(\infty)$误差带,所以一阶系统的调节时间t_s是$3T$或$4T$,可见调节时间与常数T成正比,T越小,响应过程越快,反之亦然。

3) $\left.\frac{dc(t)}{dt}\right|_{t=0} = \frac{1}{T}$,即响应曲线初始斜率$1/T$,$T$越小,响应初速越大。

4) 一阶系统的传递函数只有一个极点$s=-1/T$,该极点位于s(复数)平面的负实轴上。T越小,该极点距离虚轴越远,此时动态特性越好。

3.2.3 一阶系统的单位脉冲响应

当一阶系统的输入为单位脉冲信号$r(t)=\delta(t)$,此时$R(s)=1$,由式(3-3)可得系统的输出为

$$C(s) = \frac{1}{Ts+1} \tag{3-6}$$

取反拉普拉斯变换可得一阶系统的脉冲响应为

$$c(t) = \frac{1}{T}e^{-\frac{t}{T}} \quad (t \geq 0) \tag{3-7}$$

响应曲线如图3-4所示。

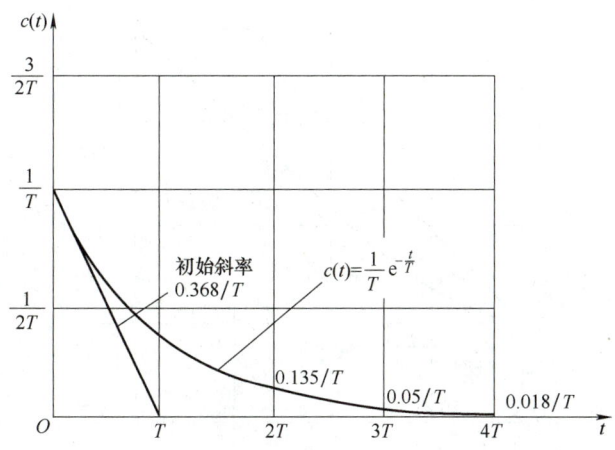

图 3-4 一阶系统的单位脉冲响应

图 3-4 及式(3-7)表明一阶系统的单位脉冲响应具备以下特点:

1) 指数规律的单调下降过程,初值最大,$c(0)=1/T$,终值最小,$c(\infty)=0$。

2) $t=3T$ 时,$c(3T)=\mathrm{e}^{-3}/T\approx 1/(20T)$,近似为初值的 5%,若将 $t=3T$ 作为一阶系统单位脉冲响应的调节时间,则表明惯性时间常数 T 越小,响应过程越快,反之亦然。

3) $\left.\dfrac{\mathrm{d}c(t)}{\mathrm{d}t}\right|_{t=0}=-\dfrac{1}{T^2}$,即响应曲线初始斜率 $-1/T^2$,T 越小,响应初速下降越快。

由式(3-3)可知,零初始条件下,系统的单位脉冲响应函数等同于系统闭环传递函数,所以可以采用对系统施加单位脉冲函数,测定其冲击响应,进而得到系统的闭环传递函数。工程实践中无法得到理想的单位脉冲函数,可采用幅值有限的窄脉冲替代,一般要求该窄脉冲宽度小于 $0.1T$。

3.2.4 一阶系统的单位速度响应

当一阶系统的输入为单位速度信号 $r(t)=t$,此时 $R(s)=1/s^2$,由式(3-3)可得系统的输出为

$$C(s)=\frac{1}{Ts+1}\frac{1}{s^2}=\frac{1}{s^2}-\frac{T}{s}+\frac{T}{s+1/T} \tag{3-8}$$

反拉普拉斯变换可得一阶系统的单位速度响应为

$$c(t)=t-T+T\mathrm{e}^{-\frac{t}{T}} \qquad (t\geqslant 0) \tag{3-9}$$

响应曲线如图 3-5 所示。

图 3-5 及式(3-9)表明一阶系统的单位速度响应具备以下特点:

1) 单调上升过程,为非周期函数,初值 $c(0)=0$,终值 $c(\infty)=\infty$。

2) $\left.\dfrac{\mathrm{d}c(t)}{\mathrm{d}t}\right|_{t=0}=0$,即响应曲线初始斜率为 0。

3) 响应误差 $e(t)=r(t)-c(t)=T-T\mathrm{e}^{-t/T}$,稳态误差 $e_{\mathrm{ss}}=\lim\limits_{t\to\infty}e(t)=T$,这表明在 $t\to\infty$ 时,该一阶系统单位速度响应为与输入信号斜率相同,但时间上滞后 T 的斜坡函数,因此存在稳态跟踪误差,其值为时间常数 T。减小时间常数 T,可以提高系统的跟踪精度。

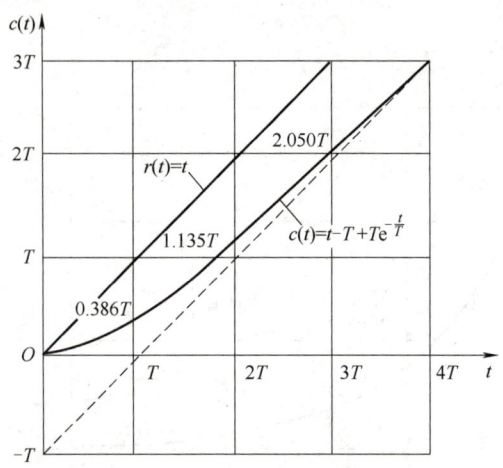

图 3-5　一阶系统的单位速度响应曲线

3.2.5　一阶系统的单位加速度响应

当一阶系统的输入为单位加速度信号 $r(t)=t^2/2$，此时 $R(s)=1/s^3$，由式(3-3)可得系统的输出为

$$C(s)=\frac{1}{Ts+1}\frac{1}{s^3}=\frac{1}{s^3}-\frac{T}{s^2}+\frac{T^2}{s}-\frac{T^2}{s+1/T} \tag{3-10}$$

反拉普拉斯变换可得一阶系统的单位加速度响应为

$$c(t)=\frac{1}{2}t^2-Tt+T^2(1-e^{-\frac{t}{T}}),(t\geqslant 0)$$

系统的响应误差 $e(t)=r(t)-c(t)=Tt-T^2(1-e^{-t/T})$，稳态误差 $e_{ss}=\lim_{t\to\infty}e(t)\to\infty$，这表明响应误差是随时间推移而不断增大的。因此，一阶系统不能对加速度输入信号进行跟踪。

通过以上分析，还可以看出一阶系统对各典型输入信号的响应之间存在着对应关系，**即系统对输入信号导数的响应等于系统对该输入信号响应的导数；系统对输入信号积分的响应等于系统对该输入信号响应的积分，积分常数由零初始条件确定**。这是线性定常系统的重要特性，适用于任何阶线性定常系统，但不适用于线性时变系统和非线性系统。

3.3　二阶系统的时域响应分析

可用二阶微分方程描述的系统称为二阶系统。时域响应分析中二阶系统占有重要的地位，体现在典型性和实用性两个方面。典型性是指二阶系统很普遍，很多高阶系统在工程应用上常可近似为二阶系统进行处理；实用性是指二阶系统的性能指标计算简单、精确，物理含义明确，便于分析和使用。

3.3.1　二阶系统的数学模型

图 3-6 为标准形式的二阶系统框图，称具有这种结构的二阶系统为**典型二阶系统**。

其开环传递函数

二阶系统的数学模型

$$G(s)H(s) = \frac{K}{s(Ts+1)} = \frac{K/T}{s(s+1/T)} \quad (3\text{-}11)$$

式中，K 为开环增益；T 为时间常数。

系统的闭环传递函数为

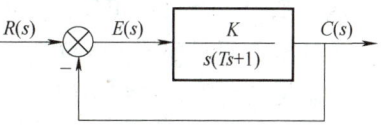

图 3-6　典型二阶系统框图

$$\Phi(s) = \frac{C(s)}{R(s)} = \frac{K}{Ts^2+s+K} \quad (3\text{-}12)$$

令 $\omega_n^2 = K/T$，$\zeta = \dfrac{1}{2\sqrt{TK}}$，则开环传递函数可写成

$$G(s)H(s) = \frac{\omega_n^2}{s(s+2\zeta\omega_n)} \quad (3\text{-}13)$$

相应地，系统的闭环传递函数为

$$\Phi(s) = \frac{C(s)}{R(s)} = \frac{\omega_n^2}{s^2+2\zeta\omega_n s+\omega_n^2} \quad (3\text{-}14)$$

式(3-14)称为典型二阶系统闭环传递函数的标准形式，式中，ζ 称为阻尼系数(或阻尼比)；ω_n 称为无阻尼振荡频率(或自然频率)。

由式(3-14)可得二阶系统的闭环特征方程为

$$s^2+2\zeta\omega_n s+\omega_n^2 = 0 \quad (3\text{-}15)$$

方程的两个特征根(闭环极点)是

$$s_{1,2} = -\zeta\omega_n \pm \omega_n\sqrt{\zeta^2-1} \quad (3\text{-}16)$$

由式(3-16)知道，当阻尼系数 ζ 取不同值时，系统的特征根形式不同，也就决定了其在复数平面上的位置不同，而系统的动态特性与该位置密切相关。因此，阻尼系数 ζ 是影响系统动态特性的关键因素。

当 $\zeta<0$ 时，两个极点均具备正实部，分布在复数平面的右半面，或全为实极点，或为一对共轭复极点。由于此时系统是不稳定的(3.5 节将对系统的稳定性进行分析)，这里不讨论不稳定情况。

当 $\zeta=0$ 时，两个极点为纯虚根，分布在复数平面的虚轴上，此时称系统为**零阻尼状态**。

当 $0<\zeta<1$ 时，极点为一对实部为负的共轭复极点，分布在复数平面的左半面，此时称系统为**欠阻尼状态**。

当 $\zeta=1$ 时，两个极点为负的重极点，分布在复数平面的负实轴上，此时称系统为**临界阻尼状态**。

当 $\zeta>1$ 时，极点为不相等的两个负实极点，分布在复数平面的负实轴上，此时称系统为**过阻尼状态**。

3.3.2　二阶系统的单位阶跃响应

下面分别就二阶系统过阻尼、临界阻尼、零阻尼和欠阻尼时的闭环极点分布情况以及系统的阶跃响应进行分析。

1. 过阻尼情况($\zeta>1$)

在这种情况下，两极点为

$$\begin{cases} s_1 = -(\zeta-\sqrt{\zeta^2-1})\omega_n \\ s_2 = -(\zeta+\sqrt{\zeta^2-1})\omega_n \end{cases} \quad (3\text{-}17)$$

注意到 $\zeta > \sqrt{\zeta^2-1}$，可知极点为不等的两个负实极点，其分布如图 3-7a 所示。

为分析方便，令 $s_1 = -1/T_1$，$s_2 = -1/T_2$，显然 $T_1 > T_2$。

过阻尼情况下，系统单位阶跃输入时的输出量为

$$C(s) = \frac{\omega_n^2}{s^2+2\zeta\omega_n s+\omega_n^2}R(s) = \frac{\omega_n^2}{s(s-s_1)(s-s_2)} = \frac{\omega_n^2}{s\left(s+\dfrac{1}{T_1}\right)\left(s+\dfrac{1}{T_2}\right)} \tag{3-18}$$

整理成一阶因式和的形式

$$C(s) = \frac{1}{s} + \frac{\dfrac{T_1}{T_2-T_1}}{s+\dfrac{1}{T_1}} - \frac{\dfrac{T_2}{T_2-T_1}}{s+\dfrac{1}{T_2}}$$

对上式进行反拉普拉斯变换，得到其单位阶跃响应为

$$c(t) = 1 + \frac{1}{T_2-T_1}\left(T_1 e^{-\frac{t}{T_1}} - T_2 e^{-\frac{t}{T_2}}\right) \tag{3-19}$$

其响应曲线如图 3-7b 所示，是一条单调上升、非周期的曲线。其初始斜率较小，然后斜率逐渐加大，到达某一值后又逐渐变小。因此，过阻尼二阶系统单位阶跃响应曲线不同于一阶系统单位阶跃响应曲线，虽然它们都呈现出非周期、单调上升特征。

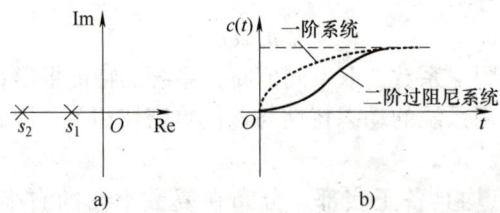

图 3-7　过阻尼二阶系统极点分布和单位阶跃响应曲线

根据式(3-17)，当 ζ 逐渐增大时，闭环极点 s_1 沿负实轴趋近原点，而 s_2 沿负实轴远离原点。当 ζ 较大时，式(3-19)括号内的第二项比第一项衰减要快得多，加之此时 T_1 比 T_2 大得多，可近似认为 $T_2-T_1 \approx -T_1$，若略去极点 s_2 的影响，则式(3-19)可为

$$c(t) = 1 - e^{-\frac{t}{T_1}} \tag{3-20}$$

这与闭环极点为 $s_1 = -1/T_1$ 的一阶系统单位阶跃响应一致，实际系统在此情况下与一阶系统特性十分接近。工程上当 $\zeta > 1.25$ 时，二阶系统即可简化为一阶系统进行分析处理，此时 s_2 到原点的距离大于 s_1 到原点的距离 4 倍以上，其调节时间 $t_s \approx 3T_1$，与一阶系统调节时间类似。

此处的分析表明，在左半复数平面上，离虚轴近的闭环极点所决定的响应分量对整个响应产生的影响大，离虚轴远的极点所决定的响应分量对整个响应产生的影响小，有时甚至可以忽略不计。

过阻尼典型二阶系统单位阶跃响应随时间增大最终会趋于 1，理论上稳态误差为零。但是，过阻尼二阶系统的响应比较缓慢，调节时间较长，快速性较差。因此，在工程设计上，除特殊情况外一般不采用过阻尼系统。

2. 临界阻尼情况($\zeta = 1$)

该情况下系统单位阶跃输入时的输出量为

$$C(s) = \frac{\omega_n^2}{(s+\omega_n)^2}\frac{1}{s} = \frac{1}{s} - \frac{\omega_n}{(s+\omega_n)^2} - \frac{1}{(s+\omega_n)} \tag{3-21}$$

对上式反拉普拉斯变换，可得到系统的单位阶跃响应为

$$c(t) = 1 - (1+\omega_n t)e^{-\omega_n t} \tag{3-22}$$

其响应曲线的斜率为

$$\frac{dc(t)}{dt} = \omega_n^2 t e^{-\omega_n t} \tag{3-23}$$

在 $t=0$ 时，该斜率为零，当 $t>0$ 时，该斜率始终为正，当 $t\to\infty$ 时，该斜率趋于零。由式(3-22)再结合斜率的变化情况可知，临界阻尼情况下二阶系统的单位阶跃响应是初值为0、终值为1的单调上升过程，无振荡现象出现。在输出不希望出现超调而又要求响应速度较快的情况下，可以采用临界阻尼系统，如仪表表头指示系统。不过实际系统中，完全达到并保持临界阻尼并不容易。

3. 零阻尼情况（$\zeta=0$）

此时 $s_{1,2} = \pm j\omega_n$，即两极点位于虚轴上。单位阶跃输入时的系统输出量为

$$C(s) = \frac{\omega_n^2}{s^2+\omega_n^2}\frac{1}{s} = \frac{1}{s} - \frac{s}{s^2+\omega_n^2} \tag{3-24}$$

于是可求出系统的单位阶跃响应，即

$$c(t) = 1 - \cos\omega_n t \tag{3-25}$$

它是振幅为1，角频率为 ω_n 的等幅振荡。

在实际控制工程中实现无阻尼是非常困难的，无阻尼主要用于控制系统的理论分析。

4. 欠阻尼情况（$0<\zeta<1$）

欠阻尼情况下二阶系统的闭环特征根（极点）为

$$s_{1,2} = -\zeta\omega_n \pm j\omega_n\sqrt{1-\zeta^2} = -\sigma \pm j\omega_d \tag{3-26}$$

式中，$\sigma=\zeta\omega_n$；$\omega_d=\omega_n\sqrt{1-\zeta^2}$，并且有 $\omega_d<\omega_n$。ω_d 称为系统阻尼振荡频率。该两极点是一对共轭复极点且具有负实部，因而位于左半复数平面上。

其单位阶跃输入时的系统输出量为

$$C(s) = \frac{\omega_n^2}{s^2+2\zeta\omega_n s+\omega_n^2}\frac{1}{s} \tag{3-27}$$

对式(3-27)进行反拉普拉斯反变换，得欠阻尼二阶系统的单位阶跃响应为

$$c(t) = 1 - \frac{1}{\sqrt{1-\zeta^2}}e^{-\zeta\omega_n t}\sin(\omega_d t + \beta) \qquad (t \geq 0) \tag{3-28}$$

式中，$\beta=\arccos\zeta$，称其为阻尼角，其定义如图3-8所示，并且易知阻尼系数 ζ 越大，阻尼角越小。

由式(3-28)可知，欠阻尼二阶系统的单位阶跃响应是由稳态分量1和振幅按指数规律衰减、频率为 ω_d 的正弦振荡瞬态分量构成。考虑到正弦项随角度变化其本身符号可正可负，因此欠阻尼二阶系统的单位阶跃响应就是围绕着稳态分量进行的上下正弦衰减波动，并随时间的增长最终衰减到稳态值。其衰减速度取决于指数项 $e^{-\zeta\omega_n t}$ 的幂，由此常称 $\zeta\omega_n$ 为衰减系数。可见，二阶系统欠阻尼情况下，单位阶跃响应的衰减速度取决于复极点的实部，振荡频率的大小取决于复极点的虚部。需要说明的是，在式(3-28)中，令 $\zeta=0$，其单位阶跃响应表达式就是式(3-25)，故称 ω_n 为无阻尼振荡频率。

图 3-9 为以上四种情况的单位阶跃响应曲线,其横坐标为无因次时间 $\omega_n t$。该图清楚地表明了阻尼系数对二阶系统单位阶跃响应的影响。ζ 越小,系统的上升时间越短,但对应的是更强烈的响应过程,平稳性差;ζ 增大时,超调量减小,衰减加快,振荡性降低,平稳性转好;ζ 增大到 1 及大于 1 后,响应成为无周期的,虽无振荡,但响应速度明显变慢。一般认为,实际系统应有必要的衰减程度,也应有一定的响应速度,综合考虑这些因素后,通常取 $\zeta = 0.4 \sim 0.8$,此时系统的超调量适度,调节时间较短。工程上常将 $\zeta = 0.707$ 附近的系统称为二阶最优系统,0.707 为最佳阻尼系数。

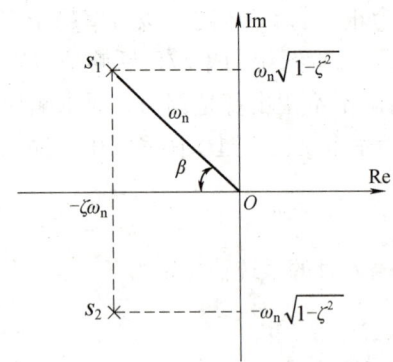

图 3-8 阻尼角 β 的定义

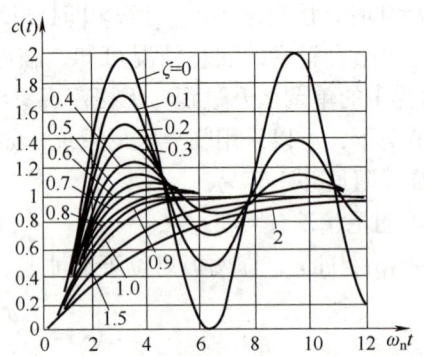

图 3-9 典型二阶系统的单位阶跃响应曲线

3.3.3 欠阻尼二阶系统的瞬态响应指标分析

控制系统的瞬态响应指标常用系统的单位阶跃响应的一些特征量表示,因为单位阶跃信号易得,也符合现场的多数实际情况,同时单位阶跃响应的特征量物理意义也比较明确。

欠阻尼下二阶系统的瞬态响应指标分析

1. 上升时间 t_r

由式(3-28),令 $c(t_r) = 1$,求得

$$\frac{e^{-\zeta \omega_n t_r}}{\sqrt{1-\zeta^2}} \sin(\omega_d t_r + \beta) = 0$$

由于 $\dfrac{e^{-\zeta \omega_n t_r}}{\sqrt{1-\zeta^2}} \neq 0$,所以必有

$$\omega_d t_r + \beta = n\pi \quad (n = 0, \pm 1, \pm 2, \cdots)$$

由定义知,t_r 是响应第一次到达稳态值的时间,因此应取 $n = 1$,所以有

$$t_r = \frac{\pi - \beta}{\omega_d} = \frac{\pi - \beta}{\omega_n \sqrt{1-\zeta^2}} \tag{3-29}$$

由式(3-29)可知,当 ζ 一定时,阻尼角 β 不变,ω_n 越大,t_r 越小;当 ω_n 一定时,ζ 越小,t_r 越小。

2. 峰值时间 t_p

将式(3-28)对 t 求导,并令其为零,即

$$\left. \frac{dc(t)}{dt} \right|_{t=t_p} = \frac{\zeta \omega_n e^{-\zeta \omega_n t}}{\sqrt{1-\zeta^2}} \sin(\omega_d t + \beta) - \frac{e^{-\zeta \omega_n t}}{\sqrt{1-\zeta^2}} \omega_d \cos(\omega_d t + \beta) \bigg|_{t=t_p} = 0$$

整理得

$$\tan(\omega_d t_p + \beta) = \frac{\sqrt{1-\zeta^2}}{\zeta}$$

由图 3-8 所示 β 的定义知，$\tan\beta = \frac{\sqrt{1-\zeta^2}}{\zeta}$，于是上式的解为

$$\omega_d t_p = n\pi \quad (n = 0, \pm 1, \pm 2, \cdots)$$

取 $n = 1$，求得峰值时间

$$t_p = \frac{\pi}{\omega_d} = \frac{\pi}{\omega_n \sqrt{1-\zeta^2}} \tag{3-30}$$

可见，当 ζ 一定时，ω_n 越大，t_p 越小；当 ω_n 一定时，ζ 越小，t_p 越小。

3. 超调量 $\sigma\%$

将 t_p 代入式（3-28），并考虑到 $\sin(\pi + \beta) = -\sqrt{1-\zeta^2}$，可求出响应最大值，即

$$c(t_p) = 1 - \frac{1}{\sqrt{1-\zeta^2}} e^{-\zeta\pi/\sqrt{1-\zeta^2}} \sin(\pi + \beta) = 1 + e^{-\zeta\pi/\sqrt{1-\zeta^2}}$$

对欠阻尼二阶系统，其单位阶跃响应终值 $c(\infty) = 1$，由超调量定义，求得

$$\sigma\% = \frac{c(t_p) - c(\infty)}{c(\infty)} \times 100\% = e^{-\zeta\pi/\sqrt{1-\zeta^2}} \times 100\% \tag{3-31}$$

由此可见，二阶系统超调量只与阻尼系数有关，即 $\sigma\%$ 为 ζ 的单值函数，$\sigma\%$ 随 ζ 的增大而减小，二者之间的关系如图 3-10 所示。

为了获得动态过程中良好的平稳性和快速性，要对 ζ 合适取值，当 $\zeta = 0.4 \sim 0.8$ 时，对应的超调量 $\sigma\%$ 在 25% ~ 1.5% 之间。特别是 $\zeta = 0.707$ 时，对应的 $\sigma\% = 4.3\%$。

4. 调节时间 t_s

单位阶跃响应进入 $\pm\Delta$ 误差带的最小时间就是调节时间，即

$$|c(t) - c(\infty)| \leq \Delta c(\infty) \quad (t \geq t_s)$$

将式（3-28）及 $c(\infty) = 1$ 代入上式，得

$$\left| \frac{e^{-\zeta\omega_n t}}{\sqrt{1-\zeta^2}} \sin(\omega_d t + \beta) \right| \leq \Delta \quad (t \geq t_s)$$

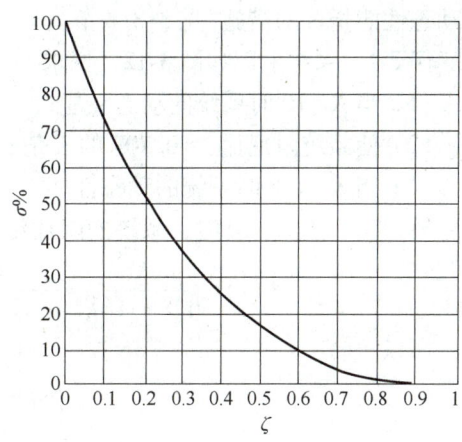

图 3-10　欠阻尼二阶系统 ζ 与 $\sigma\%$ 的关系曲线

考虑到 $|\sin(\omega_d t + \beta)| \leq 1$，为避免计算复杂性，将衰减振荡曲线的边界称为包络线，用包络线进入误差带内的时间近似作为调节时间 t_s，包络线如图 3-11 中的虚线所示。由此上式可写成

$$\frac{e^{-\zeta\omega_n t_s}}{\sqrt{1-\zeta^2}} = \Delta$$

两边取对数并整理得

$$t_s = \frac{1}{\zeta\omega_n}\left[\ln\frac{1}{\Delta} + \ln\left(\frac{1}{\sqrt{1-\zeta^2}}\right)\right]$$

当 $0.1<\zeta<0.9$ 时，$\ln\left(\dfrac{1}{\sqrt{1-\zeta^2}}\right)$ 相对于 $\ln\dfrac{1}{\Delta}$ 可以忽略不计，则有

$$t_s \approx \dfrac{3}{\zeta\omega_n} \quad (\Delta=5\%\text{时}) \quad (3\text{-}32\text{a})$$

$$t_s \approx \dfrac{4}{\zeta\omega_n} \quad (\Delta=2\%\text{时}) \quad (3\text{-}32\text{b})$$

上式表明，调节时间与闭环极点的实部数值成反比，极点离虚轴越远，系统的调节时间越短，越能快速地完成动态调整过程。在系统设计中，由于阻尼系数 ζ 主要根据系统超调量的要求来确定，因此调节时间主要由自然频率 ω_n 决定。

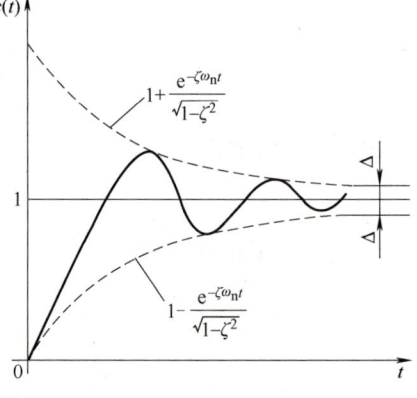

图 3-11 响应曲线的包络线

对图 3-6 所示的二阶系统，由于 $\omega_n=\sqrt{K/T}$，$\zeta=\dfrac{1}{2\sqrt{TK}}$，$\zeta\omega_n=\dfrac{1}{2T}$；所以根据式（3-32），调节时间 t_s 等于 $6T$ 或 $8T$。需要注意的是，惯性时间常数 T 是一个不可调的确定参数，当增大开环增益 K 时，ω_n 增大而阻尼系数 ζ 却减小，但二者乘积不变，因此调节时间不变。

虽然 ω_n 增大利于提高系统的响应速度，但 ζ 的减小会导致超调量增大。因此对既有较快响应速度，又有较好平稳性要求的二阶系统来说，需要折中选取 ω_n 和 ζ 的取值。一般来说，单纯地依靠调节 K 的大小很难解决系统快速性与平稳性之间的矛盾，需要采取其他改善动态性能指标的措施（见 3.3.4 节）。

例 3-1 系统框图如图 3-12，试求
(1) 当 $K=10$ 时系统的动态性能；
(2) 使系统阻尼比 $\zeta=0.707$ 的 K 值；
(3) 当 $K=1.6$ 时系统的动态性能。

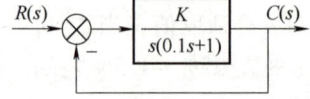

图 3-12 例 3-1 系统框图

解 (1) 当 $K=10$ 时，系统的闭环传递函数为

$$\Phi(s)=\dfrac{K}{0.1s^2+s+K}=\dfrac{10}{0.1s^2+s+10}=\dfrac{100}{s^2+10s+100}=\dfrac{\omega_n^2}{s^2+2\zeta\omega_n s+\omega_n^2}$$

所以

$$\begin{cases}\omega_n=\sqrt{100}=10\text{rad/s}\\ \zeta=\dfrac{10}{2\omega_n}=\dfrac{10}{2\times 10}=0.5\end{cases}$$

主要性能指标计算如下：

$$t_p=\dfrac{\pi}{\sqrt{1-\zeta^2}\,\omega_n}=\dfrac{3.14}{\sqrt{1-0.5^2}\times 10}\text{s}=0.363\text{s}$$

$$\sigma\%=e^{-\zeta\pi/\sqrt{1-\zeta^2}}=16.3\%$$

$$t_s=\dfrac{3}{\zeta\omega_n}=\dfrac{3}{0.5\times 10}\text{s}=0.6\text{s}$$

(2) 由系统的闭环传递函数

$$\Phi(s)=\dfrac{K}{0.1s^2+s+K}=\dfrac{10K}{s^2+10s+10K}=\dfrac{\omega_n^2}{s^2+2\zeta\omega_n s+\omega_n^2}$$

可知
$$\omega_n = \sqrt{10K}, \quad \zeta = \frac{10}{2\omega_n}$$

由
$$\zeta = \frac{10}{2\sqrt{10K}} = 0.707$$

解得
$$K = 5$$

(3) 当 $K=1.6$ 时，容易验证系统为过阻尼系统（ζ 为 1.25，$\zeta>1$），此时

$$\Phi(s) = \frac{10K}{s^2+10s+10K} = \frac{16}{s^2+10s+16} = \frac{16}{(s+2)(s+8)} = \frac{16}{\left(s+\dfrac{1}{T_1}\right)\left(s+\dfrac{1}{T_2}\right)}$$

闭环极点分别为 $s_1=-2$，$s_2=-8$，$|s_2|=4|s_1|$，根据 3.3.2 节的分析，此时系统阶跃响应不存在峰值时间和超调量，其调整时间近似为

$$t_s = 3T_1 = \frac{3}{2}\text{s} = 1.5\text{s}$$

图 3-13 为本题 K 不同取值下的单位阶跃响应曲线。

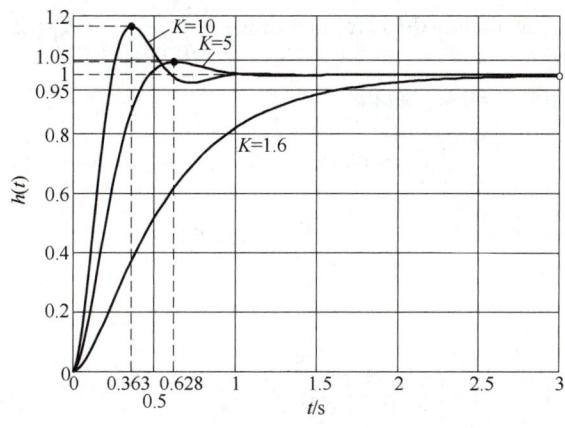

图 3-13 K 不同取值下的单位阶跃响应曲线

例 3-2 某典型欠阻尼二阶系统要求：$4.3\%<\sigma\%<16.3\%$；$2<\omega_n<5$ 试确定系统闭环极点的允许范围。

解
$$\sigma\% = 4.3\% \to \zeta = 0.707 \to \beta = 45°$$
$$\sigma\% = 16.3\% \to \zeta = 0.5 \to \beta = 60°$$

所以，题目要求等价为
$$\begin{cases} 45°<\beta<60° \\ 2<\omega_n<5 \end{cases}$$

图 3-14 阴影部分即为极点的允许范围。

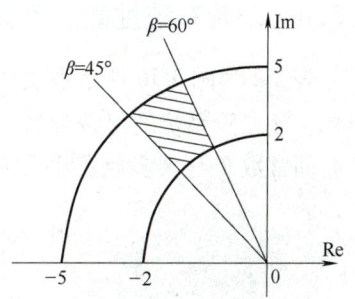

图 3-14 闭环极点的允许范围

例 3-3 系统结构及单位阶跃响应曲线如图 3-15 所示，试求系统对应的参数 K_1，K_2，a。

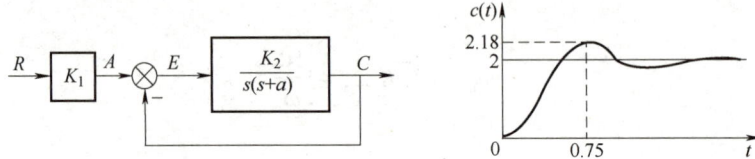

图 3-15　系统结构及单位阶跃响应曲线

解　依题可知
$$c(\infty) = 2$$
$$t_p = 0.75\text{s}$$
$$\sigma\% = \frac{2.18-2}{2} \times 100\% = 9\%$$

由闭环传递函数
$$\Phi(s) = \frac{K_1 K_2}{s^2 + as + K_2} = \frac{K_1 \omega_n^2}{s^2 + 2\zeta\omega_n s + \omega_n^2}$$

可知
$$\begin{cases} K_2 = \omega_n^2 \\ a = 2\zeta\omega_n \end{cases}$$

通过终值定理可求出 K_1，即
$$c(\infty) = \lim_{s\to 0} s\Phi(s)R(s) = \lim_{s\to 0} \frac{K_1 K_2}{s^2+as+K_2}\frac{1}{s} = K_1 = 2$$

由 $\sigma\% = e^{-\zeta\pi/\sqrt{1-\zeta^2}} \times 100\% = 9\%$，解得
$$\frac{9.9\zeta^2}{1-\zeta^2} = (\ln 0.09)^2 = 5.8,\ \zeta = 0.608$$

又根据
$$t_p = \frac{\pi}{\sqrt{1-\zeta^2}\,\omega_n} = 0.75$$

求得
$$\omega_n = \frac{\pi}{0.75\sqrt{1-0.608^2}} = 5.28$$

所以
$$K_2 = \omega_n^2 = 5.28^2 = 27.9$$
$$a = 2\zeta\omega_n = 2\times 0.608 \times 5.28 = 6.42$$

3.3.4　二阶系统性能的改善

表 3-2 为图 3-16 所示系统在 K_a 分别取值为 1500，200，13.5 时的性能指标，该二阶系统的可调参数仅是比例系数 K_a，对照式(3-1)，这里的惯性时间常数 T 与大多数实际系统一样是给定的。

二阶系统性能的改善

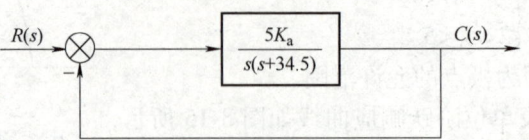

图 3-16　单位反馈控制系统框图

表 3-2　二阶系统不同开环增益下的性能指标

K_a	ω_n	ζ	t_p	$\sigma\%$	t_s	e_{ss}
1500	86.2	0.2	0.037	52.7%	0.2	0.0046
200	31.6	0.545	0.12	13%	0.2	0.0345
13.5	8.22	2.1	$+\infty$	0	1.45	0.5111

从表 3-2 的结果看，只单纯的调节比例系数而使系统满足瞬态指标以及控制精度（见 3.6 节）是困难的。因此，比例控制作用常需与微分或积分共同组成二作用或三作用的控制器，这样便有两个或三个参数可供调节，容易满足控制系统性能指标的要求。

误差的 PD（比例-微分）控制和输出量的速度反馈控制是二阶系统性能改善的常用控制方案。为更好地理解两种二阶系统性能改善的机理，下面先分析二阶系统超调产生的过程。图 3-17 是欠阻尼二阶系统单位阶跃响应的相关波形图。

由图可知：

1）$[0, t_1]$ 时间段误差信号为正，误差对系统产生正向修正作用，以使误差减小，但因系统阻尼系数小，正向速度大，造成响应出现正向超调。

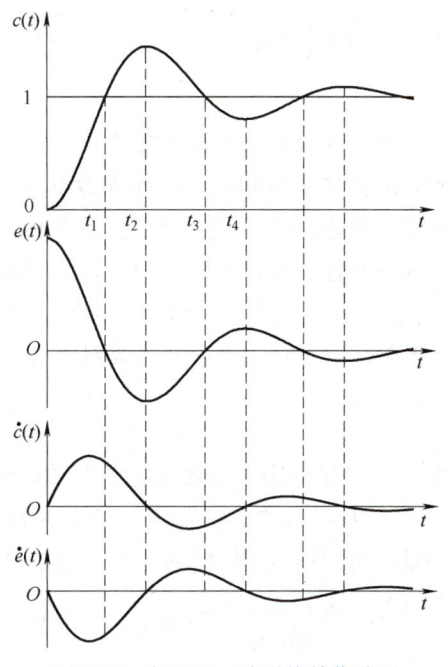

图 3-17　欠阻尼二阶系统单位阶跃响应相关波形图

2）$[t_1, t_2]$ 时间段误差信号为负，产生反向修正作用，但开始反向修正作用不够大，经过一段时间才使正向速度为零，此时输出达到最大值。

3）$[t_2, t_3]$ 时间段误差信号为负，此时反向修正作用大，使输出返回过程中又穿过稳态值，出现反向超调。

4）$[t_3, t_4]$ 时间段误差信号为正，产生正向修正作用，但开始时正向修正作用不够大，经过一段时间才使反向速度为零，此时输出达到反向最大值。

基于以上分析可知，二阶系统产生较大超调的原因是

1）$[0, t_1]$ 时间段正向修正作用太大，特别是在接近 t_1 点时。

2）$[t_1, t_2]$ 时间段反向修正作用不足。

由此可看出减小二阶系统超调的方向：当误差向减小的趋势变化时，要减小控制量；当误差向增大的方向变化时，要增大控制量。由图 3-17 可以看出，误差的导数 $\dot{e}(t)$ 反映了误差 $e(t)$ 的变化趋势。误差和误差的导数同向时误差增大，反向时误差减小。同时根据误差的大小（方向）和误差导数的大小（方向）决定控制量是否可以改善系统的动态性能。PD 控制和速度反馈控制就是这种分析思想的具体实现。

1. 误差的 PD（比例-微分）控制

将误差和误差微分之和作用到被控对象上就是 PD 控制，其控制系统框图如图 3-18 所示。图中 $E(s)$ 为误差信号，T_d 为微分时间常数。

系统的开环传递函数为

$$G(s)H(s) = \frac{C(s)}{E(s)} = \frac{\omega_n^2(T_d s + 1)}{s(s + 2\zeta\omega_n)} \qquad (3\text{-}33)$$

闭环传递函数为

$$\frac{C(s)}{R(s)} = \frac{\omega_n^2(T_d s + 1)}{s^2 + 2\zeta_d \omega_n s + \omega_n^2} = \frac{\omega_n^2}{s^2 + 2\zeta_d \omega_n s + \omega_n^2} + T_d s \frac{\omega_n^2}{s^2 + 2\zeta_d \omega_n s + \omega_n^2} \qquad (3\text{-}34)$$

式中，$\zeta_d = \zeta + \frac{1}{2} T_d \omega_n$，称为等效阻尼比，显然 $\zeta_d \geq \zeta$。

串联比例微分(PD)环节 $T_d s + 1$ 后，系统的开环传递函数和闭环传递函数都多了一个零点，该系统不再是典型二阶系统的结构了，动态性能指标的公式不再适用。与原系统相比，加入 PD 控制后，闭环系统的阻尼比增大了，但同时也增加了一个闭环零点，它们都会系统的动态性能产生影响。由式(3-34)得出加入 PD 控制后的二阶系统阶跃响应为

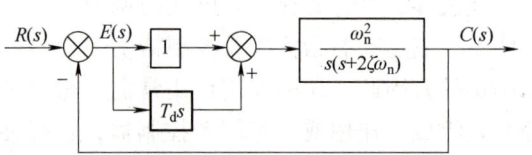

图 3-18 比例-微分控制系统

$$c(t) = c_1(t) + T_d \frac{d}{dt} c_1(t) = c_1(t) + c_2(t) \qquad (3\text{-}35)$$

式中，$c_1(t)$ 是标准二阶系统的阶跃响应分量，$c_2(t)$ 是由误差微分项产生的输出分量。

图 3-16 所示的二阶系统，在 $K_a = 1500$ 时，$\zeta = 0.2$，超调量高达 52.7%。如果需要降低超调量，可以引入 PD 控制。假如期望 PD 控制作用后的阻尼比为 $\zeta_d = 0.7$，可以计算出 $T_d = \frac{2(\zeta_d - \zeta)}{\omega_n} = \frac{(0.7 - 0.2) \times 2}{86.6} = 0.0115$。PD 控制作用后的阶跃响应曲线如图 3-19 中 $c(t)$（$\zeta_d = 0.7$）曲线所示，它是 $c_1(t)$（$\zeta_d = 0.7$）和 $c_2(t)$（$\zeta_d = 0.7$）叠加后的结果，相比较加入 PD 控制前（$\zeta = 0.2$）时，超调量小了很多。

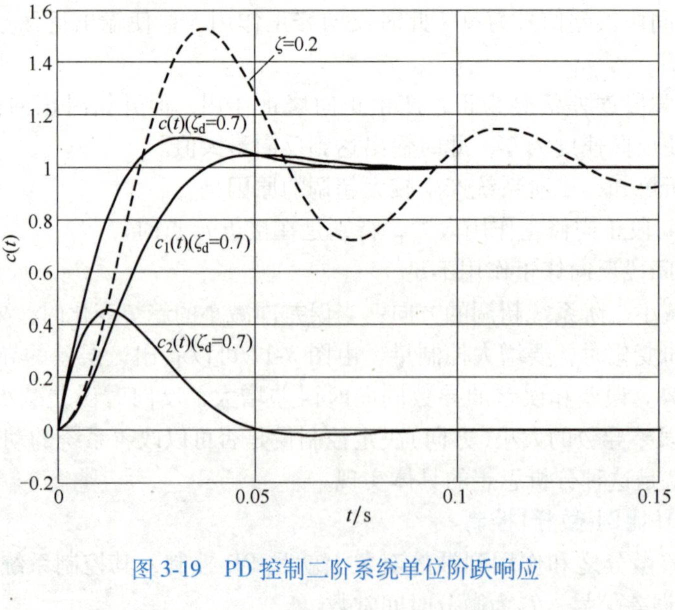

图 3-19 PD 控制二阶系统单位阶跃响应

PD 控制的引入对系统的性能有如下影响:

1) 系统的等效阻尼比加大,合适的 T_d 可使 $c_1(t)$ 曲线比较平稳,从而可以抑制振荡,使超调减弱,改善系统平稳性。

2) 闭环零点的微分作用,使 $c_1(t)$ 加上了它的微分信号 $c_2(t)$,加快了 $c(t)$ 的响应速度,使上升时间缩短,峰值提前。

需要说明的是,误差的 PD 控制能否真正改善二阶系统的响应特性,还需要适当选择微分时间常数 T_d。一方面,从改善系统平稳性需增大 ζ_d 的角度看,希望 T_d 尽量大些好;另一方面,从式(3-35)可见,$c_2(t)$ 的增大又是与 T_d 成正比的,$c_2(t)$ 的增大加速了 $c(t)$ 的响应速度,但相当于同时削弱了等效阻尼比 ζ_d 的平稳作用,因此希望 T_d 尽量小些好。为取得较满意的动态过程,对不同的控制对象,应该适当调整 K、T_d 的取值并权衡其得失。微分控制对误差 $e(t)$ 的变化具有一定的预测性,能够增加系统的阻尼程度。但微分控制对参数变化较快的控制对象或高频干扰信号比较敏感,而且微分不能反映 $e(t)$ 的大小,因此微分是不能单独用于系统控制的,只能与比例控制结合组成 PD 或 PID 控制器。

2. 输出量的速度反馈控制

将误差和输出量微分之差作用到被控对象上就是速度反馈控制。其控制系统框图如图 3-20 所示。若认为系统的输出 $c(t)$ 为位置信号(角度或线位移),则经 $K_t s$ 测量后反馈量为速度信号。图中 K_t 称为速度反馈系数。该系统的开环传递函数为

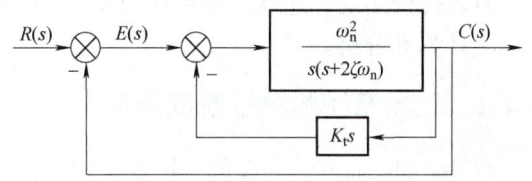

图 3-20 具有速度反馈控制的二阶系统

$$G(s)H(s) = \frac{\omega_n^2}{s(s+2\zeta\omega_n+K_t\omega_n^2)} = \frac{\omega_n}{2\zeta+K_t\omega_n} \frac{1}{s[s/(2\zeta\omega_n+K_t\omega_n^2)+1]}$$

其开环增益为

$$K = \frac{\omega_n}{2\zeta+K_t\omega_n}$$

系统的闭环传递函数为

$$\frac{C(s)}{R(s)} = \frac{\omega_n^2}{s^2+(2\zeta\omega_n+K_t\omega_n^2)s+\omega_n^2} = \frac{\omega_n^2}{s^2+2\zeta_t\omega_n s+\omega_n^2} \tag{3-36}$$

式中,$\zeta_t = \zeta + \frac{1}{2}K_t\omega_n$ 称为等效阻尼比,$\zeta_t = \zeta + \frac{1}{2}K_t\omega_n \geq \zeta$。

式(3-36)与典型二阶系统的传递函数形式一致,自然频率未变,但阻尼比增大。因此具有速度反馈控制的二阶系统,其超调量和调整时间均会降低,有利于改善系统平稳性和响应速度,合适的 K_t 取值将会满足系统对阻尼比的要求;另一方面,加入速度反馈控制后,其开环增益有所降低。因此,需要时应适当提高原系统的开环增益,以保障系统的控制精度,这一点将在 3.6 节详细论述。

PD 控制与测速反馈控制的比较:

1) PD 控制器对输入噪声有较强的放大作用,当输入端噪声严重时,不宜选用。另外,由于 PD 控制器的输入为误差信号,信号能量较小,实用中需要性能较好的放大器才能在抑制噪声的同时,产生有效的控制信号。而测速反馈输入信号来自于系统输出,信号的能量水平较高,信号的测取对元器件要求较低,抗干扰能力强。

2) 加入 PD 控制不影响单纯比例控制时的开环增益和自然频率。而实际使用中的速度反馈控制系统,为保证稳态精度往往会提高比例系数,以补偿速度反馈导致的系统开环增益下降,提高比例系数会使系统的自然频率升高,系统存在高频噪声时,可能会引起共振。

3) 实用中 PD 控制器组成相对简单,成本低,而测速反馈组成复杂,成本高。

4) 在 ζ_d、ζ_t 相等条件下,串联 PD 控制后系统的超调量要大于输出量速度反馈系统的超调量,这是因为闭环零点有消弱阻尼的作用。

3.4 高阶系统的时域分析

高阶系统的时域分析

用三阶或三阶以上微分方程描述的系统称为高阶系统,实际控制系统大多为高阶系统。高阶系统微分方程的求解比较复杂和困难,**工程上常采用主导极点的概念,将高阶系统低阶化为一阶或二阶系统,然后用低阶化系统的分析结果作为高阶系统性能指标的估算**。由于计算机和各种仿真软件使用的普遍性,也可以应用 MATLAB 等仿真软件直接对高阶系统的性能指标进行定量计算和分析。

3.4.1 三阶系统的单位阶跃响应

设 $0<\zeta<1$,$s_0>0$,典型的三阶系统闭环传递函数可表示为

$$\Phi(s) = \frac{C(s)}{R(s)} = \frac{\omega_n^2 s_0}{(s+s_0)(s^2+2\zeta\omega_n s+\omega_n^2)}$$

其单位阶跃响应为

$$c(t) = L^{-1}[C(s)] = L^{-1}\left[\Phi(s)\frac{1}{s}\right]$$

$$= 1 - Ae^{-s_0 t} + Be^{-\zeta\omega_n t}\sin(\omega_n\sqrt{1-\zeta^2}\,t - \varphi) \tag{3-37}$$

式(3-37)只用来分析三阶系统的输出形式,参数 A、B 和 φ 的表达式不再进行推导。

可见,在二阶部分 $0<\zeta<1$ 的情况下,三阶系统的单位阶跃响应依然为振荡形式,实极点 $-s_0$ 和共轭复数极点实部 $-\zeta\omega_n$ 值的大小决定指数项的衰减作用:

1) 若 $s_0 \ll \zeta\omega_n$,即实极点离虚轴距离较复极点近得多,则 $e^{-\zeta\omega_n t}$ 项要比 $e^{-s_0 t}$ 项衰减快得多。这种情况下式(3-37)可近似为

$$c(t) \approx 1 - Ae^{-s_0 t} \tag{3-38}$$

此时单位阶跃响应超调量小,接近非振荡输出过程,忽略了 $e^{-\zeta\omega_n t}$ 项的影响,极点 $-s_0$ 起主导作用,系统表现出过阻尼特性,三阶系统可降阶为一阶系统。

2) 若 $s_0 \gg \zeta\omega_n$,即实极点离虚轴距离较复极点远得多,则 $e^{-s_0 t}$ 项要比 $e^{-\zeta\omega_n t}$ 项衰减快得多。这种情况下(3-37)式可近似为

$$c(t) \approx 1 + Be^{-\zeta\omega_n t}\sin(\omega_n\sqrt{1-\zeta^2}\,t - \varphi) \tag{3-39}$$

此时单位阶跃响应振荡明显增加。当 $s_0 > 5\zeta\omega_n$ 时,共轭复极点 $-\zeta\omega_n \pm j\omega_n\sqrt{1-\zeta^2}$ 起主导作用,三阶系统可降阶为二阶系统。

3.4.2 高阶系统的单位阶跃响应

不失一般性,控制系统的闭环传递函数为

$$\Phi(s) = \frac{C(s)}{R(s)} = \frac{b_0 s^m + b_1 s^{m-1} + \cdots + b_{m-1} s + b_m}{a_0 s^n + a_1 s^{n-1} + \cdots + a_{n-1} s + a_n} = \frac{K_r \prod_{i=1}^{m}(s+z_i)}{\prod_{j=1}^{n}(s+s_j)} \quad (n \geq m) \quad (3\text{-}40)$$

式中，$K_r = \dfrac{b_0}{a_0}$ 为常数，零点 $-z_i$ 和极点 $-s_j$ 可以是任意的实数或复数，极点可以是单个极点或重极点，每对共轭复极点形成分母上的二阶因式。于是高阶系统的单位阶跃输出可写成

$$C(s) = \frac{K_r \prod_{i=1}^{m}(s+z_i)}{\prod_{j=1}^{q}(s+p_j)\prod_{l=1}^{r}(s^2+2\zeta_l \omega_{nl} s + \omega_{nl}^2)} \cdot \frac{1}{s} \quad (q+2r=n) \quad (3\text{-}41)$$

为简化分析，假设不存在多重极点，则式(3-41)可以展开成部分因式和的形式，即

$$C(s) = \frac{A_0}{s} + \sum_{j=1}^{q} \frac{A_j}{s+p_j} + \sum_{l=1}^{r} \frac{\beta_l(s+\zeta_l \omega_{nl}) + \gamma_l \omega_{nl}\sqrt{1-\zeta_l^2}}{s^2 + 2\zeta_l \omega_{nl} s + \omega_{nl}^2}$$

式中，各因式系数 A_0、A_j、β_l、γ_l 均可由 $C(s)$ 在各极点上的留数求出。

该式的反拉普拉斯变换就是单位阶跃响应，即

$$c(t) = A_0 + \sum_{j=1}^{q} A_j e^{-p_j t} + \sum_{l=1}^{r} \beta_l e^{-\zeta_l \omega_{nl} t}\cos(\omega_{nl}\sqrt{1-\zeta_l^2}\,t) + \sum_{l=1}^{r} \gamma_l e^{-\zeta_l \omega_{nl} t}\sin(\omega_{nl}\sqrt{1-\zeta_l^2}\,t) \quad (3\text{-}42)$$

式(3-42)表明，高阶系统的单位阶跃响应由稳态值、非周期分量和振荡分量三部分组成。闭环传递函数的极点决定了响应中所有瞬态分量的衰减形式及其衰减速度。另一方面，由留数法可知，闭环传递函数的零点影响瞬态响应分量系数的大小。因此高阶系统的单位阶跃响应由闭环零点和极点共同决定。

基于以上的分析，可以看出高阶系统单位阶跃响应的特点如下：

1）对于闭环极点全部位于左半复平面的高阶系统（否则系统不稳定），极点为实数（指数衰减项）和共轭复数（衰减正弦项）的衰减快慢取决于极点离虚轴的距离。远则衰减得快；近则衰减得慢。所以，靠近虚轴的极点对瞬态响应影响大，衰减慢且系数大的项在瞬态过程中起主导作用。

2）各瞬态项前的系数 A_j，β_l，γ_l 取决于零点和极点分布，如留数法确定的 A_k，即

$$A_k = C(s)(s+s_k)\big|_{s=-s_k} = \frac{K_r \prod_{i=1}^{m}(s+z_i)}{\prod_{\substack{j=1\\j\neq k}}^{n}(s+s_j)}\Bigg|_{s=-s_k} = \frac{K_r \prod_{i=1}^{m}(z_i-s_k)}{\prod_{\substack{j=1\\j\neq k}}^{n}(s_j-s_k)} \quad (3\text{-}43)$$

考察式(3-43)，若极点 $-s_k$ 靠近某一个零点（如 $-z_i$），远离其他极点和零点时，则对应的系数绝对值小，因为此时式(3-43)分子中的 (z_i-s_k) 差值绝对值小，因此该极点输出分量小，有时可以忽略不计；若极点 $-s_k$ 远离零点而靠近其他极点（如 $-s_j$）时，则对应的系数绝对值大，因为此时式(3-43)分母中的 (s_j-s_k) 差值绝对值小。

基于以上分析，此处引出**主导极点**和**闭环偶极子**的概念：

若其他闭环极点距虚轴的距离是某(或某对共轭)极点距虚轴距离5倍以上,并且该(或该对共轭)极点附近无零点存在时,则称该(或该对共轭)极点为主导极点。主导极点在系统输出 $c(t)$ 中的对应项衰减最慢,系数最大,系统的瞬态性能指标主要由它决定。

利用主导极点的概念可以对高阶系统的特性进行近似分析,若主导极点为一负实数,则高阶系统可近似为一阶系统处理;若主导极点为一对共轭复数,则高阶系统可近似为二阶系统处理。**高阶系统近似处理的原则是,在近似前后,确保阶跃响应瞬态过程基本相差不大以及输出稳态值不变。**

一对闭环极点和零点靠得很近时称其为偶极子。所谓很近通常是指该极点和零点之间的间距小于它们到虚轴的距离1/10以上时。距离虚轴较远的偶极子可以相互抵消,因为此时偶极子中的极点对应的响应分量系数小而且衰减快,它们对系统动态特性影响很小。但靠近虚轴的偶极子通常不能抵消(参见第4章根轨迹法)。

一般来说,附加闭环零点,相当于减小系统的阻尼,可使系统的阶跃响应峰值提前,超调量增加;而附加闭环极点,所起的作用与零点相反,可使系统的阶跃响应峰值延后,超调量减少。附加的零点和极点越靠近虚轴,其对系统输出的影响越大。

例 3-4 设某系统的闭环传递函数为

$$\Phi(s)=\frac{1}{(s^2+0.9s+1)(\alpha s+1)}$$

试利用 MATLAB 仿真,分析 α 不同取值,附加闭环极点的变化对系统单位阶跃响应的影响。

解 $\alpha=0$ 时,系统为欠阻尼二阶振荡系统,其 $\omega_n=1$, $\zeta=0.45$。$\alpha\neq0$ 时,系统的闭环极点为 $s_{1,2}=-0.45\pm j0.89$, $s_3=-1/\alpha$。

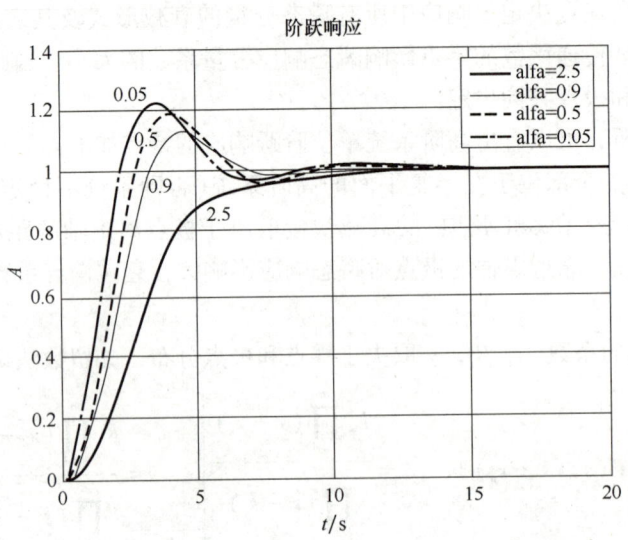

图 3-21 附加闭环极点对系统阶跃响应的影响

运行如下 MATLAB 程序,可绘出不同 α 取值下的系统单位阶跃响应曲线。

```
sys1=zpk([ ],[-0.45+0.89*j  -0.45-0.89*j  -1/2.5],1/2.5);%α=2.5
sys2=zpk([ ],[-0.45+0.89*j  -0.45-0.89*j  -1/0.9],1/0.9);%α=0.9
```

```
sys3=zpk([ ],[-0.45+0.89*j  -0.45-0.89*j  -1/0.5],1/0.5);%α=0.5
sys4=zpk([ ],[-0.45+0.89*j  -0.45-0.89*j  -1/0.05],1/0.05);%α=0.05
step(sys1,'-',sys2,':',sys3,'--',sys4,'b-.')
legend('alfa=2.5','alfa=0.9','alfa=0.5','alfa=0.05')
grid on
```

由图 3-21 可以看出，α 越大，实数极点越靠近复平面的坐标原点，系统的超调量越小，上升速度越慢，反之亦然。

在对高阶系统进行降阶近似时，需要特别注意不能改变原系统输出信号的稳态值，也就是不能改变原系统的静态放大倍数。举例来说，如果闭环系统的传递函数为 $\Phi(s)$，给该系统输入幅值为 R 的阶跃信号，根据终值定理，输出的稳态值为

$$c(\infty)=\lim_{t\to\infty}c(t)=\lim_{s\to 0}s\Phi(s)\frac{R}{s}=\Phi(0)R$$

可以看出，$\Phi(0)$ 代表着稳态时系统输出信号与输入信号的幅值之比，被称为闭环静态放大倍数。$\Phi(0)$ 在降阶前后要保持大小一致。

例 3-5 已知某系统的闭环传递函数为 $\Phi(s)=\dfrac{7(s+3.1)}{(s+7)(s+3)(s^2+s+1)}$，试结合主导极点及偶极子概念分析该四阶系统的动态性能。

解 由闭环传递函数可知，系统的闭环零极点分别为 $z=-3.1$，$s_{1,2}=-0.5\pm j0.866$，$s_3=-3$，$s_4=-7$。系统存在一对共轭复数主导极点，且零点 z 与极点 s_3 构成偶极子，可以忽略掉这对偶极子和非主导极点 -7。系统的闭环静态放大倍数为

$$\Phi(0)=\frac{7\times 3.1}{7\times 3\times 1}\approx 1.033$$

所以，该四阶系统可以近似成如下的二阶系统，即

$$\Phi(s)=\frac{7(s+3.1)}{(s+7)(s+3)(s^2+s+1)}=\frac{7\times 3.1\left(\dfrac{s}{3.1}+1\right)}{7\times 3\left(\dfrac{s}{7}+1\right)\left(\dfrac{s}{3}+1\right)(s^2+s+1)}\approx\frac{1.033}{s^2+s+1}$$

运行如下 MATLAB 程序，可绘出原四阶系统和近似后二阶系统的单位阶跃响应曲线（见图 3-22）。

```
sys1=zpk([-3.1],[-7  -3  -0.5+0.866*j  -0.5-0.866*j],7);%四阶系统建模
sys2=tf([1.033],[1 1 1]);%二阶系统建模
step(sys1,'k',sys2,'k--')
legend('近似前四阶系统','近似后二阶系统')
grid on
```

图 3-22 表明，该四阶系统及其基于主导极点、偶极子概念近似所得的二阶系统，其单位阶跃响应基本一致，可以通过近似后二阶系统的阻尼比 $\zeta=0.5$，$\omega_n=1$ 来近似计算原系统的动态性能。

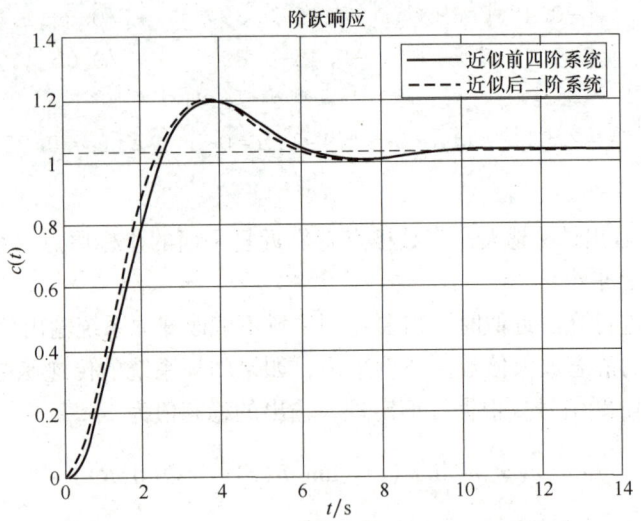

图 3-22　高阶系统及其低阶化后近似系统阶跃响应

3.5　线性系统的稳定性分析

稳定是控制系统的重要性能，也是系统能够正常运行的首要条件。如果系统不稳定，就会在任何微小的扰动（包括输入变化）作用下偏离原来的平衡状态，系统的各物理量随着时间的推移会发生趋向于无穷大的变化。只有稳定的自动控制系统，才能完成自动控制的任务。因此，如何分析系统的稳定性并提出改进系统稳定的措施，是自动控制理论的基本任务之一。

3.5.1　稳定性的基本概念

控制系统的稳定性，是指系统抵抗因扰动使之偏离平衡状态的恢复能力，即系统因受到扰动作用后，偏离了原平衡状态，在扰动消失后，系统是否能够自动恢复到原平衡状态的能力。若系统的运动随时间的推移越来越接近原平衡状态，时间无穷大时回到原平衡状态，则称系统是稳定的，否则称系统是不稳定的。

稳定性的
基本概念

为便于理解稳定性的概念，先看下面的例子。

图 3-23a 表示的是一个位于凹面中的小球，其平衡位置为 A 点，当小球受到外力扰动作用时会偏离 A 点，扰动消失后，小球会在重力作用下围绕 A 点沿凹面做振荡运动，考虑到摩擦力及空气阻力的存在，小球振荡幅度会越来越小，并最终停止在平衡位置 A 点上，恢复到初始平衡状态，这种小球的运动就是稳定

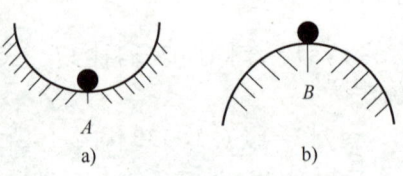

图 3-23　小球的稳定性

的，A 点成为系统的稳定平衡点。图 3-23b 表示的是一个位于凸面上的小球，其平衡位置为 B 点，显然当小球受到外力扰动作用时会偏离 B 点，并且以后小球再也不能自行回到 B 点，即永远不能恢复到初始平衡状态，所以这种小球的运动就是不稳定的，但 B 仍然可以称为系统的不稳定平衡点。

平衡状态的稳定性概念可以推广到控制系统。假设系统具有一个平衡状态，如果系统在有界扰动作用下偏离了原平衡状态，不论扰动引起的初始偏差多大，系统都能以足够的准确度恢复到初始平衡状态，称这种系统为大范围稳定的系统；如果系统受到有界扰动后，只有当扰动引起的初始偏差小于某一范围时，系统才能在取消扰动后恢复到初始平衡状态，否则就不能恢复到初始平衡状态，称这种系统为小范围稳定的系统。若系统在扰动消失后，输出维持持续的等幅振荡，则系统处于临界稳定状态。对于稳定的线性系统，必然在小范围和大范围内都能稳定，只有非线性系统才会出现小范围稳定而大范围不稳定的情况。

线性系统的稳定性体现在扰动消失后系统的过渡过程上，是系统自行恢复平衡状态能力的反映，因此系统的稳定性仅与其结构、元件参数这些固有特性有关，而与外作用无关。

基于以上的分析，线性控制系统的稳定性定义为

若线性控制系统在初始扰动的影响下，其动态过程随时间的推移逐渐衰减并趋于零(原平衡工作点)，则称系统渐近稳定，简称稳定；反之，若在初始扰动影响下，系统的动态过程随时间的推移而发散，则称系统不稳定。

3.5.2 线性系统稳定的充分必要条件

设线性系统初始条件为零，给系统施加一个单位脉冲信号 $\delta(t)$，这时系统的输出增量为脉冲响应 $c(t)$。显然考察该输出增量是否偏离原平衡点的问题，就是研究系统在扰动信号作用并消失后的稳定性问题。根据定义，在脉冲信号作用下，若 $\lim\limits_{t\to\infty} c(t) = 0$，则系统渐近稳定。

当 $r(t) = \delta(t)$ 时，$R(s) = 1$，式(3-40)所表示的高阶系统输出量为

$$C(s) = \Phi(s) = \frac{k_r \prod_{i=1}^{m}(s+z_i)}{\prod_{j=1}^{q}(s+p_j)\prod_{l=1}^{r}(s^2+2\zeta_l\omega_{nl}s+\omega_{nl}^2)} \quad (q+2r=n) \quad (3\text{-}44)$$

基于式(3-42)的分析过程，可得系统的脉冲响应为

$$c(t) = \sum_{j=1}^{q} A_j e^{-p_j t} + \sum_{l=1}^{r}\beta_l e^{-\zeta_l\omega_{nl}t}\cos(\omega_{nl}\sqrt{1-\zeta_l^2}\,t) + \sum_{l=1}^{r}\gamma_l e^{-\zeta_l\omega_{nl}t}\sin(\omega_{nl}\sqrt{1-\zeta_l^2}\,t) \quad (3\text{-}45)$$

式中，A_j，β_l，γ_l 均可由留数法确定为某一常数。

考察式(3-45)，可知当且仅当系统的特征根全部具有负实部时，$\lim\limits_{t\to\infty} c(t) = 0$ 才能成立；若特征根中有一个或一个以上正实部根，则 $\lim\limits_{t\to\infty} c(t) \to \infty$，系统不稳定；若特征根中有一个或一个以上零实部根(其余根均具有负实部)，则脉冲响应趋于常数或趋于等幅正弦振荡，系统为临界稳定状态。实际系统的参数处于不断微小变化之中，临界稳定实际上是观察不到的。**在经典控制理论中，仅渐近稳定系统才称为稳定系统；否则，称为不稳定系统。**

由此可见，**线性系统稳定的充要条件是闭环系统特征方程的所有根必须具有负实部，或者说，闭环传递函数的极点均要位于 s 左半平面。**

稳定性是线性定常系统的一个属性，只与系统本身的结构参数有关，与输入输出信号无关，与初始条件无关。

由以上的讨论可知，可以通过求解系统的特征根来确定其稳定性。但对二阶以上的特征

方程，求根较烦琐。在研究系统稳定性时，通常运用代数判据，通过对特征方程系数的简单计算，以"是"或"不是"的形式回答系统是否稳定的问题。

设线性系统的特征多项式为

$$D(s) = a_0 s^n + a_1 s^{n-1} + \cdots + a_{n-1} s + a_n \quad (a_0 > 0) \quad (3\text{-}46)$$

对式(3-46)进行如下整理，即

$$\begin{aligned} D'(s) &= s^n + (a_1/a_0) s^{n-1} + \cdots + (a_{n-1}/a_0) s + a_n/a_0 \\ &= (s-s_1)(s-s_2)\cdots(s-s_n) \\ &= s^n + \left[-\sum_{i=1}^n s_i\right] s^{n-1} + \left[\sum_{\substack{i,j=1 \\ i \neq j}}^n s_i s_j\right] s^{n-2} + \cdots + \left[(-1)^n \prod_{i=1}^n s_i\right] \end{aligned}$$

比较等式两边的系数，则有

$$\frac{a_1}{a_0} = -\sum_{i=1}^n s_i, \frac{a_2}{a_0} = \sum_{\substack{i,j=1 \\ i \neq j}}^n s_i s_j, \frac{a_3}{a_0} = -\sum_{\substack{i,j,k=1 \\ i \neq j \neq k}}^n s_i s_j s_k, \cdots, \frac{a_n}{a_0} = (-1)^n \prod_{i=1}^n s_i \quad (3\text{-}47)$$

容易理解$s_i (1 \leq i \leq n)$是$D'(s)=0$的根，也是$D(s)=0$的根，即系统的特征根。由式(3-47)可推出，若特征根具有负实部，则特征方程各系数同号且不为零，因此**特征方程系数同号且不缺项是系统稳定的必要条件，但不是充分条件。**

3.5.3 代数稳定性判据

特征方程系数同号且不缺项仅仅表明系统存在稳定的可能性，系统特征根是不是全部位于s左半平面，还需做进一步的分析，赫尔维茨判据(1895年提出)或劳斯判据(1877年提出)可以解决这一问题。两种判据只能指出是否存在特征根位于s平面右半部，但不能提供其在s平面的具体位置信息，不过，这对判定系统的稳定性已经足够了。本书只对使用更广泛的劳斯(Routh)判据进行介绍。

代数稳定性判据

1. 劳斯表及劳斯稳定判据

劳斯判据采用表格形式，见表3-3，称为劳斯表。劳斯表的前两行由特征方程的系数组成。第一行由1，3，5，…项系数组成，第二行由2，4，6，…项系数组成，其他行为相邻上两行相关系数简单计算得来，计算方法见表3-3。劳斯表共有$n+1$行，第$n+1$行仅有一列，且等于系数a_n，劳斯表中系数呈倒三角形排列。

表3-3 劳斯表

	第1列	第2列	第3列	第4列	…
s^n	a_0	a_2	a_4	a_6	…
s^{n-1}	a_1	a_3	a_5	a_7	…
s^{n-2}	$b_1 = \dfrac{a_1 a_2 - a_0 a_3}{a_1}$	$b_2 = \dfrac{a_1 a_4 - a_0 a_5}{a_1}$	$b_3 = \dfrac{a_1 a_6 - a_0 a_7}{a_1}$	b_4	…
s^{n-3}	$c_1 = \dfrac{b_1 a_3 - a_1 b_2}{b_1}$	$c_2 = \dfrac{b_1 a_5 - a_1 b_3}{b_1}$	$c_3 = \dfrac{b_1 a_7 - a_1 b_4}{b_1}$	c_4	…
s^{n-4}	$d_1 = \dfrac{c_1 b_2 - b_1 c_2}{c_1}$	$d_2 = \dfrac{c_1 b_3 - b_1 c_3}{c_1}$	$d_3 = \dfrac{c_1 b_4 - b_1 c_4}{c_1}$		
⋮	⋮	⋮	⋮		

(续)

	第1列	第2列	第3列	第4列	...
s^2	e_1	e_2			
s^1	f_1				
s^0	$g_1 = a_n$				

根据劳斯表的计算结果，可以使用劳斯判据对系统的稳定性进行判定。其判定规则为：

1) 若劳斯表中第一列所有系数均大于零时，则系统稳定，此时所有特征根均位于 s 平面左半部。

2) 若第一列出现小于零的系数时，则系统不稳定，且第一列各系数符号的改变次数，就是系统位于 s 平面右半部的特征根个数。

例3-6 设系统特征方程为 $D(s)=s^4+2s^3+3s^2+4s+5=0$，试判定系统稳定性及在 s 右半平面特征根个数。

解 劳斯表为

$$
\begin{array}{c|ccc}
s^4 & 1 & 3 & 5 \\
s^3 & 2 & 4 & 0 \\
s^2 & \dfrac{2\times 3-1\times 4}{2}=1 & \dfrac{2\times 5-1\times 0}{2}=5 & 0 \\
s^1 & \dfrac{1\times 4-2\times 5}{1}=-6 & 0 & \\
s^0 & 5 & &
\end{array}
$$

第一列系数变号两次，说明有两个闭极点在 s 右半平面，因此闭环系统不稳定。

注意：在计算劳斯表的过程中，某行同乘以或同除以一个正数，所得稳定性结论不变。如该题可用 2 去除 s^3 行的所有系数，亦即 s^3 行可以提取公因子 2 后继续计算。

2. 劳斯稳定判据的特殊情况

情况1 某行的第一列系数为零，而同行其余系数不全为零。

此时可用无穷小正数 ε 代替零系数继续劳斯表的计算。这种情况下，若第一列系数出现变号，则系统不稳定，且变号次数就是系统位于 s 平面右半部的特征根个数。

例3-7 设系统特征方程为 $D(s)=s^4+2s^3+s^2+2s+1=0$，试判定系统稳定性。

解 劳斯表为

$$
\begin{array}{c|ccc}
s^4 & 1 & 1 & 1 \\
s^3 & 2 & 2 & 0 \\
s^2 & (0)\varepsilon & 1 & 0 \\
s^1 & \dfrac{2\varepsilon-2\times 1}{\varepsilon} & 0 & \\
s^0 & 1 & &
\end{array}
$$

因为 $0<\varepsilon\leqslant 1$，所以 $\dfrac{2\varepsilon-2\times 1}{\varepsilon}=2-\dfrac{2}{\varepsilon}<0$，故第一列系数变号两次，存在两个"右根"，系统不稳定。

说明：若 ε 同列上下系数符号相同，则表示系统存在纯虚数形式的特征根，因此系统也是不稳定的。

下面的例子就属于这种情况，容易求出其纯虚根为±j。

例 3-8 设系统特征方程为 $D(s)=s^3+2s^2+s+2=0$，试判定系统稳定性。

解 劳斯表为

s^3	1	1
s^2	2	2
s^1	ε	
s^0	2	

劳斯表第一列出现了0，以ε代替0重新列出劳斯表后第一列元素都大于0。此时特征方程有纯虚根，系统临界稳定，在工程上也被认为是不稳定的。

情况 2 劳斯表中出现全零行。

这种情况表明在特征方程中存在绝对值相同但符号相异的特征根。例如两个大小相等符号相反的实根和(或)一对共轭纯虚根，或者是实部符号相异虚部数值相同的两对共轭复根。

在这种情况下，可以进行如下处理：

用全零行上一行的系数构造辅助方程 $F(s)=0$，并将该方程对 s 求导，用所得导数方程的系数取代全零行的元素继续计算下去，直到得出完整的劳斯表。

这种情况下，若劳斯表第一列系数出现变号，则变号次数就是系统在 s 平面右半部的特征根个数；若第一列系数不变号，则系统存在纯虚根。总之，出现全零行后系统是不稳定的。

辅助方程的次数通常为偶数，为数值相同但符号相反的根数。所有这些根均可由辅助方程求得。

例 3-9 设系统特征方程为 $s^6+s^5-2s^4-3s^3-7s^2-4s-4=0$，试判定系统稳定性。

解 该题特征方程的系数不同号，所以系统是不稳定的。

下面继续进行劳斯表的计算，是为了说明通过构造辅助方程，可以求出造成系统不稳定的特征根。

劳斯表为

s^6	1	−2	−7	−4
s^5	1	−3	−4	0
s^4	1	−3	−4	→辅助方程 $F(s)=s^4-3s^2-4=0$
s^3	0(4)	0(−6)	0	求导 $F'(s)=4s^3-6s=0$，并用系数构成新行
s^2	−1.5	−4		
s^1	−16.7	0		
s^0	−4			

由第一列系数变号一次可知，系统存在一个"右根"。

如果解辅助方程 $F(s)=s^4-3s^2-4=(s^2-4)(s^2+1)=0$，则可以求出产生全零行的特征方程的根分别为±2, ±j。

3. 劳斯稳定判据的应用

使用劳斯稳定判据可以判断给定系统的稳定性以及特征根在 s 平面左、右半部的分布情况；可以确定能保证系统稳定的系统参数的取值范围，也可以分析一些系统的相对稳定性，对某些结构不稳定的系统，可以给出一些改善稳定性的措施。

例 3-10 系统如图 3-24 所示,确定使系统稳定的 ζ 和 K_a 取值范围。

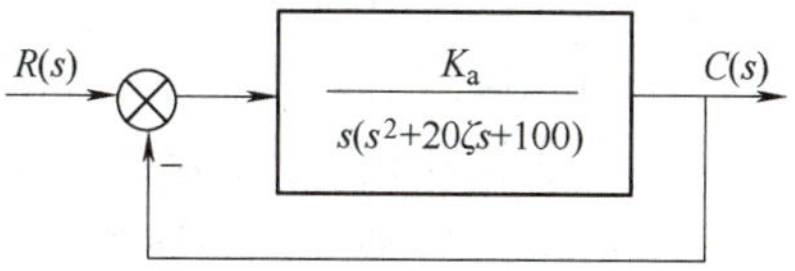

解 系统的特征方程为
$$D(s) = s^3 + 20\zeta s^2 + 100s + K_a = 0$$

劳斯表为

s^3	1	100
s^2	20ζ	K_a	$\to \zeta > 0$
s^1	$\dfrac{2000\zeta - K_a}{20\zeta}$		$\to 2000\zeta > K_a$
s^0	K_a		$\to K_a > 0$

图 3-24 例题 3-10 系统的框图

综上可知,ζ,K_a 稳定范围为 $\begin{cases}\zeta>0\\0<K_a<2000\zeta\end{cases}$。

例 3-11 某系统的闭环特征方程为 $s^3+8s^2+15s+15K=0$,若要使系统特征根全部位于 $s=-1$ 的左边,试确定 K 的取值。

解 该题是讨论系统的相对稳定性问题,特征根全部位于垂线 $s=-a(a>0)$ 的左侧,则表示特征根到虚轴的距离大于 a,相对于靠近虚轴时系统的稳定性更强。a 又称为稳定度,实际上它是为保证系统稳定而留的裕量。

处理的方法是:令 $s_1=s+a$,将 $s=s_1-a$ 代入原特征方程,整理得到新特征方程后,使用劳斯判据对系统稳定性进行分析。

对本题,将 $s=s_1-1$ 代入原特征方程,得到
$$s_1^3+5s_1^2+2s_1+15K-8=0$$

劳斯表为

s_1^3	1	2
s_1^2	5	$15K-8$
s_1^1	$\dfrac{18-15K}{5}$	
s_1^0	$15K-8$	

为保证系统稳定,要求第一列全大于零,即 $18-15K>0$,$15K-8>0$,解出 $\dfrac{8}{15}<K<\dfrac{18}{15}$。

3.6 控制系统的稳态误差

控制系统的动态响应表征了系统的动态性能,它是控制系统的重要特性之一。稳态误差,也叫静态误差,是衡量控制系统稳态性能的重要指标。稳态误差小,说明稳态输出与期望值相差小,系统跟踪输入的性能好,即稳态误差表示了系统对输入信号响应的准确程度。

控制系统的响应 $c(t)=c_{ss}+c_{st}(t)$,其中 c_{ss} 为稳态分量,$c_{st}(t)$ 为瞬态分量,对稳定的控制系统来说,$\lim\limits_{t\to\infty}c_{st}(t)=0$,控制系统的稳态误差就是分析 $t\to\infty$ 时的 c_{ss} 情况。因此,稳态误差的分析仅对稳定的系统才有意义。对输入不变或缓慢变化的恒值控制系统来说,控制精度主要体现在扰动稳态误差的大小上;对输入频繁变化的随动系统来说,稳态误差主要表现在系统跟踪输入的准确性上。航天器交会对接、汽车自动装配、机器人手术等都需要在满足稳

定性的基础上，实现快速性、高精度的控制要求。

产生稳态误差的因素很多，系统结构、元件参数以及输入信号的不同，都会产生不同的稳态误差，非线性环节（如死区、摩擦、间隙等）也是影响稳态误差的重要因素。要说明的是，这里讨论的只是系统的原理性误差，不包括非线性等因素所造成的附加误差。

在阶跃函数作用下，理论上没有稳态误差的系统称为无差系统，否则称为有差系统。

3.6.1　误差的定义

图 3-25 为基本的负反馈控制系统框图，$R(s)$、$C(s)$ 分别为系统的输入信号和输出信号，$G_1(s)$ 为控制器，$G_2(s)$ 为被控对象，$N(s)$ 为扰动信号。$H(s)$ 代表测量元件，$B(s)$ 是测量元件的输出信号，它代表着系统的输出信号 $C(s)$，$B(s)$ 一般与 $C(s)$ 不是同一物理量。例如，被控变量 $C(s)$ 可能是角度，$H(s)$ 是测量角度的电位计，$B(s)$ 则是代表了角度的电压信号。多数情况下，测量元件的惯性可以忽略不计，此时它的传递函数就是比例系数，$H(s)=K_h$。输出信号等于期望值时，$R(s)-K_h C_0(s)=0$，输出信号的运行目标可以表示为 $C_0(s)=\dfrac{R(s)}{K_h}$，可以说输入信号 $R(s)$ 表征了输出信号 $C(s)$ 期望值为 $C_0(s)$。比如，输入信号为单位阶跃信号 $r(t)=1(t)$，反馈通道的比例系数为 0.1，则被控变量 $c(t)$ 的稳态期望值为 10，控制系统的任务是力图保持 $c(t)$ 在 10 上，但通常实际输出会存在一定的误差。如果测量元件具有比较大的惯性，$H(s)$ 通常可以用一阶惯性环节 $\dfrac{K_h}{T_h s+1}$ 来表示。

稳态误差的定义

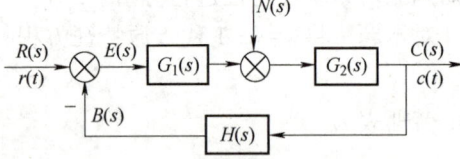

图 3-25　负反馈控制系统框图

针对图 3-25，误差有两种定义方法：

1) 从输入端定义，亦称偏差，即

$$E(s)=R(s)-B(s)=R(s)-H(s)C(s) \quad (3-48)$$

输入端误差又称作用误差，可以测量，但其理论含义不明显。输入端误差是把被控变量的期望值与实际值转换为测量值来进行比较的。

2) 从输出端定义，误差就是期望输出 $C_r(s)$ 与实际输出 $C(s)$ 的差，即

$$E'(s)=C_r(s)-C(s) \quad (3-49)$$

输出端误差又称系统误差，其理论含义明显，但难以测量。输出端误差是直接将被控变量的期望值与实际值进行比较。

$C_r(s)$ 定义为 $E(s)=0$ 时的系统输出，由式(3-48)可知，

若令 $E(s)=R(s)-H(s)C_r(s)=0$

可得

$$C_r(s)=\dfrac{R(s)}{H(s)} \quad (3-50)$$

即期望输出仅与输入信号和反馈环节有关，将 $C_r(s)$ 代入式(3-49)，得

$$E'(s)=\dfrac{E(s)}{H(s)} \quad (3-51)$$

输入端误差 $E(s)$ 和输出端误差 $E'(s)$ 可以相互转换，特别地，对于单位反馈系统，$E'(s)=E(s)$。为方便起见，在设计时常用输入端误差 $E(s)$ 的大小表示系统的控制精度。

3.6.2 给定输入信号下的稳态误差

由式(3-48)可知,图3-25所示系统的输入端误差为

$$E(s) = R(s) - H(s)C(s) = R(s) - H(s)E(s)G_1(s)G_2(s)$$

令 $G(s) = G_1(s)G_2(s)$,上式整理得

$$E(s) = \frac{1}{1 + G(s)H(s)} R(s) = \Phi_e(s)R(s) \tag{3-52}$$

式中,$\Phi_e(s)$ 为系统误差传递函数。

误差本身是时间的函数,其时域表达式为 $e(t) = L^{-1}[E(s)]$。稳定的线性系统在外加信号作用下,经过一段时间,总会进入稳态。由拉普拉斯变换的终值定理可得

$$e_{ss} = \lim_{t \to \infty} e(t) = \lim_{s \to 0} sE(s) = \lim_{s \to 0} \frac{sR(s)}{1 + G(s)H(s)} \tag{3-53}$$

式(3-53)表明,给定稳态误差 e_{ss} 有两个因素决定:①系统的结构和参数;②系统输入信号的形式。

注意:使用式(3-53)应满足 $sE(s)$ 在 s 右半平面及虚轴上解析的条件,即 $sE(s)$ 的极点均应位于 s 左半平面。如 $r(t) = \sin\omega t$ 时,其拉普拉斯变换 $R(s) = \omega/(s^2+\omega^2)$ 就在虚轴上不解析,因此不能使用终值定理求取正弦输入下系统的稳态误差。不过当 $sE(s)$ 在坐标原点上有极点时,虽也不满足虚轴上解析的条件,但使用后所得系统稳态误差无穷大的结果正巧与实际应有的结果一致,因此还是可用此公式求解的。

3.6.3 系统的类型

由于稳态误差与系统的结构有很大的关系,为使稳态误差的分析更加明了,此处按开环传递函数所含积分环节的不同将系统分成三个类别予以讨论。

设开环传递函数为

$$G(s)H(s) = \frac{K(\tau_1 s + 1)(\tau_2 s + 1)\cdots(\tau_m s + 1)}{s^\nu(T_1 s + 1)(T_2 s + 1)\cdots(T_{n-\nu} s + 1)} = \frac{K\prod_{i=1}^{m}(\tau_i s + 1)}{s^\nu \prod_{j=1}^{n-\nu}(T_j s + 1)} \tag{3-54}$$

开环传递函数的这种标准形式的特点是典型环节的常数项都是1,此时 K 为系统的**开环增益**,ν 为闭环通路上串联的积分环节个数。若 $\nu=0$,称系统为 0 型系统;若 $\nu=1$,称系统为 Ⅰ 型系统;若 $\nu=2$,称系统为 Ⅱ 型系统;Ⅱ 型以上的系统比较少见,原因是开环传递函数中积分过多会导致系统难以稳定,故此处不予以讨论。

将式(3-54)代入式(3-53),可得系统稳态误差为

$$e_{ss} = \lim_{s \to 0} \frac{s^\nu \prod_{j=1}^{n-\nu}(T_j s + 1)sR(s)}{s^\nu \prod_{j=1}^{n-\nu}(T_j s + 1) + K\prod_{i=1}^{m}(\tau_i s + 1)} = \frac{\lim_{s \to 0}[s^{\nu+1}R(s)]}{K + \lim_{s \to 0} s^\nu} \tag{3-55}$$

这表明,除了输入信号外,稳态误差 e_{ss} 只与系统开环增益和开环传递函数的积分个数有关,而与其他典型环节无关。

3.6.4 不同输入信号下的稳态误差

1. 阶跃输入信号下稳态误差

设 $r(t)=R\cdot 1(t)$，R 为阶跃函数的幅值，则 $R(s)=R/s$，系统的稳态误差为

$$e_{ss}=\lim_{s\to 0}\frac{sR(s)}{1+G(s)H(s)}=\lim_{s\to 0}\frac{R}{1+G(s)H(s)}=\frac{R}{1+\lim_{s\to 0}G(s)H(s)}=\frac{R}{1+K_p} \quad (3\text{-}56)$$

给定输入信号下的稳态误差

式中，$K_p=\lim_{s\to 0}G(s)H(s)$，称为**稳态位置误差系数**。

对 0 型系统，$K_p=K$，于是 $e_{ss}=R/(1+K)$。可见开环增益 K 增大可以减小 e_{ss}，但不能消除误差，开环传递函数没有积分环节时，0 型系统不能无静差地跟踪阶跃输入信号。

对 Ⅰ、Ⅱ 型系统，$K_p=\infty$，于是 $e_{ss}=0$。显然 Ⅰ、Ⅱ 型系统可以做到对阶跃输入信号的无静差跟踪。

2. 斜坡输入信号下稳态误差

设 $r(t)=Vt$，V 为斜坡信号的速度，则 $R(s)=V/s^2$，系统的稳态误差为

$$e_{ss}=\lim_{s\to 0}\frac{sR(s)}{1+G(s)H(s)}=\lim_{s\to 0}\frac{V}{s+sG(s)H(s)}=\frac{V}{\lim_{s\to 0}sG(s)H(s)}=\frac{V}{K_v} \quad (3\text{-}57)$$

式中，$K_v=\lim_{s\to 0}sG(s)H(s)$，称为**稳态速度误差系数**。

0 型系统，$K_v=0$，于是 $e_{ss}=\infty$。说明 0 型系统无法跟踪斜坡输入。用 0 型系统跟踪恒速变化的信号时，系统输出量的变化速度总是赶不上输入信号的速度，以致差距越来越大。

Ⅰ 型系统，$K_v=K$，于是 $e_{ss}=V/K$。可见开环增益 K 增大可以减小 e_{ss}，Ⅰ 型系统能以同样的速度跟踪恒速变化的信号，但有一定的静差，输出量总比输入信号"落后"一个固定的量。输入信号变化的速度越大，落后的量也越大。

Ⅱ 型系统，$K_v=\infty$，于是 $e_{ss}=0$，说明 Ⅱ 型系统可以无静差地跟踪斜坡输入。

3. 抛物线输入信号下稳态误差

设 $r(t)=At^2/2$，A 为抛物线信号的加速度，则 $R(s)=A/s^3$，系统的稳态误差为

$$e_{ss}=\lim_{s\to 0}\frac{sR(s)}{1+G(s)H(s)}=\lim_{s\to 0}\frac{A}{s^2+s^2G(s)H(s)}=\frac{A}{\lim_{s\to 0}s^2G(s)H(s)}=\frac{A}{K_a} \quad (3\text{-}58)$$

式中，$K_a=\lim_{s\to 0}s^2G(s)H(s)$，称为**稳态加速度误差系数**。

0、Ⅰ 型系统，$K_a=0$，于是 $e_{ss}=\infty$。说明 0、Ⅰ 型系统无法跟踪抛物线输入。

Ⅱ 型系统，$K_a=K$，于是 $e_{ss}=A/K$，说明 Ⅱ 型系统可以有静差地跟踪抛物线输入。换句话说，Ⅱ 型系统的输出信号能与输入信号以同一加速度变化，但总是"落后"一个固定的差值。

当输入信号 $r(t)$ 为阶跃、斜坡和抛物线信号的组合时，既可以直接采用式(3-53)进行求解，也可以分别求出各信号作用下的稳态误差，然后进行叠加。

综合以上的分析可以看出：

1）增大开环传递函数的增益，可以减小一定形式输入信号下的稳态误差；

2）增加开环传递函数的积分环节个数 ν，可以消除一定形式输入信号下的稳态误差；

3）对不同形式的输入量，要使开环传递函数具备相应的类型，才能保证误差精度的要求。

在保证系统稳定的前提下，系统的前向通道中积分单元数目越多，越可以提高系统的无

静差度。例如在 0 型系统的主通道中增加一个积分单元,就变成 I 型系统,对阶跃输入信号就由原来的有静差变成无静差。另外,增大系统的开环增益可以减小稳态误差,这为选择系统的开环增益提供了依据。例如,要求某 0 型系统的稳态误差不超过 1%,则至少应该选开环增益 K 为 99;如果要求 I 型系统在信号变化速度为 1°/s 时稳态跟踪误差不超过 1′,则至少应选 K 为 $60\mathrm{s}^{-1}$。

表 3-4 列出了三种类型的系统和三种输入信号对应的稳态误差。

表 3-4 不同输入和不同类型系统的稳态误差

型别	误差系数			$r(t)=R \cdot 1(t)$	$r(t)=Vt$	$r(t)=A\dfrac{1}{2}t^2$
	K_p	K_v	K_a	$e_\mathrm{ss}=\dfrac{R}{1+K_\mathrm{p}}$	$e_\mathrm{ss}=\dfrac{V}{K_\mathrm{v}}$	$e_\mathrm{ss}=\dfrac{A}{K_\mathrm{a}}$
0	K	0	0	$\dfrac{R}{1+K}$	∞	∞
I	∞	K	0	0	$\dfrac{V}{K}$	∞
II	∞	∞	K	0	0	$\dfrac{A}{K}$

需要注意的是,稳态误差系数主要对以上三种输入信号及其组合适用,当输入为其他信号形式时,需要引入动态误差系数的概念,请读者参阅相关书籍。

3.6.5 扰动信号下的稳态误差

不考虑输入信号的影响,令 $R(s)=0$,扰动信号 $N(s)$ 作用下的系统误差称为扰动误差。设从输入端定义的扰动误差为 $E_\mathrm{n}(s)$,由图 3-25 可得到

$$E_\mathrm{n}(s)=R(s)-B(s)=0-C(s)H(s)=-[E_\mathrm{n}(s)G_1(s)+N(s)]G_2(s)H(s)$$

整理得到

扰动信号下的
稳态误差

$$E_\mathrm{n}(s)=\dfrac{-G_2(s)H(s)}{1+G_1(s)G_2(s)H(s)}N(s)=\Phi_\mathrm{n}(s)N(s) \tag{3-59}$$

式中,$\Phi_\mathrm{n}(s)$ 为系统的扰动误差传递函数。若 $sE_\mathrm{n}(s)$ 满足在 s 右半平面及虚轴上解析的条件,则扰动稳态误差 e_ssn 可由式(3-59)经拉普拉斯变换的终值定理求出,即

$$e_\mathrm{ssn}=\lim_{s\to 0}sE_\mathrm{n}(s)=\lim_{s\to 0}s\dfrac{-G_2(s)H(s)}{1+G_1(s)G_2(s)H(s)}N(s) \tag{3-60}$$

若扰动信号为阶跃形式,即 $N(s)=D/s$,D 为阶跃幅值,则阶跃扰动信号的稳态误差为

$$e_\mathrm{ssn}=-D\lim_{s\to 0}\dfrac{G_2(s)H(s)}{1+G_1(s)G_2(s)H(s)} \tag{3-61}$$

反馈通道函数 $H(s)$ 一般不含积分,它反映测量特性,对式(3-61)分析可以得出以下结论:

(1) 若 $G_2(s)$ 含有积分环节,而 $G_1(s)$ 不含有积分环节,则 $G_2(s)H(s)$ 与 $G_1(s)G_2(s)H(s)$ 含积分数一致,在 $s\to 0$ 时,二者趋向无穷的速度一致,容易理解这种情况下 e_ssn 等于某个常数。

(2) 若 $G_1(s)$ 含有积分环节,则 $s \to 0$ 时 $G_1(s)G_2(s)H(s)$ 趋向无穷的速度远大于 $G_2(s)H(s)$,所以此时 $e_{ssn}=0$。进一步容易推得,若 $G_1(s)$ 包含一个积分,则能使阶跃扰动 $e_{ssn}=0$;$G_1(s)$ 包含两个积分,则能使斜坡扰动 $e_{ssn}=0$。

(3) 加大 $G_1(s)$ 增益可减小阶跃扰动稳态误差,但 $G_2(s)$ 的增益大小不影响阶跃扰动稳态误差。

以上分析表明,对稳定的闭环控制系统,在扰动作用点之前引入积分或加大环节增益,均能有效减小或消除扰动稳态误差。但需要注意的是,这些措施也均会造成系统稳定性下降,甚至导致系统难以稳定。

例 3-12 比例—积分控制系统如图 3-26 所示,试分别计算系统在阶跃扰动和斜坡扰动作用下的稳态误差。

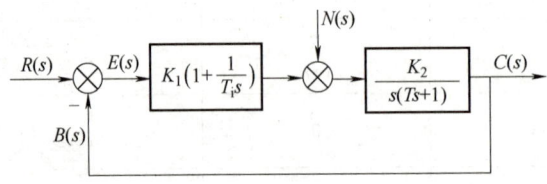

图 3-26 比例—积分控制系统

解 该系统的闭环特征方程为

$$1 + \frac{K_1(T_i s + 1)}{T_i s} \cdot \frac{K_2}{s(Ts+1)} = 0$$

$$T_i T s^3 + T_i s^2 + K_1 K_2 T_i s + K_1 K_2 = 0$$

依据劳斯判据,在所有参数都为正的情况下,只要满足 $T_i > T$,系统就是稳定的。

扰动作用点之前有一个积分环节,因此阶跃扰动的稳态误差为零,但对斜坡扰动存在常值稳态误差。

计算如下:

$$E_n(s) = -\frac{K_2/s(Ts+1)}{1+[K_1(T_i s+1)/T_i s]K_2/s(Ts+1)} N(s) = -\frac{K_2 T_i s}{T_i T_2 s^3 + T_i s^2 + K_1 K_2 T_i s + K_1 K_2} N(s)$$

$N(s) = n_1/s^2$,为斜坡扰动时,

$$e_{ssn} = \lim_{s \to 0} s E_n(s) = -\lim_{s \to 0}\left(\frac{s K_2 T_i s}{T_i T_2 s^3 + T_i s^2 + K_1 K_2 T_i s + K_1 K_2} \cdot \frac{n_1}{s^2}\right) = -\frac{T_i}{K_1} n_1$$

受系统稳定性的限制,$|e_{ssn}| > \frac{T}{K_1} n_1$,可以通过增大 K_1 减小扰动作用下的误差。

例 3-13 系统如图 3-27 所示。

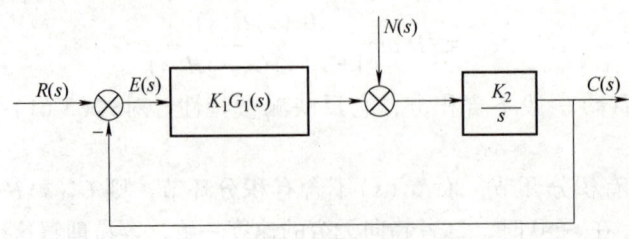

图 3-27 例 3-13 系统框图

(1) 设 $G_1(s)=1$，求 $n(t)=1(t)$ 时的 e_{ssn}。

(2) 若要求 $n(t)=1(t)$ 时 $e_{ssn}=0$，求解 $G_1(s)$ 应满足的条件。

解 （1）首先判断 $G_1(s)=1$ 时，闭环系统是稳定的。

将 $G_1(s)=1$，$N(s)=1/s$，$G_2(s)=K_2/s$，$H(s)=1$ 代入式(3-60)得

$$e_{ssn}=\lim_{s\to 0}sE_n(s)=\lim_{s\to 0}s\frac{-G_2(s)H(s)}{1+K_1G_1(s)G_2(s)H(s)}N(s)=\lim_{s\to 0}\frac{-K_2}{s+K_1K_2}\frac{1}{s}=-\frac{1}{K_1}$$

（2）$e_{ssn}=\lim_{s\to 0}\frac{-K_2}{s+K_1K_2G_1(s)}\to 0$，则要求 $\lim_{s\to 0}G_1(s)\to\infty$，所以 $G_1(s)$ 中至少有一个 $1/s$，但这里需要注意的是，取 $G_1(s)=1/s$ 时，会使系统结构不稳定，因此 $G_1(s)$ 不能为纯积分结构，必须同时加比例和积分才能保证稳定性和稳态误差，即 $G_1(s)=\dfrac{1+\tau s}{s}=\tau\left(1+\dfrac{1}{\tau s}\right)$。

请读者自行分析加入比例积分后系统的稳定性及稳态误差。

例 3-14 系统如图 3-28 所示。

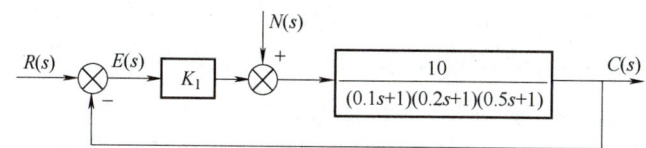

图 3-28　例 3-14 系统框图

若要求 $n(t)=1$ 时 $e_{ssn}=-0.1$，问是否可以选到合适的 K_1？

解 系统闭环特征方程为 $s^3+17s^2+80s+100+1000K_1=0$，使用劳斯判据容易算出，欲使系统稳定必须有 $K_1<1.26$（计算过程略）。

$$e_{ssn}=\lim_{s\to 0}sE_n(s)=\lim_{s\to 0}s\frac{-G_2(s)}{1+G_1(s)G_2(s)}N(s)=-\frac{10}{1+10K_1}=-0.1$$

由此解出 $K_1=9.9$。显然稳定性和稳态误差对参数 K_1 的要求产生了矛盾，故该题无解。

需要特别注意的是，通过本题能够明显看出，在分析和计算系统的稳态误差时需要先判断系统的稳定性，否则可能会得到错误的答案。

例 3-15 系统如图 3-29 所示，试求 $r(t)=R_0\cdot 1(t)$、$n(t)=n_0\cdot 1(t)$ 共同作用下系统的总误差。

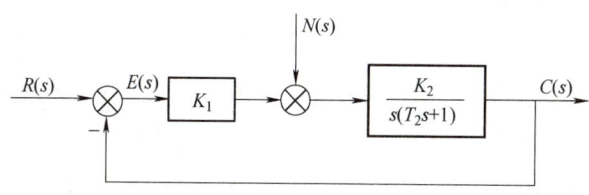

图 3-29　例 3-15 系统框图

解 这是一个典型二阶系统，只要 $K_1K_2>0$ 系统就是稳定的。

(1) $r(t)=R_0\cdot 1(t)$ 为阶跃信号，系统为 I 型，易知 $e_{ss}=0$；

(2) $n(t)=n_0\cdot 1(t)$ 亦为阶跃信号，但扰动作用点之前环节不含积分，所以存在扰动稳态误差，即

$$e_{ssn} = \lim_{s \to 0} \frac{-G_2(s)H(s)}{1+G_1(s)G_2(s)H(s)} N(s) = -\lim_{s \to 0} \frac{K_2}{T_2 s^2 + s + K_1 K_2} \frac{n_0}{s} = -\frac{n_0}{K_1}$$

总误差为
$$e_{ss总} = e_{ss} + e_{ssr} = 0 - \frac{n_0}{K_1} = -\frac{n_0}{K_1}$$

本 章 小 结

本章在已知被控对象模型的基础上,在时间域里对控制系统的三个基本要求(稳定性、动态性能和稳态性能)进行了分析和计算。首先介绍了时域性能指标的定义,对一阶、二阶系统进行了动态性能分析,尤其是对欠阻尼的典型二阶系统进行了重点介绍。为简化对高阶系统的分析,引入了系统主导极点的概念。接着,介绍了线性系统的稳定性,稳定性是控制系统的最基本要求,稳定性完全取决于系统本身的结构和参数。判断线性系统是否稳定通常采用稳定性判据,其中劳斯判据是最常用的稳定性判据。最后,介绍了稳态误差的定义和计算,稳态误差的大小与系统型别及输入信号的形式有关。工程上还常用稳态误差系数来衡量控制系统的稳态精度。本章还讨论了常规的控制规律(比例、积分与微分)对系统控制质量的影响。正如社会稳定是国家强盛的前提,控制系统的性能改善必须在系统稳定的前提下进行。

习 题

3-1 典型二阶系统的单位阶跃响应为 $c(t) = 2 - 2.5e^{-1.2t}\sin(1.6t + 53.1°)$,试求系统的超调量 $\sigma\%$,峰值时间 t_p,调节时间 t_s 和系统的闭环传递函数。

3-2 单位反馈系统的开环传递函数 $G(s) = \dfrac{4}{s(s+6)}$,求单位阶跃响应 $h(t)$ 和调节时间 t_s。

3-3 设二阶控制系统的单位阶跃响应曲线如图 3-30 所示,试确定系统的传递函数。

3-4 控制系统框图如图 3-31 所示。如果要求系统的超调量等于 15%,峰值时间等于 0.8s,试确定增益 K_1 和速度反馈系数 K_t。同时,确定在此 K_1 和 K_t 数值下系统的延迟时间、上升时间和调节时间。

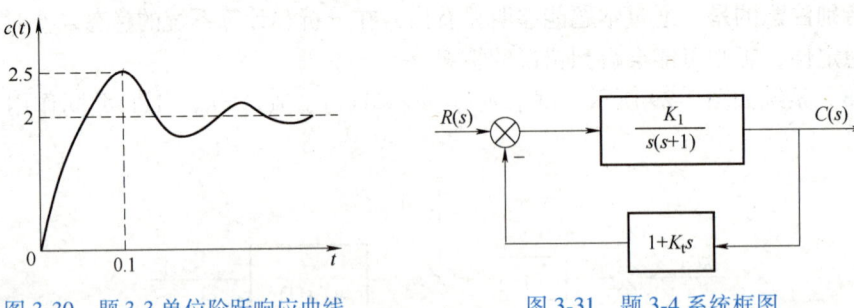

图 3-30 题 3-3 单位阶跃响应曲线   图 3-31 题 3-4 系统框图

3-5 已知系统特征方程式为

(1) $s^4 + 8s^3 + 18s^2 + 16s + 5 = 0$

(2) $s^3 + 20s^2 + 9s + 200 = 0$

(3) $s^5 + 12s^4 + 44s^3 + 48s^2 + s + 1 = 0$

试用劳斯判据判断系统的稳定情况。

3-6 已知系统的特征方程如下,试判别系统的稳定性,并确定在右半 s 平面根的个数及纯虚根。

(1) $s^5 + 2s^4 + 2s^3 + 4s^2 + 11s + 10 = 0$

(2) $s^5+3s^4+12s^3+24s^2+32s+48=0$

(3) $s^5+2s^4-s-2=0$

(4) $s^5+2s^4+24s^3+48s^2-25s-50=0$

3-7 设角速度指示随动系统框图如图 3-32 所示。若要求系统单位阶跃响应无超调，且调节时间尽可能短，问开环增益 K_1 应取何值？

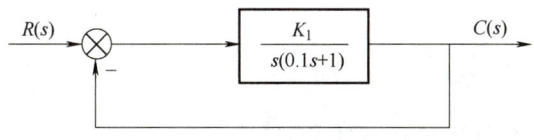

图 3-32 题 3-7 系统框图

3-8 电子心脏起搏器心律控制系统框图如图 3-33 所示，其中模仿心脏的传递函数相当于一纯积分环节。

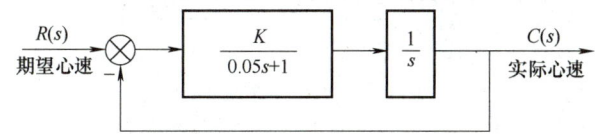

图 3-33 题 3-8 系统框图

(1) 若 $\zeta=0.5$ 对应最佳响应，问起搏器增益 K 应取多大？

(2) 若期望心速为 60 次/min，并突然接通起博器，问 1s 后实际心速为多少？瞬时最大心速多大？

3-9 设单位负反馈控制系统的开环传递函数为

$$G(s)=\frac{K}{0.025s^3+0.35s^2+s}$$

(1) 确定使系统稳定的 K 值范围；

(2) 要使系统闭环极点的实部不大于 -1，试确定 K 的取值范围。

3-10 控制系统框图如图 3-34 所示。试求局部反馈加入前、后系统的静态位置误差系数、静态速度误差系数和静态加速度误差系数。

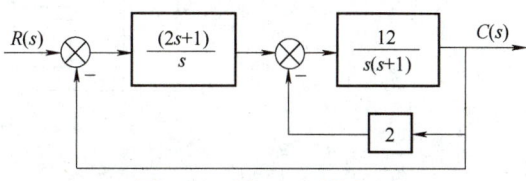

图 3-34 题 3-10 系统框图

3-11 已知单位反馈系统的开环传递函数为

$$G(s)=\frac{6(s+1)}{s(s+4)(s^2+2s+2)}$$

试分别求出当输入信号 $r(t)$ 为 $1(t)$、t、t^2 和 $r(t)=1+2t+0.5t^2$ 时系统的稳态误差。

3-12 控制系统如图 3-35 所示，

(1) 若 $H(s)=1$，求系统的上升时间、峰值时间、调节时间和超调量；

(2) 若 $H(s)=1+0.8s$，重新求上述各项指标；

(3) 比较(1)、(2)两项的结果，说明附加微分反馈的作用。

3-13 控制系统框图如图 3-36 所示。已知系统单位阶跃响应的超调量 $\sigma\%=16.3\%$，峰值时间 $t_p=1s$。

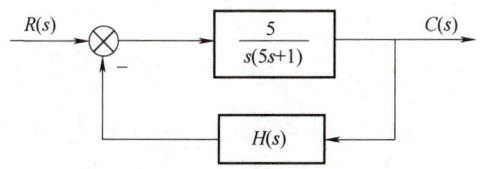

图 3-35 题 3-12 系统框图

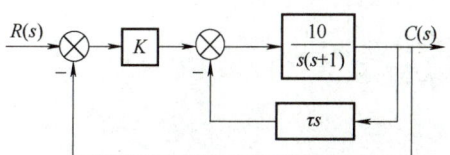

图 3-36 题 3-13 系统框图

(1) 求系统的开环传递函数 $G(s)$；
(2) 求系统的闭环传递函数 $\Phi(s)$；
(3) 根据已知的性能指标 $\sigma\%$、t_p 确定系统参数 K 及 τ；
(4) 计算等速输入 $r(t)=1.5t$ 时系统的稳态误差。

3-14 控制系统框图如图 3-37 所示。当干扰信号 $n(t)=10$ 和 $n(t)=10t$ 时，计算(1)、(2)情况下的稳态误差。

(1) $G_1(s)=K_1$，$G_2(s)=\dfrac{K_2}{s(T_2s+1)}$

(2) $G_1(s)=\dfrac{K_1(T_1s+1)}{s}$，$G_2(s)=\dfrac{K_2}{s(T_2s+1)}$；$(T_1>T_2)$

(3) 若(2)中 $T_1<T_2$，结果会怎样？

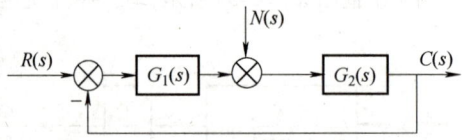

图 3-37　题 3-14 系统框图

3-15 控制系统框图如图 3-38 所示。$G_c(s)=K_P+K_Ds+\dfrac{K_I}{s}$ 为 PID 控制器，如果 $K_P=1$，设计 PID 控制器中的参数 K_D 和 K_I 满足以下条件：

(1) 该系统在单位加速度信号 $r(t)=t^2/2$ 作用下的稳态误差 $e_{ss}=0.25$；
(2) 使该系统等效为二阶系统。

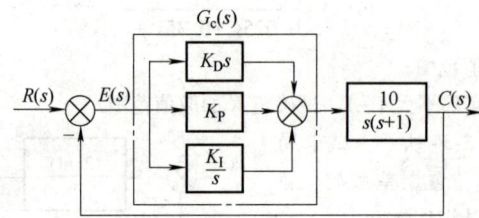

图 3-38　题 3-15 系统框图

第 4 章

线性系统的根轨迹法

通过本书第 3 章的学习，了解到闭环系统的极点不仅决定了系统的稳定性，而且对系统的动态性能也起着举足轻重的作用。如果知道了闭环极点的位置，就可以通过分析得出该系统的基本性能；同样，如果将闭环极点配置到所期望的位置，该闭环系统就能具有所期望的基本性能，实现对闭环系统的设计。然而，要确定闭环极点的位置并非是一件容易的事情。尤其是当系统的某一参数变化时，系统的闭环极点也会发生变化，需进行反复计算。如果考查几个参数的同时变化，就更加复杂了。

在研究中发现：

1) 线性定常系统的开环零点、极点是比较容易求得的，因为开环传递函数往往是由一些低阶环节以串联方式连接而成的。

2) 如果能根据开环零点、极点的位置，直观地看出参数变化，则闭环极点的移动趋向和规律对控制系统的设计与调试将是十分有意义的。

1948 年，W. R. EVans 提出了一种求特征方程根的图解方法，成功解决了上述问题。这种方法叫根轨迹法，它是开环系统某一参数变化时闭环极点在 s 平面上的变化轨迹。**根轨迹法从开环传递函数的零点、极点入手，只用一些简单的数学手段，就可以直观地看出闭环极点的位置及其变化规律，从而分析出系统的基本性能。**由于根轨迹具有简便直观及物理概念清晰等特点，因此在工程实践中获得了广泛应用。随着相关软件（如 MATLAB）的发展，这些手工绘制根轨迹的详细规则已经不那么重要了，但是对于一个控制系统设计者来说，当想要去理解所提出的动态补偿是怎么影响根轨迹或者要草绘一条根轨迹来指导设计过程的时候，这些规则还是很必要的。基于这样的考虑，学习根轨迹法还是很必要的。

4.1 根轨迹的基本概念

下面以一个低阶反馈系统为例说明根轨迹的概念，设控制系统如图 4-1 所示。

系统开环传递函数为

$$G(s) = \frac{K}{s(0.5s+1)} \quad (4\text{-}1)$$

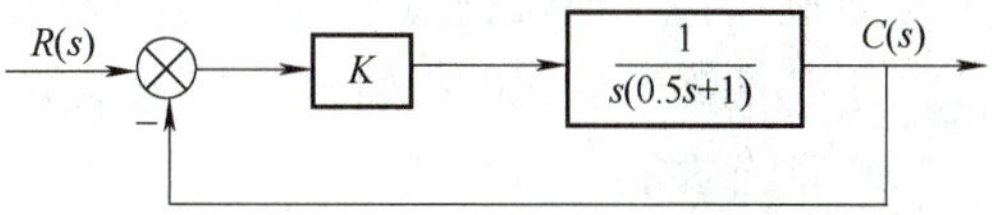

图 4-1 二阶反馈系统框图

系统闭环特征方程可写成

$$D(s) = s^2 + 2s + 2K = 0$$

可解出两个特征根，分别为

$$s_1 = -1 + \sqrt{1-2K}, \quad s_2 = -1 - \sqrt{1-2K} \quad (4\text{-}2)$$

下面根据式(4-2)分析放大器的放大系数 K 的变化对给定系统闭环极点分布的影响，令 K 从零变到无穷，用解析的方法求出尽可能多的闭环极点(表 4-1 列出了部分闭环极点)，将求出的闭环极点标注在 s 平面上，并连成光滑的曲线，如图 4-2 所示，图上粗实线就称为系统的根轨迹，箭头表示随着 K 的增加，根轨迹的变化趋势。

表 4-1 特征根的取值

K	s_1	s_2
0	0	-2
0.25	-0.3	-1.7
0.5	-1	-1
1	$-1+j$	$-1-j$
2.5	$-1+j2$	$-1-j2$
∞	$-1+j\infty$	$-1-j\infty$

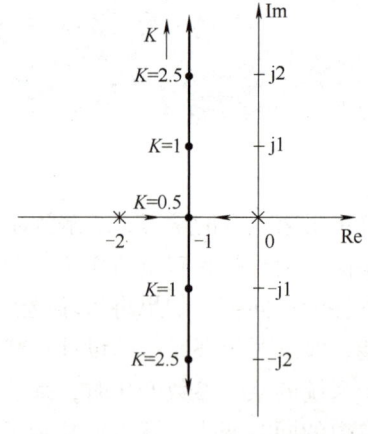

图 4-2 二阶系统根轨迹图

4.1.1 根轨迹的概念

1. 根轨迹

根轨迹是指当开环系统某个参数由零变化到无穷大时，闭环系统特征根在 s 平面上移动的轨迹。

2. 根轨迹与系统性能

利用根轨迹图，可以分析系统的各种性能，以图 4-2 的根轨迹图为例进行说明。

（1）稳定性

当放大系数 K 从零变到无穷时，图 4-2 上的根轨迹不会越过虚轴进入 s 右半平面，因此该系统对所有的 K 值都是稳定的，这与用劳斯判据得出的结论完全相同。如果分析其他系统的根轨迹图时，根轨迹越过虚轴进入 s 右半平面，则系统进入不稳定的状态。

（2）稳态性能

由图 4-2 可见，开环系统在坐标原点有一个极点，所以系统属 I 型系统，因而根轨迹上的 K 值表征着静态速度误差系数。若给定系统的稳态误差要求，则由根轨迹图可以确定闭环极点位置的允许范围。在一般情况下，根轨迹图上标注出来的参数不是开环增益，而是所谓的根轨迹增益。根轨迹增益和稳态误差系数之间，仅相差一个比例常数，很容易进行换算。对于其他参数变化的根轨迹，情况是类似的。

（3）动态性能

由图 4-2 可见，当 $0<K<0.5$ 时，所有闭环极点位于实轴上，系统为过阻尼系统，单位阶跃响应为非周期过程；当 $K=0.5$ 时，闭环两个实数极点重合，系统为临界阻尼系统，单位阶跃响应仍为非周期过程，但响应速度较 $0<K<0.5$ 情况快；当 $K>0.5$ 时，闭环极点为复数极点，系统为欠阻尼系统，单位阶跃响应为衰减振荡过程，且超调量将随 K 值的增大而

根轨迹的基本概念

增大，但调节时间的变化不会显著。

上述分析表明，根轨迹与系统性能之间有着比较密切的联系。然而，对于高阶系统，用解析的方法绘制系统的根轨迹图，显然是不适用的，可以利用计算机求解闭环系统特征方程根从而绘出根轨迹图；在工程上，依据反馈系统开环、闭环传递函数的确定关系，可以通过开环传递函数直接绘制闭环根轨迹。

4.1.2 根轨迹方程及辐角、幅值条件

根轨迹是系统所有闭环极点的集合。设闭环系统框图如图 4-3 所示，开环传递函数可以表示为

$$G(s)H(s) = \frac{K\prod_{i=1}^{m}(\tau_i s + 1)}{\prod_{j=1}^{n}(\tau_j s + 1)} = \frac{K_r\prod_{i=1}^{m}(s-z_i)}{\prod_{j=1}^{n}(s-p_j)} \quad (4-3)$$

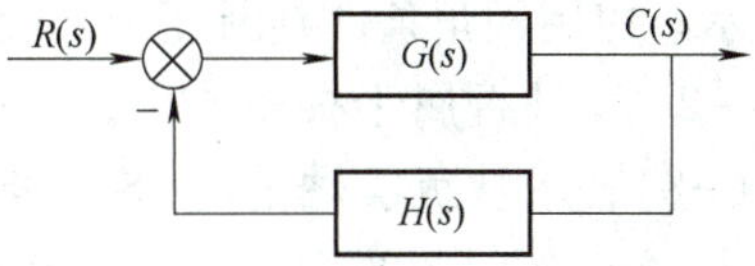

式中，K 为系统开环增益；K_r 为系统根轨迹增益。

图 4-3 闭环系统框图

闭环传递函数为 $\Phi(s) = \dfrac{G(s)}{1+G(s)H(s)}$，令闭环传递函数表达式的分母为零，得系统的闭环特征方程式为

$$1+G(s)H(s) = 0$$

或写成

$$G(s)H(s) = -1 \quad (4-4)$$

式(4-4)即为绘制系统根轨迹的根轨迹方程。**根轨迹方程实际上是复数向量方程**，将式(4-3)代入式(4-4)得方程，即

$$G(s)H(s) = \frac{K_r\prod_{i=1}^{m}(s-z_i)}{\prod_{j=1}^{n}(s-p_j)} = -1$$

设 s 为复平面上某一个点，在复平面上 $(s-p_j)$ 表示开环极点 p_j 指向 s 点的向量，$(s-z_i)$ 表示开环零点 z_i 指向 s 点的向量。将 -1 看作是幅值为1，辐角为 $(2k+1)\pi$ 的向量。根据向量运算法则，为方便计算，根轨迹方程可以用如下两个方程描述：

幅值(模值)条件：

$$|G(s)H(s)| = \frac{K_r\prod_{i=1}^{m}|s-z_i|}{\prod_{j=1}^{n}|s-p_j|} = 1 \quad (4-5)$$

辐角(相角)条件：

$$\angle G(s)H(s) = \sum_{i=1}^{m}\angle(s-z_i) - \sum_{j=1}^{n}\angle(s-p_j)$$
$$= (2k+1)\pi, k=0,\pm1,\pm2,\cdots \quad (4-6)$$

其中，$|s-z_i|$，$|s-p_j|$ 是向量 $s-z_i$，$s-p_j$ 的幅值；$\angle(s-z_i)$，$\angle(s-p_j)$ 是向量 $s-z_i$，$s-p_j$ 辐角。

凡同时满足辐角条件和幅值条件的复数 $s=\sigma+j\omega$，就是在给定 K_r 值下系统的闭环特征方程的根，也就是说 s 为根轨迹上的点。由于根轨迹包含 K_r 在 $0\sim\infty$ 范围内变化时系统方程的全部特征根，所以在复平面上只要能满足辐角条件的点 s 都将对应 K_r 为某一给定取值下的闭

环特征方程的根。也就是说，**辐角条件是确定复平面上根轨迹的充分且必要条件**。这说明绘制闭环系统根轨迹依据的仅是其根轨迹方程的辐角条件，而幅值条件可以用来计算根轨迹上某一点 s_i 所对应的 K_r 值。（注：复平面就是指 s 平面）

如图4-4所示，某闭环系统的开环传递函数为 $G(s)H(s) = \dfrac{K_r(s+3)(s+6)}{s(s+1)(s+8)}$，有三个开环极点，分别为0，-1，-8，在复平面上以"×"表示出来；两个开环零点，分别为-3，-6，在复平面上以"○"表示。应用辐角条件判断复平面上的一点 $s=-2+3j$ 是否属于根轨迹上的点：$s+8 = s-(-8)$ 表示从负实轴上的-8点指向 s 点的向量，该向量等于 $6+3j$，其辐角为 $\arctan(3/6) = 26.6°$，即图中的 φ_3。只要满足 $\theta_1+\theta_2-\varphi_1-\varphi_2-\varphi_3 = (2k+1)\pi$，$k$ 可为任意整数，s 点即为该系统根轨迹上的点。否则，s 点不属于根轨迹上的点。**根轨迹指的是随着可变参数 K_r 从 0 到 ∞ 变换闭环极点在复平面上划过的轨迹。**

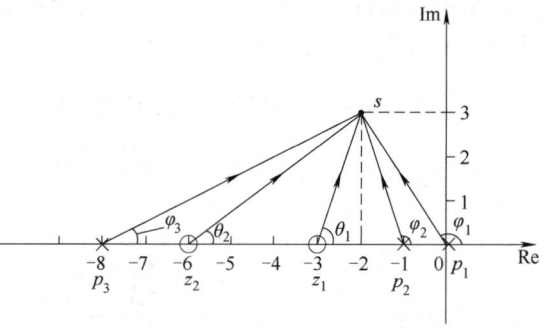

图4-4 辐角条件示意图

4.2 绘制根轨迹的基本规则

利用根轨迹的一些性质，可以很快绘制出根轨迹的大致图形，因此这些性质可以作为绘制根轨迹的一般规则。虽然这样得到的根轨迹图不十分准确，但一般能满足工程需要。下面讨论以根轨迹增益 K_r 为变量绘制根

绘制根轨迹的
基本规则(1)

绘制根轨迹的
基本规则(2)

轨迹的基本法则，当可变参数为系统的其他参数时，这些基本法则仍然适用，应当指出的是，用这些基本法则绘出的根轨迹，其辐角遵循 $180°+2k×180°$ 条件，因此称为 $180°$ **根轨迹**。

法则1　根轨迹的分支数、对称性和连续性

根轨迹的分支数与开环零点数 m 和开环极点数 n 中的大者相等，根轨迹是连续的并且对称于实轴。

按定义，根轨迹是系统中某一参数从零变到无穷时，闭环特征方程式的根在 s 平面上的变化轨迹。因此，根轨迹的分支数必然等于闭环特征方程根的个数，即根轨迹的分支数必与开环零点、极点数目中的大者相同（m 和 n 中的大者）。

根据代数方程式的性质，当代数方程的某系数连续变化时，其根也连续变化，因此根轨迹是连续的。此外，由于系统闭环特征方程式的系数均为实数，故特征根也均为实数或共轭复数。实数根在实轴上，共轭复根对称于实轴，根轨迹也对称于实轴。所以根轨迹是连续的并且是对称于实轴的曲线。

法则2　根轨迹的起点和终点

根轨迹的起点是指参变量 $K_r=0$ 时闭环极点在 s 平面上的分布位置，根轨迹的终点是指参变量 $K_r \to +\infty$ 时闭环极点在 s 平面上的分布位置。

由式(4-6)，闭环系统的特征方程可以写成

$$(s-p_1)(s-p_2)\cdots(s-p_n)+K_r(s-z_1)(s-z_2)\cdots(s-z_m)=0$$

或

$$\frac{1}{K_r}(s-p_1)(s-p_2)\cdots(s-p_n)+(s-z_1)(s-z_2)\cdots(s-z_m)=0$$

当 $K_r=0$ 时，特征方程为

$$(s-p_1)(s-p_2)\cdots(s-p_n)=0$$

此时系统开环极点就是特征方程的根。

当 $K_r\to\infty$ 时，特征方程近似为

$$(s-z_1)(s-z_2)\cdots(s-z_m)=0$$

此时系统开环零点就是特征方程的根。

所以可以得出结论：根轨迹起始于开环极点，终止于开环零点。

若开环极点数 n 大于开环零点数 m，起始于开环极点的 n 条根轨迹将会有 m 条终止于 m 个开环零点。另外 $n-m$ 条根轨迹终止于哪里呢？这将会在法则4里找到答案。

法则3　根轨迹在实轴上的分布

实轴上的某一区域，若其右侧开环零点、极点数目之和为奇数，则该区域必是根轨迹。

设开环零点、极点的分布如图4-5所示，若取实轴上的试探点 s_1 在根轨迹上，则该点必须满足辐角条件。由于复数极点都以共轭对出现，它们到 s_1 点的辐角之和恒等于360°，对于在实轴上的根轨迹的辐角没有影响，而在实轴上 s_1 右边的零点、极点到 s_1 点的向量的辐角都是 $\pm 180°$，s_1 左边的零、极点到 s_1 向量的辐角都是0°。因此，实轴上的根轨迹是其右侧开环实极点数与开环实零点数之和为奇数的线段，这段区域上的点都满足于辐角条件方程。对于图4-5所示的系统，实轴上粗线所示各区域即实轴上的根轨迹。

图 4-5　实轴上的根轨迹

法则4　根轨迹的渐近线

设系统开环极点数 n 大于开环零点数 m 时，可以发现在 s 平面上的无穷远处，存在着满足根轨迹辐角条件的点。在 $|s|\to\infty$ 处，可以认为所有开环极点和开环零点引向点 s 的向量的辐角都相等，并假定等于 φ_a，根据辐角条件有

$$m\varphi_a-n\varphi_a=(2k+1)\pi \quad (k=0,\pm1,\pm2,\cdots)$$

在 s 平面上无穷远处的点 s 满足辐角条件，而且辐角为 φ_a 的射线远端各点都满足辐角条件，如图4-6所示。这些射线的远端也称为系统的无限开环零点（当 $n>m$ 时）。射线就是根轨迹的渐近线。

因此可以认为系统的 $(n-m)$ 条根轨迹沿着 $(n-m)$ 条渐近线趋向于无限零点，渐近线与实轴的夹角 φ_a 为

$$\varphi_a=\frac{(2k+1)180°}{n-m} \quad (k=0,\pm1,\pm2,\cdots) \tag{4-7}$$

渐近线与实轴的交点 σ_a 为

$$\sigma_a=\frac{\sum_{j=1}^n p_j - \sum_{i=1}^m z_i}{n-m} \tag{4-8}$$

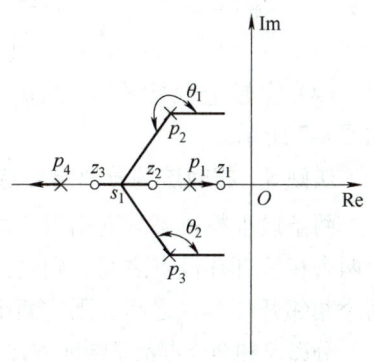

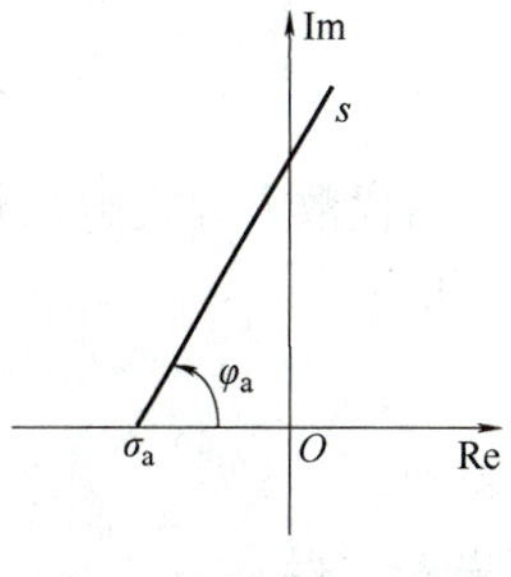

图 4-6　渐近线示意图

渐近线与实轴交点坐标的证明过程烦琐,在此从略,有兴趣的读者可参阅参考文献[1]。

例 4-1 设一单位负反馈系统的开环传递函数 $G(s) = \dfrac{K_r}{s(s+2)(s+4)}$,试确定根轨迹的条数、起点和终点、渐近线及根轨迹在实轴上的分布。

解 (1) 开环极点有三个,$p_1 = 0$,$p_2 = -2$,$p_3 = -4$,无开环零点。

(2) $n = 3$,根轨迹有三个分支。分别起始于实轴上 p_1,p_2,p_3,终止于无穷远。

(3) $n - m = 3$,有三条渐近线,渐近线与实轴夹角和交点为

$$\sigma_a = \frac{\sum_{j=1}^{n} p_j - \sum_{i=1}^{m} z_i}{n - m} = \frac{0 + (-2) + (-4)}{3 - 0} = -2$$

$$\varphi_a = \frac{(2k+1)180°}{n-m} = \frac{(2k+1)180°}{3-0} = \begin{cases} -60° & k = -1 \\ 60° & k = 0 \\ -180° & k = 1 \end{cases}$$

(4) 实轴上根轨迹 $[-2, 0]$,$(-\infty, -4]$,如图 4-7 所示。

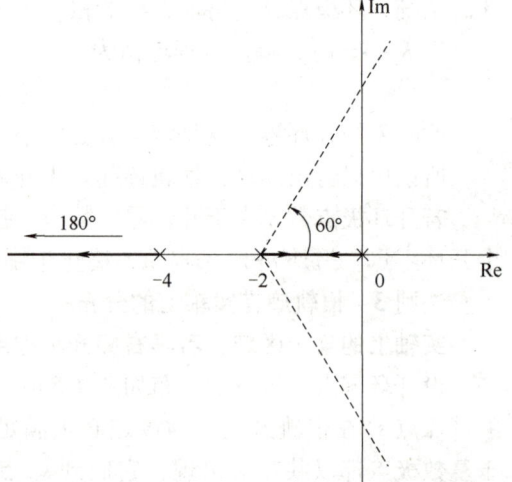

图 4-7 例 4-1 图

法则 5 根轨迹的分离会合点和分离会合角

两条以上根轨迹分支相遇,而后又分开的点称为会合点或分离点。如果根轨迹位于实轴上两个相邻开环极点之间,则这两个极点之间至少存在一个分离点;如果根轨迹位于实轴上两个相邻开环零点之间,则这两个零点之间至少存在一个会合点。

分离点和会合点都是特征方程重根所对应的点。不在实轴上的根轨迹的相交点则是特征方程式的复重根所对应的点。下面介绍求根轨迹分离点与会合点的两种方法,即重根法和试探法。

(1) 重根法

设开环传递函数为

$$G(s)H(s) = \frac{K_r B(s)}{A(s)}$$

闭环系统特征方程为

$$D(s) = A(s) + K_r B(s) = 0 \tag{4-9}$$

则

$$K_r = -\frac{A(s)}{B(s)}, \quad \frac{dK_r}{ds} = \frac{-[A(s)B'(s) - A'(s)B(s)]}{B^2(s)}$$

由代数方程式解的性质可知,特征方程出现重根的条件是 s 值必须同时满足下列方程,即

$$\begin{cases} D(s) = A(s) + K_r B(s) = 0 \\ D'(s) = A'(s) + K_r B'(s) = 0 \end{cases}$$

消去 K_r,得

$$A(s)B'(s) - A'(s)B(s) = 0$$

综上，可得 $\dfrac{dK_r}{ds}=0$。因此，可由式(4-10)求得分离会合点的坐标，即

$$\frac{dK_r}{ds}=0 \tag{4-10}$$

（2）试探法

设根轨迹分离点的坐标为 d，则 d 满足如下关系，即

$$\sum_{i=1}^{m}\frac{1}{d-z_i}=\sum_{j=1}^{n}\frac{1}{d-p_j} \tag{4-11}$$

式中，z_i 是开环零点；p_j 是开环极点。若开环传递函数没有零点，则式(4-11)应为

$$\sum_{j=1}^{n}\frac{1}{d-p_j}=0 \tag{4-12}$$

需要说明的是，按上述两种方法所确定的值并非都是实际的分离点或会合点，只有位于根轨迹上的那些重根才是实际的分离点或会合点，因此对于得出的结果需要进行验证。

根轨迹的分离（会合）角是指根轨迹离开（进入）重极点（零点）处的切线与实轴正方向的夹角。

这里不加证明地指出，当 l 条根轨迹分支进入并立即离开分离点或会合点时，分离角或会合角的计算公式为

$$\frac{(2k+1)\pi}{l},\quad k=0,1,\cdots,l-1 \tag{4-13}$$

分离角或会合角为根轨迹进入分离点的切线方向与离开分离点的切线方向之间的夹角。**各相邻根轨迹的进入方向和离开方向之间交叉排列，并且彼此之间具有相等的夹角。**

例 4-2 求例 4-1 系统根轨迹的分离点。

解 由图 4-7，实轴上根轨迹段 $[-2,0]$ 位于两个开环极点之间，该段根轨迹段上必有分离点。根轨迹方程为

$$G(s)H(s)=\frac{K_r}{s(s+2)(s+4)}=-1$$
$$K_r=-s(s+2)(s+4)=-s^3-6s^2-8s$$

得

$$\frac{dK_r}{ds}=-3s^2-12s-8=0$$

解出

$$s_{1,2}=-2\pm\frac{2}{\sqrt{3}}\approx -0.85,-3.155$$

经验证，$s_2=-3.155$ 不在根轨迹上，不是实际的分离点，所以根轨迹在实轴上的分离点为 $s_1=-0.85$。

由幅值条件，还可以求出分离点对应的根轨迹增益为

$$K_r=|-0.85-0|\times|-0.85+2|\times|-0.85+4|=3.08$$

法则 6　根轨迹与虚轴的交点

如果根轨迹与虚轴相交，则交点处的 K_r 值和 ω 值可以用下面两种方法确定。

方法一：根轨迹与虚轴相交，意味着特征方程式含有纯虚根 $s = j\omega$，系统处于临界稳定状态。可将 $s = j\omega$ 代入到闭环特征方程中，即

$$1 + G(j\omega)H(j\omega) = 0$$

分别令其实部和虚部为零，即

$$\text{Re}[1 + G(j\omega)H(j\omega)] = 0$$
$$\text{Im}[1 + G(j\omega)H(j\omega)] = 0 \tag{4-14}$$

求解上述实部方程和虚部方程，可解出交点处的 K_r 值和 ω 值。

方法二：由劳斯稳定判据求出。令劳斯表 s^1 行包含 K_r 的项为零，即可确定根轨迹与虚轴交点上的 K_r 值。此外，因为一对纯虚根是数值相同但符号相异的根，利用劳斯表中 s^2 行的系数构成辅助方程，可解出纯虚根的数值，这一数值就是根轨迹与虚轴交点上的坐标。如果根轨迹与虚轴有多对交点，则应采用劳斯表中幂大于 2 的 s 偶次方行的系数构造辅助方程。

例 4-3 例 4-1 中控制系统的框图如图 4-8a 所示，求该系统的根轨迹与虚轴的交点，并绘制出根轨迹图。

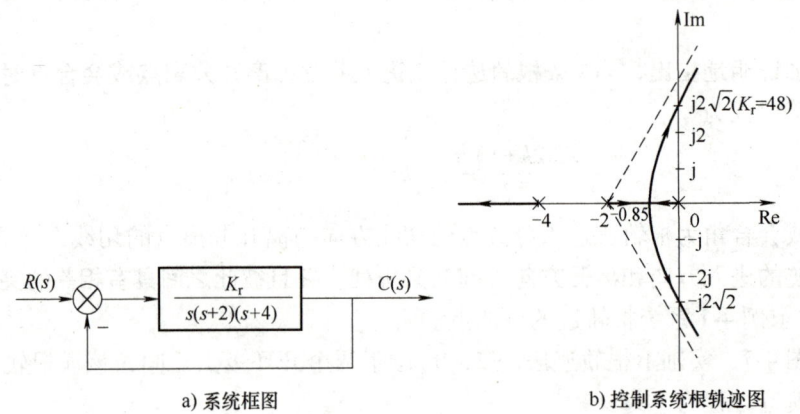

a) 系统框图　　　　　　　b) 控制系统根轨迹图

图 4-8　例 4-3 图

解　求根轨迹与虚轴的交点，列劳斯表，即

$$\begin{array}{c|cc}
s^3 & 1 & 8 \\
s^2 & 6 & K_r \\
s^1 & 8 - \dfrac{K_r}{6} & \\
s^0 & K_r & \\
\end{array}$$

$K_r = 48$ 时，s^1 行全为 0。

辅助方程：$6s^2 + 48 = 0$，解得 $s = \pm j2\sqrt{2}$。结合例 4-1 和例 4-2 求出的结果，绘制系统的根轨迹如图 4-8b 所示。

法则 7　根轨迹的出射角与入射角

根轨迹离开开环复数极点处的切线方向与实轴正方向的夹角为出射角（又称起始角），而进入开环复数零点处的切线方向与实轴正方向的夹角为入射角（又称终止角）。

为了比较精确地绘制根轨迹在起点和终点附近的基本形状，需要找出这些出射角和入射角。假如系统开环零点、极点分布如图 4-9 所示。在离开开环复数极点 p_1 的根轨迹上，取一非常接近 p_1 的 s_1 点，根据辐角条件，对 s_1 可写出如下关系式，即

$$\angle(s_1-z_1)-\angle(s_1-p_1)-\angle(s_1-p_2)-\angle(s_1-p_3)=\pm180°$$

当 $s_1 \to p_1$ 时，$\angle(s_1-p_1)=\theta_{p_1}$，$\theta_{p_1}$ 为开环极点 p_1 的出射角，则有

$$\theta_{p_1}=\angle(s_1-p_1)=\mp180°+\angle(p_1-z_1)-\angle(p_1-p_2)-\angle(p_1-p_3)$$

把上式推广到一般结论：设系统存在一对开环共轭复数极点 p_x，p_{x+1}，则在 p_x，p_{x+1} 上根轨迹的出射角分别为

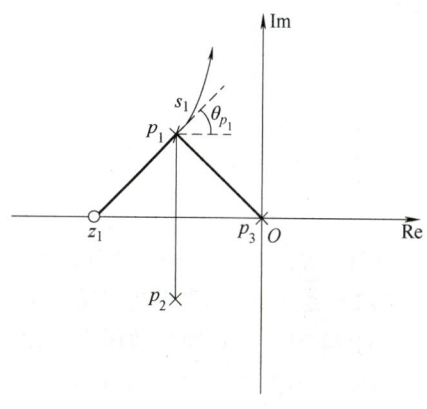

图 4-9 出射角的确定

$$\begin{cases} \theta_{p_x}=(2k+1)\pi+\sum_{i=1}^{m}\angle(p_x-z_i)-\sum_{\substack{j=1\\j\neq x}}^{n}[\angle(p_x-p_j)]\\ \theta_{p_{x+1}}=-\theta_{p_x} \end{cases} \quad (4-15)$$

式中，z_i、p_j 为系统开环零点和开环极点。

设系统存在一对共轭复数零点 z_x 和 z_{x+1}，则在 z_x 和 z_{x+1} 上根轨迹的入射角分别为

$$\begin{cases} \varphi_{z_x}=(2k+1)\pi-\sum_{\substack{i=1\\i\neq x}}^{m}\angle(z_x-z_i)+\sum_{j=1}^{n}\angle(z_x-p_j)\\ \varphi_{z_{x+1}}=-\phi_{z_x} \end{cases} \quad (4-16)$$

例 4-4 某负反馈控制系统的开环传递函数为 $G(s)H(s)=\dfrac{K_r(s+2)}{s^2+2s+3}$，试绘制该系统的根轨迹图。

解 （1）该系统具有一对开环共轭复数极点 $p_1=-1+\mathrm{j}\sqrt{2}$，$p_2=-1-\mathrm{j}\sqrt{2}$，一个开环零点 $z_1=-2$，如图 4-10 所示。

（2）实轴上的根轨迹区域为 $(-\infty,-2]$，从开环共轭复数极点出发的两条根轨迹同时从复空间进入到负实轴，汇合后，一条终止于 -2 点，一条终止于负实轴的无穷远处。

（3）系统有两个开环极点和一个开环零点，所以只有一条渐近线，并且与实轴重合，指向负无穷远处。当只有一条渐近线时，由于渐近线与实轴重合，不再需要计算与实轴的交点。

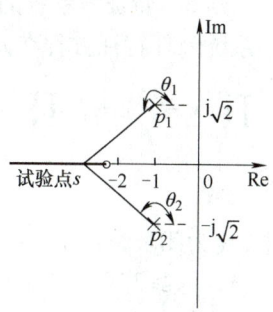

图 4-10 实轴根轨迹的确定示意图

（4）确定会合点。随着 K_r 值的增大，两条根轨迹线重合在负实轴上的那一点叫作会合点。

因为

$$K_r=-\dfrac{s^2+2s+3}{s+2}$$

得到

$$\frac{dK_r}{ds} = -\frac{(2s+2)(s+2)-(s^2+2s+3)}{(s+2)^2}$$

令 $\frac{dK_r}{ds}=0$，解得

$$s=-3.73 \text{ 或 } s=-0.27$$

验证，点 $s=-3.73$ 在根轨迹上，因此是一个实际的会合点，相应的根轨迹增益值为 $K_r=5.46$；点 $s=-0.27$ 不在根轨迹上，不是实际的会合点。

(5) 确定开环共轭复数极点的出射角。

对应开环极点 p_1 的出射角 $\theta_{p_1}=180°+55°-90°=145°$，因为根轨迹对称于实轴，所以对应 p_2 的出射角 $\theta_{p_2}=-145°$。图 4-11 为系统根轨迹图。

根轨迹上任意一点的增益 K_r 值，可以应用幅值条件求得。比如在本例中，通过画图可得具有阻尼比 $\zeta=0.707$ 的闭环共轭复数极点为 $s_{1,2}=-1.67\pm j1.70$（在粗略绘图的情况下，也可以通过辐角条件计算得出），然后根据幅值条件计算 K_r 的值，即

$$K_r = \left| \frac{(s+1-j\sqrt{2})(s+1+j\sqrt{2})}{s+2} \right|_{s=-1.67+j1.70} = 1.34$$

这个系统的根轨迹在复平面上是圆的一部分，这种圆形(或圆的一部分)根轨迹可能发生在以下系统中：包含两个极点和一个零点、两个极点和两个零点，或者一个极点和两个零点。在这几类系统中，是否产生圆形根轨迹，还取决于开环极点和开环零点的位置。如果开环极点与开环零点都位于实轴上，当开环零点位于两个开环极点之间或者开环极点位于两个开环零点之间时，由实轴上的根轨迹法则即可判断出将不会形成圆形根轨迹。

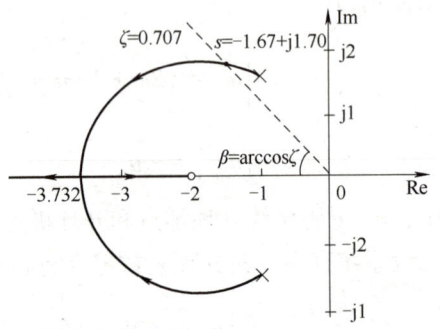

图 4-11 例 4-4 系统根轨迹图

法则 8 特征方程根的和

系统闭环特征方程在 $n>m$ 的一般情况下，可以有不同的表示形式，即

$$\prod_{i=1}^{n}(s-p_i) + K_r \prod_{j=1}^{m}(s-z_j) = s^n + a_1 s^{n-1} + \cdots + a_{n-1}s + a_n$$

$$= \prod_{i=1}^{n}(s-s_i) = s^n + \left(-\sum_{i=1}^{n}s_i\right)s^{n-1} + \cdots + \prod_{i=1}^{n}(-s_i) = 0$$

式中，s_i 为闭环特征根。

当 $n-m \geq 2$ 时，特征方程第二项系数与 K_r 无关，无论 K_r 取何值，开环 n 个极点之和总是等于闭环特征方程 n 个根之和，即

$$\sum_{i=1}^{n}s_i = \sum_{i=1}^{n}p_i \tag{4-17}$$

在开环极点确定的情况下，这是一个不变的常数。所以，当根轨迹增益 K_r 增大时，若闭环某些根在 s 平面上向左移动，则另一部分根必向右移动。此法则对判断根轨迹的走向是很有用的。

例 4-5 系统开环传递函数 $G(s)H(s) = \dfrac{K_r}{s(s+1)(s+2)}$，已知系统根轨迹如图 4-12 所示，

计算该根轨迹图中分离点及分离点处所对应的根轨迹增益,并求出在该增益下的其他闭环极点。

解 系统的闭环特征方程为

$$1+\frac{K_r}{s(s+1)(s+2)}=0$$

得

$$K_r=-s(s+1)(s+2)$$

对上式求导并令其等于零得

$$3s^2+6s+2=0$$

求得

$$s_1=-0.423,\ s_2=-1.577(舍去)$$

根据幅值条件(无开环零点)

$$\frac{K_r}{\prod_{i=1}^{n}|s-p_i|}=1$$

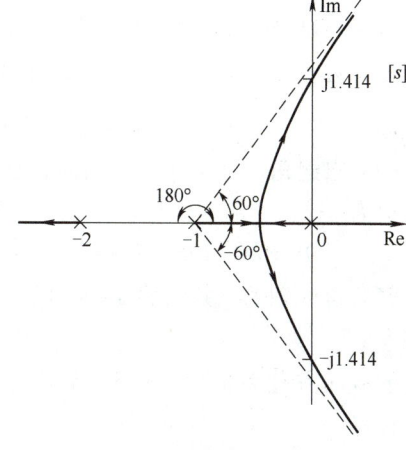

图 4-12 例 4-5 系统根轨迹图

所以分离点 $s=0.423$ 对应的根轨迹增益为

$$K_r=\prod_{i=1}^{n}|s-p_i|$$
$$=|-0.423-0|\times|-0.423+1|\times|-0.423+2|\approx 0.38$$

根据法则 8,$n-m=3-0>2$,闭环极点之和等于开环极点之和,又因为分离点 $s=-0.423$ 为二重极点,所以有

$$-0.423\times2+s_3=-2+(-1)+0$$

解得 $s_3=-2.154$,对应分离点处所有的闭环极点为

$$s_1=s_2=-0.423,\ s_3=-2.154$$

综上所述,在已知系统开环零点、极点的情况下,利用上述各条法则,即可方便地绘制出系统的概略根轨迹,即根轨迹草图。一般地说,靠近虚轴或原点附近的根轨迹对分析系统性能至关重要,应尽可能准确绘制。

至此,已经介绍了常规根轨迹(可变参数为根轨迹增益的 180° **根轨迹**)的绘制及实例。下面再通过一个例子,熟悉一下根轨迹绘制的基本要领。

例 4-6 试画出图 4-13 所示控制系统的根轨迹图。

解 (1) 该系统的开环极点为 $p_1=0$,$p_2=-3+j4$,$p_3=-3-j4$;实轴上的根轨迹位于 $-\infty$ 和 0 之间,即 $(-\infty,0]$。

(2) 系统有三条根轨迹渐近线,与实轴的夹角为

$$\varphi_a=\frac{(2k+1)180°}{3}=60°,-60°,180°$$

与实轴的交点为

$$\sigma_a=\frac{0-3-3}{3}=-2$$

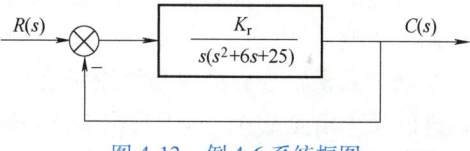

图 4-13 例 4-6 系统框图

(3) 分离点和会合点。对于该系统

$$K_r=-s(s^2+6s+25)$$

令 $\dfrac{dK_r}{ds} = -(3s^2+12s+25) = 0$,得

$$s_{1,2} = -2\pm j2.08$$

点 $s_{1,2} = -2\pm j2.08$ 不满足辐角条件,因此既不是分离点,也不是会合点。实际上,真正的分离点或者会合点对应的 K_r 值必须是正实数,如果计算 K_r 值,得到

$$K_r = -s(s^2+6s+25)\big|_{s_{1,2}=-2\pm j2.08} = 34\pm j18.04$$

(4)出射角。在上半 s 平面内,从复数极点出发的出射角为

$$\theta = 180° - 126.87° - 90° = -36.87°$$

(5)与虚轴的交点,将 $s = j\omega$ 代入特征方程,求解 ω 和 K_r。

系统的特征方程为 $s^3+6s^2+25s+K_r = 0$,将 $s = j\omega$ 代入特征方程得

$$(j\omega)^3+6(j\omega)^2+25j\omega+K_r = (-6\omega^2+K_r)+j\omega(25-\omega^2) = 0$$

分别令实部、虚部为零,解得

$$\omega = \pm 5, K_r = 150 \text{ 或 } \omega = 0, K_r = 0$$

在 $\omega = \pm 5$,$K_r = 150$ 时,根轨迹分支与虚轴相交,交点处根轨迹增益 K_r 为 150,此外,实轴上的根轨迹分支在 $\omega = 0$ 处与虚轴相接。图 4-14 所示为该系统的根轨迹图。

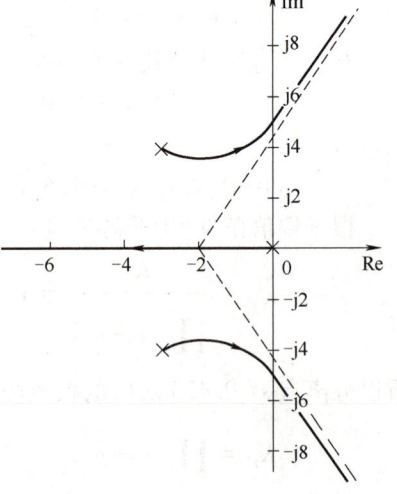

图 4-14 例 4-6 系统的根轨迹图

4.3 广义根轨迹

前面的分析都是以开环根轨迹增益 K_r 为变量,考虑 K_r 从 $0\to\infty$ 变化时负反馈系统的根轨迹,这无形中有三个限制:K_r 由 0 变到 ∞;系统为负反馈;开环传递函数为有理函数。在实际系统中,除根轨迹增益外,常常还要研究系统其他参数变化对闭环特征根的影响;在有些系统中还会遇到正反馈的情况;同时,当开环传递函数中还有纯延迟环节时,根轨迹的绘制方法也不一样。通常将这些根轨迹统称为广义根轨迹。

广义根轨迹

4.3.1 参数根轨迹

在控制系统中,最常见的是以开环根轨迹增益 K_r 为参变量的根轨迹,称为常规根轨迹。实际上,也可以绘制除 K_r 以外的任何参变量的根轨迹,这种根轨迹叫作参数根轨迹。利用参数根轨迹,可以分析系统中各参数如极点、零点、反馈系数和时间常数等参数变化时对系统性能的影响。

绘制参数根轨迹的法则与绘制常规根轨迹的法则完全相同。假设系统的可变参数是除 K_r 以外的某个参变量 A,由于它位于开环传递函数分子或分母的因子中,在绘制广义根轨迹时,需要将特征方程进行等效变换,把要研究的参变量放在根轨迹方程相应 K_r 的位置上。

把闭环特征方程中含 A 的各项合并,闭环特征方程整理为

$$D(s) = AP(s)+Q(s) = 0$$

然后用不含参变量的各项 $Q(s)$ 去除方程两端，则得到等效的开环传递函数，即

$$G^*(s)H^*(s) = A\frac{P(s)}{Q(s)} \tag{4-18}$$

利用式(4-18)形式的等效开环传递函数，然后根据绘制根轨迹的基本法则，就可以画出以 A 为参变量的广义根轨迹。

需要指出的是，等效开环传递函数中的"等效"，是指与原系统具有相同的闭环极点，等效传递函数的零点一般不是原系统的零点。由于闭环零点对系统动态性能有影响，所以由闭环零点、极点分布来分析和估算系统性能时，闭环零点必须由原系统的开环传递函数确定。

例 4-7 系统开环传递函数为

$$G(s)H(s) = \frac{2}{s(\tau s+1)(s+1)}$$

试绘制以时间常数 τ 为参变量的闭环系统根轨迹。

解 闭环特征方程式为

$$s(\tau s+1)(s+1)+2 = 0$$
$$\tau s^3+\tau s^2+s^2+s+2 = \tau(s^3+s^2)+s^2+s+2 = 0$$

用 s^2+s+2 除方程的两端，得到

$$1+\tau\frac{s^2(s+1)}{s^2+s+2} = 0$$

其等效开环传递函数为

$$G^*(s)H^*(s) = \tau\frac{s^2(s+1)}{s^2+s+2} = \tau\frac{s^2(s-z_3)}{(s-p_1)(s-p_2)}$$

式中，$z_{1,2}=0$；$z_3=-1$；$p_{1,2}=-\frac{1}{2}\pm\mathrm{j}\frac{\sqrt{7}}{2}$。

根据绘制常规根轨迹的规则，可以绘制以 τ 为参变量的根轨迹。

(1) 开环零点 $z_1=z_2=0$，$z_3=-1$；开环极点 $p_{1,2}=-\frac{1}{2}\pm\mathrm{j}\frac{\sqrt{7}}{2}$。

(2) 实轴上根轨迹 $(-\infty,-1]$。

由于该系统等效开环传递函数的零点数 $m=3$，大于极点数 $n=2$，所以在根轨迹中将有位于实轴上、起始于无穷远的极点 $p_3=-\infty$ 且沿实轴终止于零点 $z_3=-1$ 的一个分支。

(3) 确定复数极点 p_1，p_2 的出射角，即

$$\theta_{p_1} = -180°+2\angle(p_1-z_1)+\angle(p_1-z_3)-\angle(p_1-p_2)$$
$$= -180°+222°+69°-90°$$
$$= 21°$$

$$\theta_{p_2} = -21°$$

(4) 与虚轴交点

采用劳斯判据求得根轨迹与虚轴交点的频率值和相应的 τ 值为 $\omega_c=\pm 1$，$\tau_c=1$，根轨迹如图4-15所示。

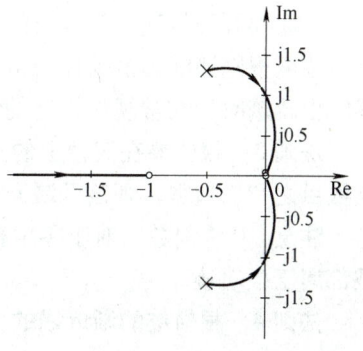

图 4-15　例 4-7 系统根轨迹图

4.3.2 零度根轨迹

某些系统的特征方程为

$$1 - G(s)H(s) = 0 \tag{4-19}$$

其幅值条件和辐角条件分别为

$$|G(s)H(s)| = \frac{K_r \prod_{i=1}^{m} |s - z_i|}{\prod_{j=1}^{n} |s - p_j|} = 1 \tag{4-20}$$

$$\angle G(s)H(s) = \sum_{i=1}^{m} \angle (s - z_i) - \sum_{j=1}^{n} \angle (s - p_j) = 2k \times 180° + 0° \quad (k = 0, \pm 1, \pm 2, \cdots) \tag{4-21}$$

因为其辐角条件等于 $360°k + 0°$,而不是 $360°k + 180°$,故一般称为**零度根轨迹**。

一般来说,零度根轨迹存在于下面两种情况。

(1) 正反馈系统的根轨迹

在复杂的控制系统中,可能存在正反馈内回路,如图 4-16 所示。

为了分析系统性能,研究该系统的正反馈内回路。内回路的传递函数为

$$\frac{C(s)}{R(s)} = \frac{G(s)}{1 - G(s)H(s)}$$

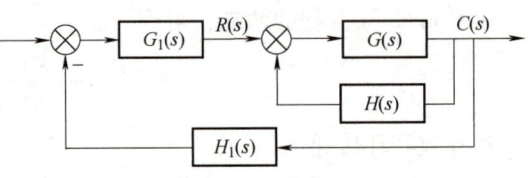

图 4-16 复杂控制系统框图

闭环特征方程为

$$1 - G(s)H(s) = 0$$

对于该系统来说,内回路的闭环特征方程幅值条件和辐角条件分别满足式(4-20)和式(4-21),遵循零度根轨迹。

(2) 具有正反馈性质的系统根轨迹

如开环传递函数为

$$G(s)H(s) = -\frac{K_r \prod_{i=1}^{m} (s - z_i)}{\prod_{j=1}^{n} (s - p_j)}$$

以此类开环传递函数构成的负反馈系统等价于正反馈系统。

零度根轨迹的幅值条件与常规根轨迹的幅值条件相同,但辐角条件不同。因此,在绘制零度根轨迹时,在常规根轨迹的绘制规则中,凡与辐角条件有关的需修改。

法则 3   根轨迹在实轴上的分布条件改为:实轴上的某一区域,若其右侧开环零点、极点数目之和为偶数,则该区域必是根轨迹。

注意:0 为偶数,对于零度根轨迹来说,实轴上右侧没有开环极点也没有开环零点的区域都属于根轨迹。

法则 4   根轨迹的渐近线的夹角改为

$$\varphi_a = \frac{2k\pi}{n - m}, \quad k = 0, \pm 1, \pm 2, \cdots$$

法则 7 根轨迹的出射角与入射角

根轨迹在共轭复数极点 p_x, p_{x+1} 上的出射角分别为

$$\begin{cases} \theta_{p_x} = \sum_{i=1}^{m} \angle(p_x - z_i) - \sum_{\substack{j=1 \\ j \neq x}}^{n} \angle(p_x - p_j) \\ \theta_{p_{x+1}} = -\theta_{p_x} \end{cases}$$

式中,z_i,p_j 为系统开环零点和开环极点。

根轨迹在共轭复数零点 z_x,z_{x+1} 上的入射角分别为

$$\begin{cases} \varphi_{z_x} = -\sum_{\substack{i=1 \\ i \neq x}}^{m} \angle(z_x - z_i) + \sum_{j=1}^{n} \angle(z_x - p_j) \\ \varphi_{z_{x+1}} = -\varphi_{z_x} \end{cases}$$

除了上述各项法则需要修改外,其余的基本法则,对于零度根轨迹都是适用的。

4.4 控制系统的根轨迹分析

4.4.1 利用闭环主导极点估算系统的性能

控制系统的根轨迹分析

通过第 3 章的学习知道了控制系统的动态响应性能由系统闭环零点、极点在 s 平面上的分布位置所决定;而那些**在 s 左半平面上最靠近虚轴而附近又无闭环零点的闭环极点对系统性能的影响最大,称为系统的闭环主导极点**,比主导极点实部大 5 倍以上的其他闭环零点、极点的影响可以忽略;甚至在近似计算中把比主导极点实部大 2~3 倍的闭环零点、极点也可略去。此外,闭环偶极子对系统瞬态响应性能的影响可认为相互抵消。

在一般情况下,高阶系统的设计都以获得衰减振荡响应过程为最满意的设计,因此,闭环主导极点常常是一对实部为负数的共轭复数极点,相应高阶系统的瞬态响应指标也可由一对共轭复数主导极点所确定的二阶系统参数近似估算。

下面将举例说明如何应用闭环主导极点来分析系统的性能。

例 4-8 已知单位反馈系统的开环传递函数为

$$G(s) = \frac{K}{s(s+1)(0.5s+1)}$$

试用根轨迹分析系统的稳定性,若主导极点的阻尼比 $\zeta = 0.5$,近似求取系统的超调量和调节时间。

解 将开环传递函数写成零点、极点形式,即

$$G(s) = \frac{K}{s(s+1)(0.5s+1)} = \frac{K_r}{s(s+1)(s+2)}$$

式中,$K_r = 2K$。

(1) 绘制系统的根轨迹,如图 4-17 所示。

(2) 分析系统的稳定性。

该系统的闭环特征方程为

$$s^3+3s^2+2s+2K=0$$

列劳斯表，即

s^3	1	2
s^2	3	$2K$
s^1	$\dfrac{6-2K}{3}$	0
s^0	$2K$	

经计算，根轨迹与虚轴交点处对应的 $K=3$，由根轨迹的变化趋势可以判断出使系统稳定的开环增益的范围为 $0<K<3$。

(3) 根据阻尼比的要求，确定闭环主导极点 s_1 和 s_2 的位置。

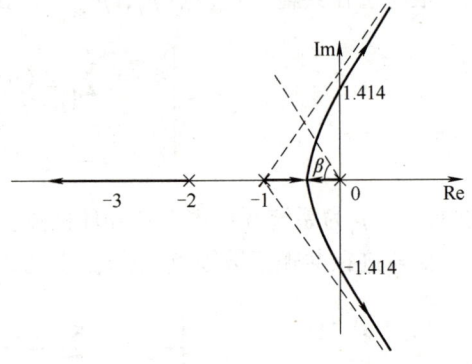

图 4-17 例 4-8 系统根轨迹图

首先，在 s 平面上画出 $\zeta=0.5$ 时的阻尼线，使其与实轴负方向的夹角 $\beta=\arccos\zeta=60°$，阻尼线与根轨迹的交点为 s_1。从根轨迹图上可得

$$s_1=-0.33+j0.58$$
$$s_2=-0.33-j0.58$$

注意：s_1 也可以通过计算得到，设 $s_1=-\sigma+\sqrt{3}\sigma$，代入辐角条件方程求得。利用 MATLAB 软件绘制根轨迹图，可以很容易地获得阻尼比为任意值时的闭环极点。

利用根轨迹图和幅值方程可求出 $s_1=-0.33+j0.58$ 点对应的开环增益 K，

$$K_r=|s_1-p_1|\cdot|s_1-p_2|\cdot|s_1-p_3|=0.67\times0.89\times1.77=1.06$$

所以

$$K=\frac{K_r}{2}=0.53$$

为了验证 s_1 和 s_2 为主导极点，现求出对应 $K_r=1.06$ 时的第三个闭环极点 s_3。根据系统的特征方程，即

$$s^3+3s^2+2s+K_r=0$$

已求出 $K_r=1.06$，$s_{1,2}=-0.33\pm j0.58$ 时，用根轨迹绘制法则 8 求出另外一个极点 $s_3=-2.33$。因为 $2.33/0.33=7$，所以 $s_{1,2}$ 是一对共轭闭环主导极点，原系统可以近似为二阶系统。

由 $-\zeta\omega_n=-0.33$，$\zeta=0.5$ 得 $\omega_n=0.66$，所以系统的闭环传递函数可以近似为

$$\Phi'(s)=\frac{0.436}{s^2+0.66s+0.436}$$

于是系统的动态性能指标近似为

$$\sigma\%=e^{-\zeta\pi/\sqrt{1-\zeta^2}}\%=16.3\%$$
$$t_s=\frac{3}{\zeta\omega_n}=9.1s$$

采用 MATLAB 进行仿真对比，原系统的在 $K_r=1.06$ 时的闭环传递函数 $\Phi(s)$ 为

$$\Phi(s)=\frac{\dfrac{1.06}{s(s+1)(s+2)}}{1+\dfrac{1.06}{s(s+1)(s+2)}}=\frac{1.06}{s^3+3s^2+2s+1.06}$$

MATLAB 程序如下：

```
%简化后闭环系统的阶跃响应曲线
num1=0.436;
den1=[1 0.66 0.436];
step(num1,den1)
hold on
%原闭环系统的阶跃响应曲线
num2=1.06;
den2=[1 3 2 1.06];
step(num2,den2)
legend('简化后系统','原系统')
```

从图 4-18 可以看出，原闭环系统与简化后闭环系统阶跃响应曲线非常接近，形状误差仅出现在曲线的起始阶段，因此采用主导极点的原则来近似是合理的。同时看出原闭环系统比简化后闭环系统的响应速度慢一点，超调量小一点。因此增加**闭环负实数极点**相当于增大系统阻尼，使峰值时间滞后，超调量减小。它的作用随负实数极点接近原点的程度而加强。闭环实数零点对系统性能的影响与实数极点相反，已在第 3 章详细分析过。

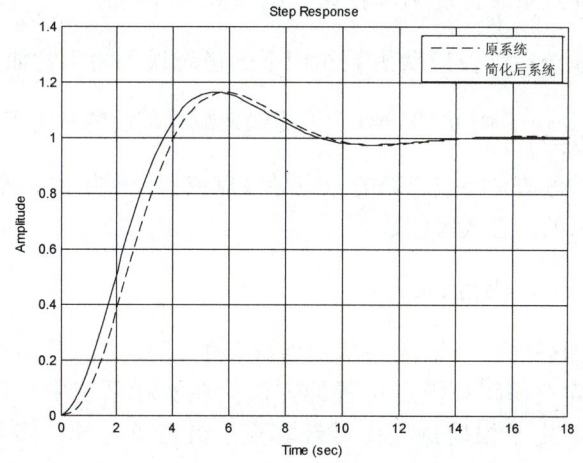

图 4-18　例 4-8 原闭环系统与简化后闭环系统的阶跃响应曲线

4.4.2　闭环偶极子对根轨迹的影响

如果系统在 s 左半平面有一对相距很近的闭环零点、极点（实数或复数），且它们之间的距离比它们的幅值小一个数量级时，这一对闭环零点、极点称为闭环偶极子。当偶极子不十分接近坐标原点时，它们对系统动态性能的影响可以忽略不计。例如研究如下闭环系统：

$$\Phi(s) = \left(\frac{2a}{a+\delta}\right)\frac{(s+a+\delta)}{(s+a)(s^2+2s+2)}$$

$2a/(a+\delta)$ 为常数，系统有三个闭环极点，分别为 $-1\pm j$、$-a$，一个闭环零点为 $-(a+\delta)$。假定 $\delta \to 0$，即闭环零点、极点非常接近，从而构成偶极子，同时假定极点 $-a$ 不非常接近坐标原点。则该系统单位阶跃响应为

$$c(t) = 1 - \frac{2\delta}{(a+\delta)(a^2-2a+2)}e^{-at} + \frac{2a}{(a+\delta)}\frac{\sqrt{1+(a+\delta-1)^2}}{\sqrt{2}\sqrt{1+(a-1)^2}}e^{-t} \times$$

$$\sin\left[t + \arctan\left(\frac{1}{a+\delta-1}\right) - \arctan\left(\frac{1}{a-1}\right) - 135°\right]$$

因为 $\delta \to 0$，上式可简化为

$$c(t) = 1 - \frac{2\delta}{a(a^2-2a+2)}e^{-at} + \sqrt{2}e^{-t}\sin(t-135°)$$

在 a 不接近 0 的条件下，上式可进一步简化为

$$c(t) = 1 + \sqrt{2}e^{-t}\sin(t-135°)$$

此时偶极子的影响完全可以忽略不计，系统单位阶跃响应主要由主导极点 $-1 \pm j$ 决定。

如果偶极子十分接近原点，即 $a \to 0$，那么系统单位阶跃响应 $c(t)$ 只能化简为

$$c(t) = 1 - \frac{\delta}{a} + \sqrt{2}e^{-t}\sin(t-135°)$$

此时，δ 和 a 是可以相比的，δ/a 不能略去不计，所以接近坐标原点的偶极子对系统动态性能的影响必须考虑。

最后指出，在略去偶极子和非主导零极点的情况下，闭环系统的增益常会发生改变，必须注意核算，否则将导致系统性能估算错误。例如对于 $\Phi(s) = \left(\frac{2a}{a+\delta}\right)\frac{(s+a+\delta)}{(s+a)(s^2+2s+2)}$，显然有 $\Phi(0) = 1$，表明系统在单位阶跃函数作用下的稳态误差为零；如果略去偶极子，简化为 $\Phi(s) = \left(\frac{2a}{a+\delta}\right)\frac{1}{(s^2+2s+2)}$，则 $\Phi(0) \neq 1$，不能保证简化前后的稳态值相等，是错误的。为避免错误，比较简单的做法是将被忽略的非主导极点或偶极子中的 s 置 0，常数项保留，这样就不会改变系统原来的静态放大倍数。

4.4.3 附加开环零点、极点的作用

根轨迹法是一种图解法，当系统的某一参数（通常为增益）从零变到无穷大时，根据开环极点和零点来确定全部闭环极点位置的方法。在实际系统中，只调整增益往往不能获得期望的系统性能。由于根轨迹是由开环零点、极点决定的，因此在系统中增加开环零点、极点或者改变零点、极点在 s 平面上的位置，就可以改变根轨迹的形状，从而改善系统品质。

1. 附加开环零点的影响

在开环传递函数上增加负实部零点，会导致根轨迹向左方移动，从而增加系统的稳定性，减小系统响应的调整时间。实际上，在前向通路传递函数中增加负实数零点，意味着对系统增加微分控制。

图 4-19a 所示为某系统的根轨迹，在小增益时是稳定的，在大增益时则不稳定。图 4-19b、c、d 所示为在原系统开环传递函数中加入开环零点之后的根轨迹，可见增加开环零点使系统根轨迹向左方移动。在本例中增加开环零点之后，系统变成对所有增益值都是稳定的，因此附加适当的开环零点可以改善系统的稳定性。从图 4-19c、d 可以看出，附加开环零点的位置不同，闭环系统占主导作用的极点性质不同。图 4-19c 可以配置成共轭复数极点占主导作用的欠阻尼系统，而图 4-19d 却做不到。因此可以得到这样的结论：只有当附加的开环

零点相对原有系统开环零极点的位置选配适当,才有可能使系统的稳定性和动态性能同时得到明显的改善。

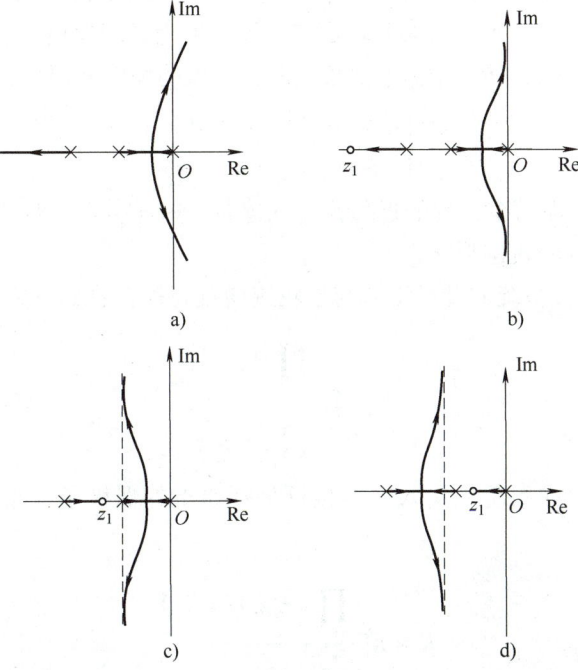

图 4-19　附加开环零点对根轨迹的影响

2. 附加开环极点的影响

在开环传递函数中增加极点,可以使根轨迹向右移动,导致系统的稳定性降低、响应时间增加。图 4-20 所示例子表明了在单极点系统(见图 4-20a)中增加一个极点(见图 4-20b)和增加两个极点(见图 4-20c)对根轨迹的影响。

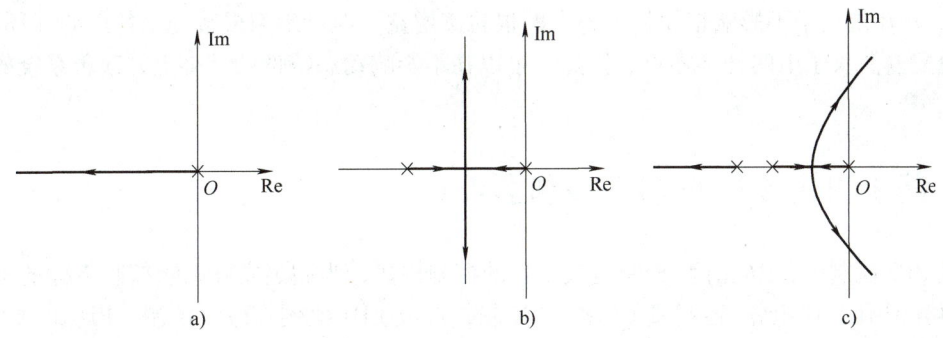

图 4-20　附加开环极点对根轨迹的影响

由图看出,引入开环极点,可使根轨迹向右弯曲或移动,它增加了系统的滞后。增加积分环节相当于增加位于原点的开环极点,会降低系统的稳定性,使系统反应变慢。引入的开环极点越接近原点,系统的稳定性被破坏的程度越大,甚至导致不稳定。但增加积分环节可以提高系统的型别,消除或减小系统的稳态误差。系统设计需要在各种有利和不利因素间寻求平衡。

4.4.4 附加开环偶极子对根轨迹的影响

如果系统引入一对相距很近的开环零点、极点(实数或复数),且它们之间的距离比它们的模值小一个数量级时,则这一对开环零点、极点称为开环偶极子。由于开环偶极子中的零点 z_c 和极点 p_c 相当靠近,所以对 s 平面某点两者提供的幅值和辐角相等或接近,即

$$\begin{cases} \angle(s-z_c) \approx \angle(s-p_c) \\ |s-z_c| \approx |s-p_c| \end{cases}$$

点 s 越远离偶极子,上面两个方程的近似程度就越高。这样引入一对开环偶极子时,它不会影响主导极点处附近的根轨迹形状。

由公式(4-3)可知,系统的开环增益与根轨迹增益间存在着如下关系

$$K = K_r \frac{\prod_{i=1}^{m}(-z_i)}{\prod_{j=1}^{n}(-p_j)}$$

由上式可知,如果在系统中引入一对接近坐标原点的偶极子 z_c 与 p_c,系统的开环增益变为

$$K = K_r \frac{\prod_{i=1}^{m}(-z_i)(-z_c)}{\prod_{j=1}^{n}(-p_j)(-p_c)}$$

这对接近原点的开环偶极子可以改变开环增益的大小。例如,虽然 $|z_c-p_c|$ 很小,但若取 $z_c = 10p_c$,则开环增益可以提高 10 倍。

因此远离坐标原点的开环偶极子对系统性能的影响可以忽略不计。靠近坐标原点的开环偶极子不能忽略,它对根轨迹的作用可以概括为

1) 开环偶极子不影响稍远离开偶极子位置的根轨迹形状。

2) 开环偶极子不影响根轨迹上各点的根轨迹增益,但可影响根轨迹上各点的开环增益。合理地配置偶极子中的开环零点、极点,可以在不影响动态特性的基础上,改善系统的稳态性能。

4.5 基于根轨迹法的 PID 控制器设计

在 PID 控制中,P(比例)控制是最基本的控制规律,为满足实际系统控制指标的不同要求,再分别引入 I(积分)控制或 D(微分)控制,形成 PD(比例-微分)控制、PI(比例-积分)控制和 PID(比例-积分-微分)控制。通常,不单独使用积分或微分控制规律。借助主导极点的概念和根轨迹图可以很方便的对各类 PID 控制器进行设计。

4.5.1 PID 控制器的基本结构

在各种工业控制系统中,PID 控制得到了广泛的应用。PID 控制是比例-积分-微分控制,它利用系统误差信号的比例、积分和微分信号作为系统的控制信号,其框图如图 4-21 所示,PID 控制器输入、输出的关系为

$$u(t) = K_P\left[e(t) + \frac{1}{T_i}\int_0^t e(\tau)d\tau + T_d\frac{de(t)}{dt}\right] = K_P e(t) + K_I\int_0^t e(\tau)d\tau + K_D\frac{de(t)}{dt} \quad (4-22)$$

式中，K_P 为比例增益；T_i 为积分时间常数；T_d 为微分时间常数。

取 $K_I = \dfrac{K_P}{T_i}$，$K_D = K_p T_d$

相对应的传递函数为

$$G_c(s) = \frac{U(s)}{E(s)} = K_P + \frac{K_I}{s} + K_D s \quad (4-23)$$

控制器的三个参数——比例增益 K_P、积分增益 K_I 和微分增益 K_D 要在设计中确定。

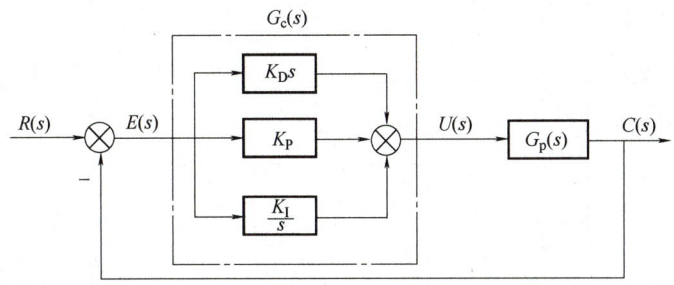

图 4-21 PID 控制器基本结构框图

4.5.2 P(比例)控制

比例控制器的传递函数为

$$G_c(s) = K_P$$

它的作用是调整系统的开环增益。通常，对于常规的控制系统，增大开环增益可以减小系统的稳态误差，加快响应速度，但也可能会导致系统的振荡加剧甚至不稳定。如果仅改变开环增益就能使系统满足控制指标的要求，采用最简单的比例控制就可以了，无须加入微分或积分控制。

例 4-9 已知单位负反馈的伺服控制系统被控对象传递函数为 $G_p = \dfrac{10}{s(s+2)}$，试设计一串联控制器，使系统的动态响应满足调节时间 $t_s = 3\mathrm{s}$（误差带 Δ 为 5%），$\zeta = 0.707$ 的指标要求，如图 4-22 所示。

解 （1）从原系统的被控对象传递函数可以得出 $\omega_n = \sqrt{10} = 3.16\mathrm{rad/s}$，$\zeta = \dfrac{2}{2\omega_n} = 0.316$，$t_s \approx \dfrac{3}{\zeta\omega_n} = 3\mathrm{s}$，阻尼比不满足要求，原系统动态响应的

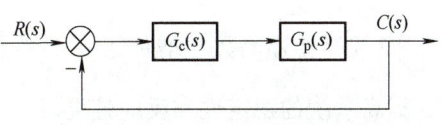

图 4-22 例 4-9 控制系统框图

超调量过大。如果满足指标要求，由 $t_s \approx \dfrac{3}{\zeta\omega_n} = 3\mathrm{s}$ 和 $\zeta = 0.707$，可知 ω_n 应为 $1.414\mathrm{rad/s}$，$\omega_d = \omega_n\sqrt{1-\zeta^2} = 1\mathrm{rad/s}$ 满足动态性能指标的主导极点为 $s_{1,2} = -\zeta\omega_n \pm j\omega_d = -1 \pm j$。

（2）串联比例控制之后，开环传递函数变为 $\dfrac{10K_P}{s(s+2)}$。利用 MATLAB 绘制开环传递函数

$\dfrac{K_r}{s(s+2)}$ 的根轨迹图，根轨迹增益 $K_r = 10K_P$，如图 4-23 所示。满足动态性能指标的主导极点在根轨迹上，因此只需要选择合适的开环增益就能获得满意的动态性能。在根轨迹图上，读出满足动态性能指标的主导极点对应的 $K_r = 2$，由 $K_r = 10K_P$，选取 $K_P = 0.2$ 的比例控制器即可满足设计要求。

需要注意的是，本题通过降低开环增益获得了满意的动态性能指标，但增大了输入为速度信号、加速度信号的稳态误差。如果对速度误差或加速度误差要求较高，则不能仅使用比例控制。

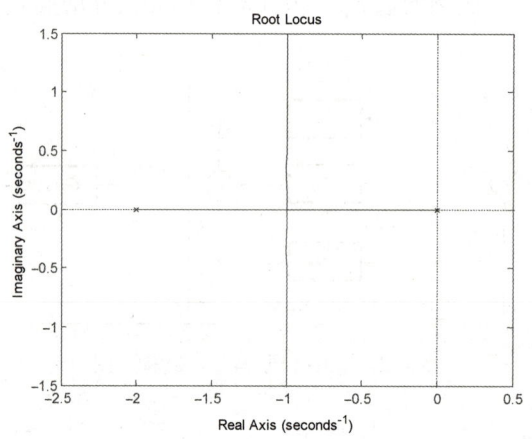

图 4-23　例 4-9 根轨迹图

MATLAB 程序如下：

```
num=1;
den=[1 2 0];
rlocus(num,den);
```

4.5.3　PD(比例-微分)控制

PD 控制是在基本的比例控制基础上叠加一个微分信号，PD 控制的传递函数为

$$G_c(s) = K_P + K_D s = K_D\left(s + \dfrac{K_P}{K_D}\right) \tag{4-24}$$

PD 控制传递函数中增加了一个零点 $z = -\dfrac{K_P}{K_D}$，能反映误差信号的变化，增加系统的阻尼，提高系统的稳定性和反应速度。

例 4-10　控制系统结构与例 4-9 相同，试设计一串联 PD 控制器，使系统的动态响应满足调节时间 $t_s = 1.5\mathrm{s}$（误差带 Δ 为 5%），$\zeta = 0.707$ 的指标要求。

解　(1) 确定主导极点的位置。

由 $t_s \approx \dfrac{3}{\zeta\omega_n} = 1.5\mathrm{s}$，$\zeta = 0.707$，可得 $\zeta\omega_n = 2\mathrm{rad/s}$，$\omega_n = 2.83\mathrm{rad/s}$，$\omega_d = \omega_n\sqrt{1-\zeta^2} = 2\mathrm{rad/s}$，所以满足动态性能指标的闭环主导极点为 $s_{1,2} = -2 \pm j2$。由根轨迹图 4-24 可知，该主导极点不在原系统的根轨迹上，位于原系统根轨迹的左侧。

(2) 串联 PD 控制器后，开环传递函数变为 $\dfrac{10K_D\left(s+\dfrac{K_P}{K_D}\right)}{s(s+2)}$。

如图 4-24 所示，两个开环极点 0 和 -2 指向 s_1 的辐角分别为 135°和 90°，若要满足根轨迹的辐角条件，零点 $-\dfrac{K_P}{K_D}$ 需要提供 45°指向 s_1 的辐角，由三角关系知 $\dfrac{K_P}{K_D}=4$。

(3) 利用 MATLAB 绘制 $\dfrac{K_r(s+4)}{s(s+2)}$ 的根轨迹图，如图 4-25 所示，$K_r=10K_D$。在根轨迹图上读出 s_1 点对应的 $K_r=2$，由 $10K_D=K_r$ 得 $K_D=0.2$，$K_P=0.8$。

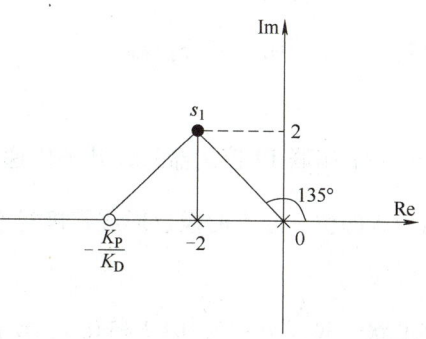

图 4-24　例 4-10 开环零、极点分布示意图

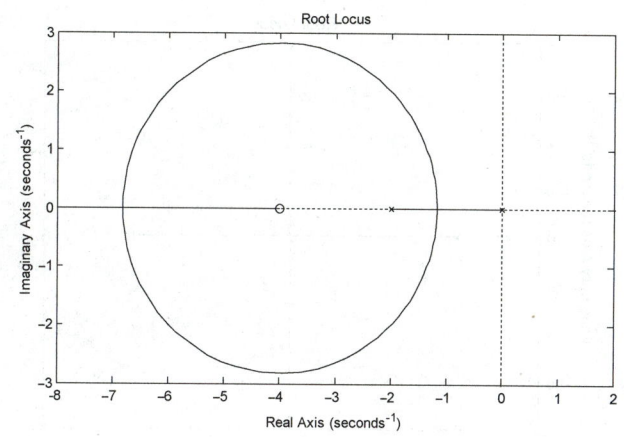

图 4-25　例 4-10 串联 PD 控制后系统的根轨迹图

4.5.4　PI(比例-积分)控制

PI 控制是在基本的比例控制基础上叠加了一个积分信号，PI 控制的传递函数为

$$G_c(s)=K_P+\dfrac{K_I}{s}=\dfrac{K_P\left(s+\dfrac{K_I}{K_P}\right)}{s} \tag{4-25}$$

它有一个在 s 平面原点的极点和一个 $z=-\dfrac{K_I}{K_P}$ 的零点。

单纯的积分控制使系统增加了一个积分环节，提高了系统型别，因此能提高系统的稳态性能。但积分环节使开环系统增加了一个在原点的极点，给系统的稳定性带来不利的影响，它降低了系统的动态性能。而 PI 控制除了引入积分环节外，还增加了一个位于 s 左半平面的开环零点，开环零点增大了系统的阻尼，减小单纯积分环节对系统动态性能产生的不利影响。

例 4-11　控制系统结构与例 4-9 相同，试设计一串联 PI 控制器，除使系统的动态响应满足调节时间 $t_s=3s$(误差带为 5%)，$\zeta=0.707$ 的指标要求外，还要求输入为速度信号时稳态误差为0。

解 （1）如例4-9中所分析的，满足动态性能指标的主导极点为 $s_{1,2}=-1\pm j$ 位于开环传递函数 $\dfrac{K_r}{s(s+2)}$ 的根轨迹上，通过比例控制就可以获得满意的动态性能，但稳态误差无法满足要求，需要引入积分控制。

（2）串联PI控制器后，开环传递函数变为 $\dfrac{10K_P\left(s+\dfrac{K_I}{K_P}\right)}{s^2(s+2)}$。通常取零点 $z=-\dfrac{K_I}{K_P}$ 靠近原点，与引入的位于原点的极点形成零极对消，使PI控制引入的零极点基本不影响原系统的根轨迹形状。取 $\dfrac{K_I}{K_P}$ 分别为0.02和0.1，绘制加入PI控制后开环传递函数 $\dfrac{K_r\left(s+\dfrac{K_I}{K_P}\right)}{s^2(s+2)}$ 的根轨迹图，$K_r=10K_P$，如图4-26和图4-27所示。

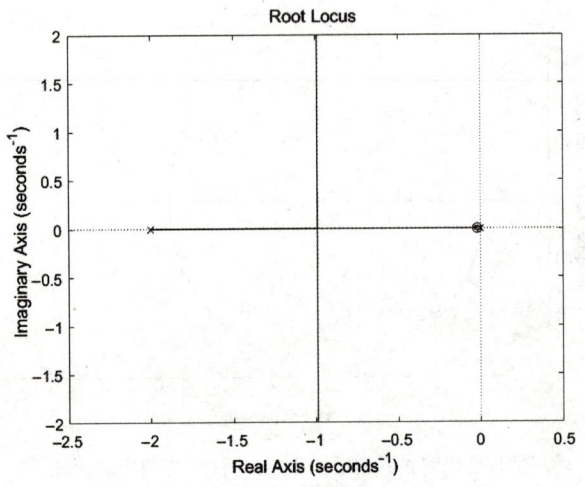

图4-26 例4-11 串联PI控制后的系统根轨迹图（$K_I/K_P=0.02$）

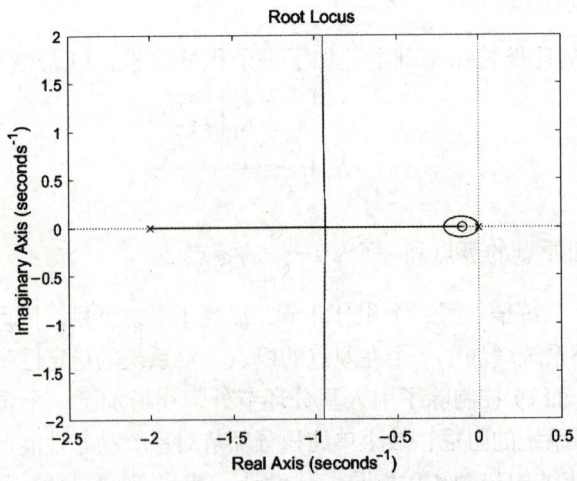

图4-27 例4-11 串联PI控制后的系统根轨迹图（$K_I/K_P=0.1$）

MATLAB 程序如下：

```
num1=[1 0.02];
num2=[1 0.1];
den=[1 2 0 0];
figure(1)
rlocus(num1,den)
axis([-2.5 0.5 -2 2])
figure(2)
rlocus(num2,den)
axis([-2.5 0.5 -2 2])
```

从根轨迹图上看出，根轨迹有些偏离期望的主导极点，K_I/K_P 越接近于 0 对原系统的根轨迹影响越小。利用根轨迹图，读出当阻尼比 $\zeta = 0.707$ 时根轨迹增益 K_r 都近似为 2。由 $10K_P = K_r$ 得 $K_P = 0.2$。当 $K_I/K_P = 0.02$ 时，$K_I = 0.004$；当 $K_I/K_P = 0.1$ 时，$K_I = 0.02$。利用 MATLAB，绘制出使用 PI 控制后系统的阶跃输出曲线，如图 4-28 所示。当 $K_I/K_P = 0.1$ 时，PI 控制对动态性能影响较大。在实际工程设计时，还需要考虑设计参数的可实现性。

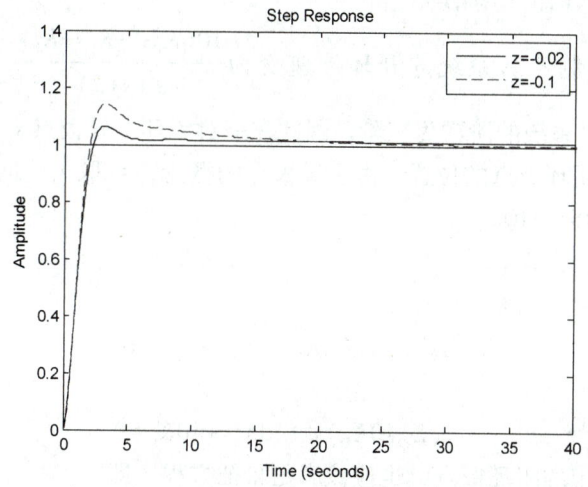

图 4-28　例 4-11 串联 PI 控制后系统的单位阶跃响应曲线图

MATLAB 程序如下：

```
num1=2*[1 0.02];
num2=2*[1 0.1];
den=[1 2 0 0];
sysop1=tf(num1,den);
sysop2=tf(num2,den);
syscl1=feedback(sysop1,1);
syscl2=feedback(sysop2,1);
step(syscl1,'k',syscl2,'b--')
legend('z=-0.02','z=-0.1')
```

4.5.5 PID(比例-积分-微分)控制

当对系统的动态性能和稳态性能(控制精度)要求都较高时,可以同时引入比例、积分和微分三种控制规律。PID 控制的传递函数为

$$G_c(s) = K_P + \frac{K_I}{s} + K_D s = \frac{K_D s^2 + K_P s + K_I}{s} \tag{4-26}$$

PID 控制器有一个位于 s 平面坐标原点的极点和两个 s 左半平面的零点,零点的位置由 PID 的三个参数 K_P、K_I 和 K_D 决定。与 PI 控制比较,它多提供了一个零点,克服了 PI 控制对系统动态性能的不良影响。

例 4-12 控制系统结构与例 4-9 相同,试设计一串联 PID 控制器,除使系统的动态响应满足调节时间 $t_s = 1.5s$(误差带为 5%),$\zeta = 0.707$ 的指标要求外,还要求输入为速度信号时稳态误差为 0。

解 (1)如例 4-10 中所分析的,满足动态性能指标的主导极点为 $s_{1,2} = -2 \pm j2$ 不位于原开环传递函数 $\dfrac{K_r}{s(s+2)}$ 的根轨迹上,需要通过微分控制改变根轨迹的形状,也需要引入积分控制消除速度信号输入时的稳态误差。

(2)串联 PID 控制器后系统的开环传递变为 $\dfrac{10(K_D s^2 + K_P s + K_I)}{s^2(s+2)}$,可以看出,当采用 PID 三作用控制器时,系统的阶次为三阶,因此在一对闭环主导极点 $s_{1,2} = -2 \pm j2$ 外,还必须确定另外一个非主导闭环极点的位置。由主导极点的概念,可取 $s_{1,2}$ 实部的 5 倍作为第三个闭环极点,即 $s_3 = -2 \times 5 = -10$。

(3)求系统的特征方程。

由 $1 + G_c(s)G_p(s) = 0$,得

$$s^2(s+2) + 10(K_D s^2 + K_P s + K_I) = 0$$

展开为

$$s^3 + (2+10K_D)s^2 + 10K_P s + 10K_I = 0$$

另一方面,按指定的闭环极点,也应该满足特征方程,即

$$(s+10)(s+2+j2)(s+2-j2) = 0$$

展开为

$$s^3 + 14s^2 + 48s + 80 = 0$$

比较两个特征方程各对应的 s 同次幂项的系数,可求得

$$K_P = 4.8, \quad K_I = 8, \quad K_D = 1.2$$

绘制开环传递函数 $\dfrac{K_r(s^2 + 4s + 6.67)}{s^2(s+2)}$ 的根轨迹图,$K_r = 10K_D$,如图 4-29 所示。在根轨迹图上可以读出当 $K_r = 12$ 时,闭环主导极点为 $s_{1,2} = -2 \pm j2$。

由于 PD 控制、PID 控制的引入使闭环传递函数多了零点,对系统的动态性能会产生影响,积分控制也会影响系统动态性能,在实际设计中需要先对设计结果进行仿真检验,如果不能满足指标要求,需要进一步提高设计指标进行重新设计,直到满足要求为止。设计控制器的方法并不唯一,比如 PID 控制除了本书介绍的方法,还可以先设计 PD 控制满足动态性

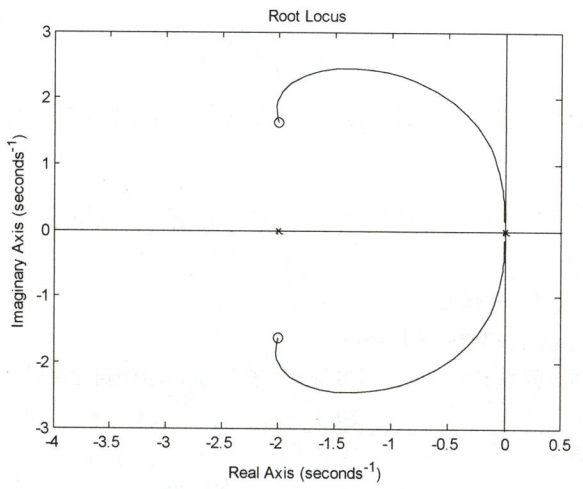

图 4-29 例 4-12 串联 PID 控制后的系统根轨迹图

能指标要求,再设计 PI 控制满足控制精度的要求,根据 PD 控制与 PI 控制的乘积确定 PID 控制器[见式(4-26)]的三个参数。在实际工程中,被控对象与设计时采用的数学模型存在一定的误差,理论上设计出来的参数还需要在现场进一步反复调试才能获得满意的控制效果,调试时不仅需要熟练掌握各种控制规律对系统性能的影响,还需要不断在实践中积累经验。在实际工程中使用 PID 控制需要考虑被控对象的具体特点,有时还需要对基本的 PID 控制进行改进,详细内容可参看相关专业教材,在此不加赘述。

本 章 小 结

本章从开环传递函数的零点、极点入手,分析了开环零点、极点与闭环零点、极点之间的关系,针对闭环特征方程中可变参数对闭环极点的影响,介绍了线性系统分析与设计的几何方法——根轨迹法。重点内容包括:根轨迹的基本概念;常规根轨迹的绘制法则;参数根轨迹的等效变换。其次还介绍了零度根轨迹和基于根轨迹法的 PID 控制器设计。PID 控制器设计是从实际应用的角度出发,结合 MATLAB 绘图进行介绍的。

作为经典控制理论的图解法之一,根轨迹法只需通过简单的计算,不必求解系统时域响应即可定性地看出某个参数变化对系统动态特性的影响。随着计算机的广泛使用,人们可通过计算机辅助设计软件(如 MATLAB)完成各种复杂控制系统的根轨迹做图与计算,避免手工绘制根轨迹的烦琐与不精确。学习手工绘图的目的是为了更好地理解根轨迹的含义与基于根轨迹法设计控制系统的原理。根轨迹分析法可以定性分析参数变化引起的闭环系统性能变化,定性分析指出大方向,是数值计算正确性的保障。

习 题

4-1 已知单位负反馈控制系统开环传递函数如下,试概略画出相应的闭环根轨迹。

(1) $G(s)H(s) = \dfrac{K_r(s+2)}{(s+1+j2)(s+1-j2)}$

(2) $G(s)H(s) = \dfrac{K_r(s+20)}{s(s+10+j10)(s+10-j10)}$

4-2 设单位负反馈系统开环传递函数为

$$G(s) = \frac{K_r(s+2)}{s(s+1)}$$

试概略画出相应的闭环根轨迹,并从数学的角度证明:复数根轨迹部分是以$(-2,j0)$为圆心,以$\sqrt{2}$为半径的一个圆。

4-3 设单位负反馈控制系统的开环传递函数为 $G(s) = \dfrac{K}{s(0.01s+1)(0.02s+1)}$。

(1) 画出系统的根轨迹;
(2) 确定系统临界稳定的开环增益;
(3) 确定与系统临界阻尼比相应的开环增益。

4-4 设系统开环传递函数如下,试画出以参量b为变量(b从零变到无穷时)的系统根轨迹图。

(1) $G(s) = \dfrac{20}{(s+4)(s+b)}$;   (2) $G(s) = \dfrac{30(s+b)}{s(s+10)}$

4-5 设单位负反馈控制系统的开环传递函数为 $G(s) = \dfrac{K_r(1-s)}{s(s+2)}$,试绘制系统根轨迹图,并求出使系统产生重实根和纯虚根的K_r值。

4-6 设控制系统开环传递函数为 $G(s) = \dfrac{K_r(s+1)}{s^2(s+2)(s+4)}$,试分别画出正反馈系统和负反馈系统的根轨迹图,并指出它们的稳定情况有何不同。

4-7 某单位负反馈系统的开环传递函数为 $G(s) = \dfrac{K_r}{s(s+2)(s+4)}$。

(1) 绘制K_r由零到无穷变化的根轨迹图;
(2) 根据根轨迹,分析系统的稳定性;
(3) 确定系统为欠阻尼状态的K_r取值范围;
(4) 系统产生持续等幅振荡时的K_r值和振荡频率;
(5) 求主导极点$\zeta = 0.5$时的K_r值。

4-8 已知开环零点、极点分布如图4-30所示,试概略绘出相应的闭环根轨迹图。

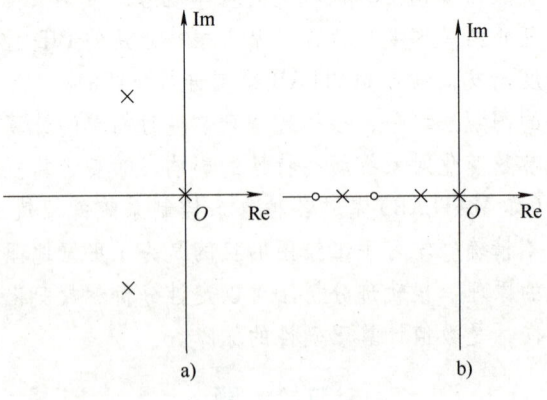

图4-30 题4-8图

4-9 某负反馈系统的开环传递函数为 $G(s)H(s) = \dfrac{K_r(s+1)}{s(s-3)}$,试用根轨迹法从稳定性、动态性能和稳态性能三个方面分析该系统。

4-10 机器人关节控制的一种常见方法是将每个关节看作一个独立的控制系统,让每个关节精确地跟随各自关节角度轨迹,如图4-31所示。在机器人的关节上存在各种干扰,如重力、速度和加速度耦合以及摩擦，它们使控制变得很复杂。图 4-32 是一工业机器人单关节的伺服控制系统框图。利用 MATLAB 绘制根轨迹图并设计 PD 控制器 $K_P+K_D s$ 使闭环系统有一对极点为 $-4\pm 4j$。

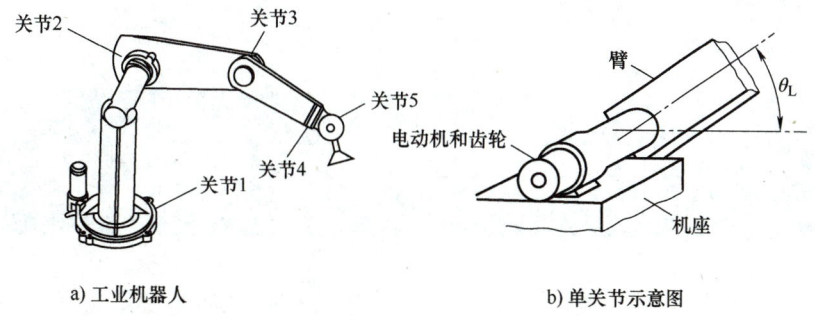

图 4-31 题 4-10 工业机器人及单关节示意图

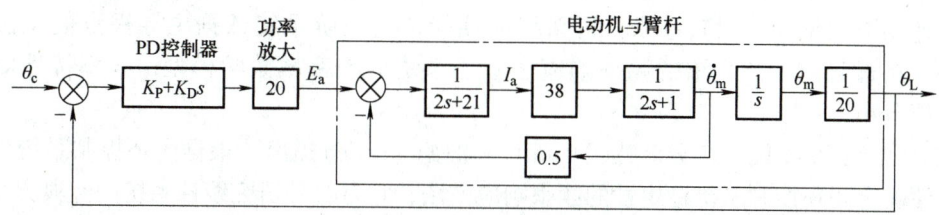

图 4-32 题 4-10 工业机器人单关节伺服控制系统框图

第 5 章

线性系统的频率响应法

在经典控制理论里，时间域分析基于微分方程模型，用解析法来分析系统的特性，它能准确地求得系统的稳态和动态性能，但对高阶系统进行分析比较困难。复数域分析基于传递函数模型，用根轨迹来分析系统的性能，对高阶系统依据主导极点的思想简化系统的分析过程。本章介绍的频率响应法基于系统的频率域数学模型—频率特性对系统进行性能分析。

在 20 世纪 30 年代，奈奎斯特(Nyquist)和伯德(Bode)提出了根据闭环控制系统的开环频率特性确定闭环控制系统稳定性的频率响应方法，它是一种研究线性系统的经典方法。将系统传递函数 $G(s)$ 中的 s 用 $j\omega$ 代替便得到系统的频率特性 $G(j\omega)$。

频率响应法的特点：

（1）频率特性具有明确的物理意义，它可以用实验的方法来测定，这对于难以列写微分方程式的元部件或系统来说，具有重要的实际意义。

（2）由于频率响应法主要通过闭环系统中的开环频率特性的图形对系统进行分析，因而具有形象直观和计算量少的特点。

（3）用频域响应法设计控制系统，可以兼顾动态、稳态和噪声抑制三方面要求。

（4）频率响应法不仅适用于线性定常系统，还适用于传递函数含滞后环节系统的分析。

本章首先介绍频率特性的基本概念和频率特性的图形化表示方法；奈奎斯特图和伯德图；在介绍开环系统典型环节的频率特性基础上，重点研究频率域的奈奎斯特稳定判据和基于伯德图的性能指标估算。

5.1 频率特性

5.1.1 频率特性的基本概念

一个稳定的线性定常系统，在正弦输入信号的作用下，过渡过程结束后，观测系统输出的稳态响应时发现：保持输入信号振幅 A_r 不变，当逐次改变输入信号的频率 ω，输出是与输入同频率的正弦信号；而输出信号的幅值和相位，都是 ω 的函数，随 ω 的改变而发生变化。

设图 5-1 表示稳定的线性定常系统，其传递函数为

$$G(s) = \frac{b_0 s^m + b_1 s^{m-1} + \cdots + b_m}{a_0 s^n + a_1 s^{n-1} + \cdots + a_n} \quad (n \geq m) \quad (5-1)$$

频率特性的基本概念

图 5-1 线性定常系统

设 $G(s)$ 的极点两两互异，且都具有负实部，记为 $-s_i (i = 1, 2, \cdots, n)$。系统的输入为正弦信号，则

$$r(t) = A_r \sin(\omega t) \tag{5-2}$$

其拉普拉斯变换为

$$R(s) = \frac{A_r \omega}{s^2 + \omega^2} = \frac{A_r \omega}{(s + j\omega)(s - j\omega)} \tag{5-3}$$

系统输出的拉普拉斯变换为

$$\begin{aligned} C(s) = G(s) R(s) &= \frac{U(s)}{(s+s_1)(s+s_2) \cdots (s+s_n)} \frac{A_r \omega}{s^2 + \omega^2} \\ &= \sum_{i=1}^{n} \frac{B_i}{s + s_i} + \frac{A}{s + j\omega} + \frac{\overline{A}}{s - j\omega} \end{aligned} \tag{5-4}$$

其中，A、$\overline{A}$、B_i 为待定系数。对式(5-4)进行拉普拉斯反变换，则输出响应为

$$c(t) = \underbrace{\sum_{i=1}^{n} B_i \mathrm{e}^{-s_i t}}_{\text{动态响应}} + \underbrace{A \mathrm{e}^{-j\omega t} + \overline{A} \mathrm{e}^{j\omega t}}_{\text{稳态响应}} \tag{5-5}$$

对于稳定的系统，式(5-5)前边一项为动态响应分量，当 $t \to \infty$ 时该动态响应趋于零，系统的稳态响应为

$$C_{\mathrm{ss}}(t) = \lim_{t \to \infty} c(t) = A \mathrm{e}^{-j\omega t} + \overline{A} \mathrm{e}^{j\omega t} \tag{5-6}$$

系数 A、$\overline{A}$ 可由式(5-4)用留数法求出，即

$$\begin{aligned} A &= G(s) \frac{A_r \omega}{s^2 + \omega^2}(s + j\omega) \big|_{s = -j\omega} = G(-j\omega) \frac{A_r \omega}{(s + j\omega)(s - j\omega)}(s + j\omega) \big|_{s = -j\omega} \\ &= G(-j\omega) \frac{-A_r}{2j} = |G(j\omega)| \mathrm{e}^{-j \angle G(j\omega)} \frac{-A_r}{2j} = A_r |G(j\omega)| \frac{-\mathrm{e}^{-j \angle G(j\omega)}}{2j} \end{aligned}$$

式中，$G(j\omega) = |G(j\omega)| \mathrm{e}^{j \angle G(j\omega)} = A(\omega) \mathrm{e}^{j\varphi(\omega)}$。

在上式的推导过程中，用到了 $G(j\omega)$ 的以下性质(证明略)，即

$$|G(-j\omega)| = |G(j\omega)|, \quad \angle G(-j\omega) = -\angle G(j\omega)$$

同理可得

$$\overline{A} = A_r |G(j\omega)| \frac{\mathrm{e}^{j \angle G(j\omega)}}{2j}$$

将 A、$\overline{A}$ 系数代入(5-6)，根据欧拉公式可得

$$\begin{aligned} C_{\mathrm{ss}}(t) &= A_r |G(j\omega)| \frac{-\mathrm{e}^{-j \angle G(j\omega)}}{2j} \mathrm{e}^{-j\omega t} + A_r |G(j\omega)| \frac{\mathrm{e}^{j \angle G(j\omega)}}{2j} \mathrm{e}^{j\omega t} \\ &= A_r |G(j\omega)| \frac{\mathrm{e}^{j[\omega t + \angle G(j\omega)]} - \mathrm{e}^{-j[\omega t + \angle G(j\omega)]}}{2j} \\ &= A_r |G(j\omega)| \sin[\omega t + \angle G(j\omega)] \\ &= A_r A(\omega) \sin[\omega t + \varphi(\omega)] \end{aligned} \tag{5-7}$$

可以看出系统的稳态输出与系统输入信号是同频率的正弦函数，输出振幅和相位角是 ω 的函数，下面给出描述频率特性的一些定义。

幅频特性 $A(\omega)$：稳态输出与输入的振幅之比，即

$$A(\omega) = \frac{A_r |G(j\omega)|}{A_r} = |G(j\omega)| \tag{5-8}$$

相频特性 $\varphi(\omega)$：稳态输出与输入的相位之差，即

$$\varphi(\omega) = [\omega t + \angle G(j\omega)] - \omega t = \angle G(j\omega) \tag{5-9}$$

频率特性 $G(j\omega)$：线性系统在正弦信号作用下，输出响应的稳态分量与输入量的复数比。频率特性也可以定义为零初始条件下输出信号的傅里叶变换与输入信号的傅里叶变换之比，即

$$G(j\omega) = \frac{C(j\omega)}{R(j\omega)}$$

只需要将传递函数 $G(s)$ **中的** s **用** $j\omega$ **替代就可以得到频率特性的表达式** $G(j\omega)$。

任给 ω 一个确定的值，频率特性 $G(j\omega)$ 为一个复数，表示 s 平面上的一个点，如图 5-2 所示。

频率特性的极坐标表示为

$$G(j\omega) = \frac{C(j\omega)}{R(j\omega)} = |G(j\omega)| e^{j\angle G(j\omega)} \tag{5-10}$$

频率特性也可以表示成直角坐标的形式，即

$$G(j\omega) = \frac{C(j\omega)}{R(j\omega)} = R(j\omega) + jI(j\omega) \tag{5-11}$$

$R(\omega)$ 是 $G(j\omega)$ 的实部，被称为实频特性；
$I(\omega)$ 是 $G(j\omega)$ 的虚部，被称为虚频特性。
实频、虚频与相频、幅频之间的关系如下：

$$\begin{cases} R(\omega) = A(\omega)\cos\varphi(\omega) \\ I(\omega) = A(\omega)\sin\varphi(\omega) \end{cases}$$

它们都是关于频率 ω 的函数。

频率特性与传递函数、微分方程一样，也表示控制系统的运动规律，在经典控制理论里，线性定常系统三种描述方法之间的关系可用图 5-3 说明。

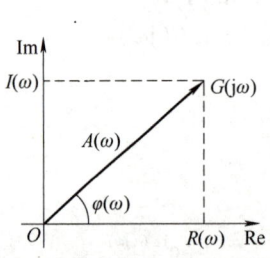

图 5-2 幅相频率特性图示

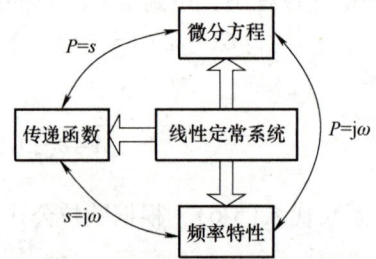

图 5-3 频率特性、传递函数和微分方程三种系统描述之间的关系

通过对频率特性的分析，有以下几点说明：

1）频率特性具有明确的物理意义，它可以用实验的方法来测定，这对于难以列写微分方程式的元器件或系统来说，具有重要的实际意义。

2）频率特性适用于开环系统、闭环系统和控制装置。

3）大部分系统输出的幅值随频率的升高而衰减，它是一个低通滤波器。

4) 频率特性的概念可以推广到不稳定系统。但由于系统不稳定时动态分量始终存在，所以不稳定系统频率特性的输入输出关系是无法通过实验观测到的。

例 5-1 已知单位负反馈系统如图 5-4 所示，试确定在输入信号 $r(t)=\sin(t+30°)-\cos(2t-45°)$ 的作用下，系统的稳态输出 $c_{ss}(t)$ 和稳态误差函数 $e_{ss}(t)$。

解 （1）由图 5-4 知，系统的闭环传递函数为

$$\Phi(s)=\frac{C(s)}{R(s)}=\frac{\frac{1}{s+1}}{1+\frac{1}{s+1}}=\frac{1}{s+2}$$

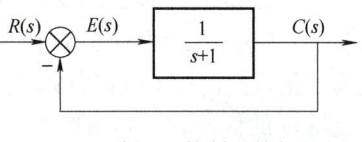

图 5-4 例 5-1 控制系统框图

系统的闭环频率特性为

$$\Phi(j\omega)=\frac{1}{2+j\omega}=\frac{1}{\sqrt{4+\omega^2}}e^{-j\arctan\frac{\omega}{2}}$$

在正弦输入信号 $r(t)$ 作用下，系统的稳态输出为

$$c_{ss}(t)=\frac{1}{\sqrt{4+\omega^2}}\sin\left(t+30°-\arctan\frac{\omega}{2}\right)\bigg|_{\omega=1}-\frac{1}{\sqrt{4+\omega^2}}\cos\left(2t-45°-\arctan\frac{\omega}{2}\right)\bigg|_{\omega=2}$$

$$=\frac{1}{\sqrt{5}}\sin(t+3.4°)-\frac{1}{2\sqrt{2}}\sin(2t)=0.45\sin(t+3.4°)-0.35\sin(2t)$$

（2）在第 3 章学习稳态误差的概念与计算方法时，了解到如果一个系统的输入为正弦、余弦信号时不能使用终值定理求取稳态误差，因为正余弦函数的拉普拉斯变换不满足终值定理的使用条件。当输入为正弦、余弦信号时，误差信号与输入信号之间仍然满足频率特性的关系，利用频率特性的关系式可以求取误差信号的稳态输出表达式 $e_{ss}(t)$。

系统的误差传递函数为

$$\Phi_e(s)=\frac{E(s)}{R(s)}=\frac{1}{1+\frac{1}{s+1}}=\frac{s+1}{s+2}$$

系统的误差频率特性为

$$\Phi_e(j\omega)=\frac{1+j\omega}{2+j\omega}=\frac{\sqrt{1+\omega^2}}{\sqrt{4+\omega^2}}e^{j\left(\arctan\omega-\arctan\frac{\omega}{2}\right)}$$

系统的稳态误差函数为

$$e_{ss}(t)=\frac{\sqrt{1+\omega^2}}{\sqrt{4+\omega^2}}\sin\left(t+30°\arctan\omega-\arctan\frac{\omega}{2}\right)\bigg|_{\omega=1}-$$

$$\frac{\sqrt{1+\omega^2}}{\sqrt{4+\omega^2}}\cos\left(2t-45°+\arctan\omega-\arctan\frac{\omega}{2}\right)\bigg|_{\omega=2}$$

$$=\frac{\sqrt{2}}{\sqrt{5}}\sin(t+30°+18.4°)-\frac{\sqrt{5}}{\sqrt{8}}\cos(2t-45°+18.4°)$$

$$=0.63\sin(t+48.4°)-0.79\cos(2t-26.6°)$$

由计算结果可以看出：在输入为正余弦信号的情况下，误差函数 $e_{ss}(t)$ 在稳态时并不收敛，也为正弦、余弦信号的形式。

5.1.2 频率特性的图形化表示

1. 幅相频率特性曲线(极坐标图)

频率特性的
图形化表示

幅相频率特性曲线又称为频率特性的极坐标图,简称幅相曲线。对于任一给定的频率 ω,频率特性 $G(j\omega)$ 表示 s 平面上一个点,是向量 $G(j\omega)$ 的端点,如图 5-5a 所示。完整的幅相曲线是当频率 ω 从 $-\infty$ 到 ∞ 连续变化时,向量 $G(j\omega)$ 的端点在 s 平面上的轨迹。由于幅频特性 $A(\omega)$ 为变量 ω 的偶函数,相频特性 $\varphi(\omega)$ 为变量 ω 的奇函数,故频率为正和频率为负时,$G(j\omega)$ 的幅相曲线关于实轴对称。因此,可以只绘制 $G(j\omega)$ 随频率 ω 从 0 到 ∞ 连续变化时的轨迹,并在曲线上用箭头表示 ω 增大时幅相曲线的变化方向,如图 5-5b 所示。完整的 $G(j\omega)$ 幅相曲线为 s 平面上的一条封闭曲线,也称为奈奎斯特(Nyquist)曲线。

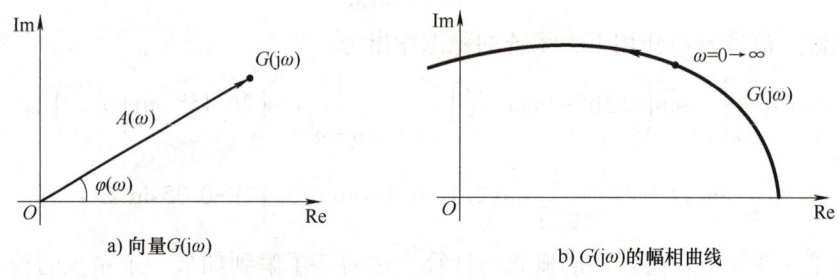

图 5-5 幅相频率特性曲线示意图

2. 对数频率特性曲线(伯德图)

对数频率特性曲线,又称伯德(Bode)图。伯德图是将系统的对数幅频特性和对数相频特性分别画在各自的坐标系中。对数幅频特性是取 $|G(j\omega)|$ 的 $20\lg|G(j\omega)|$ 为纵坐标,线性分度,单位是 dB(分贝)。相频特性以 $\varphi(\omega)$ 为纵坐标,线性分度,单位为度(°)。横坐标都为角频率(ω),单位是 rad/s,以 $\lg\omega$ 的值进行线性分度,而关于 ω 是进行对数分度的。组成伯德图的两幅图均为半对数坐标系。

极坐标图除了计算烦琐之外,从图中无法明显地看出每个零点和极点的影响,若增加或减小系统的零点、极点,只有重新计算系统的频率特性才能得到新的极坐标图,而伯德图在这些方面要方便得多,因此在工程中得到广泛应用。

线性分度和对数分度坐标轴如图 5-6 所示。线性分度中,当变量增大或减小 1 时,坐标间距离变化一个单位长度;而对数分度中,当变量增大或减小 10 倍[称为十倍频程(记作 dec)]时,坐标间距离一个单位长度。

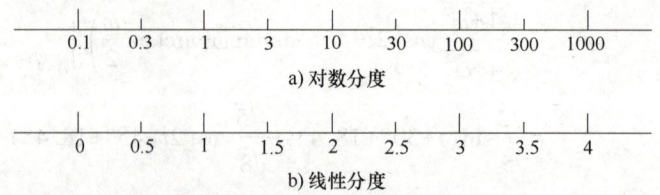

图 5-6 对数分度与线性分度示意图

采用对数坐标绘制伯德图具有以下优点。

① ω 的对数分度实现了横坐标的非线性压缩,便于在较大频率范围反映频率特性的变化情况,且扩展了工程中经常出现的低频范围。

② 对数幅频特性纵坐标采用 $20\lg|G(j\omega)|$ 可以将实际系统串联环节的相乘关系演化为环节特性的相加关系,这一点对控制系统的分析和设计有着特别重要的意义,也是频率响应法得以应用和发展的重要原因。

③ 可用渐近折线法快速绘制 $G(j\omega)$ 的近似图形,即对数渐近频率特性曲线,这在系统进行初步分析时非常方便。

5.2 典型环节的频率特性

1. 比例环节 $K>0$

传递函数为 $G(s)=K$;

频率特性为 $G(j\omega)=Ke^{-j0}=K+0j$;

幅频特性为 $A(\omega)=K$;

相频特性为 $\varphi(\omega)=0$;

幅相曲线如图 5-7 所示。

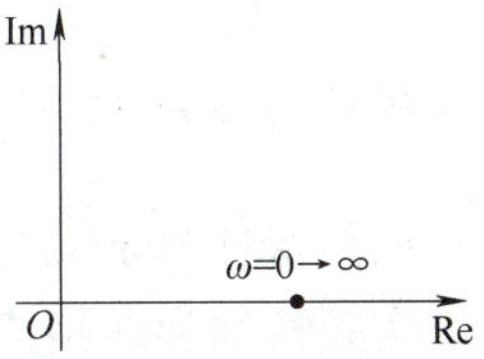

如果增益是负值 $(-K)$,其幅频特性依然是 K,但辐角 $\varphi(\omega)=-\pi$ 或 π。

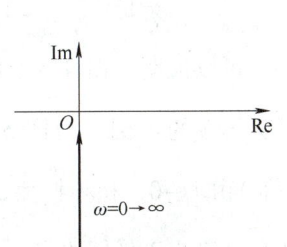

图 5-7 比例环节的幅相特性曲线图

2. 积分环节

传递函数为 $G(s)=\dfrac{1}{s}$;

频率特性为 $G(j\omega)=\dfrac{1}{j\omega}=\dfrac{1}{\omega}e^{-j\frac{\pi}{2}}=0-\dfrac{1}{\omega}j$;

幅频特性为 $A(\omega)=\dfrac{1}{\omega}$;

相频特性为 $\varphi(\omega)=-\dfrac{\pi}{2}$;

幅相曲线如图 5-8 所示。

需要注意的是,积分环节的传递函数在 s 平面坐标原点有极点,其频率特性的分母上有单独的 $j\omega$ 项,$j\omega$ 在 ω 等于 0 时为零向量,辐角的值不确定。因此,严格上说积分环节幅相曲线的起始频率不是 0,将积分环节的起始频率取为 $\omega=0_+$,0_+ 表示大于 0 的无穷小正数,也称为 0 的右极限。

图 5-8 积分环节的幅相特性曲线图

3. 微分环节

传递函数为 $G(s)=s$;

频率特性为 $G(j\omega)=j\omega=\omega e^{j\frac{\pi}{2}}$;

幅频特性为 $A(\omega)=\omega$;

相频特性为 $\varphi(\omega)=\dfrac{\pi}{2}$;

幅相曲线如图 5-9 所示。

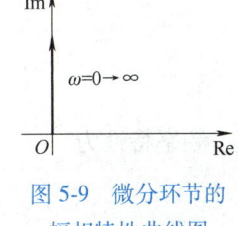

图 5-9 微分环节的幅相特性曲线图

同样,微分环节幅相曲线的起始频率也为 $\omega=0_+$。在奈奎斯特稳定判据一节(5.5 节)将详细讨论为什么要去除坐标原点的零点、极点。

4. 一阶微分环节

传递函数为 $G(s) = Ts+1$；

频率特性为 $G(j\omega) = T\omega j + 1 = \sqrt{T^2\omega^2+1}\, e^{j\arctan T\omega}$；

幅频特性为 $A(\omega) = \sqrt{T^2\omega^2+1}$；

相频特性为 $\varphi(\omega) = \arctan T\omega$；

幅相曲线如图 5-10 所示。

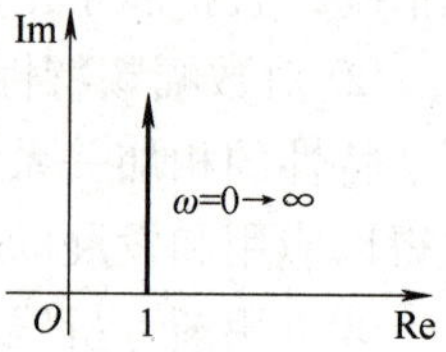

图 5-10 一阶微分环节的幅相特性曲线图

5. 惯性环节

传递函数为 $G(s) = \dfrac{1}{Ts+1}$；

频率特性为 $G(j\omega) = \dfrac{1}{T\omega j+1} = \dfrac{1}{\sqrt{T^2\omega^2+1}}\, e^{j(-\arctan T\omega)}$；

幅频特性为 $A(\omega) = \dfrac{1}{\sqrt{T^2\omega^2+1}}$；

相频特性为 $\varphi(\omega) = -\arctan T\omega$。

实频特性和虚频特性为

$$R(\omega) = \dfrac{1}{1+T^2\omega^2}$$

$$I(\omega) = \dfrac{-T\omega}{T^2\omega^2+1}$$

$$\left[R(\omega)-\dfrac{1}{2}\right]^2 + I^2(\omega) = \left(\dfrac{1}{2}\right)^2$$

可以证明，惯性环节的幅相曲线为圆心在点 $\left(\dfrac{1}{2}, j0\right)$ 上，半径为 1/2 的半圆，由图 5-11 看出，ω 由 $0 \to \infty$ 时，幅频特性 $A(\omega)$ 由 $1 \to 0$，相频特性 $\varphi(\omega)$ 由 $0 \to -\dfrac{\pi}{2}$，称该幅相曲线以 $-\dfrac{\pi}{2}$ 的角度终止于坐标原点。

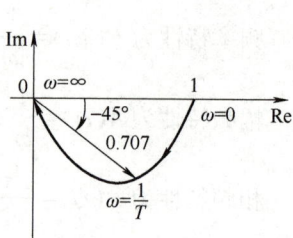

图 5-11 惯性环节的幅相特性曲线图

6. 振荡环节

传递函数为

$$G(s) = \dfrac{1}{T^2s^2+2\zeta Ts+1} = \dfrac{\omega_n^2}{s^2+2\zeta\omega_n s+\omega_n^2} = \dfrac{1}{\left(\dfrac{s}{\omega_n}\right)^2+2\zeta\left(\dfrac{s}{\omega_n}\right)+1}$$

$$T = \dfrac{1}{\omega_n} 0,\ 0 \leq \zeta < 1$$

频率特性为

$$G(j\omega) = \dfrac{1}{\left(j\dfrac{\omega}{\omega_n}\right)^2+2\zeta\left(j\dfrac{\omega}{\omega_n}\right)+1} = \dfrac{1}{1-\left(\dfrac{\omega}{\omega_n}\right)^2+2\zeta\left(\dfrac{\omega}{\omega_n}\right)j}$$

幅频特性为

$$A(\omega) = \frac{1}{\sqrt{\left(1-\frac{\omega^2}{\omega_n^2}\right)^2 + \left(2\zeta\frac{\omega}{\omega_n}\right)^2}} \tag{5-12}$$

相频特性为

$$\varphi(\omega) = \begin{cases} -\arctan\dfrac{2\zeta\dfrac{\omega}{\omega_n}}{1-\dfrac{\omega^2}{\omega_n^2}} & \omega \leqslant \omega_n \\ -\left(\pi-\arctan\dfrac{2\zeta\dfrac{\omega}{\omega_n}}{\dfrac{\omega^2}{\omega_n^2}-1}\right) & \omega > \omega_n \end{cases} \tag{5-13}$$

由图 5-12 看出，ω 由 $0\to\infty$ 时，振荡环节幅频 $A(\omega)$ 由 $1\to 0$，相频 $\varphi(\omega)$ 由 $0\to-\pi$。当 $\omega=\omega_n$ 时，幅相曲线与负虚轴相交，此时 $A(\omega_n)=\dfrac{1}{2\zeta}$，$\varphi(\omega_n)=-\dfrac{\pi}{2}$。当阻尼比 ζ 小于 0.707 时，有谐振峰值出现。

用 M_r 表示谐振峰值，相应的谐振频率为 ω_r。式(5-12)对 ω 求导，并令其为零，则得

$$\frac{d}{d\omega}A(\omega) = \frac{d}{d\omega}\frac{1}{\sqrt{\left(1-\left(\dfrac{\omega}{\omega_n}\right)^2\right)^2 + \left(\dfrac{2\zeta\omega}{\omega_n}\right)^2}} = 0 \tag{5-14}$$

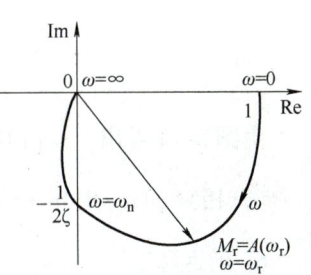

图 5-12 振荡环节的幅相特性曲线图

谐振频率为

$$\omega_r = \omega_n\sqrt{1-2\zeta^2} \qquad 0<\zeta<0.707 \tag{5-15}$$

谐振峰值为

$$M_r = \frac{1}{2\zeta\sqrt{1-\zeta^2}} \qquad 0<\zeta<0.707 \tag{5-16}$$

在 $0\leqslant\zeta<0.707$ 时，ζ 越小，M_r 越大，ω_r 越接近 ω_n。当 ζ 趋向于 0 时，ω_r 趋向于 ω_n，M_r 趋向于无穷大。当无阻尼系统($\zeta=0$)在其自然频率上被激励而振荡时，$G(j\omega)$ 的幅值将变成无穷大。当 $0.707\leqslant\zeta<1$ 时，$A(\omega)$ 单调减少，不出现谐振峰值，但此时的阶跃响应是振荡的，这种振荡具有良好的阻尼特性，并且很难观察出来。频率 ω_r、ω_n 是振荡环节频率特性上的两个特征点。

如果 $\zeta\geqslant 1$，二阶因子 $\dfrac{1}{\left(\dfrac{s}{\omega_n}\right)^2 + 2\zeta\left(\dfrac{s}{\omega_n}\right) + 1}$ 可以用两个具有实数极点的一阶因子的乘积表示，也就是说可以看成是两个惯性环节相乘的形式。

7. 二阶微分环节

传递函数为

$$G(s) = T^2s^2 + 2\zeta Ts + 1 = \left(\frac{s}{\omega_n}\right)^2 + 2\zeta\left(\frac{s}{\omega_n}\right) + 1, \qquad \left(T=\frac{1}{\omega_n}>0,\ 0\leqslant\zeta<1\right)$$

频率特性为

$$G(j\omega) = \left(j\frac{\omega}{\omega_n}\right)^2 + 2\zeta\left(j\frac{\omega}{\omega_n}\right) + 1 = 1 - \left(\frac{\omega}{\omega_n}\right)^2 + 2\zeta\left(\frac{\omega}{\omega_n}\right)j$$

幅频特性为

$$A(\omega) = \sqrt{\left(1 - \frac{\omega^2}{\omega_n^2}\right)^2 + \left(2\zeta\frac{\omega}{\omega_n}\right)^2}$$

相频特性为

$$\varphi(\omega) = \begin{cases} \arctan\dfrac{2\zeta\dfrac{\omega}{\omega_n}}{1 - \dfrac{\omega^2}{\omega_n^2}} & \omega \leqslant \omega_n \\[2ex] \pi - \arctan\dfrac{2\zeta\dfrac{\omega}{\omega_n}}{\dfrac{\omega^2}{\omega_n^2} - 1} & \omega > \omega_n \end{cases}$$

由图 5-13 看出，ω 由 $0 \to \infty$ 时，二阶微分环节幅频 $A(\omega)$ 由 $1 \to \infty$，相频 $\varphi(\omega)$ 由 $0 \to \pi$。$\omega = \omega_n$ 时，$A(\omega_n) = 2\zeta$，$\varphi(\omega_n) = \dfrac{\pi}{2}$。

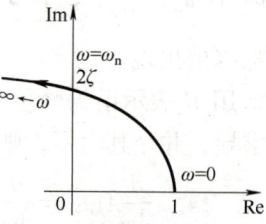

图 5-13 二次微分环节的幅相特性曲线图

8. 延迟环节

输出量经恒定延时后不失真复现输入量变化的环节称为延迟环节，电力、化工等系统中多存在延迟环节。延迟环节的输入输出时域表达式为

$$c(t) = r(t - \tau)$$

式中，τ 为延迟时间，$t < \tau$ 时，$c(t) = 0$。应用拉普拉斯变换的延迟定理，可得延迟环节的传递函数为 $G(s) = e^{-\tau s}$；

频率特性为 $G(j\omega) = e^{-\tau\omega j}$；

幅频特性为 $A(\omega) = 1$；

相频特性为 $\varphi(\omega) = -\tau\omega$ rad

或 $\varphi(\omega) = -\tau\omega \times \dfrac{180°}{\pi} \approx -\tau\omega 57.3°$。

由图 5-14 看出，延迟环节的幅相曲线是一个单位圆，随着 ω 的增大，它周而复始地沿单位圆顺时针方向重复无限次。ω 由 $0 \to \infty$ 时，幅频 $A(\omega) = 1$，相频 $\varphi(\omega)$ 由 $0 \to -\infty$。

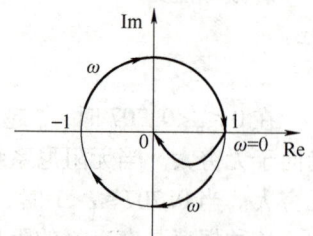

图 5-14 延迟与惯性环节的幅相特性曲线图

9. 不稳定环节

传递函数在 s 右半平面存在极点的环节，称为不稳定环节，如传递函数和分别称为不稳定惯性环节 $\dfrac{1}{Ts-1}$ 和不稳定振荡环节 $\dfrac{1}{T^2s^2 - 2\zeta Ts + 1}$。不稳定环节的频率特性与对应的稳定环节的频率特性有对应关系，下面以不稳定惯性环节为例进行讨论。

传递函数为 $G(s) = \dfrac{1}{Ts - 1}$；

频率特性为 $G(j\omega) = \dfrac{1}{T\omega j - 1} = \dfrac{1}{\sqrt{T^2\omega^2+1}} e^{-j(\pi - \arctan T\omega)}$;

幅频特性为 $A(\omega) = \dfrac{1}{\sqrt{T^2\omega^2+1}}$;

相频特性为 $\varphi(\omega) = -(\pi - \arctan T\omega)$。

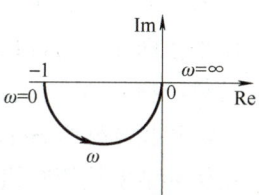

图 5-15 不稳定惯性环节的幅相特性曲线图

由图 5-15 看出，不稳定惯性环节的幅相曲线是位于 s 平面图第三象限上的半圆，ω 由 $0\to\infty$ 时，幅频 $A(\omega)$ 由 $1\to 0$，相频 $\varphi(\omega)$ 由 $-\pi \to -\dfrac{\pi}{2}$。可见不稳定惯性环节和惯性环节具有相同的幅频特性，但相频特性差别较大。

5.3 典型环节的对数频率特性

典型环节的对数频率特性

对数频率特性曲线（伯德图）是频率特性的另一种图示法，它在两个半对数坐标系中分别绘制对数幅频特性和对数相频特性曲线（见图 5-16，图 5-17）。对数频率特性曲线的横坐标表示频率 ω，以对数 $\lg\omega$ 标尺刻度，但标出的是频率 ω 本身的数值，单位是 rad/s，对数幅频特性的纵坐标表示 $L(\omega)$ 数值，单位是分贝，记作 dB。$L(\omega)$ 定义为

$$L(\omega) = 20\lg A(\omega) = 20\lg |G(j\omega)|$$

对数相频特性曲线纵坐标表示相频特性的相位值，单位是度（°）。

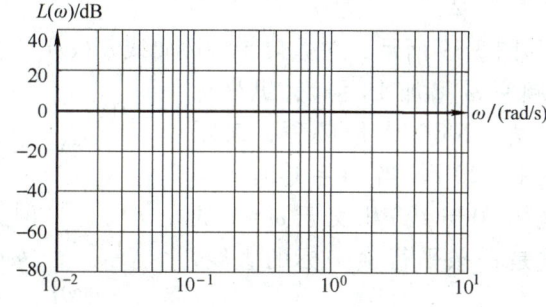

图 5-16 对数幅频特性图坐标

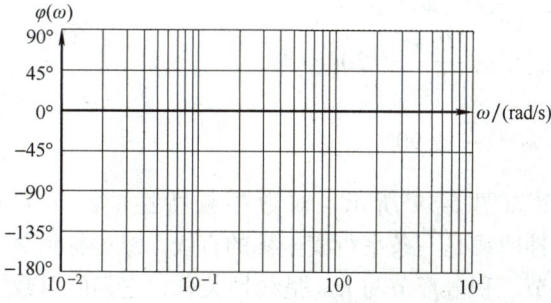

图 5-17 对数相频特性图坐标

对应于频率每增大 10 倍的频率范围,称为十倍频程(dec),所有的十倍频程在 ω 轴上的横坐标间隔距离都是相等的。下面讨论典型环节的对数频率特性。

1. 比例环节 K>0

频率特性为 $G(j\omega) = K = Ke^{-j0°}$;

对数幅频特性为 $L(\omega) = 20\lg K$;

对数相频特性为 $\varphi(\omega) = 0$;

比例环节的伯德图如图 5-18 所示。

在图中 $K_1 = 10$,$K_2 = 0.1$。

注意:在对数幅频曲线图的坐标系中的 0 表示的是纵坐标为 0dB 的点,并不是横坐标上的频率 0,频率为 0 的点在横坐标的负无穷远处。以下环节相同,不再进行特别说明。

2. 积分环节

频率特性为 $G(j\omega) = \dfrac{1}{j\omega}$;

对数幅频特性为 $L(\omega) = -20\lg\omega$;

对数幅频特性曲线斜率为 $\dfrac{dL(\omega)}{d\lg\omega} = -20\text{dB/dec}$;

对数相频特性为 $\varphi(\omega) = -\dfrac{\pi}{2}$ 或 $-90°$。

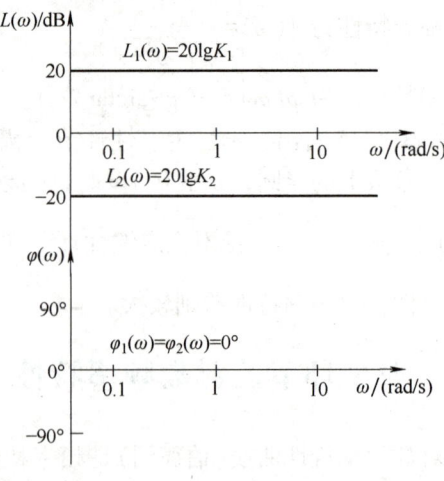

图 5-18 比例环节伯德图

积分环节的伯德图如图 5-19 所示,对数幅频特性曲线 $L_1(\omega)$ 是条斜线,横坐标 $\lg\omega$ 每增加 1 个单位长度(即频率 ω 增加 10 倍),纵坐标 $L_1(\omega)$ 减少 20dB,斜率为 -20dB/十倍频程,表示为 -20dB/dec,简记为 [-20]。当 $\omega = 1$ 时,则 $L_1(\omega) = 0$,斜线与横坐标(0dB 线)相交于 $\omega = 1$ 的点。对数相频特性曲线是一条平行横坐标的直线,纵坐标值为 -90°。

3. 微分环节

频率特性为 $G(j\omega) = j\omega$;

对数幅频特性为 $L(\omega) = 20\lg\omega$;

对数幅频特性曲线斜率为 $\dfrac{dL(\omega)}{d\lg\omega} = 20\text{dB/dec}$;

对数相频特性为 $\varphi(\omega) = \dfrac{\pi}{2}$ 或 $90°$。

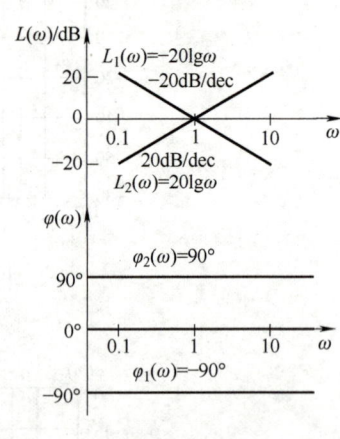

图 5-19 积分环节和微分环节伯德图

微分环节的伯德图如图 5-19 所示,对数幅频特性曲线 $L_2(\omega)$ 是条斜线,斜率为 20dB/dec,对数相频特性曲线是一条平行横坐标的直线,纵坐标值为 90°。

比例环节、微分环节、积分环节与 $\lg\omega$ 呈线性关系,它们的对数幅频特性曲线在半对数坐标系中都是一条直线。

4. 惯性环节

频率特性为 $G(j\omega) = \dfrac{1}{T\omega j + 1}$；

对数幅频特性为 $L(\omega) = -20\lg\sqrt{T^2\omega^2+1}$；

对数相频特性为 $\varphi(\omega) = -\arctan(T\omega)$。

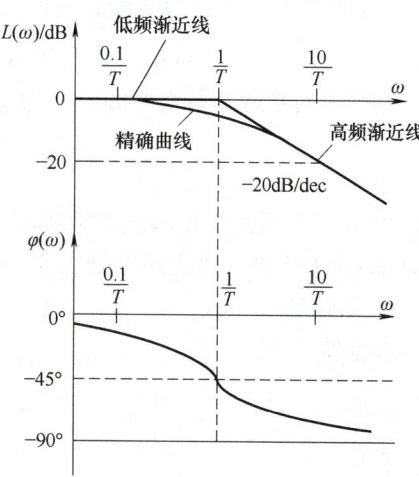

惯性环节的对数幅频特性和相频特性与 $\lg\omega$ 之间都是非线性关系，在半对数坐标系中是一条曲线。

取 $T=1$，绘制惯性环节的伯德图如图 5-20 所示。因为非线性关系，对数幅频特性曲线和相频特性曲线精确绘制较烦琐。根据频率 ω 的大小近似讨论：

当 $\omega \ll \dfrac{1}{T}$ 时，$\omega^2 T^2 \approx 0$，对数幅频特性为

$$L(\omega) = -20\lg\sqrt{T^2\omega^2+1} = -20\lg\sqrt{0+1}\,\mathrm{dB} = 0\,\mathrm{dB}$$

当 $\omega T = 1$ 时，对数幅频特性为

$$L(\omega) = -20\lg\sqrt{T^2\omega^2+1} = -3.01\,\mathrm{dB}$$

当 $\omega \gg \dfrac{1}{T}$ 时，$\omega^2 T^2 \gg 1$，对数幅频特性为

$$L(\omega) = -20\lg\sqrt{T^2\omega^2+1} = -20\lg\sqrt{T^2\omega^2+0}\,\mathrm{dB} = -20\lg(T\omega)\,\mathrm{dB}$$

高频段对数幅频特性曲线斜率为

$$k = \dfrac{L_1(\omega_2)-L_1(\omega_1)}{\lg\omega_2-\lg\omega_1} = \dfrac{\mathrm{d}L(\omega)}{\mathrm{d}\lg\omega} = -20\,\mathrm{dB/dec}$$

图 5-20 惯性环节伯德图

由图 5-20 看出，对数幅频特性曲线的低频部分渐近线是零分贝线，高频部分渐近线是斜率为 $-20\mathrm{dB/dec}$ 的直线，它们相交于转折频率 $\omega = 1/T$ 处。用这两条渐近线替代精确的对数幅频特性曲线，就称为**对数幅频渐近特性曲线**。最大误差出现在转折频率处，约为 3.01dB。

相频曲线的绘制，取几个关键频率点，画出相频特性曲线的大致变化范围即可。以下环节相同，不再重复说明。

5. 一阶微分环节

频率特性为 $G(j\omega) = T\omega j + 1$；

对数幅频特性为 $L(\omega) = 20\lg\sqrt{T^2\omega^2+1}$；

对数相频特性为 $\varphi(\omega) = \arctan T\omega$。

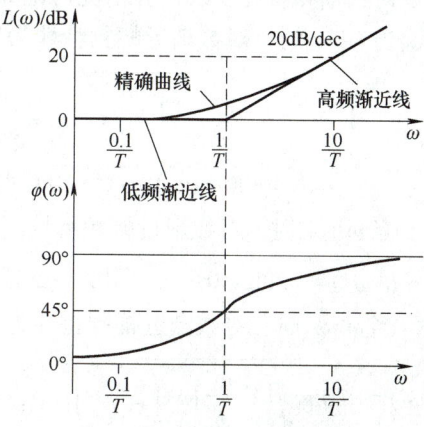

取 $T=1$，绘制一阶微分环节的伯德图如图 5-21 所示。用对数幅频渐近特性曲线来近似表示对数幅频特性曲线，在后面的分析中，用"$>$""$<$"取代"$\gg$""$\ll$"。

当 $\omega T < 1$ 时，对数幅频渐近特性为

$$L(\omega) = 20\lg\sqrt{T^2\omega^2+1} \approx 20\lg\sqrt{0+1}\,\mathrm{dB} = 0\,\mathrm{dB}$$

当 $\omega T = 1$ 时，对数幅频渐近特性为

$$L(\omega) = 20\lg\sqrt{T^2\omega^2+1} = 3.01\,\mathrm{dB}$$

图 5-21 一阶微分环节伯德图

当 $\omega T > 1$ 时,对数幅频渐近特性为

$$L(\omega) = 20\lg\sqrt{T^2\omega^2+1} \approx 20\lg\sqrt{T^2\omega^2+0} = 20\lg(T\omega)\text{dB}$$

高频段对数幅频特性曲线斜率为

$$\frac{\mathrm{d}L(\omega)}{\mathrm{d}\lg\omega} = 20\text{dB/dec}$$

由图 5-21 看出,低频段对数幅频渐近特性曲线和高频段对数幅频渐近特性曲线交于转角频率 $\omega = 1/T$ 处,最大误差处为 3.01dB。

6. 振荡环节

频率特性为

$$G(\mathrm{j}\omega) = \frac{1}{\left(\mathrm{j}\dfrac{\omega}{\omega_n}\right)^2 + 2\zeta\dfrac{\omega}{\omega_n}\mathrm{j} + 1}$$

对数幅频特性为

$$L(\omega) = -20\lg\sqrt{\left(1-\frac{\omega^2}{\omega_n^2}\right)^2 + \left(2\zeta\frac{\omega}{\omega_n}\right)^2}$$

对数相频特性为

$$\varphi(\omega) = \begin{cases} -\arctan\dfrac{2\zeta\dfrac{\omega}{\omega_n}}{1-\dfrac{\omega^2}{\omega_n^2}} & \omega \leqslant \omega_n \\ -\left(\pi - \arctan\dfrac{2\zeta\dfrac{\omega}{\omega_n}}{\dfrac{\omega^2}{\omega_n^2}-1}\right) & \omega > \omega_n \end{cases}$$

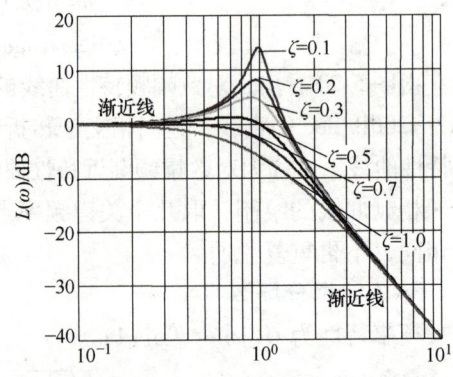

取 $\omega_n = 1$,绘制不同阻尼比情况下的伯德图,如图 5-22 所示。用对数幅频渐近特性曲线来近似表示对数幅频特性曲线,分情况讨论如下:

当 $\omega < \omega_n$ 时,对数渐近幅频特性为

$$L(\omega) = -20\lg\sqrt{\left(1-\frac{\omega^2}{\omega_n^2}\right)^2 + \left(2\zeta\frac{\omega}{\omega_n}\right)^2}$$

$$\approx -20\lg\sqrt{(1-0)^2 + (0)^2}\text{dB} = 0\text{dB}$$

当 $\omega = \omega_n$ 时,对数渐近幅频特性为

$$L(\omega_n) = -20\lg\sqrt{0+(2\zeta)^2}\text{dB} = -20\lg(2\zeta)\text{dB}$$

当 $\omega > \omega_n$ 时,对数渐近幅频特性为

$$L(\omega) = -20\lg\sqrt{\left(1-\frac{\omega^2}{\omega_n^2}\right)^2 + \left(2\zeta\frac{\omega}{\omega_n}\right)^2}$$

$$\approx -20\lg\sqrt{\left(0-\frac{\omega^2}{\omega_n^2}\right)^2 + (0)^2}\text{dB} = -40\lg\frac{\omega}{\omega_n}\text{dB}$$

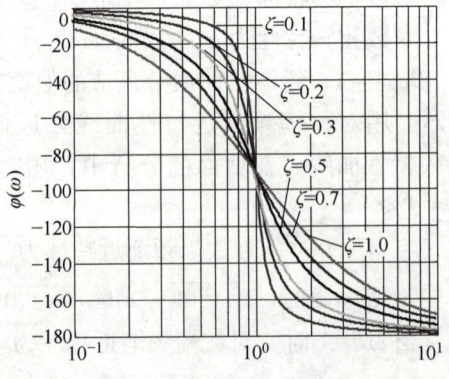

图 5-22 振荡环节伯德图

高频段对数幅频特性曲线斜率为

$$\frac{\mathrm{d}L(\omega)}{\mathrm{d}\lg\omega}=-40\mathrm{dB/dec}$$

由图 5-22 看出，低频对数渐近幅频特性曲线和高频对数渐近幅频特性曲线交于转角频率 $\omega=\omega_n=1/T$ 处，误差为 $L(\omega_n)=-20\lg(2\zeta)\mathrm{dB}$，误差修正曲线如图 5-23 所示。

7. 二阶微分环节

频率特性为

$$G(\mathrm{j}\omega)=\left(\mathrm{j}\frac{\omega}{\omega_n}\right)^2+2\zeta\frac{\omega}{\omega_n}\mathrm{j}+1$$

对数幅频特性为

$$L(\omega)=20\lg\sqrt{\left(1-\frac{\omega^2}{\omega_n^2}\right)^2+\left(2\zeta\frac{\omega}{\omega_n}\right)^2}$$

对数相频特性为

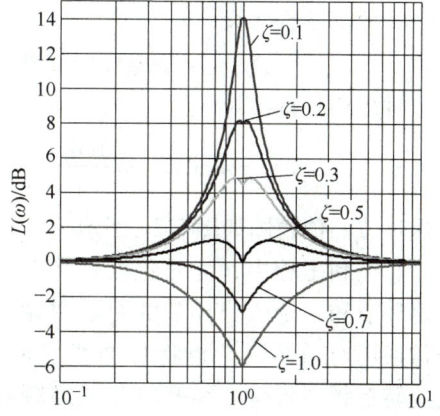

图 5-23 振荡环节对数幅频特性误差修正图

$$\varphi(\omega)=\begin{cases}\arctan\dfrac{2\zeta\dfrac{\omega}{\omega_n}}{1-\dfrac{\omega^2}{\omega_n^2}} & \omega\leqslant\omega_n \\ \pi-\arctan\dfrac{2\zeta\dfrac{\omega}{\omega_n}}{\dfrac{\omega^2}{\omega_n^2}-1} & \omega>\omega_n\end{cases}$$

二阶微分环节的对数频率特性与振荡环节的对数频率特性对称于 0dB 横坐标轴。用对数幅频渐近特性曲线来表示对数幅频特性曲线，分情况讨论如下：

当 $\omega<\omega_n$ 时，对数渐近幅频特性为

$$L(\omega)=20\lg\sqrt{\left(1-\frac{\omega^2}{\omega_n^2}\right)^2+\left(2\zeta\frac{\omega}{\omega_n}\right)^2}\approx 20\lg\sqrt{(1-0)^2+(0)^2}\mathrm{dB}=0\mathrm{dB}$$

当 $\omega=\omega_n$ 时，对数渐近幅频特性为

$$L(\omega_n)=20\lg\sqrt{0+(2\zeta)^2}\mathrm{dB}\approx 20\lg(2\zeta)\mathrm{dB}$$

当 $\omega>\omega_n$ 时，对数渐近幅频特性为

$$L(\omega)=20\lg\sqrt{\left(1-\frac{\omega^2}{\omega_n^2}\right)^2+\left(2\zeta\frac{\omega}{\omega_n}\right)^2}\approx 20\lg\sqrt{\left(0-\frac{\omega^2}{\omega_n^2}\right)^2+(0)^2}\mathrm{dB}=40\lg\frac{\omega}{\omega_n}\mathrm{dB}$$

高频段对数幅频特性曲线斜率为

$$\frac{\mathrm{d}L(\omega)}{\mathrm{d}\lg\omega}=40\mathrm{dB/dec}$$

低频对数渐近幅频特性曲线和高频对数渐近幅频特性曲线交于转角频率 $\omega=\omega_n=1/T$ 处，误差为 $L(\omega_n)=20\lg(2\zeta)\mathrm{dB}$。

8. 延迟环节

频率特性为

$$G(j\omega) = e^{-\tau\omega j}$$

对数幅频特性为

$$L(\omega) = 20\lg 1 \text{dB} = 0 \text{dB}$$

对数相频特性为

$$\varphi(\omega) = -\tau\omega \text{rad} = -\tau\omega \frac{180°}{\pi} \approx -\tau\omega 57.3°$$

延迟环节的伯德图如图 5-24 所示。

在控制工程中，为简化惯性环节、一阶微分环节、振荡环节和二阶微分环节的对数幅频特性曲线的做图，经常使用对数幅频渐近特性曲线表示对数幅频特性曲线。转折频率将整个频率段分成高频和低频两段区域，在每个区段内，对数幅频渐近特性曲线都是线性的。在半对数坐标系中，直线方程的斜率为

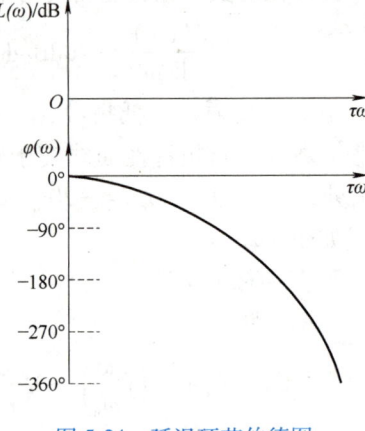

图 5-24　延迟环节伯德图

$$k = \frac{L(\omega_2) - L(\omega_1)}{\lg\omega_2 - \lg\omega_1}$$

单位是 dB/dec。其中，$[\omega_1, L(\omega_1)]$ 和 $[\omega_2, L(\omega_2)]$ 为直线上的两点。

5.4　系统开环频率特性的绘制

开环幅相频率特性曲线图，又称奈奎斯特(Nyquist)曲线图，简称奈氏图。该图优点是能在一幅图上表示出系统在整个频率范围内的频率响应特性，较直观；缺点是不能清楚地表明开环传递函数中每个典型环节(参数)对系统的性能影响，且手工绘制烦琐。

5.4.1　最小相位系统与非最小相位系统

在学习开环频率特性的绘制之前，先了解一下最小相位与非最小相位的概念。非最小相位传递函数与最小相位传递函数的区别在于开环零点、极点的位置。非最小相位对应于 s 右半平面存在开环零点和(或)极点，而最小相位传递函数在 s 右半平面既无零点也无极点。最小相位这一名称来源于通信科学。它的意思是如果有几个稳定的传递函数，它们的幅频特性函数完全相同，那么其中右半平面没有零点的那个函数，其相频特性函数的绝对值必为最小。也就是输出正弦信号相对于输入正弦信号的相移量为最小。例如 $G_1(s) = \frac{2(2s+1)}{s(5s+1)}$ 是最小相位的，而 $G_2(s) = \frac{2(-2s+1)}{s(5s+1)}$ 则是非最小相位的。$|G_1(j\omega)|$ 和 $|G_2(j\omega)|$ 具有完全相同的幅频特性，即 $\frac{2\sqrt{4\omega^2+1}}{\omega\sqrt{25\omega^2+1}}$，但

$$\angle G_1(j\omega) = -\frac{\pi}{2} - \arctan 5\omega + \arctan 2\omega$$

$$\angle G_2(j\omega) = -\frac{\pi}{2} - \arctan 5\omega - \arctan 2\omega$$

对于所有 ω 值，都有 $|\angle G_1(j\omega)| \leqslant |\angle G_2(j\omega)|$。

含有延迟环节的传递函数、不稳定的传递函数以及比例系数为负的传递函数也都属于非

最小相位之列。最小相位系统是根据系统的传递函数定义的。由于经典控制理论的求解中,通常用开环模型对闭环系统进行分析与设计,为了简便起见,无特殊说明,**本书中提到的最小相位系统都是指系统的开环传递函数在 s 右半平面没有零点、极点,也没有延迟环节的系统。**

非最小相位环节(具有 s 右半平面上的零点、极点或延迟环节)相位滞后大,通常启动性能差,响应缓慢。在系统设计时,除了被控对象中可能包含之外,一般不人为引入非最小相位环节。

5.4.2 系统开环幅相特性的绘制

设典型控制系统框图如图 5-25 所示,其开环传递函数为 $G(s)H(s)$,开环传递函数可以分解为若干个典型环节的串联形式,即

$$G(s)H(s) = \prod_{i=1}^{N} G_i(s)$$

系统开环幅相特性的绘制

设典型环节频率特性为

$$G_i(j\omega) = A_i(\omega) e^{j\varphi_i(\omega)}$$

系统开环频率特性为

$$G(j\omega)H(j\omega) = A(\omega)e^{\varphi(\omega)} = \left[\prod_{i=1}^{N} A_i(\omega)\right] e^{j\left[\sum_{i=1}^{N} \varphi_i(\omega)\right]}$$

幅频特性为 $A(\omega) = \prod_{i=1}^{N} A_i(\omega)$,相频特性为 $\varphi(\omega) = \sum_{i=1}^{N} \varphi_i(\omega)$。

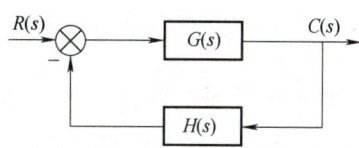

图 5-25 典型控制系统框图

由此可得,开环系统的幅频特性是各典型环节幅值之积,开环系统的相频特性是各典型环节辐角之和。

根据系统开环频率特性的表达式,在复平面上粗略绘制系统的开环幅相曲线需要把握三个要素:

1) 确定开环幅相曲线的起点($\omega=0$ 或 $\omega=0_+$)和终点($\omega=\infty$)。
2) 计算开环幅相曲线与负实轴的交点。

幅相曲线与负实轴相交时,$\varphi(\omega_g) = \angle G(j\omega_g)H(j\omega_g) = -\pi + 2k\pi$,根据相频特性的变化区间确定 k 的取值,通常 $k=0$。求出 ω_g,并代入幅频特性表达式,与负实轴的交点坐标为 $-A(\omega_g)$。

也可以从直角坐标的角度去求幅相曲线与实轴的交点,令频率特性的虚部为 0,则

$$\mathrm{Im} G(j\omega_g)H(j\omega_g) = 0$$

求出 ω_g,与实轴交点的坐标值为 $\mathrm{Re}G(j\omega_g)H(j\omega_g)$,实部为负时与负实轴相交。

3) 确定开环幅相曲线的变化范围(所处的象限,单调性)。

下面举例说明。

例 5-2 已知单位负反馈系统的开环传递函数为 $G(s) = \dfrac{K}{Ts+1}$,($K, T > 0$),试绘制系统开环幅相频率特性曲线。

解 系统开环频率特性为

$$G(j\omega) = \frac{K}{T\omega j + 1} = K \frac{1}{T\omega j + 1}$$

幅频特性为

$$A(\omega) = |G(j\omega)| = \prod_{i=1}^{2} A_i(\omega) = \frac{K}{\sqrt{T^2\omega^2+1}}$$

相频特性为

$$\varphi(\omega) = \angle G(j\omega) = \sum_{i=1}^{2} \varphi_i(\omega) = 0° - \arctan T\omega$$

或展开为

$$G(j\omega) = \frac{K[1-jT\omega]}{T^2\omega^2+1} = \frac{K}{T^2\omega^2+1} + j\frac{-KT\omega}{T^2\omega^2+1}$$

实频特性为

$$\mathrm{Re}G(j\omega) = \frac{K}{T^2\omega^2+1}$$

虚频特性为

$$\mathrm{Im}G(j\omega) = \frac{-KT\omega}{T^2\omega^2+1}$$

幅相曲线起点为

$$G(j0) = K\angle 0°$$

幅相曲线终点为

$$G(j\infty) = 0\angle -90°$$

由相频特性知:当频率 ω 从 0 到 $+\infty$ 变化时,辐角从 0° 到 -90° 变化,幅值从 K 到 0 逐渐减小,幅相曲线从 -90° 的方向终止于坐标原点。幅相曲线位于第四象限,幅相曲线不会与负实轴相交,如图 5-26 所示。或者由实频特性和虚频特性的表达式同样可以画出幅相曲线,两种方法采取一种即可。

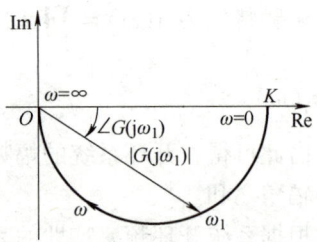

图 5-26 例 5-2 开环幅相曲线图

例 5-3 已知单位负反馈系统的开环传递函数为 $G(s) = \dfrac{K}{s(T_1s+1)(T_2s+1)}$,参数都大于 0,试绘制系统开环幅相频率特性曲线。

解 系统开环频率特性为

$$G(j\omega) = \frac{K}{j\omega(T_1\omega j+1)(T_2\omega j+1)} = K\frac{1}{j\omega}\frac{1}{T_1\omega j+1}\frac{1}{T_2\omega j+1}$$

幅频特性为

$$A(\omega) = |G(j\omega)| = \frac{K}{\omega\sqrt{T_1^2\omega^2+1}\sqrt{T_2^2\omega^2+1}}$$

本例中的开环传递函数在坐标原点有极点,频率 ω 应从零的右极限(0_+)开始。由以上幅频特性公式可知,当 ω 从 0_+ 到 ∞ 时,幅频 $A(\omega)$ 从 ∞ 衰减到 0。

相频特性为

$$\varphi(\omega) = \angle G(j\omega) = 0° - 90° - \arctan T_1\omega - \arctan T_2\omega$$

由以上相频特性公式可知,当 ω 从 0_+ 到 ∞ 时,相频 $\varphi(\omega)$ 从 -90° 变化到 -270°。

幅相曲线起点 $G(j0_+) = \infty\angle -90°$,幅相曲线起始于 -90° 方向的无穷远处。

幅相曲线终点 $G(j\infty)=0\angle-90°\times3$，幅相曲线以 $-270°$ 的方向终止于坐标原点。

幅相频率特性曲线从第三象限到第二象限分布，如图 5-27a 所示。由图可见，该曲线与负实轴相交，下面求交点坐标：

由 $\varphi(\omega_g)=-180°$ 可得

$$-90°-\arctan T_1\omega_g-\arctan T_2\omega_g=-180°$$

于是有

$$\arctan T_1\omega_g+\arctan T_2\omega_g=90°$$

$\arctan T_1\omega_g$ 与 $\arctan T_2\omega_g$ 互余，因此有 $T_1\omega_g=\dfrac{1}{T_2\omega_g}$，$\omega_g=\sqrt{\dfrac{1}{T_1T_2}}=\dfrac{1}{\sqrt{T_1T_2}}$

将 ω_g 的值代入幅频特性表达式可得

$$A(\omega_g)=\frac{K}{\omega_g\sqrt{T_1^2\omega_g^2+1}\sqrt{T_2^2\omega_g^2+1}}=\frac{KT_1T_2}{T_1+T_2}$$

因此开环幅相频率特性曲线与负实轴的交点坐标为 $\left(-\dfrac{KT_1T_2}{T_1+T_2},0\right)$。

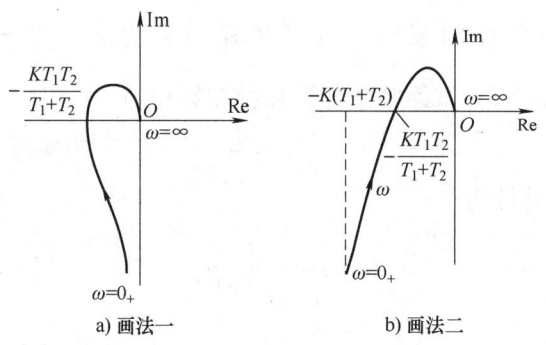

a) 画法一　　b) 画法二

图 5-27　例 5-3 开环幅相曲线图

如果将 $G(j\omega)$ 写出实部和虚部相加的形式，即

$$G(j\omega)=\frac{-K(T_1+T_2)}{(T_1^2\omega^2+1)(T_2^2\omega^2+1)}+j\frac{-K(1-T_1T_2\omega^2)}{\omega(T_1^2\omega^2+1)(T_2^2\omega^2+1)}$$

当 $\omega=0_+$ 时，$G(j0_+)=-K(T_1+T_2)-j\infty$，也就是说幅相曲线起始于过 $(-K(T_1+T_2),0)$ 点的实轴垂线负无穷远处，该垂线为幅相曲线的渐近线，如图 5-27b 所示。然而，利用开环幅相曲线进行系统分析时不需要准确知道渐近线的位置，一般根据 $\varphi(0_+)$ 的值取相应的坐标轴为渐近线。在本例中，系统的型别 $\nu=1$（开环传递函数中积分环节的个数），$\varphi(0_+)=-90°$，开环幅相频率特性曲线只需沿着负虚轴左侧画起即可。之所以从负虚轴左侧画起，因为当频率 ω 从正的方向趋向于 0 时，幅相曲线从辐角小于 $-90°$ 的方向趋向于 $-90°$。

例 5-4　已知单位负反馈系统的开环传递函数为 $G(s)=\dfrac{K(\tau s+1)}{s^2(Ts+1)}$，参数都大于 0，试绘制系统开环幅相频率特性曲线。

解　系统开环频率特性为

$$G(j\omega)=\frac{K(\tau\omega j+1)}{(j\omega)^2(T\omega j+1)}$$

幅频特性为

$$A(\omega) = \frac{K\sqrt{\tau^2\omega^2+1}}{\omega^2\sqrt{T^2\omega^2+1}}$$

相频特性为
$$\varphi(\omega) = 0°+\arctan\tau\omega-90°\times2-\arctan T\omega = -180°+\arctan\tau\omega-\arctan T\omega$$

幅相曲线起点为
$$G(j0_+) = \infty \angle -180°$$

幅相曲线终点为
$$G(j\infty) = 0 \angle -180°$$

由相频特性可知

当 $\tau<T$ 时，$-270°<\varphi(\omega)<-180°$

系统开环幅相频率特性曲线位于第二象限。

当 $\tau>T$ 时，$-180°<\varphi(\omega)<-90°$

系统开环幅相频率特性曲线位于第三象限，如图 5-28 所示。

例 5-5 已知单位负反馈系统的开环传递函数为 $G(s) = \dfrac{Ke^{-\tau s}}{Ts+1}$，参数都大于 0，试绘制系统开环幅相频率特性曲线。

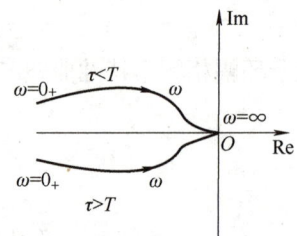

图 5-28 例 5-4 开环幅相曲线图

解 系统开环频率特性为
$$G(j\omega) = \frac{K}{j\omega T+1}e^{-j\tau\omega}$$

幅频特性为
$$A(\omega) = \frac{K}{\sqrt{T^2\omega^2+1}}$$

相频特性为
$$\varphi(\omega) = 0°-\arctan T\omega-\tau\omega 57.3°$$

幅相曲线起点为
$$G(j0) = K\angle 0°$$

幅相曲线终点为
$$G(j\infty) = 0\angle(-\infty)$$

$G(j\omega) = \dfrac{K}{j\omega T+1}e^{-j\tau\omega} = G_0(j\omega)e^{-j\tau\omega}$，$\left(\text{取 } G_0(j\omega) = \dfrac{K}{j\omega T+1}\right)$，由例 5-2 可知，$G_0(j\omega)$ 幅相频率特性曲线是第四象限半圆，$G(j\omega)$ 的幅频特性与 $G_0(j\omega)$ 的幅频特性相同，由 K 逐渐衰减到 0。当 ω 由 $0\to\infty$ 时，$G(j\omega)$ 的辐角由 $0\to-\infty$，它与实轴交点有无数个，$G(j\omega)$ 的开环幅相频率特性曲线是趋向于坐标原点的螺旋线，如图 5-29 所示。

例 5-6 已知单位负反馈系统的开环传递函数为 $G(s) = \dfrac{K(-\tau s+1)}{s(Ts-1)}$；$K>0$，$T>\tau$，试绘制系统开环幅相频率特性曲线。

解 系统开环频率特性为

$$G(j\omega) = \frac{K(-\tau\omega j + 1)}{j\omega(T\omega j - 1)}$$

幅频特性为

$$A(\omega) = \frac{K\sqrt{\tau^2\omega^2 + 1}}{\omega\sqrt{T^2\omega^2 + 1}}$$

相频特性为

$$\varphi(\omega) = 0° - \arctan\tau\omega - 90° - (180° - \arctan T\omega)$$
$$= -270° + \arctan T\omega - \arctan\tau\omega$$

幅相曲线起点为

$$G(j0_+) = \infty \angle -270°$$

幅相曲线终点为

$$G(j\infty) = 0 \angle -270°$$

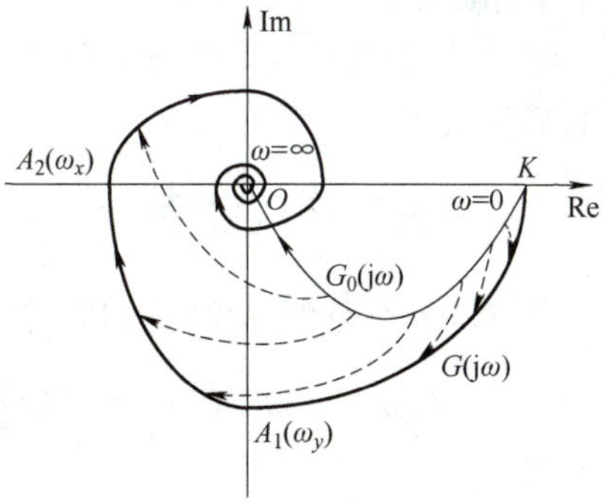

或者将 $G(j\omega)$ 展开成实部和虚部相加,即

$$G(j\omega) = \frac{K[(T-\tau)\omega + j(1+T\tau\omega^2)]}{\omega(T^2\omega^2+1)} = \frac{K(\tau-T)}{(T^2\omega^2+1)} + j\frac{K(1+T\tau\omega^2)}{\omega(T^2\omega^2+1)}$$

实频特性为

$$\mathrm{Re}[G(j\omega)] = \frac{K(\tau-T)}{(T^2\omega^2+1)}$$

虚频特性为

$$\mathrm{Im}[G(j\omega)] = \frac{K(1+T\tau\omega^2)}{\omega(T^2\omega^2+1)}$$

图 5-29 例 5-5 开环幅相曲线图

由实频特性和虚频特性可知:当 $\tau<T$ 时,系统开环幅相频率特性曲线位于第二象限,且 $\mathrm{Re}G(j0_+) = K(\tau-T)$,开环幅相曲线如图 5-30 中曲线①所示。考虑到在用开环幅相曲线进行系统分析时不需要准确知道渐近线的具体位置,所以 $\varphi(0_+) = -270°$ 时,幅相曲线可以直接从正虚轴的无穷远处画起,如图 5-30 中曲线②所示。由于 $T>\tau$,$\omega\to 0_+$ 时,相频从大于 $-270°$ 的方向趋向于正虚轴 $(-270°)$。

综上所述,在例 5-2~例 5-6 的 5 个例题中,前 3 个控制系统是最小相位系统,后 2 个控制系统是非最小相位系统。求非最小相位系统的相频特性时容易出错,需要特别谨慎。了解以下复数的辐角求取方法有利于掌握非最小相位系统幅相曲线的绘制:$-1+j2$ 的实部为负,虚部为正,是 s 平面上位于第二象限的点,辐角应该为 $180°-\arctan 2$;$1-j2$ 的实部为正,虚部为负,是 s 平面上位于第四象限的点,辐角应该为 $-\arctan 2$。

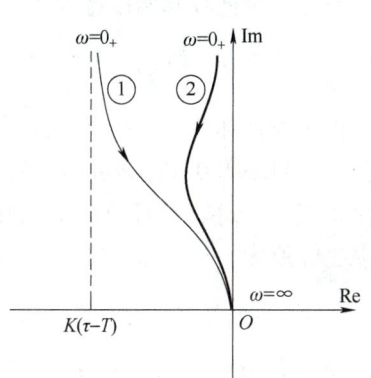

图 5-30 例 5-6 开环幅相曲线图

概略绘制最小相位系统的开环幅相曲线具有以下规律:

1)对于 0 型系统,起点位于实轴上坐标为 $(K,0)$ 的点,K 为开环增益;

2)对于 ν 型系统,起点位于辐角为 $-\nu\times 90°$ 的无穷远处;

3)如果分母阶次 n 大于分子阶次 m,ω 趋向于 ∞ 时,幅相曲线以 $-(n-m)\times 90°$ 的角度终

止于坐标原点；

4）如果分母阶次等于分子阶次（$n=m$），ω 趋向于 ∞ 时，幅相曲线终止于实轴上原点之外的某一点。

5.4.3 系统开环对数频率特性的绘制

系统开环对数幅频率性与相频特性为

系统开环对数频率特性的绘制

$$L(\omega) = 20\lg A(\omega) = 20\lg \prod_{i=1}^{N} A_i(\omega) = \sum_{i=1}^{N} 20\lg A_i(\omega)$$

$$\varphi(\omega) = \varphi_1(\omega) + \varphi_2(\omega) + \cdots + \varphi_N(\omega) = \sum_{i=1}^{N} \varphi_i(\omega)$$

系统的开环对数幅频特性是各典型环节对数幅值之和，开环相频特性是各典型环节辐角之和。因此，系统的开环对数幅频特性曲线和开环对数相频特性曲线分别由各串联环节对数幅频特性曲线和对数相频特性曲线叠加而成，手工绘图绘制对数幅频渐近特性曲线即可。典型环节的对数幅频渐近特性曲线为不同斜率的直线或折线，故叠加后的对数幅频渐近特性仍为不同斜率的线段或折线。因此，只要首先确定低频起始段的斜率和位置，然后确定线段转折频率及转折后线段斜率的变化，就可以由低频到高频绘制出开环对数幅频特性曲线。这种绘制对数幅频渐近特性曲线的方法称为**分段近似法**。

1. 低频起始段（$\omega \to 0_+$）的确定

设频率特性的一般形式为

$$G(\mathrm{j}\omega) = \frac{K(\tau_1\omega\mathrm{j}+1)(-\tau_2\omega\mathrm{j}+1)(\tau_3^2(\omega\mathrm{j})^2+2\zeta_3\tau_3\omega\mathrm{j}+1)\cdots}{(\omega\mathrm{j})^\nu(T_1\omega\mathrm{j}+1)(-T_2\omega\mathrm{j}+1)(T_3^2(\omega\mathrm{j})^2+2\zeta_3T_3\omega\mathrm{j}+1)\cdots}\mathrm{e}^{-\tau\omega\mathrm{j}}$$

开环系统低频起始段特性为

$$\lim_{\omega \to 0_+} G(\mathrm{j}\omega) = \frac{K}{(\mathrm{j}\omega)^\nu}$$

由于惯性环节、一阶微分环节、振荡环节、二阶微分环节的对数幅频渐近特性曲线在转折频率前斜率为 0，在转折频率处斜率发生变化，故在 $\omega \to 0_+$ 时，开环系统的幅频渐近特性取决于积分（或微分）环节的个数和开环增益 K 的大小。在半对数坐标图上，低频段范围内的纵坐标值为

$$L(\omega) = 20\lg\left|\frac{K}{(\mathrm{j}\omega)^\nu}\right| = 20\lg\left|\frac{K}{\omega^\nu}\right| = 20\lg K - 20\nu\lg\omega$$

图 5-31 分别给出了开环增益为 K，积分环节个数为 $\nu = 0，1，2$ 的低频起始段的对数幅频特性曲线。

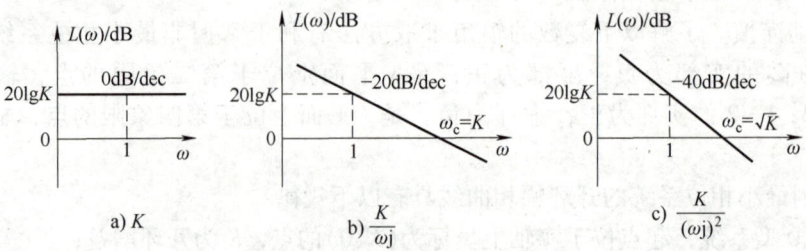

图 5-31　开环对数幅频特性低频起始段特性图

2. 转折频率及线段斜率的变化量

从表 5-1 可以看出，一阶环节转折频率之前幅值为 0dB，转折频率之后线段斜率为 −20dB/dec 或 20dB/dec；二阶环节转折频率之前幅值为 0dB，转折频率之后线段斜率为 −40dB/dec 或 40dB/dec。

表 5-1 转折频率处斜率变化表

典型环节	传递函数	转折频率	斜率变化
一阶环节 ($T>0$)	$\dfrac{1}{1+Ts}$	$\dfrac{1}{T}$	−20dB/dec
	$\dfrac{1}{1-Ts}$		
	$1+Ts$		20dB/dec
	$1-Ts$		
二阶环节 ($\omega_n>0,\ 0\leq\zeta<1$)	$\dfrac{1}{\dfrac{s^2}{\omega_n^2}+2\zeta\dfrac{s}{\omega_n}+1}$	ω_n	−40dB/dec
	$\dfrac{1}{\dfrac{s^2}{\omega_n^2}-2\zeta\dfrac{s}{\omega_n}+1}$		
	$\dfrac{s^2}{\omega_n^2}+2\zeta\dfrac{s}{\omega_n}+1$		40dB/dec
	$\dfrac{s^2}{\omega_n^2}-2\zeta\dfrac{s}{\omega_n}+1$		

3. 绘制开环对数频率特性曲线步骤

1) 写出开环频率特性表达式，并进行标准化，将所含各典型环节的转折频率由小到大依次标在对数坐标轴上，坐标轴长度选择左边小于 5~10 倍最小转折频率，右边大于 5~10 倍最大转折频率，这样才能展现对数频率特性图的全部特征。

2) 绘制开环对数渐近幅频曲线。

低频段：$\omega<\omega_{\min}=\min\left\{\omega_i=\dfrac{1}{T_i}\right\}$

方法一：在 $\omega=1$，高度为 $20\lg K$ 处，画出斜率 -20νdB/dec 线段，遇到第一个转折频率为止或反向延长线遇到第一个转折频率为止；

方法二：在低频段任选一点 ω_0，高度为 $20\lg\dfrac{K}{\omega_0^\nu}$ 处，画出斜率为 -20νdB/dec 的线段，遇到第一个转折频率为止；

方法三：在低频段任选两点 ω_1、ω_2，高度分别为 $20\lg\dfrac{K}{\omega_1^\nu}$、$20\lg\dfrac{K}{\omega_2^\nu}$ 处，连接此两点，并延长到第一个转折频率为止。（可选 ω_2 为第一个转折频率）

中频段：每遇到一个转折频率就改变一次分段直线的斜率，可根据分段近似关系计算出每个转折频率处的对数幅值。

高频段：$\omega > \omega_{max} = \max\left\{\omega_i = \dfrac{1}{T_i}\right\}$，渐近线斜率为 $-20(n-m)\text{dB/dec}$。

3）绘制以分段直线表示的渐近线后，如果需要精确绘制，可按典型环节的误差曲线对相应的分段直线进行修正。

4）绘制相频特性曲线。根据表达式，在低频、中频和高频段中各选择若干个频率（转折频率一定要计算，相位变化较大）进行计算，然后连接成曲线。

需要注意的是，当系统的多个环节具有相同转折频率时，该转折频率处斜率的变化应该为各个环节对应的斜率变化值的代数和。

例 5-7 已知系统的开环传递函数为

$$G(s)H(s) = \dfrac{2000s - 4000}{s^2(s+1)(s^2+10s+400)}$$

试绘制系统开环对数幅频渐近特性曲线。

解 首先，将开环传递函数化成常数项都是 1 的标准形式，即

$$G(s)H(s) = \dfrac{-10\left(-\dfrac{s}{2}+1\right)}{s^2(s+1)\left(\dfrac{s^2}{20^2}+\dfrac{1}{2}\dfrac{s}{20}+1\right)}$$

开环系统由六个典型环节串联而成，即非最小相位比例环节、两个积分环节、非最小相位一阶微分环节、惯性环节和振荡环节。它与最小相位传递函数 $\dfrac{10\left(\dfrac{s}{2}+1\right)}{s^2(s+1)\left(\dfrac{s^2}{20^2}+\dfrac{1}{2}\dfrac{s}{20}+1\right)}$ 具有完全相同的幅频特性，只是相频特性不同。

1）确定各转折频率，按从小到大的顺序排列，并确定转折频率点处的斜率变化值。

惯性环节的转折频率最小，即 $\omega_{min} = \omega_1 = 1$，转折频率点后斜率减小 20dB/dec。

一阶微分环节，即 $\omega_2 = 2$，转折频率点后斜率增加 20dB/dec。

二阶振荡环节，即 $\omega_3 = 20$，转折频率点后斜率减小 40dB/dec。

三个转折频率把整个频率轴分成 4 个区间：$(0,1]$，$(1,2]$，$(2,20]$ 和 $(20,\infty)$，采用分段近似法绘制每个频率区间内的直线，以 $L_a(\omega)$ 表示对数幅频渐进特性。

2）绘制低频段（$\omega \leq \omega_{min}$）渐近特性曲线。因为这是一个 II 型系统（$\nu = 2$），低频段斜率 $k = -40\text{dB/dec}$。在此低频段内，对数渐近幅频特性只需考虑积分环节和比例环节，即

$$L_a(\omega) = 20\lg\dfrac{10}{\omega^2}$$

选取两个频率点，0.1rad/s 和 1rad/s，计算它们所对应的对数渐近特性幅值 $L_a(\omega)$ 得，$L_a(0.1) = 60\text{dB}$，$L_a(1) = 20\text{dB}$。在半对数坐标系中连接 $(0.1,60)$ 和 $(1,20)$ 两点即可得到低频段内的对数幅频近似直线。在转折频率 ω_1 之后直线斜率变为 $k = -60\text{dB/dec}$。

3）在 $1 < \omega \leq 2$ 频率区间内，对数渐近幅频特性需要考虑积分环节、比例环节，再加上惯性环节在转折频率点后的近似（忽略惯性环节的常数项 1），即

$$L_a(\omega) = 20\lg\dfrac{10}{\omega^2\omega}$$

只需要计算出下一个转折频率 $\omega_2 = 2$ 时的对数幅值，即 $L_a(2) = 20\lg \dfrac{10}{8}\mathrm{dB} = 1.94\mathrm{dB}$。连接上一个转折点 $(1,20)$ 和 $(2,1.94)$ 即可得到 $1 < \omega \leq 2$ 频率区间内对数幅频近似直线。在转折频率 ω_2 之后直线斜率变为 $k = -40\mathrm{dB/dec}$。

4）在 $2 < \omega \leq 20$ 频率区间内，对数渐近幅频特性需要在上一个区间段内的近似基础上，再加上一阶微分环节在转折频率点后的近似（忽略一阶微分环节的常数项1），即

$$L_a(\omega) = 20\lg \dfrac{10 \times \dfrac{\omega}{2}}{\omega^2 \omega} = 20\lg \dfrac{5}{\omega^2}$$

计算出下一个转折频率 $\omega_3 = 20$ 时的对数幅值，即 $L_a(20) = 20\lg \dfrac{5}{20^2} = -38\mathrm{dB}$。连接上一个转折点 $(2,1.94)$ 和 $(20,-38)$ 即可得到 $2 < \omega \leq 20$ 频率区间内对数幅频近似直线。在转折频率 ω_3 之后直线斜率变为 $k = -80\mathrm{dB/dec}$。

5）在 $\omega > 20$ 频率区间内，根据斜率关系画出过 $(20,-38)$ 点的直线即可。

6）如果需要描绘振荡环节 $\dfrac{1}{\dfrac{s^2}{400} + \dfrac{1}{2}\dfrac{s}{20} + 1}$ 的谐振峰值，可以通过计算对以上步骤所得的对数幅频渐近特性曲线进行进一步修正。

阻尼比 $\zeta = 0.25$，谐振频率为

$$\omega_r = \omega_n\sqrt{1 - 2\zeta^2} = 20\sqrt{0.875}\,\mathrm{rad/s} \approx 18.7\,\mathrm{rad/s}$$

谐振峰值为

$$20\lg M_r = 20\lg \dfrac{1}{2\zeta\sqrt{1-\zeta^2}} = 20\lg \dfrac{1}{0.5\sqrt{1-0.25^2}}\mathrm{dB} = 6.3\mathrm{dB}$$

在原对数幅频渐近曲线上，$L_a(\omega_r) = L_a(18.7) = 20\lg \dfrac{5}{18.7^2}\mathrm{dB} \approx -37\mathrm{dB}$，叠加上谐振峰值后 $L(\omega_r) = -30.7\mathrm{dB}$，如图 5-32 所示。

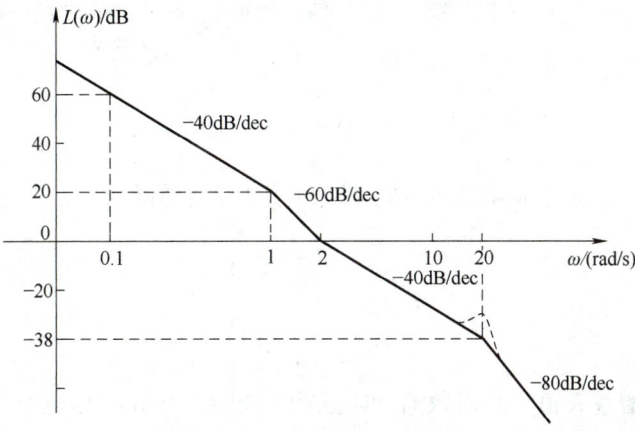

图 5-32 例 5-7 对数幅频渐进特性曲线图

开环对数相频曲线的绘制，一般由典型环节分解下的相频特性表达式组成，取若干个频

率点,列表计算各点的辐角并标注在半对数坐标图中,最后将各点光滑连接,即可得开环对数相频的近似曲线。需要精确绘制伯德图时常常采用 MATLAB 或其他商业软件。

5.4.4 由频域实验确定系统传递函数

由频域实验确定系统传递函数

在实际的控制系统分析与设计中,许多被控对象的数频描述往往并不清楚,需要通过实验的方法获取。由于稳定系统的频率响应是与输入同频率的正弦信号,幅值比和相位差分别为系统的幅频特性和相频特性,因此频率特性较为容易通过实验得到,继而可得到系统或环节的传递函数。

在频域测试动态特性的具体方法是在系统或环节的输入端施加不同频率的正弦信号,记录不同频率下的输出响应,比较输出与输入信号的波形,得到它们的幅值比和相位差,并由此绘制系统的对数频率特性曲线。然后,从低频起,将实验所得的对数频率特性曲线用斜率为 0dB/dec、±20dB/dec、±40dB/dec、…直线分段近似,获得对数频率渐近特性曲线。

如果幅频特性曲线与相频特性曲线的变化趋势一致,可以判断该系统为最小相位系统。最小相位系统的对数幅频特性和相频特性存在确定的对应关系,仅由对数幅频渐近特性曲线就可以确定最小相位条件下系统的传递函数,这是对数幅频渐近特性曲线绘制的逆问题。

值得注意的是,若某个转折频率后斜率变化-40dB/dec,则对应的环节可能是振荡环节,也可能是两个相同的一阶惯性环节。判断的方法是:若系统在该频率处存在谐振现象,则为振荡环节;否则为两个相同的一阶惯性环节。同样类推,若斜率变化 40dB/dec,则对应的环节可能是二阶微分环节,也可能是两个相同的一阶微分环节。

例 5-8 已知最小相位系统的开环对数渐近幅频特性曲线如图 5-33 所示,其中转折频率 ω_1、ω_2 和与 0dB 线的交点频率 ω_c 已知,求其开环系统传递函数。

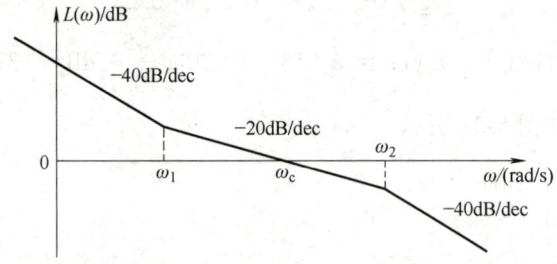

图 5-33 例 5-8 对数幅频渐近特性曲线

解 根据开环对数渐近幅频特性曲线可写出其开环传递函数为

$$G(s) = \frac{K\left(\dfrac{1}{\omega_1}s+1\right)}{s^2\left(\dfrac{1}{\omega_2}s+1\right)}$$

需要确定开环增益 K 值。在对数渐近幅频特性曲线与 0dB 线相交处,有

$$L(\omega_c) = 20\lg |G(\omega_c j)| = 0\text{dB}$$

或者 $|G(j\omega_c)| = 1$,且 $\omega_1 < \omega_c < \omega_2$,根据绘制开环对数渐近幅频特性曲线的原则,可以得到在 $\omega_1 < \omega < \omega_2$ 范围内,有

$$G(j\omega) \approx \frac{K\left(\frac{j\omega}{\omega_1}+0\right)}{(j\omega)^2(0+1)}$$

当 $\omega=\omega_c$ 时

$$|G(j\omega_c)| = \left|\frac{K\left(\frac{j\omega_c}{\omega_1}+0\right)}{(j\omega_c)^2(0+1)}\right| = \frac{K\frac{\omega_c}{\omega_1}}{\omega_c^2} = 1$$

可得

$$K=\omega_c\omega_1$$

因此，其开环系统传递函数为

$$G(s)=\frac{\omega_c\omega_1\left(\frac{1}{\omega_1}s+1\right)}{s^2\left(\frac{1}{\omega_2}s+1\right)}$$

5.5 基于频率特性的稳定性判据

对控制系统进行分析和设计的最基本要求是闭环系统稳定。线性定常系统稳定性判据，在时域中有劳斯判据，判别闭环系统的特征根是否具有负实部。在复数域中，则是判定闭环系统的所有极点是否均在 s 左半平面上。在频率域中，可以利用系统的开环频率特性来判别闭环系统是否稳定。

设闭环系统的开环传递函数为

$$G(s)H(s)=\frac{N(s)}{D(s)}=\frac{K_r\prod_{j=1}^{m}(s+z_j')}{\prod_{i=1}^{n}(s+p_i)} \quad (n \geqslant m) \tag{5-17}$$

式中，$-p_i$ 为开环极点；$-z_j'$ 为开环零点。

闭环特征多项式可表示为有理分式的形式，即

$$F(s)=1+G(s)H(s)=1+\frac{N(s)}{D(s)}=\frac{D(s)+N(s)}{D(s)}$$

$$=\frac{\prod_{i=1}^{n}(s+p_i)+K_r\prod_{j=1}^{m}(s+z_j')}{\prod_{i=1}^{n}(s+p_i)}=\frac{\prod_{j=1}^{n}(s+z_j)}{\prod_{i=1}^{n}(s+p_i)} \tag{5-18}$$

有理分式 $F(s)$ 的极点依然为系统的开环极点 $-p_i$，$F(s)$ 的零点 $-z_j$ 为系统的闭环极点。
由式(5-17)和式(5-18)可知闭环系统的特征多项式 $F(s)$ 具有以下特点：

1）$F(s)$ 是 n 阶有理分式，并且零点和极点的个数是相等的；
2）$F(s)$ 的零点就是系统的**闭环极点**；
3）$F(s)$ 的极点就是系统的**开环极点**。

频率域中稳定性判据(奈奎斯特稳定判据)的数学基础是复变函数中的辐角原理。它是

通过建立开环频率特性 $G(j\omega)H(j\omega)$ 曲线与 $F(s)=1+G(s)H(s)$ 在右半平面上的零点、极点数的关系来判别闭环系统的稳定性。

5.5.1 奈奎斯特稳定判据的数学基础

奈奎斯特稳定判据的数学基础

s 表示一个复数变量，在 s 平面上可表示为 $s=\sigma+j\omega$。以 s 为变量的有理函数 $F(s)$ 也是复数，在 F 平面上表示为 $F(s)=u+jv$。在 s 平面上除了 $F(s)$ 的零点和极点外的任意点 s_i，均可在 F 平面上找到与之对应的点 $F(s_i)$，$F(s_i)$ 也是复数。复函数 $F(s)$ 就是从 s 平面到 $F(s)$ 平面上的映射。在 s 平面上任选一个封闭曲线 Γ，且不通过 $F(s)$ 的任何零点和极点，s 从封闭曲线 Γ 上任一点 A 起，顺时针沿着 Γ 运动一周，再回到 A 点，则相应地，F 平面上亦从点 $F(A)$ 起，到 $F(A)$ 点止，形成一个封闭的曲线 Γ_F。

辐角原理：如果在 s 平面上不通过 $F(s)$ 零点和极点的封闭曲线 Γ 包围了 $F(s)$ 的 Z 个零点和 P 个极点，当变量 s 沿着封闭曲线 Γ 顺时针连续变化一周时，映射到 F 平面上的封闭曲线 Γ_F 包围原点的周数为

$$R=P-Z$$

$R<0$ 和 $R>0$ 分别表示 Γ_F 顺时针包围和逆时针包围 F 平面的原点，$R=0$ 表示不包围 F 平面的原点。

控制系统的稳定性判定是利用已知的开环传递函数来判定闭环系统的稳定性。为应用辐角原理，如式(5-18)所示选择 $F(s)=1+G(s)H(s)$。本书不对辐角原理进行严格数学证明，简单说明如下。

由式(5-18)得

$$F(s)=\frac{\prod_{j=1}^{n}(s+z_j)}{\prod_{i=1}^{n}(s+p_i)}=|F(s)|\angle F(s)=|F(s)|\angle\left[\sum_{j=1}^{n}\varphi_j-\sum_{i=1}^{n}\theta_i\right]$$

式中，$\sum_{j=1}^{n}\varphi_j=\sum_{j=1}^{n}\angle(s+z_j)$ 为 $F(s)$ 的所有零点辐角之和；$\sum_{i=1}^{n}\theta_i=\sum_{i=1}^{n}\angle(s+p_i)$ 为 $F(s)$ 的所有极点辐角之和。

当 s 沿 Γ 绕行时，$\angle(s+z_j)$ 和 $\angle(s+p_i)$ 将随之变化，图 5-34a 说明辐角 $\angle(s+z_j)$ 和 $\angle(s+p_i)$ 的变化情况。若 $F(s)$ 的零点(如 $-z_2$)、极点(如 $-p_1$) 在 Γ 之外，s 沿 Γ 绕行一周，其辐角变化皆等于 0。

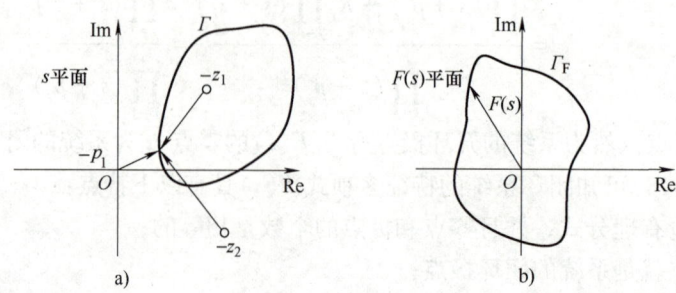

图 5-34 辐角原理示意图

若 $F(s)$ 的零点(如 $-z_1$)在 Γ 之内,s 沿 Γ 顺时针方向绕行一周,向量 $s+z_1$ 辐角变化为 -2π;若 $F(s)$ 的极点在 Γ 之内(本例中无),s 沿 Γ 顺时针方向绕行一周,对应向量辐角变化为 2π,因为极点在分母上,所以与零点对应向量的辐角符号相反;假设 $F(s)$ 在 Γ 之内有 Z 个零点和 P 个极点,当 s 沿 Γ 顺时针方向绕行一周,$F(s)$ 的辐角变化为

$$\Delta \angle F(s) = -2\pi(Z-P) = 2\pi(P-Z) \tag{5-19}$$

辐角变化 -2π 相当于 Γ_F 按顺时针方向包围 F 平面的原点一周,辐角变化 2π 相当于 Γ_F 按逆时针方向包围 F 平面的原点一周,故式(5-19)又可写成

$$R = P - Z$$

$R>0$ 表示 Γ_F 按逆时针方向包围 $F(s)$ 平面原点的周数,$R<0$ 表示 Γ_F 按顺时针方向包围 $F(s)$ 平面原点的周数。

5.5.2 奈奎斯特稳定判据

1. 复变函数 $F(s)$

由于选取的 $F(s)$ 由闭环特征多项式 $1+G(s)H(s)$ 构成,s 沿封闭曲线 Γ 运动一周映射到 F 平面所产生的封闭曲线 Γ_F 与函数 $G(s)H(s)$ 所产生的封闭曲线 Γ_{GH} 只相差一个常数 1,即封闭曲线 Γ_F 可由 Γ_{GH} 沿实轴正方向平移一个单位长度获得。封闭曲线 Γ_F 包围 F 平面坐标原点的周数等于封闭曲线 Γ_{GH} 包围 $(-1,j0)$ 点的周数。

奈奎斯特稳定判据

由 $F(s)$ 的特点可以看出,取 $F(s) = 1+G(s)H(s) = \dfrac{D(s)+N(s)}{D(s)}$ 的形式,具有两个优点,其一是建立了系统的开环极点和闭环极点与 $F(s)$ 的零点、极点之间的直接联系;其二是建立了闭合曲线 Γ_F 与 Γ_{GH} 之间的转换关系。在已知开环传递函数 $G(s)H(s)$ 的条件下,上述优点为辐角原理的应用创造了条件。

2. s 平面的封闭曲线 Γ

闭环系统的稳定性取决于系统闭环传递函数的极点即所构造的 $F(s)$ 的零点位置,$F(s)$ 在整个 s 右半平面都没有零点($Z=0$)时,闭环系统稳定。因此,构造如下封闭曲线,即它包围整个 s 右半平面,s 按顺时针方向沿着虚轴从 $-j\infty \to j0 \to +j\infty$,再向右方以无穷大半径画半圆至 $-j\infty$ 处,这个封闭曲线称为奈奎斯特路径,如图 5-35a 所示。

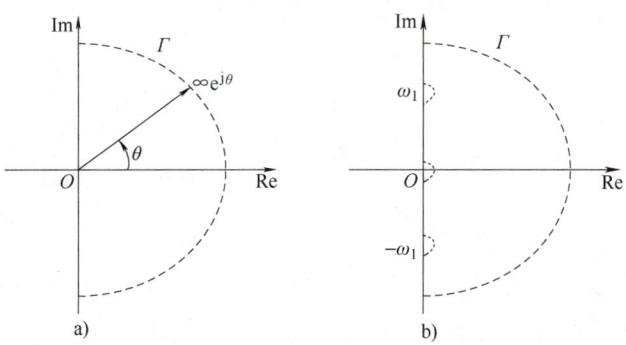

图 5-35 s 平面的封闭曲线 Γ

如前所述,封闭曲线 Γ 不能通过 $F(s)$ 的任一零点和极点,当开环传递函数 $G(s)H(s)$ 在 s 平面的虚轴上有极点时,为了避开开环极点,在图 5-35a 所选封闭曲线 Γ 的基础上加以

改造，剔除虚轴上的 $F(s)$ 极点。以虚轴上的 $F(s)$ 极点为圆心，在右侧做半径为无穷小（ε）的半圆，构成图 5-35b 所示的封闭曲线 Γ。$G(s)H(s)$ 在 s 平面虚轴上的极点有以下两种情况：

1) 开环传递函数含有积分环节，即有开环极点在 s 平面的坐标原点，右侧无穷小半圆上的点可以表示为 $s=\varepsilon e^{j\theta}$，$\theta\in[-90°,90°]$；

2) 开环传递函数含有等幅振荡环节，即有开环极点形如 $\pm j\omega_1$，右侧无穷小半圆上的点可以表示为 $s=\pm j\omega_1+\varepsilon e^{j\theta}$，$\theta\in[-90°,90°]$。

值得注意的是，函数 $F(s)$ 位于 s 右半平面上的极点数，即开环传递函数 $G(s)H(s)$ 位于 s 右半平面上的极点数不应包括 $G(s)H(s)$ 位于 s 平面虚轴上的极点数；函数 $F(s)$ 在 s 平面虚轴上有零点的情况也不满足辐角原理的条件，对这种情况将在本小节奈奎斯特稳定判据部分给予说明。

3. $G(s)H(s)$ 封闭曲线的绘制

如前所示，因为构造的 $F(s)$ 与 $G(s)H(s)$ 仅相差常数 1，直接绘制 $G(s)H(s)$ 对应的封闭曲线 Γ_{CH} 更为方便。当 s 位于封闭曲线 Γ 的无穷远处时，如图 5-35 所示，可以表示为 $s=\infty e^{j\theta}$，$\theta\in[-90°,90°]$。由于有理分式 $G(s)H(s)$ 的分母阶次 n 大于等于分子阶次 m，将 $s=\infty e^{j\theta}$ 代入 $G(s)H(s)$ 求极限可得 $G(s)H(s)$ 等于 0 或常数 K^*。因此，当 $G(s)H(s)$ 的分母阶次大于分子阶次时，Γ 上所有无穷远处的点映射成 $G(s)H(s)$ 平面上的坐标原点，这种情况最为常见；当 $G(s)H(s)$ 的分母阶次等于分子阶次时，Γ 上所有无穷远处的点映射成 $G(s)H(s)$ 平面实轴上的一个点 $(K^*,j0)$。根据开环传递函数 $G(s)H(s)$ 在虚轴上是否有极点，分两种情况讨论。

(1) $G(s)H(s)$ 在虚轴上无极点

如图 5-35a 所示，在 s 平面的封闭曲线 Γ 上除无穷远处的点之外，都位于 s 平面的虚轴上，表示为 $s=\pm j\omega$。将虚轴上的点代入 $G(s)H(s)$ 得 $G(j\omega)H(j\omega)(-\infty<\omega<\infty)$，这便是频率特性。$G(j\omega)H(j\omega)$ 在 $G(s)H(s)$ 平面上对应的曲线就是奈奎斯特曲线。$G(j\omega)H(j\omega)$ 的幅值是偶函数、辐角是奇函数，$G(j\omega)H(j\omega)$ 在 $-\infty<\omega<\infty$ 时，奈奎斯特曲线是关于实轴对称的，因此只需绘制 Γ 在实轴以上的半封闭曲线对应的 Γ_{CH}，此时的 Γ_{CH} 也是半封闭曲线。比如 $G(s)H(s)=\dfrac{20}{(10s+1)(2s+1)(0.2s+1)}$，半封闭曲线如图 5-36a 所示，通过对称关系，绘制出频率为负的时候另一半就可以形成封闭曲线，如图 5-36b 所示。

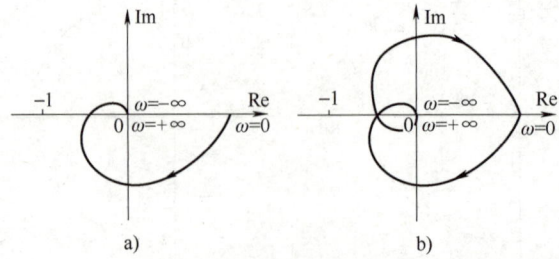

图 5-36 $G(s)H(s)$ 的半封闭曲线与封闭曲线

(2) $G(s)H(s)$ 在虚轴上有极点

为方便起见，将图 5-35 中虚部大于等于 0 的半封闭曲线重新绘制在图 5-37 中。首先以

$G(s)H(s)$ 仅在坐标原点上有极点的情况为例说明。

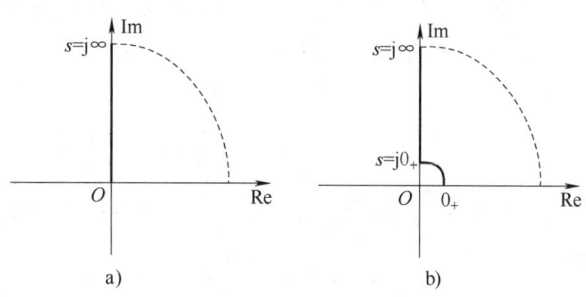

图 5-37 s 平面的半封闭曲线

$G(s)H(s) = \dfrac{K}{s(T_1s+1)(T_2s+1)}$，$s=j\omega$，$\omega>0$ 时的幅相曲线如图 5-38a 所示，它并不是一个半封闭曲线，所以没有称它为奈奎斯特曲线。因为 $G(s)H(s)$ 在坐标原点上有极点，在虚轴上 $(s=j\omega)$ 频率 ω 不能等于 0。s 平面上的半封闭曲线 Γ 除了有无穷远处圆弧、虚轴上频率大于 0 的点之外，还有为了剔除坐标原点而形成的无穷小圆弧 $s=\varepsilon e^{j\theta}$，$\theta \in [0°,90°]$，如图 5-37b 所示。需要补画 $s=\varepsilon e^{j\theta}$ 所对应的 Γ_{GH} 部分，将 $s=\varepsilon e^{j\theta}$ 代入 $G(s)H(s)$ 得

$$G(s)H(s) = \dfrac{K}{\varepsilon e^{j\theta}(T_1\varepsilon e^{j\theta}+1)(T_2\varepsilon e^{j\theta}+1)} \approx \dfrac{K}{\varepsilon e^{j\theta}} = \infty e^{-j\theta}, \theta \in [0°,90°]$$

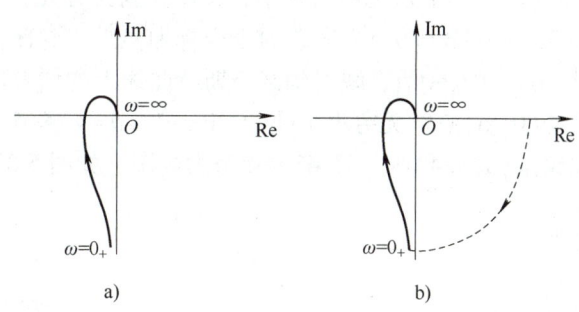

图 5-38 $\dfrac{K}{s(T_1s+1)(T_2s+1)}$ 的奈奎斯特曲线绘制过程

$s=\varepsilon e^{j\theta}$ 映射到 Γ_{GH} 曲线为辐角从 0° 到 -90° 变化、半径为无穷大的 1/4 圆弧，如图 5-38b 中虚线部分所示。为方便起见，将补画的无穷大圆弧称为增补圆。频率 $\omega>0$ 时的幅相曲线与根据虚轴上开环极点所补的无穷大半径的虚线圆弧构成了半封闭曲线 Γ_{GH}，称为**奈奎斯特曲线**。

当开环传递函数 $G(s)H(s)$ 含有 ν 个积分环节且为最小相位系统的时候，则

$$G(s)H(s)\big|_{s=\varepsilon e^{j\theta}} \approx \dfrac{K}{\varepsilon^\nu e^{j\nu\theta}} = \infty e^{-j\nu\theta}, \theta \in [0°,90°]$$

增补圆从正实轴无穷远处开始，以半径为无穷大顺时针划过 $\nu\times 90°$ 圆弧，到达 $G(j0_+)H(j0_+)$ 处。如果开环传递函数 $G(s)H(s)$ 是非最小相位的，增补圆也可能起始于负实轴的无穷远处。增补圆比较简洁的绘制方法是对于 ν 型系统，从幅相曲线的 $G(j0_+)H(j0_+)$ 处逆时针旋转 $\nu\times 90°$ 寻找增补圆的起始位置，顺时针补画 $\nu\times 90°$ 的圆弧至 $G(j0_+)H(j0_+)$ 处，以虚

线表示并加上方向箭头。

当开环系统含有等幅振荡环节时，即 $G(s)H(s)$ 在虚轴上有除坐标原点之外的极点，仅以一例加以简单说明。设系统的开环传递函数为

$$G(s)H(s) = \frac{10}{s(s+1)\left(\frac{s^2}{4}+1\right)}$$

该传递函数在 s 平面的上半虚轴上有 $(0,0)$ 和 $(0,2j)$ 两个极点，构造 s 平面上的半封闭曲线 Γ，如图 5-39a 所示。

频率特性为

$$G(j\omega)H(j\omega) = \frac{10}{j\omega(j\omega+1)\left[\frac{(j\omega)^2}{4}+1\right]}$$

等幅振荡环节 $\dfrac{1}{\frac{(j\omega)^2}{4}+1}$ 在频率 $\omega<2$ 时辐角始终为 $0°$，频率 $\omega>2$ 时辐角始终为 $-180°$。

$$\varphi(\omega) = \begin{cases} -90°-\arctan\omega, & \omega<2 \\ -270°-\arctan\omega, & \omega>2 \end{cases}$$

$\varphi(2_-) = -90°-\arctan 2 = -153.4°$，$\varphi(2_+) = -270°-\arctan 2 = -333.4°$

频率 ω 从 0_+ 到 2_- 变化时，幅值从无穷大减小，又增大到无穷大。频率 ω 从 2_+ 到 ∞ 变化时，幅值从无穷大减小 0，从 $-360°(0°)$ 方向趋向于坐标原点。半封闭曲线 Γ 上围绕坐标原点的无穷小圆弧 $s=\varepsilon e^{j\theta}$，$\theta \in [0°,90°]$，映射到奈奎斯特曲线上的增补圆为辐角从 $0°$ 到 $-90°$ 的无穷大的 1/4 圆，围绕 $(0,2j)$ 点的无穷小半圆 $s=2j+\varepsilon e^{j\theta}$，$\theta \in [-90°,90°]$，映射到奈奎斯特曲线上的增补圆为辐角从 $-153.4°$ 到 $-333.4°$ 的无穷大半圆，如图 5-39b 所示。

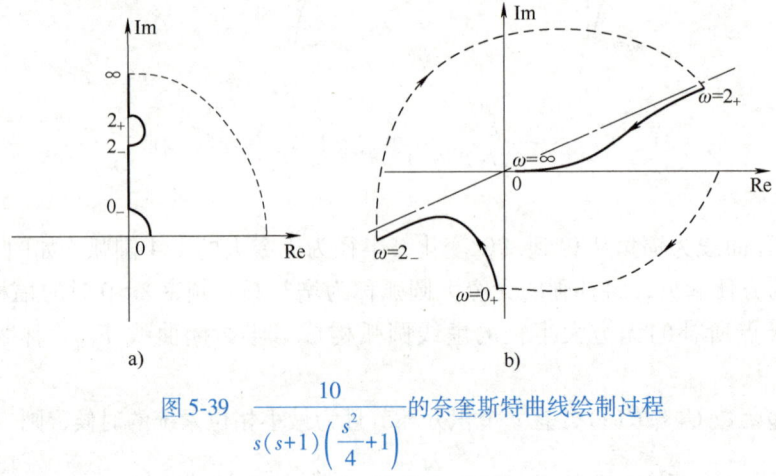

图 5-39 $\dfrac{10}{s(s+1)\left(\frac{s^2}{4}+1\right)}$ 的奈奎斯特曲线绘制过程

4. 奈奎斯特稳定判据

综上分析，考虑如图 5-35 所示包围整个 s 右半平面的封闭曲线 Γ，当 s 沿 Γ 上顺时针运动一周时，映射到 F 平面封闭 Γ_F 包围坐标原点的周数等于 $F(s)$ 在 s 不包含虚轴的右半平面极点数（系统的开环极点个数）减去 $F(s)$ 在 s 右半平面的零点数（系统的闭环极点个数），$R=P-Z$，根据平移关系，相当于映射到 $G(s)H(s)$ 平面的封闭 Γ_{GH} 包围 $(-1,j0)$ 点的周数。周数 R 可

以用半封闭曲线 Γ_{GH}(奈奎斯特曲线)穿越(-1,j0)点左侧负实轴的次数 N 来计算,用 N_+ 表示正穿越的次数(从上向下穿越,逆时针),N_- 表示负穿越的次数(从下向上穿越),则

$$R = 2N = 2(N_+ - N_-) \tag{5-20}$$

需要注意的是,若半封闭曲线 Γ_{GH} 从($-\infty$,-1)这个区间的负实轴上起始或终止时,记为 1/2 次穿越。如图 5-40 所示,$N_+ = 1 + \frac{1}{2} + \frac{1}{2} = 2$,$N_- = 1 + \frac{1}{2} = 1.5$,$R = 2N = 2 \times (2 - 1.5) = 1$。

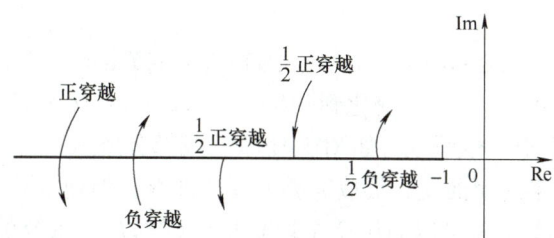

图 5-40 Γ_{GH} 穿越负实轴上($-\infty$,-1)区间情况

美国学者奈奎斯特(H. Nyquist)在 1932 年提出了著名的奈奎斯特稳定判据,其本质是根据闭环控制系统的开环频率响应来判断闭环系统的稳定性。封闭曲线 Γ 包围 $F(s)$ 的零点数 Z 就是闭环系统具有正实部极点的个数,闭环系统稳定的时候,Z 应该等于 0。**已知系统在 s 右半平面的开环极点个数 P(不包括虚轴上的极点)和半封闭曲线 Γ_{GH} 的情况下,根据辐角原理即可判断闭环系统的稳定性。**

奈奎斯特稳定判据:反馈控制系统稳定的充分必要条件是半封闭曲线 Γ_{GH}(奈奎斯特曲线)不穿越(-1,j0)点且逆时针包围临界点(-1,j0)点的周数 R 等于开环传递函数的正实部极点数 P。

由 $R = P - Z$ 得

$$Z = P - R = P - 2N \tag{5-21}$$

其中,$N = N_+ - N_-$。当 $Z = 0$ 时,闭环系统稳定,当 $Z > 0$ 时,闭环系统不稳定,Z 表示闭环系统具有的不稳定极点个数,Z 不可能为负值。

值得注意的是,如果半封闭曲线 Γ_{GH}(奈奎斯特曲线)穿过(-1,j0),说明存在 $s = \pm j\omega'$,使得

$$G(j\omega')H(j\omega') = -1$$

即闭环特征方程 $1 + G(s)H(s) = 0$ 存在共轭的纯虚根 $s = \pm j\omega'$,此时闭环系统是临界稳定或不稳定的(取决于其他闭环极点的分布情况)。如果半封闭曲线 Γ_{GH}(奈奎斯特曲线)往(-1,j0)一个方向移动是稳定的,而往另一个方向移动是不稳定的,则闭环系统临界稳定,这是(-1,j0)被称为临界点的原因。奈奎斯特稳定判据排除了半封闭曲线 Γ_{GH} 穿越(-1,j0)的情况就相当于排除了 s 平面上封闭曲线 Γ 通过 $F(s)$ 零点的情况。封闭曲线 Γ 不通过 $F(s)$ 的任何零点和极点是辐角原理的前提条件。

5.5.3 奈奎斯特稳定判据的应用

1. 0 型系统

例 5-9 已知 0 型系统的开环传递函数为 $G(s)H(s) = \dfrac{K_0}{(T_1 s+1)(T_2 s+1)}$,其中 K_0、T_1 和 T_2 都大于 0,绘制其奈奎斯特曲线并判断闭环系统的稳定性。

奈奎斯特稳定判据的应用

解 开环频率特性为

$$G(j\omega)H(j\omega) = \frac{K_0}{(1+jT_1\omega)(1+jT_2\omega)}$$

幅频特性为

$$A(\omega) = \frac{K_0}{\sqrt{1+(T_1\omega)^2}\sqrt{1+(T_2\omega)^2}}$$

相频特性为

$$\varphi(\omega) = -\arctan(T_1\omega) - \arctan(T_2\omega)$$

ω 从 0 到 ∞ 时,辐角 $\varphi(\omega)$ 从 0°变化到-180°,幅值 $A(\omega)$ 从 K_0 逐渐衰减到 0,奈奎斯特曲线从-180°的方向终止于坐标原点,如图 5-41 中实线部分所示。通过对称关系,可以绘制出 ω 为负值时的另一半半封闭曲线,形成完整的封闭曲线,但通常并不需要这样做。

由图 5-41 中实线部分,就可以利用奈奎斯特稳定判据判定系统的稳定性。奈奎斯特曲线不会在 $(-1, j0)$ 点左侧穿越负实轴,$N=0$;开环传递函数在右半平面无极点,$P=0$。由 $Z = P - 2N = 0$ 知,该闭环系统是稳定的。

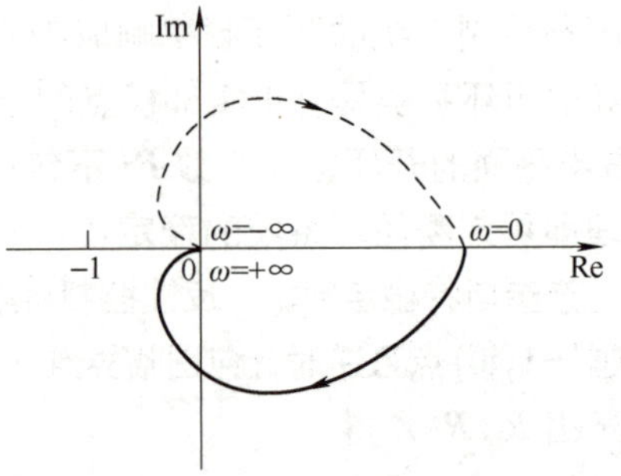

例 5-10 已知 0 型系统的开环传递函数为 $G(s)H(s) = \dfrac{20}{(2s+1)(4s+1)(6s+1)}$,绘制其奈奎斯特曲线并判断闭环系统的稳定性。

解 开环频率特性为

$$G(j\omega)H(j\omega) = \frac{20}{(1+j2\omega)(1+j4\omega)(1+j6\omega)}$$

幅频特性为

$$A(\omega) = \frac{20}{\sqrt{1+(2\omega)^2}\sqrt{1+(4\omega)^2}\sqrt{1+(6\omega)^2}}$$

图 5-41 例 5-9 系统的开环奈奎斯特曲线

相频特性为

$$\varphi(\omega) = -\arctan(2\omega) - \arctan(4\omega) - \arctan(6\omega)$$

ω 从 0 到 ∞ 时,辐角 $\varphi(\omega)$ 从 0°变化到-270°,幅值 $A(\omega)$ 从 20 逐渐衰减到 0,奈奎斯特曲线从-270°的方向终止于坐标原点,如图 5-42 所示。奈奎斯特曲线与负实轴相交,需要计算交点的位置。

由 $\varphi(\omega) = -\arctan(2\omega) - \arctan(4\omega) - \arctan(6\omega) = -180°$ 得

$$\arctan(2\omega) + \arctan(4\omega) = 180° - \arctan(6\omega)$$

两边取正切运算得

$$\frac{2\omega + 4\omega}{1 - 2\omega \times 4\omega} = -6\omega$$

求得奈奎斯特曲线与负实轴相交时的频率为 $\omega_g = 0.5\text{rad/s}$,代入幅频特性公式得

$$A(\omega) = \frac{20}{\sqrt{1+(2\omega)^2}\sqrt{1+(4\omega)^2}\sqrt{1+(6\omega)^2}}\bigg|_{\omega=0.5} = \frac{20}{\sqrt{2}\sqrt{5}\sqrt{10}} = 2$$

与负实轴相交的交点坐标为 $(-2, j0)$。

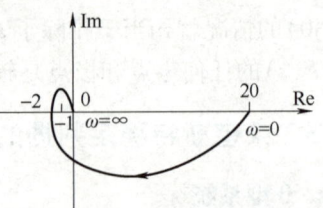

图 5-42 例 5-10 系统的开环奈奎斯特曲线

开环传递函数在右半平面无极点,$P=0$。奈奎斯特曲线在$(-1,j0)$点左侧穿越负实轴,一次负穿越,$N=0-N_-=-1$,$Z=P-2N=0-(-2)=2$,闭环系统不稳定,且在s右半平面有两个闭环极点。

2. I 型系统

例 5-11 已知 I 型系统的开环传递函数为 $G(s)H(s)=\dfrac{K}{s(T_1s+1)(T_2s+1)}$,其中 K、T_1 和 T_2 都大于 0,绘制其奈奎斯特曲线并判断开环增益 K 的变化对闭环系统稳定性的影响。

解 由 5.4 节例 5-3 知 $G(s)H(s)$ 所对应的开环幅相曲线如图 5-43 中实线部分所示,ω 从 0_+ 到 $+\infty$ 时,辐角 $\varphi(\omega)$ 从 $-90°$ 变化到 $-270°$,幅值 $A(\omega)$ 从 ∞ 逐渐衰减到 0,奈奎斯特曲线从 $-270°$ 的方向终止于坐标原点。补画 $s=\varepsilon e^{j\theta}$,$\theta\in[0°,90°]$ 所对应的增补圆,从 0 到 $-90°$ 做半径为无穷大的 1/4 圆,如图 5-43 中虚线部分所示。奈奎斯特曲线与负实轴相交,交点的横坐标为 $-\dfrac{KT_1T_2}{T_1+T_2}$。

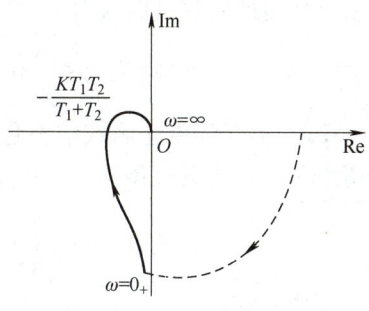

图 5-43 例 5-11 系统的开环奈奎斯特曲线

开环传递函数在 s 右半平面无极点,$P=0$。当 $K<\dfrac{T_1+T_2}{T_1T_2}$ 时,奈奎斯特曲线在 $(-1,j0)$ 右侧穿越负实轴($N=0$),从而 $Z=0$,闭环系统稳定;当 $K=\dfrac{T_1+T_2}{T_1T_2}$ 时,奈奎斯特曲线在 $(-1,j0)$ 点穿越负实轴,闭环系统临界稳定;当 $K>\dfrac{T_1+T_2}{T_1T_2}$ 时,奈奎斯特曲线在 $(-1,j0)$ 点左侧穿越负实轴,一次负穿越,$N=0-N_-=-1$,$Z=P-2N=0-(-2)=2$,闭环系统不稳定,且在 s 右半平面有两个闭环极点。

例 5-12 已知 I 型系统的开环传递函数为 $G(s)H(s)=\dfrac{10}{s(2s-1)}$,绘制其奈奎斯特曲线并判断闭环系统的稳定性。

解 开环频率特性为

$$G(j\omega)H(j\omega)=\dfrac{10}{j\omega(-1+j2\omega)}$$

幅频特性为

$$A(\omega)=\dfrac{10}{\omega\sqrt{1+(2\omega)^2}}$$

相频特性为

$$\varphi(\omega)=-90°-[180°-\arctan(2\omega)]=-270°+\arctan(2\omega)$$

ω 从 0_+ 到 ∞ 时,辐角 $\varphi(\omega)$ 从 $-270°$ 变化到 $-180°$,幅值 $A(\omega)$ 从 ∞ 逐渐衰减到 0,奈奎斯特曲线从 $-180°$ 的方向终止于坐标原点,如图 5-44 中实线部分所示。补画 $s=\varepsilon e^{j\theta}$,$\theta\in[0°,90°]$ 所对应的增补圆,从 $-180°$ 到 $-270°$ 做半径为无穷大的 1/4 圆,如图 5-44 中虚线部分所示。

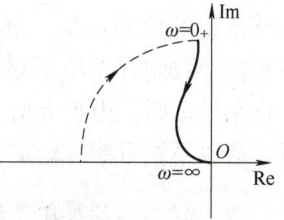

图 5-44 例 5-12 系统的开环奈奎斯特曲线

由图 5-44 看出,在 $(-1,j0)$ 点左侧只在无穷远处有半次负

穿越 $N_- = 1/2$。在本题中，开环传递函数在 s 右半平面有 1 个极点，$P=1$。$Z=P-2N=1-2×(0-0.5)=2$，闭环系统不稳定，且在 s 右半平面有两个闭环极点。

例 5-13 已知某最小相位反馈控制系统的开环幅相曲线（$K=10$，$\nu=1$）如图 5-45 所示，试确定系统闭环稳定时开环增益 K 的取值范围。

解 奈奎斯特曲线与负实轴的交点为 -2、-1.5、-0.5 三点，相应三点的频率分别记为 ω_a，ω_b，ω_c。系统的开环传递函数可以写为

$$G(s)H(s) = \frac{K}{s^\nu}G_1(s)$$

$G_1(s)$ 为开环传递函数中不包含积分环节的部分，$\lim_{s \to 0} G_1(s) = 1$。由题设条件知，$\nu = 1$

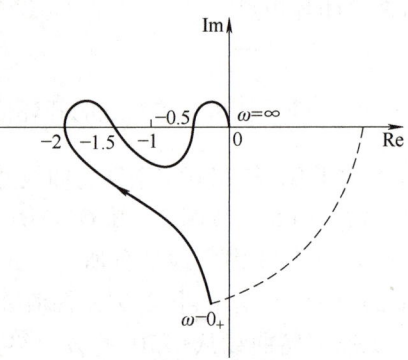

图 5-45 例 5-13 系统 $K=10$ 时的奈奎斯特曲线

$$G(j\omega)H(j\omega) = \frac{K}{j\omega}G_1(j\omega)$$

当取 $K=10$ 时

$$G(j\omega_a)H(j\omega_a) = -2, \quad G(j\omega_b)H(j\omega_b) = -1.5, \quad G(j\omega_c)H(j\omega_c) = -0.5$$

由题设条件知，系统是最小相位的，所以 $P=0$。奈奎斯特曲线在 $(-1,j0)$ 左侧有两次穿越负实轴，正负各一次，所以 $Z=P-2N=0-2×(1-1)=0$，闭环系统稳定。

当只改变开环传递函数的增益大小时，幅值改变，辐角不改变。频率分别为 ω_a、ω_b 和 ω_c 时，奈奎斯特曲线仍然与负实轴相交，但交点的位置发生改变。K 变化的稳定区间有两个：

1）当 $G(j\omega_a)H(j\omega_a) > -1$ 时，$G(j\omega_a)H(j\omega_a)$ 的幅值缩小 2 倍以上，即 $0<K<5$。奈奎斯特曲线与负实轴的交点全部位于 $(-1,j0)$ 点右侧，如图 5-46 所示，$Z=P-2N=0$，闭环系统稳定。

2）当 $G(j\omega_b)H(j\omega_b)$ 始终位于 $(-1,j0)$ 点左侧，即幅值缩小不超过 $2/3$，$K>10/1.5$；$G(j\omega_c)H(j\omega_c)$ 始终位于 $(-1,j0)$ 点右侧时，即幅值扩大不超过 2 倍，$K<20$。$20/3<K<20$ 时，奈奎斯特曲线在 $(-1,j0)$ 左侧有始终有两次穿越负实轴，正负各一次，相互抵消，$Z=P-2N=0-2×(1-1)=0$，闭环系统稳定。

综上所述，系统闭环稳定时 K 的取值范围为 $(0,5)$ 和 $(20/3,20)$。这类系统为条件稳定系统，当开环增益的值在 $(20/3,20)$ 区间时，增大或减小，均有可能导致闭环系统不稳定。当有大的输入信号作用在该系统上时，由于大信号可能引起某些器件的饱和，而饱和又会导致系统的开环增益降低，所以系统可能从稳定状态变成不稳定状态。因此，在实践中应避免发生饱和现象。

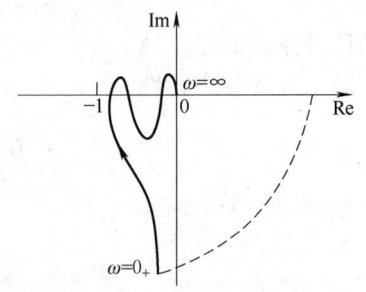

图 5-46 例 5-13 系统 K 值缩小原来的 $1/2$ 以上时的奈奎斯特曲线

例 5-14 已知某单位反馈控制系统的开环传递函数为 $G(s) = \dfrac{5s^2+s+5}{s(s^2-1)}$，绘制其奈奎斯特曲线并判断闭环系统的稳定性。

解 在本例中，两次出现 s^2，用实部和虚部相加的形式表示开环频率特性非常方便。开

环传递函数为 $G(s)$ 的频率特性为

$$G(j\omega) = \frac{-5\omega^2 + j\omega + 5}{j\omega(-1-\omega^2)} = \frac{-\omega + (5-5\omega^2)j}{\omega(1+\omega^2)}$$

$$= -\frac{1}{1+\omega^2} + \frac{5(1-\omega^2)}{\omega(1+\omega^2)}j$$

绘制 $\omega>0$ 时的开环幅相曲线,起始点 $G(j0_+) = -1 + j\infty = \infty \angle -270°$。判断终点比较方便的方法是,看开环传递函数 $G(s) = \frac{5s^2+s+5}{s(s^2-1)}$ 在 $s \to \infty$ 时的情况,$\lim_{s \to \infty} G(s) = \frac{5}{s}$,因此,$G(j\infty) = 0 \angle -90°$,开环幅相曲线从 $-90°$ 方向趋向于坐标原点。严格来说,开环幅相曲线的起点在实轴 -1 点垂线的正无穷远处,如图 5-47a 所示。也可以近似地从虚轴的正无穷远处画起,如图 5-47b 所示,它们在无穷远处表示的幅值和辐角是相同的。补画 $s = \varepsilon e^{j\theta}$, $\theta \in [0°, 90°]$ 所对应增补圆,从 $-180°$ 到 $-270°$ 做半径为无穷大的 $1/4$ 圆,如图 5-47a 和 5-47b 中虚线部分所示。

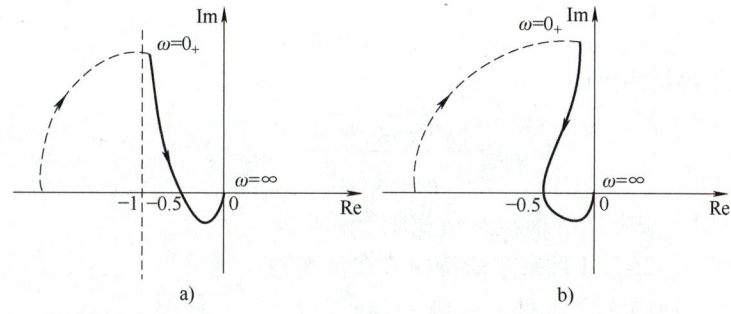

图 5-47 例 5-14 系统的开环奈奎斯特曲线

由图看出,在 $(-1, j0)$ 点左侧只在无穷远处有半次负穿越 $N_- = 1/2$。开环传递函数在 s 右半平面有 1 个极点,$P = 1$。$Z = P - 2N = 1 - 2 \times (0 - 0.5) = 2$,闭环系统不稳定,且在 s 右半平面有两个闭环极点。

3. Ⅱ型系统

例 5-15 已知某单位反馈控制系统的开环传递函数为 $G(s) = \frac{5(s+2)(s+3)}{s^2(s+1)}$,绘制其奈奎斯特曲线并判断闭环系统的稳定性。

解 开环频率特性为

$$G(j\omega) = \frac{5(2+j\omega)(3+j\omega)}{(j\omega)^2(1+j\omega)}$$

幅频特性为

$$A(\omega) = \frac{5\sqrt{4+\omega^2}\sqrt{9+\omega^2}}{\omega^2\sqrt{1+\omega^2}}$$

相频特性为

$$\varphi(\omega) = -180° + \arctan\frac{\omega}{2} + \arctan\frac{\omega}{3} - \arctan\omega$$

ω 从 0_+ 到 ∞ 时,辐角 $\varphi(\omega)$ 从 $-180°$ 变化到 $-90°$,幅值 $A(\omega)$ 从 ∞ 逐渐衰减到 0,奈奎斯

特曲线从$-180°$的方向终止于坐标原点。当$\omega \to 0_+$的时候,奈奎斯特曲线有可能在负实轴的上方趋向于负实轴的无穷远处,也有可能是从负实轴的下方趋向于负实轴的无穷远处,这决定着奈奎斯特曲线是否与负实轴相交。如果奈奎斯特曲线与负实轴相交,则存在频率点ω_g,使得

$$\varphi(\omega_g) = -180° + \arctan\frac{\omega_g}{2} + \arctan\frac{\omega_g}{3} - \arctan\omega_g = -180°$$

$$\arctan\frac{\omega_g}{2} + \arctan\frac{\omega_g}{3} = \arctan\omega_g$$

方程两端同时取正切运算得

$$\frac{\frac{\omega_g}{2} + \frac{\omega_g}{3}}{1 - \frac{\omega_g}{2}\frac{\omega_g}{3}} = \omega_g$$

求得

$$\omega_g = 1\text{rad/s}$$

将$\omega_g = 1$代入幅频特性得

$$A(\omega) = \left.\frac{5\sqrt{4+\omega^2}\sqrt{9+\omega^2}}{\omega^2\sqrt{1+\omega^2}}\right|_{\omega_g=1} = 25$$

说明在$\omega>0$时,奈奎斯特曲线与负实轴有一个交点,交点的横坐标为-25,并且奈奎斯特曲线在负实轴的上方趋向于负实轴的无穷远处。补画$s = \varepsilon e^{j\theta}$,$\theta \in [0°,90°]$所对应的增补圆,因为是Ⅱ型系统,开环传递函数有两个积分环节,所以从$0°$到$-180°$做半径为无穷大的$1/2$圆作为增补圆,如图5-48中虚线部分所示。

由图5-48看出,在$(-1,j0)$点左侧有两次穿越负实轴,正负各一次。开环传递函数在s右半平面有0个极点,$P=0$。$Z = P - 2N = 0 - 2(1-1) = 0$,闭环系统稳定。

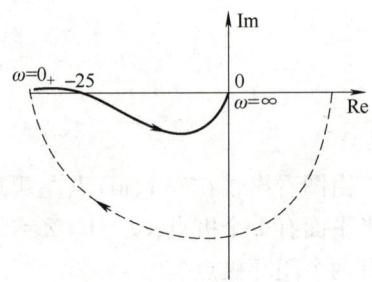

图5-48 例5-15系统的奈奎斯特曲线

4. 具有延迟环节的系统

例5-16 已知延迟系统开环传递函数为$G(s)H(s) = \dfrac{2e^{-\tau s}}{s+1}$,$\tau > 0$,试根据奈奎斯特稳定判据确定系统闭环稳定时,延迟时间τ的取值范围。

解 开环频率特性为

$$G(j\omega)H(j\omega) = \frac{2}{j\omega+1}e^{-\tau\omega j}$$

$\omega \geq 0$时,奈奎斯特曲线为半封闭螺旋线,且为顺时针方向,若开环奈奎斯特曲线与$(-1,j0)$点左侧的负实轴有l个交点,则奈奎斯特曲线在$(-1,j0)$点左侧有l次负穿越,如图5-49a所示。开环传递函数$G(s)H(s)$在s右半平面没有极点,$P=0$,由$Z = P - 2N = 0 - 2(0-l) = 2l$,可判断出闭环系统不稳定。若闭环系统稳定,则必须有$l=0$,如图5-49b。设ω_g为奈奎斯特曲线穿越负实轴时的频率,由相频特性可得

$$\varphi(\omega_g) = -\tau\omega_g - \arctan\omega_g = -(2k+1)\pi \qquad k = 0,1,2,\cdots$$

奈奎斯特曲线第一次穿越负实轴时

$$\varphi(\omega_{gm}) = -\tau\omega_{gm} - \arctan\omega_{gm} = -\pi \quad (5\text{-}22)$$

由上式无法直接求出 ω_{gm}，但可以知道此时奈奎斯特曲线与负实轴交点坐标的幅值最大，为保证奈奎斯特曲线全部在 $(-1, j0)$ 点右侧穿越负实轴，必须使 $A(\omega_{gm}) < 1$，即

$$A(\omega_{gm}) = \frac{2}{\sqrt{1+\omega_{gm}^2}} < 1$$

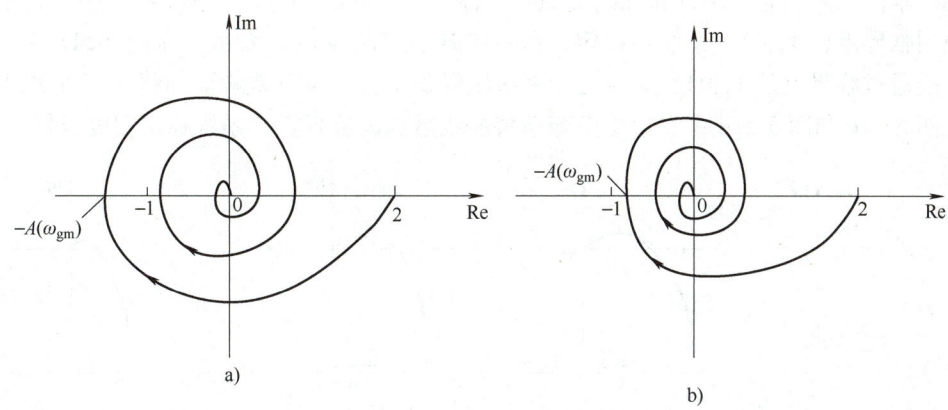

图 5-49 例 5-16 系统的开环奈奎斯特曲线

求得

$$\omega_{gm} > \sqrt{3}$$

由式 (5-22) 得

$$\tau = \frac{\pi - \arctan\omega_{gm}}{\omega_{gm}}$$

注意到

$$\frac{d\tau}{d\omega_{gm}} = \frac{-\left[\pi - \arctan\omega_{gm} + \dfrac{\omega_{gm}}{1+\omega_{gm}^2}\right]}{\omega_{gm}^2} < 0$$

τ 为关于 ω_{gm} 的减函数，如图 5-50 所示，由 $\omega_{gm} > \sqrt{3}$ 可得

$$\tau < \frac{\pi - \arctan\sqrt{3}}{\sqrt{3}} \approx 1.21$$

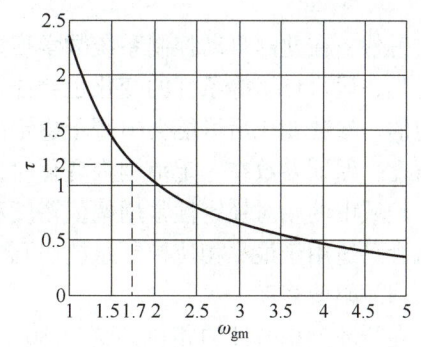

图 5-50 延迟时间 τ 与频率 ω_{gm} 的关系曲线

综上可知：系统闭环稳定时，延迟时间的取值范围是 $0 < \tau < 1.21$。

5.6 稳定裕度

第 3 章讨论的劳斯判据和本章讨论的奈奎斯特稳定判据都是绝对稳定性的判据（只给出系统是稳定或是不稳定的判断）。但是，在设计系统时，不但要求系统是稳定的，而且必须具备适当的相对稳定性，即稳定裕度。在稳定的二阶欠阻尼系统中，闭环特征根 $s_{1,2} = -\sigma \pm j\omega$，实部 σ 的数值越大（闭环极点离虚轴越远），其瞬态过

程越短，振荡越小，系统就越稳定，或者说系统的相对稳定性就越好。因此，可以用 σ 的大小来度量系统的相对稳定性。当然，也可以用其他参数来度量，比如阻尼比 ζ 或超调量 $\sigma\%$。由奈奎斯特稳定判据判断闭环系统的稳定时，$(-1,j0)$ 为临界点，开环频率特性的奈奎斯特曲线相对于 $(-1,j0)$ 的位置(即偏离临界点的程度)，也反映了闭环系统的相对稳定性。

进一步分析和工程应用表明，相对稳定性也影响系统时域响应的性能。图 5-51 给出了某最小相位奈奎斯特曲线的位置与其相对应闭环系统单位阶跃响应关系的示意图，为清楚表达起见，本例只画出了奈奎斯特曲线靠近 $(-1,j0)$ 点附近的部分。在图 5-51a 中，奈奎斯特曲线包围临界点 $(-1,j0)$，系统不稳定，单位阶跃响应曲线 $c(t)$ 发散；在图 5-51b 中，奈奎斯特曲线通过临界点 $(-1,j0)$，系统处于系统临界稳定，单位阶跃响应曲线 $c(t)$ 呈现等幅振荡；从图 5-51c 和图 5-51d 中看出，奈奎斯特曲线越远离临界点，系统稳定程度越好。

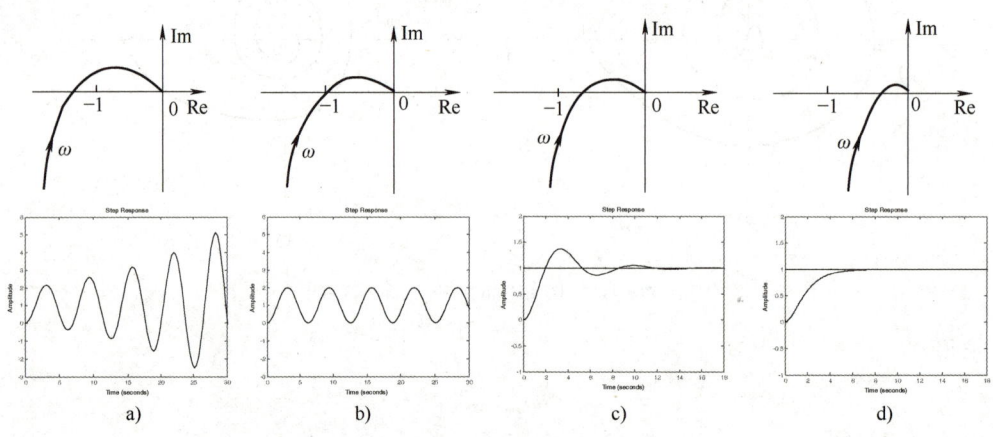

图 5-51 开环幅相特性曲线与闭环单位阶跃响应对应关系

另外，在建立自动控制系统数学模型时，通常会忽略一些次要因素而进行简化，例如设备老化、运行环境等条件的变化也会使系统的参数发生变化。这样，系统在按参数设计时是稳定的，参数变化后可能会出现不稳定的情况，因此，要求设计控制系统时，要有一定的稳定裕度，保证参数在一定范围内变化时，系统仍然能稳定的工作。

频域中的相对稳定性常用幅值裕度和相位裕度来度量。一般来说，幅值裕度和相位裕度的概念只适用于最小相位控制系统(可含滞后环节)。

(1) 幅值裕度

在开环频率特性的相位角为 $-180°$ 时所对应的频率称为相位交界频率，也称为**穿越频率**，用 ω_g 表示(单位为 rad/s)。幅值裕度 K_g 定义为在穿越频率处开环幅值的倒数，即

$$K_g \stackrel{\text{def}}{=} \frac{1}{|G(j\omega_g)H(j\omega_g)|} = \frac{1}{A(\omega_g)} \tag{5-23}$$

频率 ω_g 满足

$$\varphi(\omega_g) = \angle G(j\omega_g)H(j\omega_g) = -180° \tag{5-24}$$

幅值裕度 K_g 的物理意义：如果系统开环幅频特性再增大 K_g 倍，则系统将变为临界稳定状态。K_g 值越大，保证系统稳定工作的前提下，允许开环增益的变化值也越大。

(2) 相位裕度

开环幅频特性的幅值为 1 时，所对应的频率称为增益交界频率，也叫系统的**截止频率或剪切频率**，用 ω_c 表示。相位裕度定义为

$$\gamma = 180° + \angle G(j\omega_c)H(j\omega_c) = 180° + \varphi(\omega_c) \tag{5-25}$$

频率满足

$$A(\omega_c) = |G(j\omega_c)H(j\omega_c)| = 1 \tag{5-26}$$

相位裕度 γ 的物理意义：如果系统截止频率 ω_c 处的相位滞后再增加 γ，系统处于临界稳定状态。

在图 5-52a 给出了闭环稳定的最小相位系统在开环奈奎斯特曲线上的幅值裕度与相位裕度。开环奈奎斯特曲线与单位圆的交点频率是截止频率 ω_c，与负实轴的交点频率是穿越频率 ω_g。对闭环稳定的最小相位系统，幅值裕度 $K_g>1$，相位裕度 $\gamma>0°$，称为正幅值裕度与正相位裕度；对闭环不稳定的最小相位系统，幅值裕度 $K_g<1$ 和相位裕度 $\gamma<0°$，称为负幅值裕度与负相位裕度，如图 5-52b 所示。

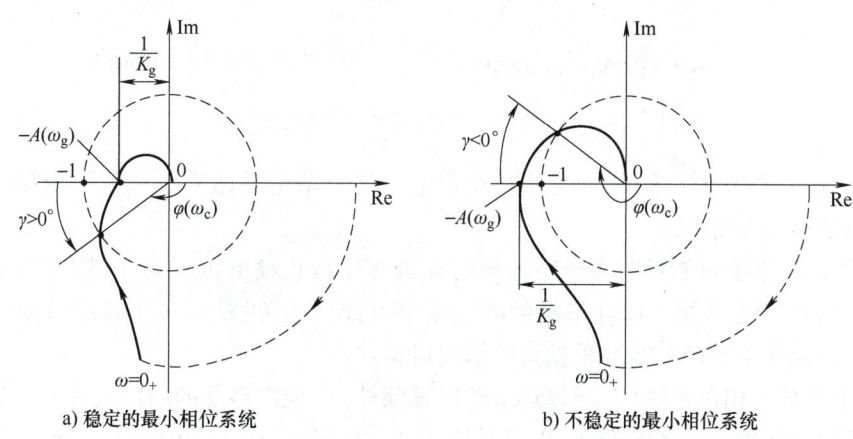

a) 稳定的最小相位系统 b) 不稳定的最小相位系统

图 5-52 奈奎斯特曲线图上的幅值裕度和相位裕度

在对数坐标图上，对数幅频特性曲线与 0dB 线交点的频率为截止频率 ω_c，而对数相频特性曲线与 $-180°$ 线的交点频率是穿越频率 ω_g。在对数频率特性中，幅值裕度用 dB 表示，即

$$K_g = 20\lg\frac{1}{A(\omega_g)} = -20\lg A(\omega_g) = -L(\omega_g) \text{ dB} \tag{5-27}$$

若系统是稳定的，则 $K_g>0\text{dB}$；若系统是不稳定的，则 $K_g<0\text{dB}$。

图 5-53a 表示出了闭环稳定最小相位系统的正幅值裕度与正相位裕度；图 5-53b 表示出了闭环不稳定最小相位系统的负幅值裕度与负相位裕度。

对稳定的系统，正幅值裕度指出了系统变成临界稳定状态时，增益能够增大多少；对不稳定的系统，负幅值裕度指出了要使系统变得稳定，增益要减少多少。对正、负相位裕度也指出了系统达到临界稳定，相位应减少或增加多少。

控制系统的幅值裕度和相位裕度是系统的开环奈奎斯特曲线图对 $(-1, j0)$ 点靠近程度的度量。这两个裕度可以作为系统设计准则。根据工程实践经验，为了得到较好的动态性能，一般要求幅值裕度 $K_g \geq 6\text{dB}$，相位裕度 $\gamma = 30° \sim 60°$。

稳定裕度的几点说明：

1) 只用幅值裕度和相位裕度中任何一个指标，都不足以说明系统的相对稳定性。为了表明系统的相对稳定性，必须同时给出这两个度量指标。只有当相位裕度 $\gamma>0°$ 和幅值裕度

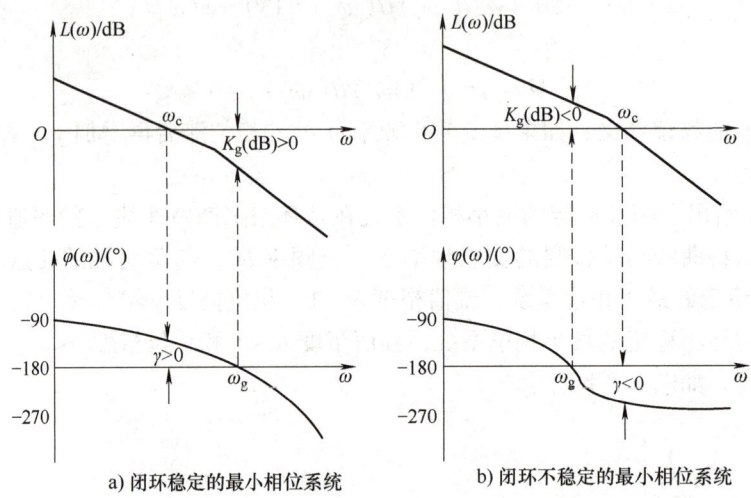

a) 闭环稳定的最小相位系统　　b) 闭环不稳定的最小相位系统

图 5-53　伯德图上的幅值裕度与相位裕度

$K_g > 1$ 或 $K_g(\mathrm{dB}) > 0\mathrm{dB}$ 时，闭环系统才是稳定的。这个结论只适应于只有一个穿越频率 ω_g 和一个截止频率 ω_c 的情况。

2) 条件稳定系统可能具有多个穿越频率 ω_g 或多个截止频率 ω_c。对于具有两个或多个截止频率 ω_c 的条件稳定系统，应在最高的截止频率上计算相角裕度。幅值裕度的解释要更为复杂，上述结论并不正确，需要根据具体情况讨论。

3) 对于非最小相位系统（含延迟环节的情况除外），稳定裕度的结论也是不可靠的。

本书不讨论条件稳定系统和非最小相位系统（含延迟环节的情况除外）的稳定裕度问题。

例 5-17　已知单位负反馈系统的开环传递函数为 $G(s) = \dfrac{K}{s(s+1)(0.1s+1)}$，试计算 $K=5$、$K=20$ 时的相位裕度和幅值裕度。

解　对于阶次高于 3 的最小相位系统，通常可以借助对数幅频渐近特性曲线近似求取其相位裕度和幅值裕度。

开环频率特性为

$$G(s) = \frac{K}{\mathrm{j}\omega(\mathrm{j}\omega+1)(\mathrm{j}0.1\omega+1)}$$

幅频特性为

$$A(\omega) = \frac{K}{\omega\sqrt{\omega^2+1}\sqrt{0.01\omega^2+1}}$$

相频特性为

$$\varphi(\omega) = -90° - \arctan\omega - \arctan 0.1\omega$$

(1) 当 $K=5$ 时，绘制其对数幅频渐近特性曲线如图 5-54 所示，绘图过程在此省略。由图可知，截止频率 ω_c 在转折频率 $1 \sim 10$ 之间，由线性分段近似和 $L(\omega_c)=0$ 有

$$A(\omega_c) = \frac{5}{\omega_c\sqrt{1+\omega_c^2}\sqrt{1+0.01\omega_c^2}} \approx \frac{5}{\omega_c\sqrt{0+\omega_c^2}\sqrt{1+0}} = 1$$

求出截止频率 $\omega_c = \sqrt{5} = 2.24$，由式 (5-25) 计算相位裕量为

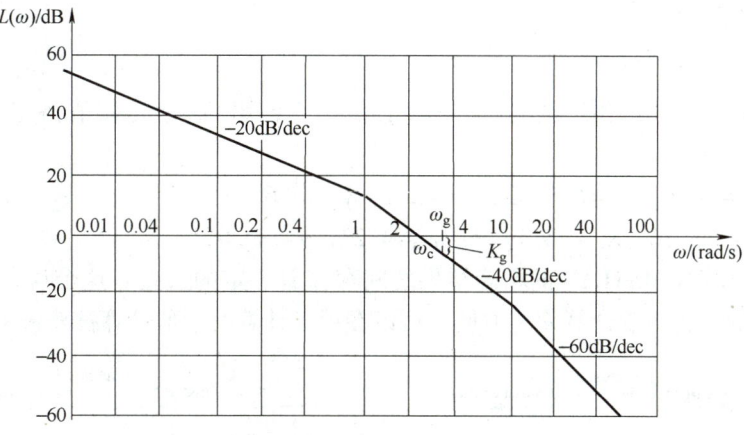

图 5-54 例 5-17 开环对数幅频渐近特性曲线（$K=5$）

$$\gamma = 180° + (-90° - \arctan 2.24 - \arctan 0.224) = 90° - 65.9° - 12.6° = 11.5°$$

由 $\varphi(\omega_g) = -180°$，求相位交界频率 ω_g，即

$$\varphi(\omega_g) = -90° - \arctan\omega_g - \arctan 0.1\omega_g = -180°$$

由互余关系得：$\omega_g = \dfrac{1}{0.1\omega_g}$；$\omega_g = 3.16$。

由于 ω_g 也在 $1\sim10$ 的频率区间内，由式(5-27)可知，幅值裕度为

$$K_g = -20\lg \dfrac{5}{\omega_g\sqrt{1+\omega_g^2}\sqrt{1+0.01\omega_g^2}} \approx -20\lg \dfrac{5}{\omega_g\sqrt{0+\omega_g^2}\sqrt{1+0}} = -20\lg \dfrac{5}{10}\text{dB} = 6.2\text{dB}$$

(2) 当 $K=20$ 时，计算过程与(1)类似。

开环增益扩大 4 倍，对数幅频渐近特性曲线形状不变，整体上移 $20\lg4\text{dB} = 12\text{dB}$。由图 5-54 可知，截止频率 ω_c 在 $1\sim10$ 之间，由线性分段近似和 $L(\omega_c)=0$ 有

$$A(\omega_c) = \dfrac{20}{\omega_c\sqrt{1+\omega_c^2}\sqrt{1+0.01\omega_c^2}} \approx \dfrac{20}{\omega_c\sqrt{0+\omega_c^2}\sqrt{1+0}} = 1$$

求出截止频率 $\omega_c = \sqrt{20} = 4.47$，计算相位裕量为

$$\gamma = 180° + (-90° - \arctan 4.47 - \arctan 0.447) = 90° - 77.4° - 24.1° = -11.5°$$

开环增益的变化不改变相频特性，截止频率仍然是 $\omega_g = 3.16$。
幅值裕度为

$$K_g = -20\lg \dfrac{20}{\omega_g\sqrt{1+\omega_g^2}\sqrt{1+0.01\omega_g^2}} \approx -20\lg \dfrac{20}{\omega_g\sqrt{0+\omega_g^2}\sqrt{1+0}} = -20\lg \dfrac{20}{10}\text{dB} = -6\text{dB}$$

由 MATLAB 的"margin"命令可以快速地绘制系统的伯德图并计算出幅值裕度和相角裕度。对于本例，程序如下：

```
num1=5;
num2=20;
den=conv([1 1 0],[0.1 1]);
figure(1)
margin(num1,den)
```

```
figure(2)
margin(num2,den)
```

MATLAB 在绘制出的伯德图上方给出了计算结果，用 Gm 表示幅值裕度、Pm 表示相角裕度，如图 5-55 所示。

当 $K=5$ 时：$\omega_g=3.16$，$K_g=6.85\text{dB}$；$\omega_c=2.1$，$\gamma=13.6°$。

当 $K=20$ 时：$\omega_g=3.16$，$K_g=-5.19\text{dB}$；$\omega_c=4.23$，$\gamma=-9.66°$。

虽然近似计算与 MATLAB 的精确结果之间存在着一定的误差，这个误差在工程上一般是可以被接受的，且由于计算简单方便，所以在手工计算时近似计算被普遍采用。

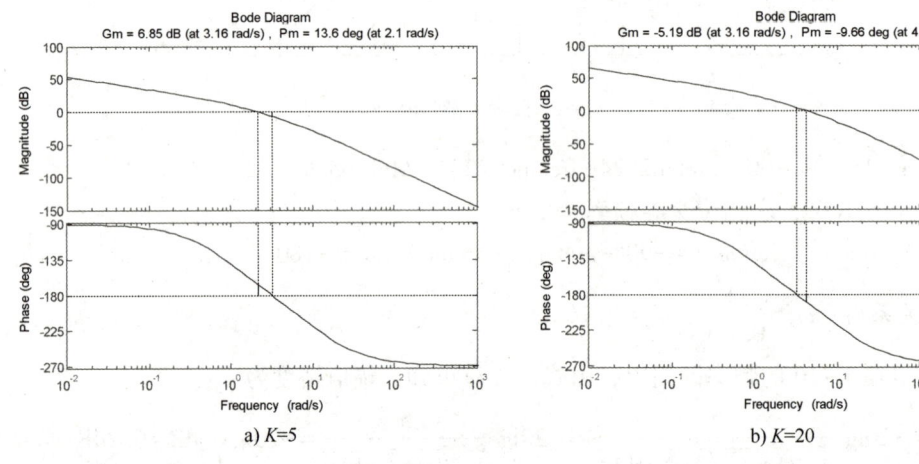

图 5-55　利用 MATLAB 绘制例 5-17 的伯德图

5.7　频域指标与时域性能指标的关系

频域指标与时域性能指标的关系

系统的频率特性与时域性能之间存在着密切的关系。时域性能指标是衡量一个闭环系统在输入阶跃信号时输出曲线（阶跃响应）随时间 t 变化的运动状况，但是闭环系统的频率特性图绘制比较麻烦，工程上希望直接从开环频率特性来讨论闭环系统的静态和动态性能。闭环频率特性与时域性能间的关系更直接，先了解一下闭环频率特性与时域性能间的对应关系，再研究开环频率特性与时域性能间的关系。需要说明的是，此项研究仅适用于最小相位系统。

5.7.1　闭环频率特性与时域指标的关系

如图 5-56a 所示的一般反馈控制系统的闭环传递函数为

$$\Phi(s)=\frac{G(s)}{1+G(s)H(s)}=\frac{1}{H(s)}\frac{G(s)H(s)}{1+G(s)H(s)}=\frac{1}{H(s)}\Phi'(s)$$

式中，$H(s)$ 为主反馈通道的传递函数，一般为常数，表示传感器的输入输出比值关系。$H(s)$ 为常数的情况下，将闭环传递函数变换为单位反馈的形式，如图 5-56b 所示。变换后 $\Phi'(s)$ 的频率特性图形形状不受影响。因此，对控制系统进行分析时，常常针对单位反馈系统进行是合理的。

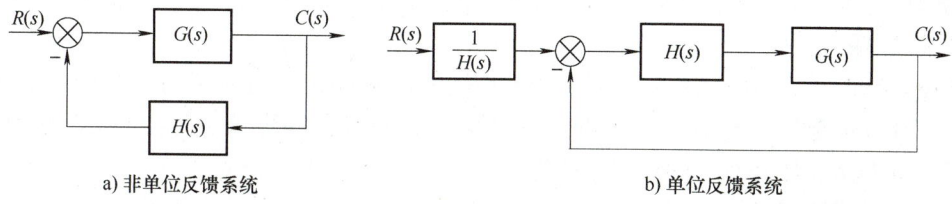

a) 非单位反馈系统　　　　　　　　　　　b) 单位反馈系统

图 5-56　非单位反馈系统与单位反馈系统的转换

设一稳定的单位反馈系统，闭环频率特性和开环频率特性之间的关系为

$$\Phi(j\omega)=\frac{G(j\omega)}{1+G(j\omega)}=\frac{A(\omega)e^{j\varphi(\omega)}}{1+A(\omega)e^{j\varphi(\omega)}}=M(\omega)e^{j\alpha(\omega)} \qquad (5\text{-}28)$$

幅频特性为

$$M(\omega)=|\Phi(j\omega)| \qquad (5\text{-}29)$$

相频特性为

$$\alpha(\omega)=\angle\Phi(j\omega) \qquad (5\text{-}30)$$

图 5-57 为闭环频率特性的幅频曲线示意图，为了便于理解，这里不对幅值取对数运算。下面研究闭环频率特性的主要性能指标。

1. 零频幅值 $M(0)$

零频幅值 $M(0)$ 为闭环幅频特性 $M(\omega)$ 在频率 ω 趋向于 0 时的值，它等于闭环静态放大倍数 $\Phi(0)$。对单位负反馈系统来说，设该闭环系统的开环传递函数为

$$G(s)=\frac{K(\tau_1 s+1)(\tau_2^2 s^2+2\zeta_2\tau_2 s+1)\cdots}{s^\nu(T_1 s+1)(T_2^2 s^2+2\zeta_2 T_2 s+1)\cdots}$$

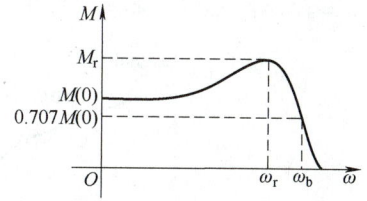

图 5-57　闭环幅频特性曲线

若系统为无静差系统，即开环传递函数含有积分环节 $(\nu\geqslant 1)$，由 $\lim\limits_{\omega\to 0}|G(j\omega)|=\infty$ 得

$$M(0)=\lim_{\omega\to 0}\left|\frac{G(j\omega)}{1+G(j\omega)}\right|=1$$

若系统为有静差系统，即开环传递函数不含有积分环节，由 $\lim\limits_{\omega\to 0}|G(j\omega)|=K$ 得

$$M(0)=\lim_{\omega\to 0}\left|\frac{G(j\omega)}{1+G(j\omega)}\right|=\frac{K}{1+K}<1$$

因此，零频幅值 $M(0)$ 反映了闭环系统在阶跃信号作用下是否存在稳态误差。当 $M(0)=1$ 时，说明单位反馈系统在阶跃信号作用下没有稳态误差，即 $e_{ss}=0$；当 $M(0)\neq 1$ 时，说明单位反馈系统在阶跃信号作用下有稳态误差，且 $M(0)$ 越接近 1，稳态误差越小。

2. 带宽频率 ω_b

带宽频率是在闭环频率特性上定义的，它表示了一个系统跟踪输入正弦信号的最大频率。按一般定义，输出衰减到 $0.707M(0)$ 时对应的频率点称为系统的带宽频率 ω_b。频率范围 $(0,\omega_b)$ 称为系统的带宽，有时也直接将 ω_b 称为带宽。

由图 5-57 可知，在频率法中整个闭环系统可以看作是一个低通滤波器，带宽越宽，输入为阶跃信号时能通过闭环系统的高次谐波成分越多，输出信号就越接近输入信号的形状。输出信号的形状与输入信号越接近，说明系统的反应速度越快。所以，带宽反映了系统的响应速度，设计的时候总希望带宽要宽一些，但带宽的值要受到噪声干扰的限制。否则，由噪

声引起的误差可能会太大，导致系统无法正常工作。ω_b的确定要综合考虑系统反应的快速性和抑制噪声的能力。

开环频率特性的截止频率ω_c与闭环频率特性的带宽ω_b之间有着密切的关系，截止频率ω_c越大，带宽ω_b越宽。当用开环频率特性的伯德图设计控制系统时，也常把ω_c泛称为带宽，截止频率ω_c越大，闭环系统的反应速度越快。

3. 谐振峰值 M_r 和谐振频率 ω_r

谐振峰值M_r是闭环幅频特性$M(\omega)$的最大值，它与系统阶跃响应的最大超调量$\sigma\%$对应，表征了系统的相对稳定性。M_r越大，则系统的相对稳定性越差。谐振频率ω_r是出现谐振峰值M_r的频率点，ω_r值越大，上升时间t_r值越小。

5.7.2 开环频率特性与时域指标的关系

前面已经提到，为简化计算起见，通常利用开环频率特性对闭环控制系统进行设计，所以开环频率特性与闭环时域性能指标间的关系更为重要。下面介绍如何利用开环对数频率特性曲线在不同频率范围内的特性，分析闭环系统的稳态和动态性能。设某单位反馈系统的开环对数幅频特性曲线如图5-58所示，按照频率高低分为低、中、高三个频段进行讨论，每个频段反映的系统性能是不同的。

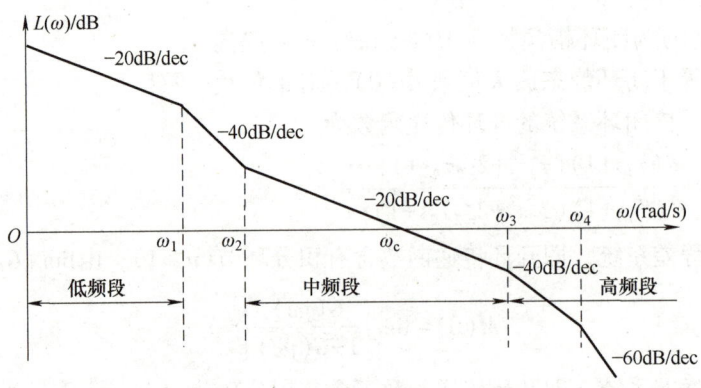

图5-58 系统开环对数幅频渐近特性曲线

1. 低频段

低频段通常是指开环对数幅频渐近特性曲线在最小转折频率以前的区段。由分段线性化的思想可知，这个区段的特性只与开环增益和积分环节的数目有关。如果系统是闭环稳定的，那么它的稳态精度也就由低频段确定了。如图5-59的a、b、c分别是0型、Ⅰ型和Ⅱ型系统。它们的开环增益K已在图中标出。图5-59a的系统对于单位阶跃信号的稳态误差是$1/(1+K)$，图5-59b的系统对于阶跃输入信号稳态误差为0，对于单位速度输入信号的稳态误差为$1/K$等。由此可知，开环对数频率特性的低频段决定闭环系统的稳态性能。

需要注意的是，图5-59b和图5-59c中的虚线表示低频段近似线段的延长线。虽然低频段可能并不与0dB线相交，但其延长线与0dB线交点的频率依然可以由低频段的近似对数幅频表达式计算。对于Ⅰ型系统，低频段$L(\omega) \approx 20\lg\dfrac{K}{\omega}$，显然频率$\omega=K$时，与0dB线相交；对于Ⅱ型系统，低频段$L(\omega) \approx 20\lg\dfrac{K}{\omega^2}$，显然频率$\omega=\sqrt{K}$时，与0dB线相交。

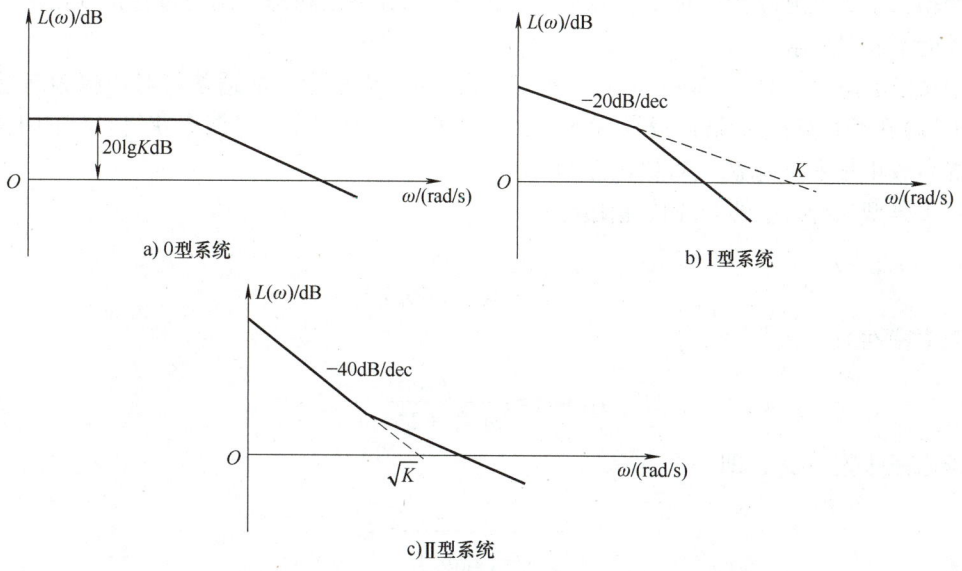

图 5-59　由低频段对数幅频渐近特性曲线求取开环增益

2. 中频段

中频段是指开环对数幅频特性曲线在截止频率 ω_c 附近的区段，这个区段集中反映了系统的平稳性和快速性。

下面通过两个典型情况分析中频段对闭环系统动态特性的影响。

（1）中频段的斜率为 $-20\mathrm{dB/dec}$

假设中频段足够宽，在该频段内开环传递函数 $G(s) \approx K/s$。容易算得截止频率 $\omega_c \approx K$，所以 $G(s) \approx \omega_c/s$。

由 $\angle G(\mathrm{j}\omega) \approx -90°$，可知相位裕度约为 $90°$，幅值裕度约为无穷大。

对单位负反馈系统，其闭环传递函数为

$$\Phi(s) = \frac{G(s)}{1+G(s)} \approx \frac{\omega_c/s}{1+\omega_c/s} = \frac{1}{\frac{1}{\omega_c}s+1}$$

闭环近似于一阶系统，其阶跃响应没有振荡，具有较好的平稳性。调节时间 $t_s = \frac{3}{\omega_c}$，截止频率 ω_c 越大，调节时间越小，系统的反应速度越快。

（2）中频段的斜率为 $-40\mathrm{dB/dec}$

假设中频段足够宽，在该频段内开环传递函数 $G(s) \approx \frac{K}{s^2}$，容易算得截止频率 $\omega_c \approx \sqrt{K}$，$G(s) \approx \frac{\omega_c^2}{s^2}$。

由相角 $\angle G(\mathrm{j}\omega) \approx -180°$，可知相位裕度约为 $0°$，幅值裕度约为 $0\mathrm{dB}$。

对单位负反馈系统，其闭环传递函数为

$$\Phi(s) = \frac{G(s)}{1+G(s)} \approx \frac{\omega_c^2/s^2}{1+\omega_c^2/s^2} = \frac{\omega_c^2}{s^2+\omega_c^2}$$

这相当于零阻尼($\zeta=0$)的二阶系统,系统处于临界稳定状态,动态过程持续振荡,系统动态性能不满足要求。

中频段的斜率如果为-60dB/dec,则闭环系统更难以稳定。故通常将对数幅频渐近特性曲线$L(\omega)$在截止频率ω_c附近设计成斜率为-20dB/dec的直线,以期望获得良好的平稳性,并用提高截止频率ω_c来满足对快速性的要求。

对于典型二阶系统的开环传递函数为

$$G(s) = \frac{\omega_n^2}{s(s+2\zeta\omega_n)}$$

频率特性为

$$G(j\omega) = \frac{\omega_n^2}{j\omega(j\omega+2\zeta\omega_n)}$$

求出截止频率ω_c,即

$$\frac{\omega_n^2}{\omega_c\sqrt{\omega_c^2+(2\zeta\omega_n)^2}} = 1 \tag{5-31}$$

求解式(5-31)得

$$\omega_c = \omega_n\sqrt{\sqrt{1+4\zeta^4}-2\zeta^2}$$

相位裕度为

$$\gamma = 180° + \angle G(j\omega_c)H(j\omega_c) = 180°-90°-\arctan\frac{\omega_c}{2\zeta\omega_n}$$

$$= \arctan\frac{2\zeta\omega_n}{\omega_c} = \arctan\frac{2\zeta}{\sqrt{\sqrt{1+4\zeta^4}-2\zeta^2}} \tag{5-32}$$

由式(5-32)可以看出二阶系统的相角裕度γ仅与阻尼比ζ有关,且是ζ的增函数,如图5-60所示。时域动态性能指标中的超调量$\sigma\%$也仅与阻尼比有关。在设计控制系统时,相角裕度γ的大小由超调量$\sigma\%$的大小决定,它反映了系统的平稳性,相角裕度γ越大,系统的平稳性越好。式(5-31)表明在阻尼比固定时,截止频率ω_c与自然频率ω_n成正比关系,它反映了系统的快速性,截止频率ω_c越大,系统的快速性越好。

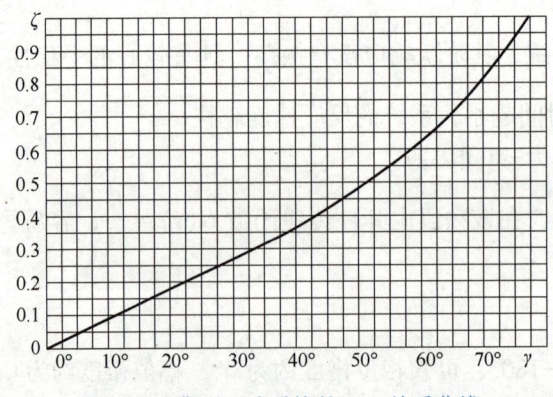

图5-60 典型二阶系统的γ-ζ关系曲线

对于高阶系统,难以直接推导截止频率ω_c、相角裕度γ与系统动态性能指标间的关系,有近似的经验公式如下:

超调量为

$$\sigma\% = 0.16 + 0.4\left(\frac{1}{\sin\gamma} - 1\right), 35° \leq \gamma \leq 90° \tag{5-33}$$

调节时间为

$$t_s = \frac{K_0 \pi}{\omega_c} \tag{5-34}$$

式中，$K_0 = 2 + 1.5\left(\frac{1}{\sin\gamma} - 1\right) + 2.5\left(\frac{1}{\sin\gamma} - 1\right)^2$，$35° \leq \gamma \leq 90°$

以上经验公式同样说明：**相角裕度 γ 越大，超调量越小(平稳性好)；截止频率 ω_c 越大，系统的反应速度越快。截止频率 ω_c 和相角裕度 γ 是频率域重要的性能指标。**

3. 高频段

高频段指开环对数幅频特性曲线在中频段以后($\omega > 10\omega_c$)的区段，这部分特性是由系统中时间常数很小的部件决定。在高频段 $L(\omega) \ll 0$，$|G(j\omega)| \ll 1$，于是

$$|\Phi(j\omega)| = \frac{|G(j\omega)|}{|1+G(j\omega)|} \approx |G(j\omega)| \ll 1$$

即闭环幅频特性近似等于开环幅频特性。因此，系统开环对数幅频特性的高频段，直接反映了系统对高频输入信号的抑制能力。由于高频段远离截止频率 ω_c，且幅值很低，因此对动态特性影响不大。由于噪声的频率较控制信号的频率高得多，所以高频区段的分贝值越低，抗高频干扰的能力越强。

三个频段的划分并没有严格的界限，但它反映了控制系统的性能，为确定开环对数频率特性与时域指标之间的关系，指明了原则与方向。基于对数幅频特性曲线进行控制系统设计的准则有以下几个方面：

1) 根据稳态精度的要求，确定低频起始段的位置(高度)和斜率。
2) 中频段的斜率为 -20dB/dec，该斜率的频段越宽，系统的平稳性越好，ω_c 值应该满足系统快速性的要求。
3) 高频段的幅值越低，抑制高频噪声的能力越强。

本 章 小 结

本章首先介绍了频率特性的定义、频率特性与传递函数之间的关系，根据频率特性的输入输出关系求取在正弦信号作用下的稳态输出信号和稳态误差信号。接着介绍了频率特性的两种图形化表示方法：奈奎斯特(Nyquist)曲线和伯德(Bode)图。重点分析了结合开环频率特性的奈奎斯特曲线，判断闭环系统是否稳定的奈奎斯特稳定判据，伯德图的对数幅频渐近特性曲线绘制，在频率域通过实验法获得系统的数学模型。在此基础上，介绍了在奈奎斯特曲线和伯德图上的稳定裕度定义与计算。稳定裕度体现了"力不可用尽，势不可使尽"的道理，不论工程设计还是社会生活，凡事都要留有一定的余地。最后介绍了频域性能指标与时域性能指标间的关系，以"三频段"的角度看开环对数幅频特性曲线，低频段决定系统的控制精度、中频段决定系统的平稳性和快速性、高频段抑制系统中的高频干扰。

习 题

5-1 设某放大器传递函数为

$$\Phi(s) = \frac{K}{Ts+1}$$

当输入正弦信号 $r(t)=\sin t$ 时,测得输出幅值 $A=24\sqrt{3}$,相位角 $\varphi=-\pi/4$,试求放大系数 K 和时间常数 T 各为多少?

5-2 设系统框图如图 5-61 所示,试确定输入信号 $r(t)=2\sin(t+30°)$ 作用下,求系统的稳态输出 $C_{ss}(t)$。

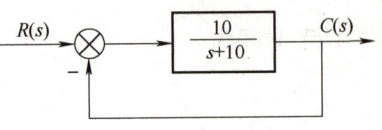

图 5-61 题 5-2 控制系统框图

5-3 已知系统的开环传递函数为

(1) $G(s)=\dfrac{6}{(s+1)(s+2)}$

(2) $G(s)=\dfrac{5(s+2)(s+3)}{s^2(s+1)}$

(3) $G(s)=\dfrac{K(-\tau s+1)}{s(Ts+1)}$; $T,\tau,K>0$

试绘制系统概略开环幅相曲线。

5-4 已知下列系统的开环传递函数为

(1) $G(s)=\dfrac{100}{(s+1)(s+10)}$

(2) $G(s)=\dfrac{10}{s(s^2+0.5s+1)}$

(3) $G(s)=\dfrac{10(s+1)}{s^2(0.01s+1)}$

试绘制系统对数幅频渐近特性曲线。

5-5 已知下列系统开环传递函数(参数 $K,\tau,T,T_i>0;i=1,2,3,4$)为

(1) $G(s)=\dfrac{K}{(T_1 s+1)(T_2 s+1)(T_3 s+1)}$

(2) $G(s)=\dfrac{K}{s(T_1 s+1)(T_2 s+1)}$

(3) $G(s)=\dfrac{K}{s^2(Ts+1)}$

(4) $G(s)=\dfrac{K(\tau s+1)}{s^2(Ts+1)}$

(5) $G(s)=\dfrac{K}{Ts-1}$

(6) $G(s)=\dfrac{K(T_3 s+1)(T_4 s+1)}{s(T_1 s+1)(T_2 s+1)}$

(7) $G(s)=\dfrac{K(T_1 s+1)(T_2 s+1)}{s^3}$

(8) $G(s)=\dfrac{K}{s(Ts-1)}$

其系统开环幅相曲线如图 5-62 所示,试根据奈奎斯特判据判定各闭环系统的稳定性,若系统不稳定,确定其在 s 右半平面的闭环极点数。

5-6 设单位负反馈系统开环传递函数为

(1) $G(s)=\dfrac{Ke^{-0.2s}}{s(s+1)}$

(2) $G(s)=\dfrac{K}{s(2s+1)(s+1)}$

(3) $G(s)=\dfrac{K(2s+1)}{s^2(0.2s+1)}$

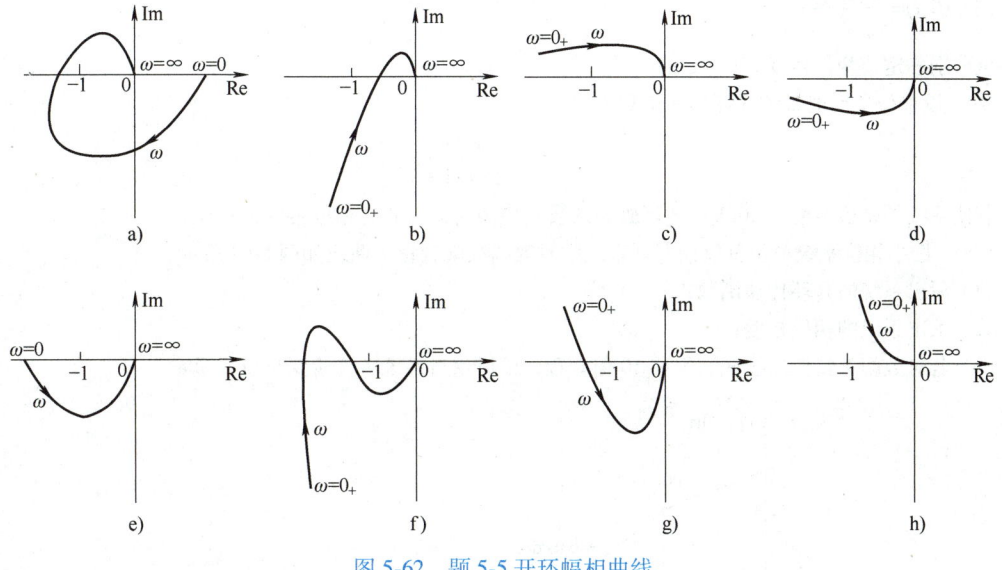

图 5-62 题 5-5 开环幅相曲线

试结合奈奎斯特稳定判据确定闭环系统稳定的 K 值范围。

5-7 已知最小相位系统的对数幅频渐近特性曲线如图 5-63 所示,试确定系统的开环传递函数。

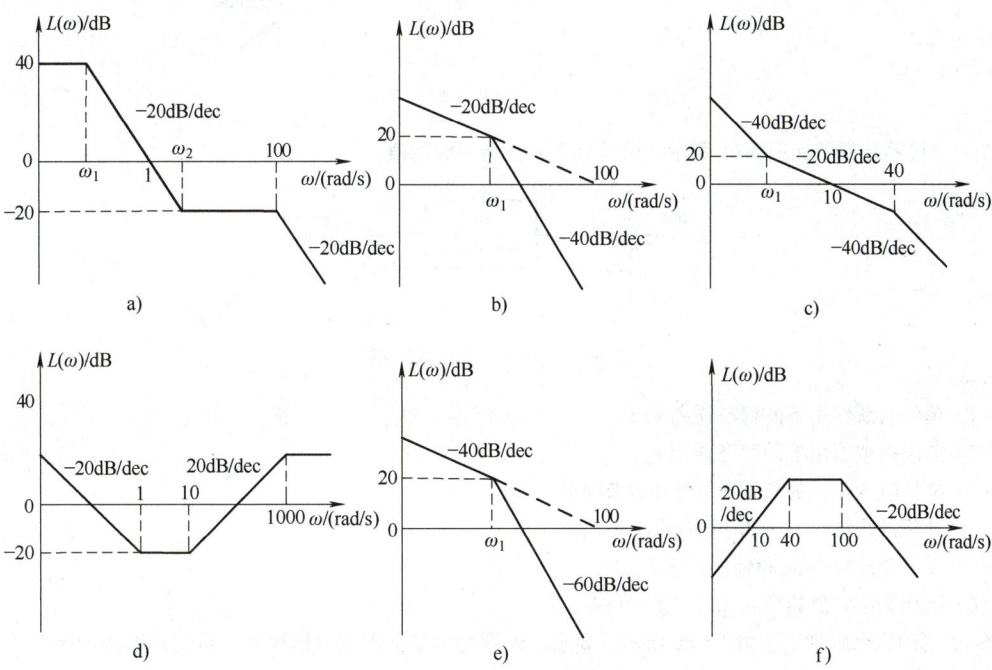

图 5-63 题 5-7 对数幅频渐近特性曲线

5-8 设单位负反馈系统开环传递函数为

(1) $G(s)=\dfrac{K}{(2s+1)(s+1)}$

(2) $G(s)=\dfrac{K}{s(s+1)}$

(3) $G(s) = \dfrac{K(s+1)}{s^2}$

试分别确定使相位裕度等于 45°的 K 值。

5-9 设单位负反馈系统开环传递函数为

$$G(s) = \dfrac{200K}{s(s^2+s+100)}$$

若使系统的幅值裕度为 20dB，开环放大系数 K 应为何值？此时相位裕度为多少？

5-10 最小相位系统单位负反馈开环系统的对数幅频渐近特性曲线如图 5-64 所示。
(1) 写出系统的开环传递函数；
(2) 求出系统的相位裕度；
(3) 若对数幅频特性曲线向右平移 10 倍频程，试讨论对系统单位阶跃响应的影响。

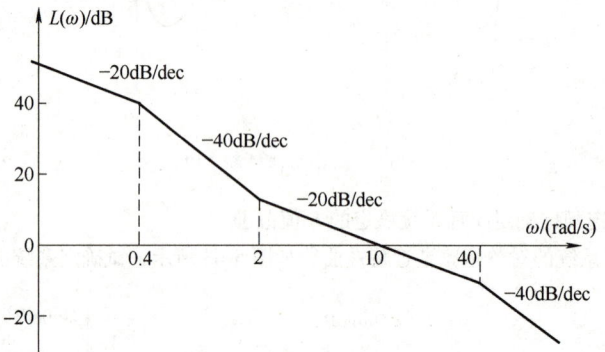

图 5-64 系统对数幅频渐近特性曲线

5-11 设系统框图如图 5-65 所示，试计算下列性能指标的值。

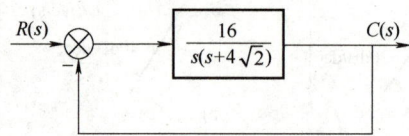

图 5-65 题 5-11 控制系统框图

(1) 单位阶跃作用下的稳态误差 e_{ss}；
(2) 单位斜坡作用下的稳态误差 e_{ss}；
(3) 单位阶跃响应的超调量 $\sigma\%$ 和调节时间 t_s；
(4) 开环截止频率 ω_c 和相位裕度 $\gamma(\omega_c)$；
(5) 开环穿越频率 ω_g 和幅值裕度 K_g dB；
(6) 闭环系统峰值频率 ω_r 和谐振峰值 M_r。

5-12 闭环系统的框图如图 5-66 所示。要求在保证稳定裕度不变的情况下，将闭环系统的频宽扩展为原来 10 倍，试确定 K 和 T 应如何变化，并说明理由。

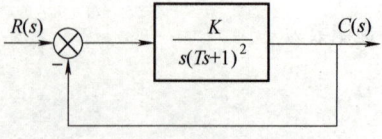

图 5-66 题 5-12 闭环系统框图

第 6 章

线性系统的校正

前面讨论的时域分析法、根轨迹法和频率响应法都是分析线性定常控制系统的基本方法。在系统的结构和参数已知的条件下,采用这些分析方法,能够估算控制系统的性能,确定系统的稳态和动态特性,把这类分析系统性能的过程称系统的分析。在工程实际中,常常是被控对象已知,性能指标预先给定,要求设计者选择控制器的结构和参数,使控制器与被控对象组成一个性能满足要求的系统。根据被控对象及给定的技术指标要求设计自动控制系统,需要进行大量的分析计算。设计中需要考虑的问题是多方面的,既要保证所设计的系统满足给定技术指标的要求,又要考虑便于加工以及保障系统安全性、经济性、可靠性。在设计过程中,既要有理论的指导,也要重视实践经验的积累。

本章主要研究线性定常控制系统的校正方法。所谓校正,就是在系统中加入一些其他参数可以根据需要而改变的校正装置,使整个系统特性发生变化,从而满足给定的各项性能指标要求。校正装置通常是参数易于调整的专用装置,可以由电子器件组合而成,也可以用数字运算电路来实现。校正装置是控制器的重要组成部分,控制器还包括比较元件、可调节的放大元件等。由于许多比较元件并不单独存在,校正装置也可以被笼统地称为控制器。

6.1 系统的设计与校正问题

校正是自动控制系统设计的重要组成部分,它是在系统的基本部分(被控对象、执行机构、测量元件等)已经确定的条件下,设计校正装置的传递函数和调整系统放大倍数,使系统的稳态和动态性能指标满足一定的要求。

系统的设计与校正问题

1. 被控对象

控制系统由被控对象和控制器两部分组成。控制系统中的功率放大元件、执行元件、检测元件与基本的被控对象可以被合在一起处理,称为广义被控对象。在控制系统校正中所提到的被控对象指的都是广义被控对象。对被控对象的充分了解是非常必要的,应当详细了解被控对象的特性,要尽可能准确地建立被控对象的数学模型。在最初设计阶段,对被控对象的数学模型进行合理的简化是必要的。本章所研究的被控对象数学模型都是线性定常的。

2. 性能指标

在系统分析中研究了系统的"三性":稳定性、稳态特性、动态特性。稳定性是系统工作的前提,稳态特性反映了系统达到稳态后的控制精度,动态特性反映了系统响应的快速性和平稳性。在控制系统设计中,人们追求的是稳定、精度高、动态响应又快又平稳的系统。控制系统的性能指标分类如图6-1所示。在实际工程中,需要运用矛盾论从全局出发分析系统的不同性能要求。

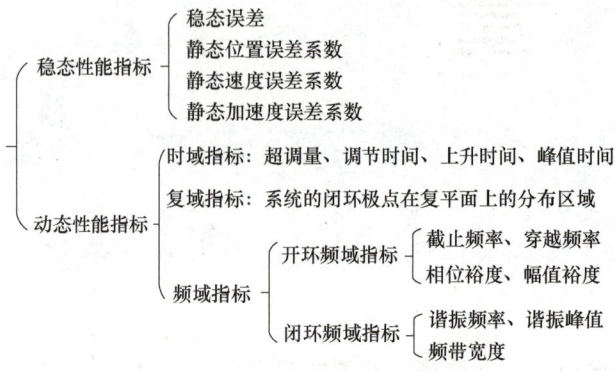

图 6-1 控制系统性能指标分类图

在实际应用中，动态性能指标最直观的是在时间域定义的，容易理解，而系统的分析、设计往往是在复域或者频域中进行，这就要了解不同域中系统动态性能指标的表示方法及其相互关系。但是只有二阶系统才能找到它们之间准确的数学关系，对高阶系统只能用主导极点或用经验公式来近似表达它们之间的关系，如 5.7 节所述。

3. 校正方式

当被控对象确定后，根据控制系统的工作条件、工作环境和性能要求，选择执行元件、检测元件和功率放大元件。这些装置与被控对象一起被称为控制系统的固有部分或称不可变部分，即广义被控对象。控制系统的固有部分，在系统进行校正时，其特性均为已知，参数不可调节。

比例控制是通过改变放大器的放大系数来调节控制系统，它是最基本的控制方法。一般情况，仅仅通过调整系统的放大系数使控制系统完全满足性能要求是做不到的，通常必须引入校正装置。工程实践中常用的校正方法：串联校正、反馈校正、前馈校正和复合校正等。

串联校正比反馈校正简单，串联校正装置易于实现对信号进行各种必要形式的变换，串联校正装置通常安置在前向通道中能量较低的部位上。一般地说，反馈校正装置多采用各种类型的传感器，如速率陀螺、测速发电机以及角度传感器等来实现。采用反馈校正时，信号是由高功率点向低功率点运动，一般不需要附加放大器。控制系统采用反馈校正除了能收到与串联校正同样的补偿效果外，还可以消除和抑制系统不可变部分的参数变化对系统性能的影响。因此，当控制系统被控对象的参数随工作条件改变较大时，可采用反馈校正。串联校正和反馈校正连接方式如图 6-2 所示。

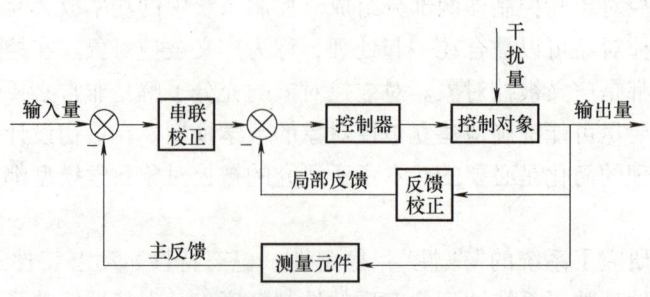

图 6-2 串联校正与反馈校正连接方式框图

前馈校正是在系统主反馈回路之外采用的校正方式，前馈校正的作用通常有两种：一种是对输入信号进行整形或滤波，该校正装置接在系统输入信号之后、主反馈作用点之前的前向通道上。另一种作用是对扰动信号进行测量、转换后接入系统，形成一条附加的对扰动影响进行补偿的通道。复合校正是指在系统中同时采用串联（或反馈）校正和前馈校正。

在系统设计中，采用何种形式的校正方式取决于系统中信号的性质、技术实现的方便性、可供选用的元件、经济性、抗干扰性、体积、重量、环境使用条件以及设计者的经验等因素。设计好了校正环节之后，采用电气装置、液压装置或气动装置等来实现，这取决于信号的驱动要求和应用场合。

4. 校正设计的方法

常用的控制系统校正方法大体上可以分为三类：

（1）频率法

频率法主要是以系统的开环伯德图作为设计工具。基本做法是利用适当的校正装置，配合开环增益的调整，来修改原有开环系统的伯德图，使得开环系统经校正与增益调整后的伯德图符合性能指标的要求，这种方法称为系统校正的分析法。**分析法对系统进行校正的基本思路是通过所加校正装置，改变系统开环对数幅频特性的形状。**如果根据给定的性能指标，设计一个符合指标的开环伯德图，也就是期望系统所具有的频率特性，把它与系统的原有部分伯德图相比较，也可以知道所需要校正装置的频率特性和参数，这种方法称为系统校正的综合法。不论分析法或综合法，其设计过程一般仅适用于最小相位系统。

（2）根轨迹法

在系统中加入校正装置，就是加入了新的开环零点、极点，这些新的零点、极点将使校正后的闭环根轨迹向有利于改善系统性能的方向改变，这样就可以做到使闭环零点、极点重新布置，从而满足闭环系统的性能要求。

（3）等效结构与等效传递函数方法

由于前几章中已经详细地研究了典型一、二阶系统的性能指标，等效结构与等效传递函数方法充分运用这些结果，将给定结构等效为已知的典型结构进行对比分析。对于简单的控制问题，可以利用这种方法直接在时间域里进行设计。

本章主要研究在频率域里利用系统的开环伯德图并采用分析法对控制系统进行校正。无论采用哪一种方法，校正设计的一个特点就是设计结果是不唯一的。达到给定的性能指标，所采取的校正方式和校正装置的具体形式可以不止一种，具有较大的灵活性。在设计过程中，往往是运用基本概念，在粗略估计的基础上，经过若干次试凑来达到性能指标的要求。

6.2 串联校正

串联校正装置分为无源和有源两类。无源串联校正装置通常由 RC 无源网络构成，结构简单，成本低，但会使信号在变换过程中产生幅值衰减，且其输入阻抗较低，输出阻抗又较高，因此常常需要附加放大器，以补偿其幅值衰减，并进行阻抗匹配。有源串联校正装置由运算放大器和 RC 网络组成，其参数可以根据需要调整。在工业自动化设备中，经常采用由电动（或气动）单元构成的 PID 控制器，它由比例、微分和积分三种单元组合而成，可以实现各种要求的控制规律。

6.2.1 串联超前校正

1. 无源超前网络

无源超前网络如图 6-3 所示,也称为无源超前校正装置。如果输入信号源的内阻为零,输出端的负载阻抗为无穷大,则超前校正网络的传递函数可写为

串联超前校正

$$G'_c(s) = \frac{U_c(s)}{U_r(s)} = \frac{R_2}{R_2 + \dfrac{1}{\dfrac{1}{R_1} + sC}} = \frac{R_2(1+R_1Cs)}{R_2+R_1+R_1R_2Cs} = \frac{\dfrac{R_2}{R_1+R_2}(1+R_1Cs)}{\left(1+\dfrac{R_1R_2C}{R_1+R_2}s\right)}$$

为方便起见,记:

$$T = \frac{R_1R_2C}{R_1+R_2}, \quad \alpha = \frac{R_1+R_2}{R_2}$$

于是

$$G'_c(s) = \frac{1}{\alpha}\frac{1+\alpha Ts}{1+Ts} \tag{6-1}$$

通常,α 称为分度系数,T 称为时间常数。采用无源超前网络进行串联校正时,整个系统的开环增益要下降 α,但这很容易通过提高系统其他环节的放大倍数来补偿。带有隔离放大器的超前网络如图 6-4 所示,此时的传递函数为

$$G_c(s) = \alpha G'_c(s) = \frac{1+\alpha Ts}{1+Ts} \tag{6-2}$$

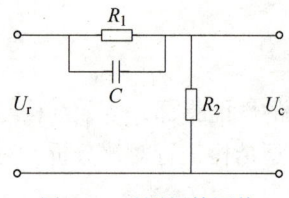
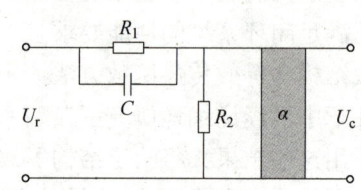

图 6-3 无源超前网络　　　　图 6-4 带有隔离放大器的超前网络

超前网络 $G_c(s)$ 的频率特性为

$$G_c(j\omega) = \frac{1+\alpha T\omega j}{1+T\omega j} \tag{6-3}$$

超前网络 $G_c(s)$ 的对数幅频特性为

$$L_c(\omega) = 20\lg|G_c(\omega j)| = 20\lg\frac{\sqrt{1+(\alpha T\omega)^2}}{\sqrt{1+(T\omega)^2}} \tag{6-4}$$

当 $\omega \to 0$ 时,$L_c(\omega) = 0$;当 $\omega \to \infty$ 时,$L_c(\omega) = 20\lg\alpha$。

$L_c(\omega)$ 的两个转折频率为 $\dfrac{1}{\alpha T}$ 和 $\dfrac{1}{T}$,两个转折频率之间对数幅频渐近曲线斜率为 20dB/dec,如图 6-5 所示。

超前网络 $G_c(s)$ 的相频特性为

$$\varphi_c(\omega) = \arctan(\alpha T\omega) - \arctan T\omega \tag{6-5}$$

根据三角函数公式 $\tan(\alpha_1-\alpha_2)=\dfrac{\tan\alpha_1-\tan\alpha_2}{1+\tan\alpha_1\tan\alpha_2}$，得

$$\tan[\varphi_c(\omega)]=\dfrac{(\alpha-1)T\omega}{1+\alpha T^2\omega^2}$$

于是有

$$\varphi_c(\omega)=\arctan\dfrac{(\alpha-1)T\omega}{1+\alpha T^2\omega^2} \tag{6-6}$$

超前网络对频率在 $1/\alpha T$ 与 $1/T$ 之间的输入信号有明显的微分作用，在该频率范围内输出信号相角比输入信号相角超前，超前网络名称由此而得。

将式(6-5)求导并令其为零，可以求得与最大超前角 φ_m 相对应的频率 ω_m，称为最大超前角频率。

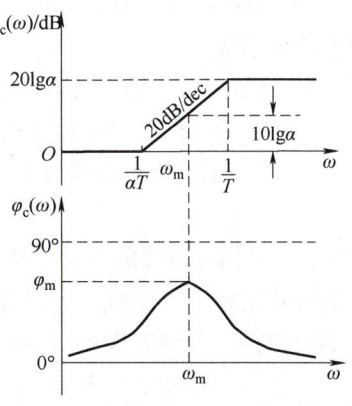

图 6-5　超前网络伯德图

$$\omega_m=\dfrac{1}{T\sqrt{\alpha}} \tag{6-7}$$

ω_m 的二次方等于两个转折频率的乘积，满足等式 $\lg\dfrac{1}{T}-\lg\omega_m=\lg\omega_m-\lg\dfrac{1}{\alpha T}$，说明在对数刻度的频率轴上 ω_m 正好处于转折频率 $1/\alpha T$ 与 $1/T$ 的中点。

将式(6-7)代入式(6-6)，得到最大超前角，即

$$\varphi_m=\arctan\dfrac{\alpha-1}{2\sqrt{\alpha}}=\arcsin\dfrac{\alpha-1}{\alpha+1}$$

或写成

$$\alpha=\dfrac{1+\sin\varphi_m}{1-\sin\varphi_m} \tag{6-8}$$

但式(6-8)表明 α 选得越大，能实现的最大超前角越大。但 α 不能取得太大，因为 α 越大，超前校正网络的微分作用越强。为了保持系统在高频段具有较高的信噪比，实际选用的 α 通常在 5~20 为宜，这种超前校正网络的最大超前角一般不大于 65°，如果需要大于 65°的超前角，则用两个超前网络串联来实现，并在所串联的两个网络之间加一隔离放大器，以消除它们之间的负载效应。

将式(6-7)代入式(6-4)得

$$L_c(\omega_m)=20\lg\sqrt{\dfrac{1+(\alpha T\omega_m)^2}{1+(T\omega_m)^2}}=20\lg\sqrt{\dfrac{1+\alpha}{1+\dfrac{1}{\alpha}}}=20\lg\sqrt{\alpha}=10\lg\alpha$$

2. 串联超前校正

串联超前校正在设计时的主要指标是稳态误差和相位裕度，相位裕度可能是直接给出的，但在实际工程中一般是由超调量、调节时间等时域指标要求转换而来的，幅值裕度通常在系统设计后加以检验。串联超前校正的基本原理是把超前校正装置的最大超前角频率 ω_m 置于待校正系统截止频率 ω_c 附近，使 ω_m 正好对准校正后系统的截止频率，使校正后系统的相位裕度满足性能指标要求。稳态误差的要求可以通过选择系统开环增益来保证。串联超前校正设计步骤如下：

1)根据稳态误差的要求,确定开环增益 K。为方便起见,将确定开环增益后的系统称为未校正系统。

2)绘制未校正系统的开环伯德图,找出或计算出未校正系统的截止频率 ω_c' 和相角裕度 γ'。手工绘图可以只绘制对数幅频渐近特性曲线,记为 $L'(\omega)$。

3)计算超前校正装置所需提供的最大超前角 φ_m,即

$$\varphi_m = \gamma - \gamma' + \varepsilon \tag{6-9}$$

式中,γ 是相位裕度的设计指标;γ' 是未校正系统已具有的相位裕度;ε 用来补偿超前校正使系统截止频率增加而产生的附加相位滞后角。如果未校正系统的开环对数幅频特性在截止频率处的斜率为 $-40\mathrm{dB/dec}$,取 $\varepsilon = 5° \sim 10°$;斜率为 $-60\mathrm{dB/dec}$,则取 $\varepsilon = 15° \sim 20°$。

4)由 $\alpha = \dfrac{1+\sin\varphi_m}{1-\sin\varphi_m}$ 计算 α 的值。

5)为了更好利用超前校正装置的最大超前角,把 ω_m 对准校正后系统的截止频率 ω_c'' 上。结合未校正系统的对数幅频渐近特性曲线,利用分段近似计算满足 $L'(\omega) = -10\lg\alpha$ 的频率点(如果是精确绘图,可以直接在图上读取),选取该点的频率作为校正后的截止频率 ω_c'' 和超前校正装置的最大超前角频率 ω_m,即

$$\omega_c'' = \omega_m = \frac{1}{T\sqrt{\alpha}} \tag{6-10}$$

由式(6-10)解出 T 的值,则超前校正网络参数 α、T 已初步确定。

6)绘制校正后系统的开环伯德图,并计算相位裕度和幅值裕度是否满足要求?如果不满足,从第3)步开始重新进行计算,如图6-6所示。

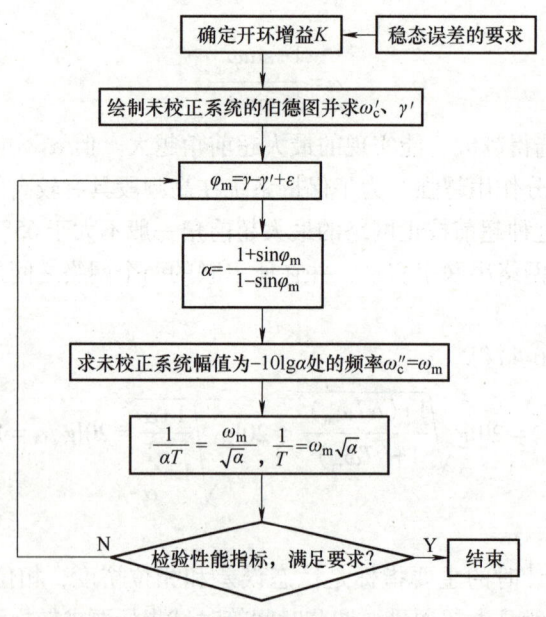

图6-6 超前校正设计步骤框图

例6-1 设一单位反馈系统的开环传递函数为 $G(s) = \dfrac{100K_p}{s(0.04s+1)}$,试设计一超前校正装置,使校正后系统的稳态速度误差系数 $K_v = 100$,相位裕度 $\gamma \geq 45°$,幅值裕度 K_g 不小于 $10\mathrm{dB}$。

解 (1) 根据对稳态速度误差系数的要求,确定系统的开环增益 K,即

$$K=K_v=\lim_{s\to 0}sG(s)=\lim_{s\to 0}\frac{100K_p}{s(0.04s+1)}=100K_p=100,\text{可得出 }K_p=1。$$

(2) 未校正系统的频率特性为

$$G(j\omega)=\frac{100}{j\omega(0.04j\omega+1)}=\frac{100}{\omega\sqrt{(0.04\omega)^2+1}}e^{(-90°-\arctan 0.04\omega)j}$$

绘制未校正系统的伯德图,如图 6-7 所示,绘图过程省略。由图可知未校正开环对数幅频渐近特性曲线有一个转折频率为 25rad/s,未校正系统的截止频率 ω_c' 大于此转折频率。由分段近似知,计算校正前的截止频率可由

$$L(\omega_c')\approx 20\lg\frac{100}{\omega_c'\times 0.04\omega_c'}=0$$

解得校正前的截止频率为

$$\omega_c'=50\text{rad/s}$$

再由相位裕度的计算公式,求得校正前的相位裕度为

$$\gamma'=180°-90°-\arctan(0.04\times 50)=90°-63.4°=26.6°$$

显然未校正系统不满足系统设计性能要求。

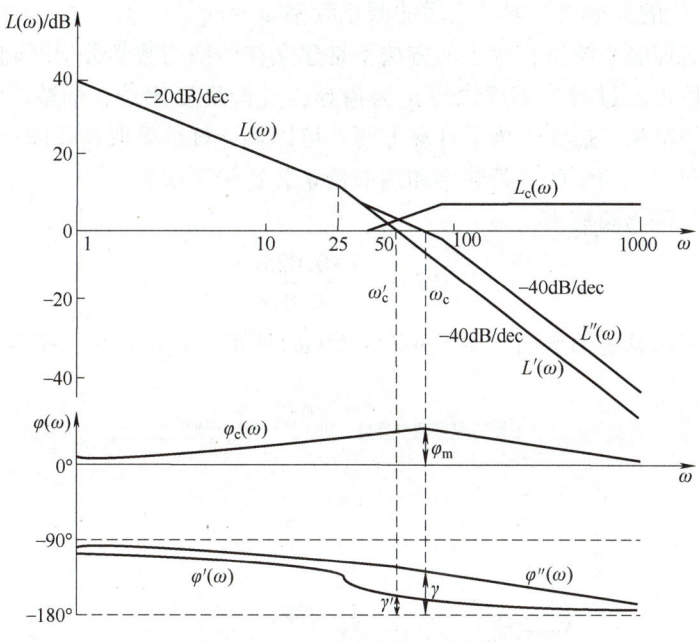

图 6-7 未校正与已校正系统对数坐标图

(3) 根据相位裕度的要求,确定超前补偿网络的相位超前角,即

$$\varphi_m=\gamma-\gamma'+\varepsilon=45°-26.6°+6.6°=25°$$

为计算方便,取补偿角 $\varepsilon=6.6°$。

(4) 计算 α 值,即

$$\alpha=\frac{1+\sin\varphi_m}{1-\sin\varphi_m}=\frac{1+\sin 25°}{1-\sin 25°}=2.46$$

(5) 超前校正装置在 ω_m 处的对数幅值为

$$L(\omega_m) = 10\lg\alpha = 10\lg 2.46\text{dB} = 3.9\text{dB}$$

如果是手工绘图,利用近似计算求得校正后的截止频率 ω_c'',即

$$20\lg\frac{100}{\omega_c''\times 0.04\omega_c''} + 10\lg\alpha = 0$$

上式的含义是系统校正前的对数幅值与超前校正装置中点对应的对数幅值在 ω_c'' 处相加为 0,从而使校正后系统的对数幅频特性曲线在此处穿越 0dB 线。之所以这样,是因为串联校正后的开环传递函数是校正装置的传递函数与未校正开环传递函数相乘的结果,对数运算将相乘运算转换成了相加运算。

利用对数运算关系,可以简化计算过程,即

$$20\lg\frac{100}{\omega_c''\times 0.04\omega_c''} = 20\lg\frac{1}{\sqrt{\alpha}}$$

可计算出:$\omega_c''^2 = 2500\times\sqrt{2.46}$,$\omega_c'' = 63\text{rad/s}$

取 $\omega_m = \omega_c'' = \dfrac{1}{T\sqrt{\alpha}} = \dfrac{1}{T\sqrt{2.46}} = 63\text{rad/s}$,可计算出 $T = 0.01\text{s}$。

如果采用 MATLAB 精确绘图,直接在未校正系统的对数幅频特性曲线上,找出对数幅值为 -3.9dB 所对应的频率点。取校正后的截止频率 $\omega_c'' = \omega_m$。

注意:这种对控制系统进行校正的方法不是建立在严格的数学分析基础上的,它是一种试探法,在实施校正的过程中需要以理论为指导,进行反复比较、调整、修改以及实验验证,以获得预期的结果。通常,为了计算方便,可以将计算结果取整处理。

(6) 计算超前校正网络的转折频率和超前校正装置传递函数。

超前校正装置传递函数为

$$G_c(s) = \frac{1+0.025s}{1+0.01s}$$

(7) 绘制校正后系统伯德图,如图 6-7 中 $L''(\omega)$ 所示,并计算相位裕度和幅值裕度。

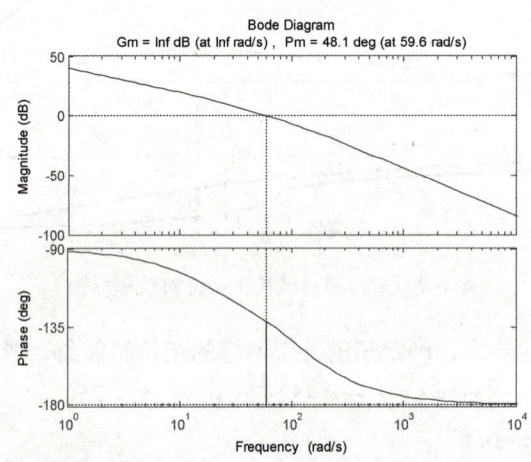

图 6-8 用 MATLAB 绘制已校正系统的伯德图

校正后开环传递函数为

$$G_c(s)G(s)=\frac{100(0.025s+1)}{s(0.04s+1)(0.01s+1)}$$

计算相位裕度，即

$$\begin{aligned}\gamma=180°+\varphi(\omega_c)&=180°-90°-\arctan(0.04\times60)+\arctan(0.025\times60)-\arctan(0.01\times60)\\&=90°-67.4°+56.3°-31°=47.9°\end{aligned}$$

计算幅值裕度，即

$$\varphi(\omega_g)=\angle G(j\omega_g)H(j\omega_g)=-180°,\ \omega_g=\infty$$

$$K_g=-20\log|G(j\omega_g)H(j\omega_g)|=\infty \text{dB}$$

校正后系统的相位裕度为 $\gamma=47.9°>45°$，幅值裕度为 $K_g=\infty\text{dB}>10\text{dB}$，满足系统设计要求。

用 MATLAB 绘制校正后系统的开环伯德图，得出系统校正后的性能并与手工计算结果相比较，发现手工计算与 MATLAB 的计算结果非常接近。

```
G=tf(100*[0.025,1],[conv([0.04,1],[0.01,1]),0]); %建立开环系统模型
figure
margin(G);  %绘制伯德图,计算幅值裕度、交界频率、相位裕度和截止频率
```

由图 6-8 可知，幅值裕度为∞dB、穿越频率为∞rad/s、相位裕度为 48.1°和截止频率为 59.6rad/s，满足设计要求。

基于上述分析，可知串联超前校正有如下特点：

1）这种校正主要是对确定开环增益后的未校正系统中频段进行补偿，使校正后中频段幅值的斜率为-20dB/dec，且有足够大的相位裕量。

2）超前校正会使系统动态响应的速度变快。由例 6-1 知，校正后系统的截止频率由未校正前的 50rad/s 增大到 60rad/s。这表明校正后，系统的频带变宽，动态响应速度变快；但系统抗高频噪声干扰的能力变差。对此，在校正装置设计时必须注意。

3）如果未校正系统的相频特性在截止频率附近急剧下降时，若用单级超前校正装置去校正，收效不大。因为校正后系统的截止频率向高频段移动。在新的截止频率处，由于未校正系统的辐角滞后量过大，校正时需要提供非常大的超前角。这种情况用单级超前校正装置难以获得足够的相位裕度，可以考虑用两个超前装置相串联来实现或者采用其他方法。

6.2.2 串联滞后校正

串联滞后校正

1. 无源滞后网络

无源滞后网络如图 6-9 所示，也称无源滞后校正装置。假设输入信号源的内阻为零，输出端的负载阻抗为无穷大，则滞后网络的传递函数为

$$\frac{U_c(s)}{U_r(s)}=\frac{R_2+\dfrac{1}{sC}}{R_2+R_1+\dfrac{1}{sC}}=\frac{\dfrac{R_1+R_2}{R_1+R_2}R_2Cs+1}{(R_1+R_2)Cs+1}$$

$$G_c(s)=\frac{1+\beta Ts}{1+Ts} \tag{6-11}$$

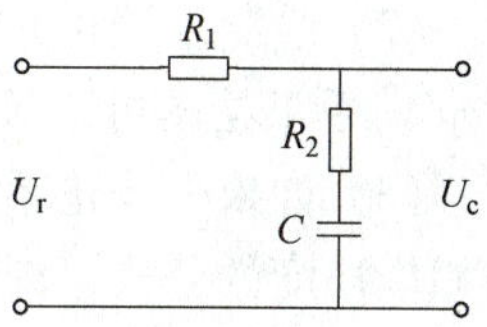

图 6-9 无源滞后网络

时间常数为
$$T = (R_1+R_2)C$$
分度系数为
$$\beta = \frac{R_2}{R_1+R_2} < 1$$

滞后网络对数坐标图如图 6-10 所示。从相频特性看，整个频率范围内相角都是滞后的，可以求出最大滞后角 φ_m 和与其相对应的最大滞后角频率 ω_m，即

$$\omega_m = \frac{1}{T\sqrt{\beta}}, \quad \varphi_m = \arcsin\frac{1-\beta}{1+\beta} \tag{6-12}$$

这里没有对滞后校正装置的 ω_m 和 φ_m 进行详细推导，因为相角滞后对改善系统的动态性能没有好处，因此并不利用相角滞后的特性去校正系统。

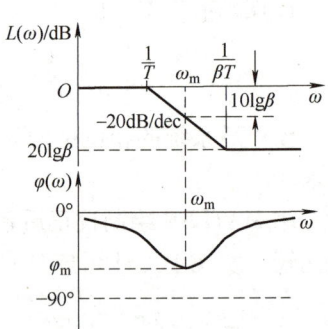

图 6-10 滞后网络对数坐标图

对数幅频渐近特性在 $\omega < \frac{1}{T}$ 时，斜率为 0dB/dec，对数幅值为 0dB；在 $\frac{1}{T} < \omega < \frac{1}{\beta T}$ 时，斜率为 -20dB/dec，对信号有积分作用，呈滞后特性；在 $\omega > \frac{1}{T}$ 时，对数幅值为 $20\lg\beta$。因为 $\beta<1$，对数幅值为负，对输入信号有衰减作用，β 越小，这种衰减作用越强。同超前网络，最大滞后角频率在转折频率 $1/T$ 与 $1/(\beta T)$ 的中点。采用无源滞后网络进行串联校正时，主要利用其高频段幅值衰减的特性，以降低系统的开环截止频率 ω_c，提高系统的相位裕度 γ。

2. 串联滞后校正

串联滞后校正的设计指标通常是稳态误差和相位裕度（或超调量、调节时间），幅值裕度应当在系统设计后加以检验。串联滞后校正的基本原理是利用滞后校正网络的高频幅值衰减特性，使校正后系统的截止频率减少，从而使校正后的系统的相位裕度满足性能指标要求，可改善动态性能。

在对系统动态响应速度要求不高而对抑制噪声干扰要求较高的情况下，可考虑采用串联滞后校正。此外，如果待校正系统已具备满意的动态性能，仅稳态性能不满足指标要求，可以先增大系统的开环增益以提高系统的稳态精度，但仅增大开环增益会导致截止频率升高、相位裕度降低，这时可以利用滞后校正装置的高频幅值衰减特性对系统进一步校正，降低校正后的截止频率，提高相位裕度，使其动态性能仍满足指标要求。

串联滞后校正设计步骤如下：

（1）根据稳态误差的要求，确定开环增益 K，将确定开环增益后的系统称为未校正系统。

（2）绘制未校正系统的开环伯德图，找出或计算出未校正系统的截止频率 ω_c' 和相位裕度 γ'。手工绘图可以只绘制对数幅频渐近特性曲线，记为 $L'(\omega)$。

（3）如果未校正系统的相位裕度不满足设计要求，往低频区间寻找新的截止频率 ω_c''。由相位裕度的公式，即式(5-25)知，新的截止频率应该满足

$$\varphi'(\omega_c'') = \angle G(j\omega_c'') = -180° + \gamma + \varepsilon \tag{6-13}$$

式中，γ 是指标要求的相位裕度；ε 为补偿角，一般取值 5°~10°，用来补偿引入滞后校正装

置而产生的附加相位滞后。

通常最小相位系统的相频特性随频率增大递减变化,如图 6-11 所示,在基本不改变相频特性的情况下降低截止频率可以获得更大的相位裕度。

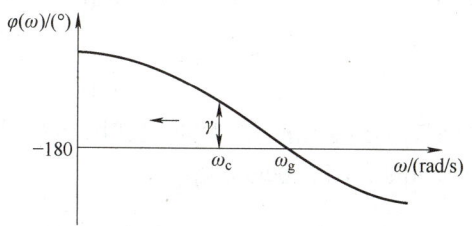

图 6-11　相位裕度与截止频率的关系图

(4) 让未校正系统的开环对数幅频特性曲线与滞后校正装置的幅频特性曲线在频率 $\omega=\omega_c''$ 处叠加等于 0,即叠加后的曲线在 ω_c'' 处穿越 0dB 线。为实现这一目的,需要计算出满足 $L'(\omega_c'')+20\lg\beta=0$ 的 β 值。

(5) 为了使串联滞后校正装置在新的截止频率 ω_c'' 处产生 $5°\sim 10°$ 相位滞后,取滞后校正装置较大的转折频率为 $1/(\beta T)=(0.1\sim 0.25)\omega_c''$,则滞后网络参数 β、T 已全部确定。

(6) 绘制校正后系统的开环伯德图,并计算相位裕度和幅值裕度是否满足要求?如果不满足,从第(3)步开始重新进行计算,步骤框图如图 6-12 所示。

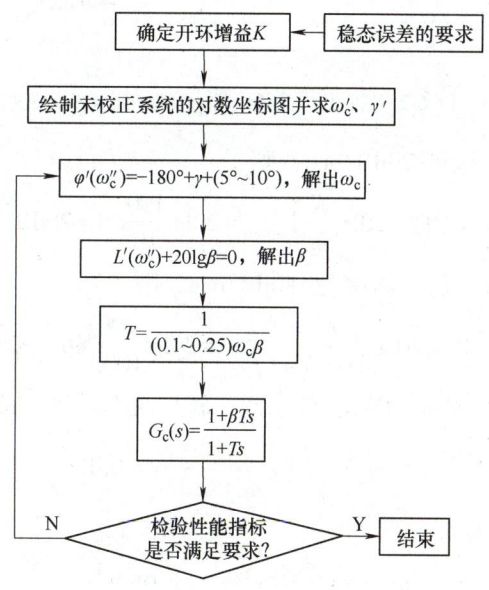

图 6-12　滞后校正设计步骤框图

例 6-2　设一单位反馈系统的开环传递函数为 $G(s)=\dfrac{K}{s(0.1s+1)(0.01s+1)}$,试设计串联滞后校正装置,使校正后系统的单位速度稳态误差不大于 0.01,相位裕度 $\gamma\geq 40°$,幅值裕度 $K_g\geq 10\text{dB}$,校正后的截止频率 $\omega_c''\geq 5\text{rad/s}$。

解　(1) 根据对单位稳态误差的要求,确定系统的开环增益 K。

由单位速度稳态误差 $e_{ss}=\dfrac{1}{K_v}\leq 0.01$ 知,K_v 应该不小于 100,取 $K_v=100$,

$K_v=\lim\limits_{s\to 0}sG(s)=100$,求得开环增益 $K=100$。

(2) 写出校正前开环传递函数 $G(s)=\dfrac{100}{s(0.1s+1)(0.01s+1)}$ 所对应的频率特性为

$$G(j\omega) = \frac{100}{j\omega(0.1j\omega+1)(0.01j\omega+1)}$$

$$= \frac{100}{\omega\sqrt{(0.1\omega)^2+1}\sqrt{(0.01\omega)^2+1}} e^{(-90°-\arctan 0.1\omega-\arctan 0.01\omega)j}$$

绘制其对数幅频渐近特性曲线如图 6-13 中 $L'(\omega)$ 所示。对数幅频渐近特性曲线有两个转折频率 10rad/s 和 100rad/s。

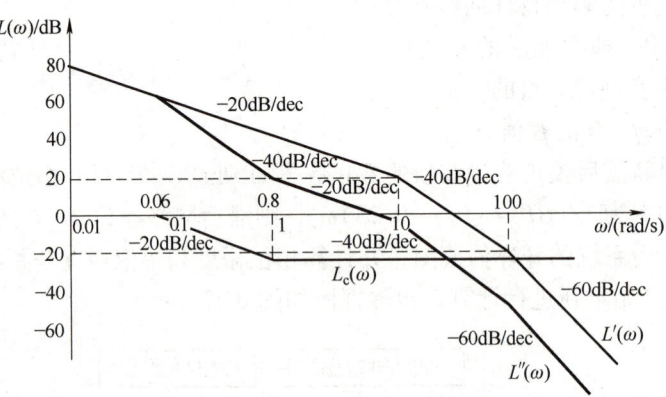

图 6-13 例 6-2 未校正与校正后系统对数幅频渐近特性曲线

当 $\omega \leq 10\text{rad/s}$ 时,斜率为 -20dB/dec,则

$$L(10) = 20\lg\frac{K}{\omega}\bigg|_{\omega=10} = 20\lg\frac{100}{10}\text{dB} = 20\text{dB}$$

当 $10\text{rad/s} < \omega \leq 100\text{rad/s}$ 时,斜率为 -40dB/dec,则

$$L(100) = 20\lg\frac{K}{\omega \times 0.1\omega}\bigg|_{\omega=100} = 20\lg\frac{100}{1000}\text{dB} = -20\text{dB}$$

可以看出未校正系统的截止频率 ω_c' 位于两个转折频率之间,$10\text{rad/s} < \omega_c' < 100\text{rad/s}$,则

$$L(\omega_c') = 20\lg\frac{100}{\omega_c' \times 0.1\omega_c'} = 0\text{dB}$$

可解出校正前的截止频率为

$$\omega_c' = \sqrt{1000}\text{rad/s} = 31.6\text{rad/s}$$

求校正前的相位裕度 γ',即

$$\gamma' = 180° + \varphi(\omega_c') = 180° - 90° - \arctan(\omega_c' \times 0.1) - \arctan(\omega_c' \times 0.01)$$
$$= 90° - 72.5° - 17.5° \approx 0°$$

未校正系统的相位裕度不满足要求。

(3)确定校正后的截止频率,满足

$$\varphi'(\omega_c'') = -180° + \gamma + 5° = -180° + 40° + 5° = -135°$$

代入未校正系统的相频特性表达式,得到

$$-90° - \arctan(0.1\omega_c'') - \arctan(0.01\omega_c'') = -135°$$

$$\arctan(0.1\omega_c'') + \arctan(0.01\omega_c'') = 45°$$

利用两角和的正切公式,得 $\dfrac{0.11\omega_c''}{1-0.001\omega_c''^2} = \tan 45° = 1$

解得：$\omega_c''=8.44$，取校正后的截止频率 $\omega_c''=8\text{rad/s}$。

（4）确定滞后校正装置参数 β，使校正后的对数幅频特性曲线在新的截止频率处穿越 0dB 线，即

$$L'(\omega_c'')+20\lg\beta=0$$

由于 ω_c'' 小于未校正系统最小的转折频率 10rad/s，根据分段近似关系有

$$20\lg\frac{100}{\omega_c''}+20\lg\beta=0$$

根据对数运算关系，求得

$$\beta=\frac{\omega_c''}{100}=0.08$$

（5）取 $\frac{1}{\beta T}=0.1\omega_c''$，计算出滞后校正装置的参数 T，即

$$\beta T=\frac{1}{0.1\omega_c''}=\frac{1}{0.8}\approx 1.25$$

$$T\approx\frac{1}{\beta\times 0.1\omega_c''}=\frac{1}{0.08\times 0.8}\text{s}\approx 15.6\text{s}$$

则滞后校正装置的传递函数为

$$G_c(s)=\frac{1+\beta Ts}{1+Ts}=\frac{1+1.25s}{1+15.6s}$$

校正后的对数幅频渐近特性曲线如图 6-13 中 $L''(\omega)$ 所示。

（6）验算要求性能指标（相位裕度和幅值裕度）。

校正后

$$G(s)G_c(s)=\frac{100}{s(0.1s+1)(0.01s+1)}\frac{1+1.25s}{1+15.6s}$$

直接利用校正后的截止频率 $\omega_c''=8\text{rad/s}$，求校正后的相位裕度，即

$$\gamma''=180°-90°-\arctan 0.1\omega_c''-\arctan 0.01\omega_c''+\arctan 1.25\omega_c''-\arctan 15.6\omega_c''$$
$$=90°-38.7°-4.6°+84.3°-89.5°\approx 41.5°$$

满足要求。

求幅值裕度需要先求校正后的穿越频率 ω_g''，由于阶次较高，下式中的 ω_g'' 不容易求出。

$$-90°-\arctan 0.1\omega_g''-\arctan 0.01\omega_g''+\arctan 1.25\omega_g''-\arctan 15.6\omega_g''=-180°$$

由于滞后校正对中、高频的相位改变很小，校正后与校正前的穿越频率相差不大。判断出校正后的穿越频率在校正前的穿越频率（31.6rad/s）附近，手工计算可以通过不断试探，近似求出 $\omega_g''=30.5\text{rad/s}$。

幅值裕度为

$$K_g=-20\lg\left(\frac{1000}{\omega^2}\times 0.08\right)\bigg|_{\omega=30.5}\text{dB}=21\text{dB}$$

满足要求。

（7）用 MATLAB 绘制校正后系统对数坐标图，并计算系统校正后的性能。

```
G=tf(100*[1.25,1],[conv([0.1,1],conv([0.01,1],[15.6,1])),0]);  %建立开环系统模型
```

```
figure
margin(G);    %绘制伯德图,计算幅值裕度、穿越频率、相位裕度和截止频率
```

由图 6-14 可知,幅值裕度为 22dB,穿越频率为 30.3rad/s,相位裕度为 46.1°,截止频率为 6.69rad/s。

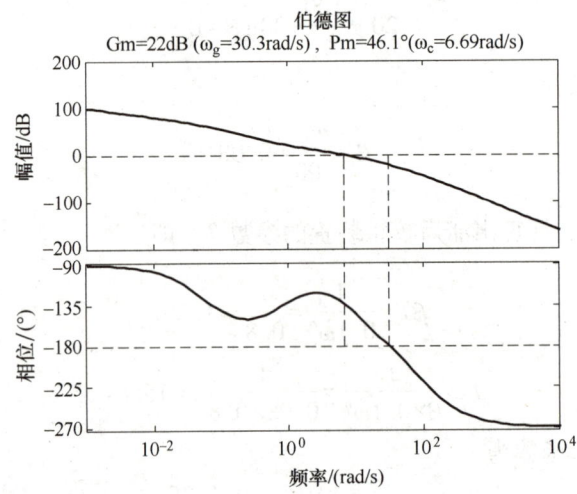

图 6-14　用 MATLAB 绘制已校正系统对数坐标图

串联滞后校正与串联超前校正这两种方法在完成系统校正任务方面基本是相同的,但有以下不同之处:

(1) 超前校正是利用超前校正装置的相位超前特性,而滞后校正则是利用滞后校正装置的高频幅值衰减特性。

(2) 对于同一系统,采用超前校正后系统带宽大于采用滞后校正的系统带宽。从提高系统响应速度的观点来看,希望系统带宽越大越好;与此同时,带宽越大系统越易受噪声干扰的影响,因此如果系统输入端噪声电平较高,一般不宜选用超前校正。

(3) 滞后校正常用在提高系统的控制精度上,但滞后校正装置本身并没有减小稳态误差的作用,是通过先提高系统的开环增益,再利用滞后校正装置降低高频段增益,来实现既减小稳态误差又保持较好的动态性能。

需要注意的是,在有些应用中,采用滞后校正可能会得出时间常数大到不能实现的结果。这种不良后果的出现,是由于需要在足够小的频率值上安置滞后校正的第一个转折频率,以保证在需要的频率范围内产生有效的高频幅值衰减特性所致。在这种情况下,最好采用串联滞后—超前校正。

6.2.3　串联滞后—超前校正

1. 无源滞后—超前网络

无源滞后—超前网络如图 6-15 所示,其传递函数为

$$G_c(s) = \frac{U_c(s)}{U_r(s)} = \frac{(1+\beta T_a s)(1+\alpha T_b s)}{(1+T_a s)(1+T_b s)} \qquad (6-14)$$

式中，
$$T_a+T_b = R_1C_1+R_1C_2+R_2C_2$$
$$T_aT_b = R_1R_2C_1C_2$$
$$\alpha = \frac{R_1C_1}{T_b}$$
$$\beta = \frac{R_2C_2}{T_a}$$
$$\alpha\beta = 1, \quad \beta = \frac{1}{\alpha}$$

当 $\alpha>1$ 时，$\dfrac{\alpha T_b s+1}{T_b s+1}$ 为超前校正环节，因为 $\beta=\dfrac{1}{\alpha}<1$，所以 $\dfrac{\beta T_a s+1}{T_a s+1}$ 是滞后校正环节。

该滞后—超前网络对数坐标图如图 6-16 所示。低频段对数幅值为 0dB，高频段对数幅值也为 0dB，中间频段幅值衰减。由图可见在低频段是一个滞后校正环节，在高频段是一个超前校正环节，但这两个环节的参数相互之间是有制约的。

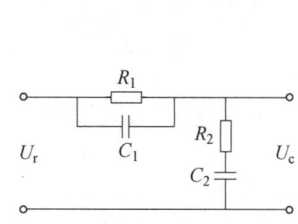

图 6-15　无源滞后—超前网络

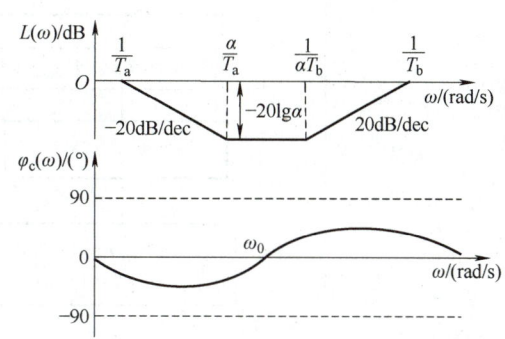

图 6-16　滞后—超前网络对数坐标图

2. 串联滞后—超前校正

串联滞后—超前校正兼有滞后校正和超前校正的优点，即校正后系统响应速度较快，超调量较小，抑制高频噪声的性能也较好。**当未校正系统不稳定，且要求校正后系统的响应速度、相位裕度和稳态精度较高时，以采用串联滞后—超前校正为宜。**串联滞后—超前校正的基本思想是利用超前校正部分来增大系统的相位裕度，同时利用滞后校正部分来改善系统的稳态性能。

主要设计指标仍然是稳态精度和稳定裕度(幅值裕度、相位裕度)，设计步骤如下：

1) 根据稳态误差的要求，确定开环增益 K，将确定开环增益后的系统称为未校正系统。

2) 绘制未校正系统的开环伯德图，找出或计算出未校正系统的截止频率 ω_c' 和相位裕度 γ'。手工绘图可以只绘制对数幅频渐近特性曲线，记为 $L'(\omega)$。

3) 在未校正系统的对数幅频渐近特性曲线上，选择斜率从 -20dB/dec 变为 -40dB/dec 的转折频率作为校正装置超前部分的转折频率，即 $1/(\alpha T_b)$，这种选法可以降低已校正系统的阶次，同时可保证中频段斜率为期望的 -20dB/dec，并使中频段具有较好的宽度。

4) 根据动态性能要求，选择校正后系统的截止频率 ω_c''，要保证校正后系统的截止频率为所选的 ω_c''，必须满足下列等式，即

$$-20\lg\alpha + 20\lg(\alpha T_b \omega_c'') + L'(\omega_c'') = 0 \tag{6-15}$$

由此式解出参数 α 的值。

注意：如果未校正系统是不稳定的，即校正前相位裕度小于 $0°$，在动态响应速度没有明确给出的情况下可以选择未校正系统相频特性等于 $-180°$ 时所对应的频率点作为校正后的截止频率 ω_c''。这相当于利用滞后部分降低一些截止频率使相位裕度达到 $0°$，再由超前部分补偿超前相位到指标要求的相位裕度。

5）根据相位裕度的要求，计算出滞后部分转折频率 α/T_a，或取 $\alpha/T_a = (0.1 \sim 0.25)\omega_c''$。

6）绘制校正后系统的开环伯德图，并计算相角裕度和幅值裕度是否满足要求？如果不满足，从第3）步开始重新进行计算，步骤框图如图 6-17 所示。

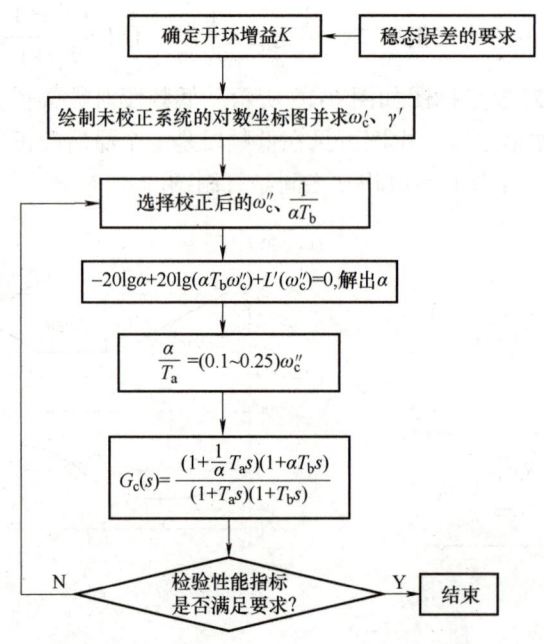

图 6-17 滞后—超前校正设计步骤框图

例 6-3 设未校正系统开环传递函数 $G(s) = \dfrac{K}{s(s+1)(0.1s+1)}$，试设计串联滞后—超前校正装置，使校正后系统的静态速度误差系数 $K_v = 100s^{-1}$，相位裕度 $\gamma \geqslant 40°$，幅值裕度 $K_g \geqslant 10\text{dB}$，截止频率 $\omega_c \geqslant 2.8\text{rad/s}$。

解 （1）根据对静态速度误差系数的要求，确定系统的开环增益 K。

$$K_v = \lim_{s \to 0} sG(s) = K = 100$$

（2）绘制未补偿系统的对数幅频渐近特性曲线如图 6-18 中 $L'(\omega)$ 所示。

系统的开环频率特性为

$$G(j\omega) = \dfrac{100}{j\omega(j\omega+1)(0.1j\omega+1)} = \dfrac{30}{\omega\sqrt{\omega^2+1}\sqrt{(0.1\omega)^2+1}} e^{(-90°-\arctan\omega-\arctan 0.1\omega)j}$$

由分段近似关系，可得

当 $\omega \leqslant 1\text{rad/s}$ 时，斜率为 -20dB/dec，则

$$L'(1) = 20\lg K = 20\lg 100\text{dB} = 40\text{dB}$$

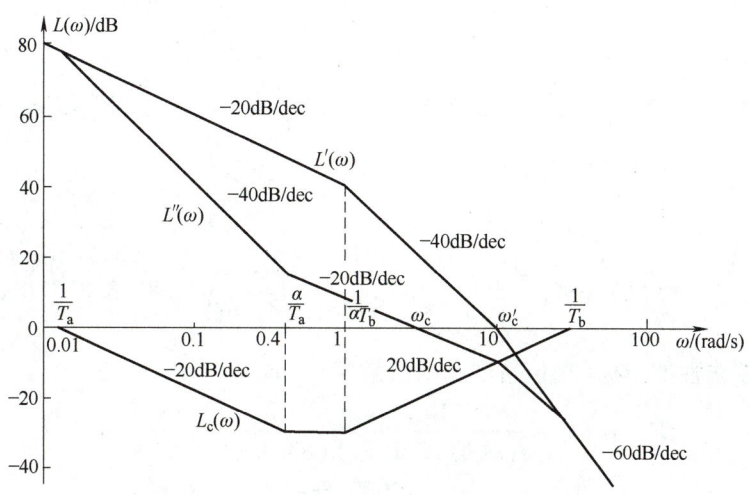

图 6-18 例 6-3 未校正与已校正系统的开环伯德图

当 $1\text{rad/s} < \omega \leqslant 10\text{rad/s}$ 时,斜率为 -40dB/dec,则

$$L'(10) = 20\lg\frac{K}{\omega\omega}\bigg|_{\omega=10} = 20\lg1\text{dB} = 0\text{dB}$$

可知,校正前的截止频率 $\omega_c' = 10\text{rad/s}$。

求相位裕度 γ',即

$$\gamma' = 180° + \varphi(\omega_c') = 180° - 90° - \arctan10 - \arctan1$$
$$= 90° - 84.3° - 45° = -39.3°$$

(3)确定校正后的截止频率 ω_c''。

根据题意截止频率 $\omega_c'' \geqslant 2.8\text{rad/s}$ 可知,取 $\omega_c'' = 3\text{rad/s}$。

在未校正系统对数幅频特性曲线图上,选择斜率从 -20dB/dec 变为 -40dB/dec 的转折频率处为超前部分的转折频率 $\dfrac{1}{\alpha T_b}$。

取

$$\frac{1}{\alpha T_b} = 1\text{rad/s}$$
$$\alpha T_b = 1\text{s}$$

校正后的截止频率 ω_c'' 介于未校正系统的两个转折频率之间,在该频率点原系统的对数幅值为

$$L'(\omega_c'') \approx 20\lg\frac{100}{\omega_c''\omega_c''} = 20\lg\frac{100}{3\times3}$$

由式(6-15)可知

$$-20\lg\alpha + 20\lg(1\times3) + 20\lg\frac{100}{3\times3} = 0$$

$$20\lg\alpha = 20\lg3\times\frac{100}{9}$$

解得 $\alpha = 100/3$,于是

$$T_b = \frac{1}{\alpha} = 0.03$$

(4) $\frac{\alpha}{T_a} = (0.1 \sim 0.25)\omega_c = (0.1 \sim 0.25) \times 3$,试取 $\frac{\alpha}{T_a} = 0.4 \text{rad/s}$,即 $\beta T_a = 2.5\text{s}$。

(5) 滞后—超前网络的传递函数为

$$G_c(s) = \frac{\left(\frac{T_a}{\alpha}s+1\right)(\alpha T_b s+1)}{(T_a s+1)(T_b s+1)} = \frac{(2.5s+1)(s+1)}{(33.3 \times 2.5s+1)\left(\frac{1}{33.3}s+1\right)} = \frac{(2.5s+1)(s+1)}{(83.3s+1)(0.03s+1)}$$

(6) 验算要求性能指标(相位裕度和幅值裕度),即

$$G(s)G_c(s) = \frac{100}{s(s+1)(0.1s+1)} \cdot \frac{(2.5s+1)(s+1)}{(83.3s+1)(0.03s+1)}$$

$$= \frac{100(2.5s+1)}{s(0.1s+1)(83.3s+1)(0.03s+1)}$$

相位裕度为

$$\gamma = 180° - 90° - \arctan(0.1 \times 3) - \arctan(83.3 \times 3) - \arctan(0.03 \times 3) + \arctan(2.5 \times 3)$$
$$= 90° - 16.7° - 89.7° - 5.1° + 82.4° = 60.9° > 40°$$

为验证幅值裕度是否满足要求,先计算穿越频率。试探性选取 $\omega = 15\text{rad/s}$,代入相频特性得

$$\varphi(15) = -90° - \arctan(0.1 \times 15) - \arctan(83.3 \times 15) - \arctan(0.03 \times 15) + \arctan(2.5 \times 15) = -172°$$

利用试探法最终近似求得 $\varphi(17.6) \approx -180°$,$\omega_g'' = 17.6\text{rad/s}$。

幅值裕度为

$$K_g = -20\lg|G_c(j\omega_g)G(j\omega_g)| \approx -20\lg\frac{100 \times 2.5 \times 17.6}{17.6 \times 0.1 \times 17.6 \times 83.3 \times 17.6}\text{dB} = 20.3\text{dB} > 10\text{dB}$$

(7) 用 MATLAB 绘制校正后系统对数坐标图,并计算系统校正后的性能。

```
G=tf(100*[2.5,1],[conv([0.1,1],conv([83.3,1],[0.03,1])),0]); %建立开环系统模型
figure
margin(G);  %绘制伯德图,计算幅值裕度、穿越频率、相位裕度和截止频率
```

由图 6-19 可知,幅值裕度 22.7dB、穿越频率 17.8rad/s、相位裕度 61.2°、截止频率 2.9rad/s。

需要说明的是,除了可以设计出以上讨论的 $\alpha\beta=1$ 的串联滞后—超前网络,还可以采用运算放大器实现 $\alpha\beta\neq1$ 的有源滞后—超前网络。

传递函数为

$$G_c(s) = \frac{(1+\beta T_a S)}{(1+T_a S)} \cdot \frac{(1+\alpha T_b S)}{(1+T_b S)} \tag{6-16}$$

式中,$\alpha>1$,$0<\beta<1$,且 $1/(\beta T_a) \leq 1/(\alpha T_b)$。当 $\alpha<1/\beta$ 时,对数幅频渐近特性曲线如图 6-20a 所示,有源滞后—超前校正对高频噪声信号有抑制作用;当 $\alpha>1/\beta$ 时,对数幅频渐近特性曲线如图 6-20b 所示,有源滞后—超前校正对高频噪声信号有增强作用。这种类型的有源滞后—超前校正有 α、β、T_a 和 T_b 四个参数需要计算,设计步骤与 $\alpha\beta=1$ 时基本

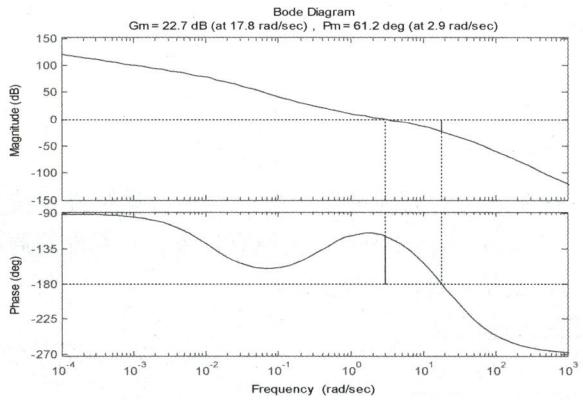

图 6-19　用 MATLAB 绘制已校正系统的开环伯德图

相同：

1）根据稳态误差的要求，确定开环增益 K，将确定开环增益后的系统称为未校正系统。

2）绘制未校正系统的开环伯德图，找出或计算未校正系统的截止频率 ω_c' 和相角裕度 γ'。手工绘图可以只绘制对数幅频渐近特性曲线，记为 $L'(\omega)$。

3）在未校正系统的对数幅频渐近特性曲线上，选择斜率从 -20dB/dec 变为 -40dB/dec 的转折频率作为校正装置超前部分的转折频率 $1/(\alpha T_b)$。

4）根据动态性能要求选择校正后系统的截止频率 ω_c''，或者由 $\varphi'(\omega_c'') = -180°$ 求出 ω_c''，ω_c'' 满足等式

$$20\lg\beta + 20\lg(\alpha T_b \omega_c'') + L'(\omega_c'') = 0$$

由此式解出参数 β 的值。

5）取 $\dfrac{1}{\beta T_a} = (0.1 \sim 0.25)\omega_c''$，可以计算出 T_a。

6）根据相角裕度的要求，计算出 T_b，再根据第 3）步所选的 $1/(\alpha T_b)$ 值计算出 α 的值。

7）绘制校正后系统的伯德图，并计算相角裕度和幅值裕度是否满足要求？如果不满足，从第 3）步开始重新进行计算。

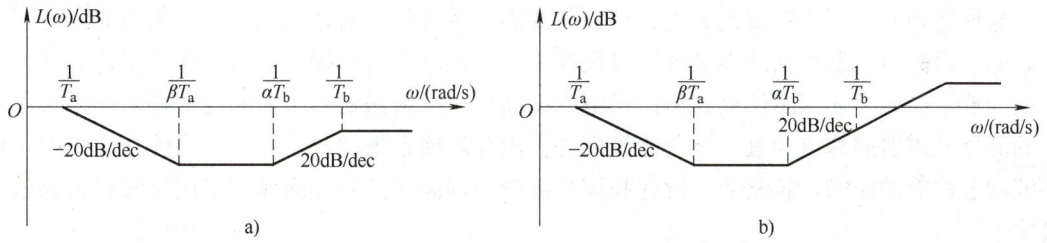

图 6-20　有源滞后—超前校正装置的对数幅频渐近特性曲线

除有源滞后—超前校正外，超前校正和滞后校正都可以采用运算放大器实现有源校正网络。鉴于数字控制在实际工程中的使用越来越普遍，本书不再对有源校正网络的物理实现进行详细讨论。

6.3 局部反馈校正与前馈补偿

6.3.1 局部反馈校正

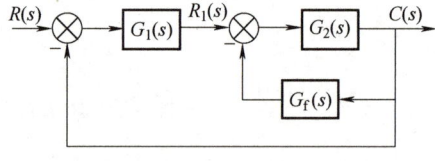
局部反馈校正与前馈补偿

局部反馈校正是一种在系统的局部环节中引入反馈对系统进行校正的方法。如图 6-21 所示,$G_1(s)$ 和 $G_2(s)$ 为系统的原有环节,对系统的局部环节 $G_2(s)$ 引入反馈 $G_f(s)$,就是局部反馈校正。

局部反馈校正回路的传递函数为

$$\frac{C(s)}{R_1(s)} = \frac{G_2(s)}{1 + G_2(s)G_f(s)} \tag{6-17}$$

如果在对系统动态性能起主要作用的频率范围内,满足

$$|G_2(s)G_f(s)| \gg 1 \tag{6-18}$$

则

图 6-21 局部反馈校正框图

$$\frac{C(s)}{R_1(s)} \approx \frac{1}{G_f(s)} \tag{6-19}$$

而当

$$|G_2(s)G_f(s)| \ll 1 \tag{6-20}$$

则

$$\frac{C(s)}{R_1(s)} \approx G_2(s) \tag{6-21}$$

式(6-19)和式(6-21)说明:当局部反馈回路的开环增益远大于 1 时,其闭环传递函数仅决定于反馈校正的传递函数的倒数;而当局部反馈回路的开环增益远小于 1 时,其闭环传递函数与反馈校正无关。因此可以通过选择适当的反馈校正的传递函数 $G_f(s)$,在一定的频率范围内改变原系统的传递函数,从而达到改善系统动态特性的目的。在实际应用中,把式(6-18)和式(6-20)的条件简化为 $|G_2(s)G_f(s)| > 1$ 和 $|G_2(s)G_f(s)| < 1$,这样会增大误差,可以证明在 $|G_2(s)G_f(s)| = 1$ 时的误差最大,其误差不会超过 3dB。

选择适当的局部反馈校正装置,可以改变固有系统的局部结构和参数、削弱非线性因素的影响、提高对模型摄动的不灵敏性以及抑制局部回路中的干扰等。与串联校正比起来,局部反馈校正虽有上述诸多优点,但由于引入反馈校正一般需要专门的测量部件。例如,角速度的测量就需要测速电动机、编码器等部件,因此就使系统的成本提高。另外,反馈校正对系统动态性能的影响比较复杂,设计和调整比较烦琐。而这两个问题在采用串联校正时就不会发生。

6.3.2 前馈补偿

减小或消除系统稳态误差是控制系统设计的一个重要目标。对采用串联校正和局部反馈校正的控制系统,要提高系统的稳态精度,需要提高开环系统的增益和系统的无静差度(积分环节的数目),但这都将对系统的动态性能带来不良影响,甚至使系统不稳定;要提高系统对输入信号的快速跟踪能力,需要系统有更高的通频带,这样会导致噪声抑制能力变差。

前馈补偿就是在闭环控制系统中引入一个开环控制通道,对系统产生一个附加的补偿控制信号,达到消除或减小稳态误差的目标。除串联校正或局部反馈校正外,再引入前馈补偿的闭环控制系统称为复合控制系统。开环控制与闭环控制相结合形成一个更完善、具有更优性能的控制系统。按照产生误差的源头不同,前馈补偿产生的补偿控制信号可以取自输入信号,也可取自扰动信号,它们分别称为按输入补偿的复合控制系统和按扰动补偿的复合控制系统。

1. 按输入补偿的复合控制系统

按输入补偿的复合控制系统如图 6-22 所示,该复合控制有两个前向通道:一个由 $G_r(s)$ $G_2(s)$ 构成的前馈通道,它是按开环方式控制的;一个是由 $G_1(s)G_2(s)$ 组成的反馈控制回路的前向通道,它是按闭环方式控制的。

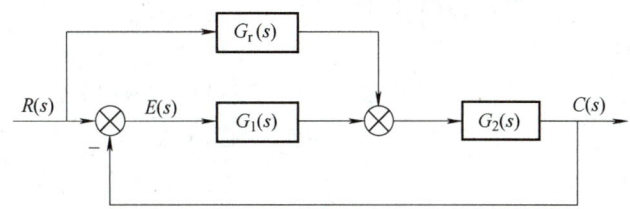

图 6-22 按输入补偿的复合控制系统

该复合控制系统的误差拉普拉斯变换为

$$E(s) = R(s) - C(s) \tag{6-22}$$
$$C(s) = E(s)G_1(s)G_2(s) + R(s)G_r(s)G_2(s)$$

整理得

$$\frac{E(s)}{R(s)} = \frac{1 - G_r(s)G_2(s)}{1 + G_1(s)G_2(s)} \tag{6-23}$$

由式(6-23)可见,只要满足

$$G_r(s) = \frac{1}{G_2(s)} \tag{6-24}$$

就可实现补偿后的误差 $E(s)=0$,即输出信号完全无误差地复现输入信号。这种对误差完全补偿的作用称为全补偿,$C(s)=R(s)$。式(6-24)就是对输入信号导致的误差进行全补偿的条件。式(6-24)是实现无误差控制的理想条件,通常控制系统的传递函数 $G_2(s)$ 具有比较复杂的形式且分母的阶次大于分子的阶次,$G_r(s)$ 分子的阶次就大于分母的阶次,这不便于物理实现。所以,一般只能做到近似的全补偿。

例 6-4 设复合校正随动系统框图如图 6-23 所示,试选择前馈补偿方案和参数,使复合控制系统等效为 Ⅱ 型系统。

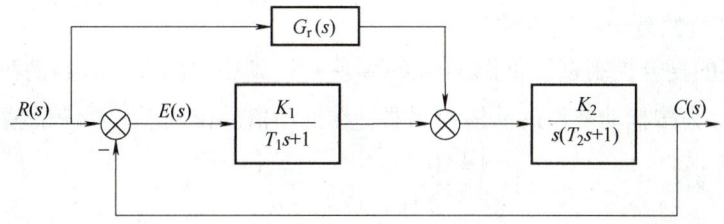

图 6-23 例 6-4 复合校正随动系统框图

解 在本题中，原系统的开环传递函数为 $G(s) = \dfrac{K_1}{T_1 s + 1} \dfrac{K_2}{s(T_2 s + 1)}$，这是一个 Ⅰ 型系统。在系统闭环稳定的情况下，输入为速度信号时会产生一个恒定的稳态误差。题目的含义是，在原系统上附加一个按输入补偿的前馈控制器 $G_r(s)$，使闭环稳定的系统在输入为速度信号时稳态误差为 0，等效于 Ⅱ 型系统对稳态误差的影响。

加入按输入补偿的前馈控制器后，不改变原系统的回路结构，但是多了一个前向通道，依照梅森公式，可求得误差传递函数，即

$$\Phi_e(s) = \dfrac{E(s)}{R(s)} = \dfrac{1 - G_r(s)\dfrac{K_2}{s(T_2 s + 1)}}{1 + \dfrac{K_1}{T_1 s + 1}\dfrac{K_2}{s(T_2 s + 1)}} = \dfrac{s(T_1 s + 1)(T_2 s + 1) - G_r(s) K_2 (T_1 s + 1)}{s(T_1 s + 1)(T_2 s + 1) + K_1 K_2}$$

输入为速度信号时，则

$$E(s) = \dfrac{T_1 T_2 s^3 + (T_1 + T_2) s^2 + s - G_r(s) K_2 (T_1 s + 1)}{T_1 T_2 s^3 + (T_1 + T_2) s^2 + s + K_1 K_2} \dfrac{V}{s^2}$$

由终值定理可知

$$e_{ss} = \lim_{s \to 0} s E(s) = \lim_{s \to 0} \dfrac{T_1 T_2 s^3 + (T_1 + T_2) s^2 + s - G_r(s) K_2 (T_1 s + 1)}{T_1 T_2 s^3 + (T_1 + T_2) s^2 + s + K_1 K_2} \dfrac{V}{s^2} \qquad (6\text{-}25)$$

若使该复合控制系统等效为 Ⅱ 型系统，式 (6-25) 所表达的稳态误差 e_{ss} 应恒为零。只要取适当的 $G_r(s)$ 使多项式 $T_1 T_2 s^3 + (T_1 + T_2) s^2 + s - G_r(s) K_2 (T_1 s + 1)$ 能提取出 s^2 与 $\dfrac{V}{s^2}$ 的分母相抵消，就可实现这一目的。通过比较多项式 $T_1 T_2 s^3 + (T_1 + T_2) s^2 + s$ 与 $G_r(s) K_2 (T_1 s + 1)$ 知，取 $G_r(s) = \dfrac{s}{K_2}$ 即可以消掉多项式中的一次项 s，即

$$T_1 T_2 s^3 + (T_1 + T_2) s^2 + s - G_r(s) K_2 (T_1 s + 1)$$
$$= T_1 T_2 s^3 + (T_1 + T_2) s^2 + s - \dfrac{s}{K_2} K_2 (T_1 s + 1)$$
$$= T_1 T_2 s^3 + (T_1 + T_2) s^2 - T_1 s^2$$
$$= (T_1 T_2 s + T_2) s^2$$

前馈补偿装置 $G_r(s) = \dfrac{s}{K_2}$ 是一个理想微分环节，考虑到物理可实现性，通常取

$$G_r(s) = \dfrac{s}{K_2 (Ts + 1)}$$

T 应当选得足够小，尽量减小惯性环节对系统动态性能的影响。

2. 按扰动补偿的复合控制系统

按扰动补偿的复合控制系统框图如图 6-24 所示，其中，$G_1(s) G_2(s)$ 为反馈控制的开环传递函数，$G_n(s)$ 为按扰动补偿的前馈控制器。在扰动信号作用下，系统的输出为

$$C(s) = \dfrac{[1 + G_1(s) G_n(s)] G_2(s)}{1 + G_1(s) G_2(s)} N(s) \qquad (6\text{-}26)$$

若选择前馈控制器的传递函数为

$$G_n(s) = \frac{-1}{G_1(s)} \qquad (6\text{-}27)$$

代入式(6-26)，则有 $C(s)=0$。在考虑扰动信号作用下的误差时，将输入信号 $R(s)$ 置为 0，因此误差 $E(s)=0$。

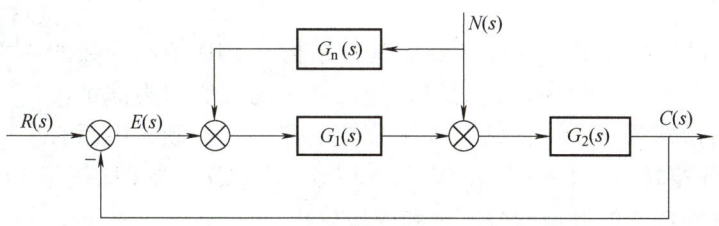

图 6-24 按扰动补偿的复合控制系统框图

能够按扰动进行前馈补偿的前提条件是扰动信号能够测量。若扰动 $n(t)$ 可测，附加式(6-27)所示的前馈补偿装置，理论上可以完全消除该项扰动对系统输出的影响，实现完全补偿。但实现上，只能做到近似的全补偿或静态补偿。前馈控制是一种开环控制，当系统的结构参数发生改变时，对补偿精度影响很大。因此，要求前馈补偿装置具有较高的参数稳定性。

例 6-5 设按扰动补偿的复合校正随动系统框图如图 6-25 所示，试选取前馈控制器 $G_n(s)$，使系统输出不受负载扰动影响。

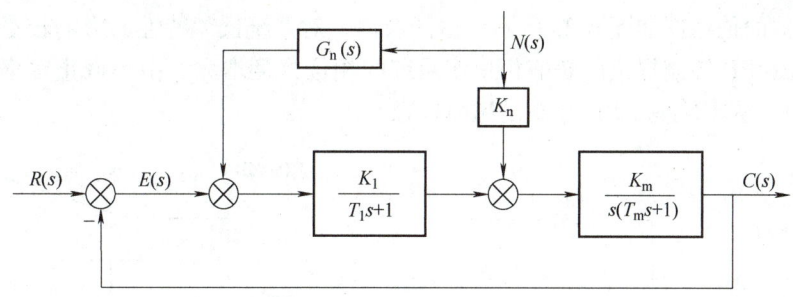

图 6-25 例 6-5 复合校正随动系统框图

解 按双通道相消的原则，实现完全补偿，有

$$\frac{K_1}{T_1 s+1} G_n(s) + K_n = 0$$

$$G_n(s) = \frac{-K_n(T_1 s+1)}{K_1}$$

系统输出可不受负载扰动的影响。但是由于 $G_n(s)$ 的分子次数高于分母次数，故不便于物理实现。从物理可实现性考虑，取

$$G_n(s) = -\frac{K_n}{K_1} \frac{T_1 s+1}{T_2 s+1}, \qquad T_2 \ll 1 \text{ 或 } T_2 \ll T_1$$

则 $G_n(s)$ 在物理上能够实现，且达到近似补偿要求，在扰动信号作用的主要频段内进行了全补偿。若取

$$G_n(s) = -\frac{K_n}{K_1}$$

则可实现静态补偿，即在系统达到稳态时，系统输出完全不受扰动的影响，它在物理上更易于实现。

6.4 PID 控制器的频域分析

在第 4 章中，已经学习了 PID 控制器的基本结构和 PID 控制参数的根轨迹设计方法。在 PID 控制中，比例控制是最基本的控制，为满足实际控制系统的不同指标要求，再分别引入积分控制和微分控制，因而有 PD 控制（比例-微分控制）、PI 控制（比例-积分控制）和 PID 控制（比例-积分-微分控制）。在本节仅给出 PID 控制器的有源网络实现和频域分析。

6.4.1 PD 控制器

PD（比例-微分）控制器的有源校正网络如图 6-26 所示，相对应的传递函数为

$$G_c(s) = \frac{U(s)}{E(s)} = \frac{R_2}{R_1} + R_2 C_1 s = \frac{R_2}{R_1}(1 + R_1 C_1 s) \tag{6-28}$$

$$G_c(s) = K(1 + \tau s) \tag{6-29}$$

式中，$K = \frac{R_2}{R_1}$；$\tau = R_1 C_1$。

PD 控制器的伯德图如图 6-27 所示。由图看出，对系统低频特性的影响较小，稳态误差可被适当改变；PD 控制提供的超前相角使系统的相位裕度增大。由于截止频率增大，系统响应速度变快。从本质说，PD 控制是超前校正。

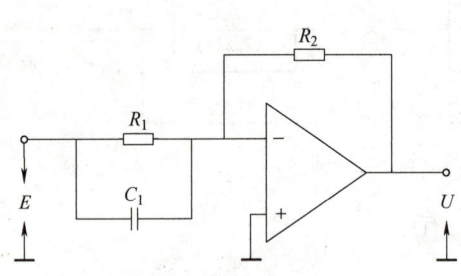

图 6-26　PD 有源校正网络

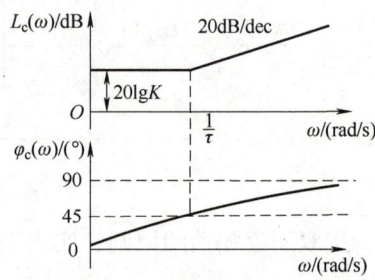

图 6-27　PD 控制伯德图

6.4.2 PI 控制器

PI（比例-积分）控制器的有源校正网络如图 6-28 所示，相对应的传递函数为

$$G_c(s) = \frac{U(s)}{E(s)} = \frac{R_2}{R_1} + \frac{1}{R_1 C_2 s} = \frac{R_2}{R_1}\left(1 + \frac{1}{R_2 C_2 s}\right) \tag{6-30}$$

$$G_c(s) = K\left(1 + \frac{1}{Ts}\right) = \frac{K}{T}\left(\frac{1 + Ts}{s}\right) = K_I\left(\frac{1 + Ts}{s}\right) \tag{6-31}$$

式中，$K = \frac{R_2}{R_1}$；$T = R_2 C_2$；$K_I = \frac{K}{T}$。

PI 控制器的伯德图如图 6-29 所示。由图看出，在低频段，主要是 PI 控制规律起作用，

提高系统型别,消除或减少稳态误差;同时,由于对系统中高频特性的影响较小,使系统能基本保持原来的响应速度和稳定裕度。从本质说,PI 控制是滞后校正。

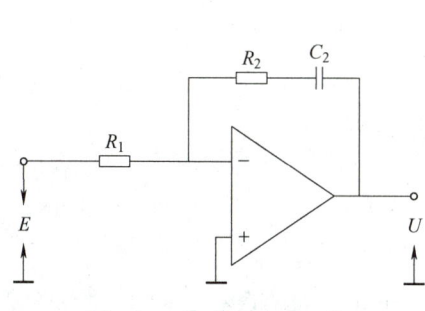

图 6-28　PI 有源校正网络　　　　图 6-29　PI 控制伯德图

6.4.3　PID 控制器

PID(比例-积分-微分)控制器的有源校正网络如图 6-30 所示,相对应的传递函数为

$$G_c(s)=\frac{U(s)}{E(s)}=\left(\frac{R_2}{R_1}+\frac{C_1}{C_2}\right)+\frac{1}{R_1C_2s}+R_2C_1s=\frac{K(T_1s+1)(T_2s+1)}{T_1s} \tag{6-32}$$

式中,$T_1=R_1C_1$;$T_2=R_2C_2$;$K=\dfrac{R_2}{R_1}$。

PID 控制器的伯德图如图 6-31 所示。由图看出,在低频段,主要是 PI 控制规律起作用,提高系统型别,消除或减少稳态误差;在中高频段主要是 PD 控制规律起作用,增大截止频率和相位裕度。从本质说,PID 控制是滞后—超前校正,它可以全面提高系统的控制性能。

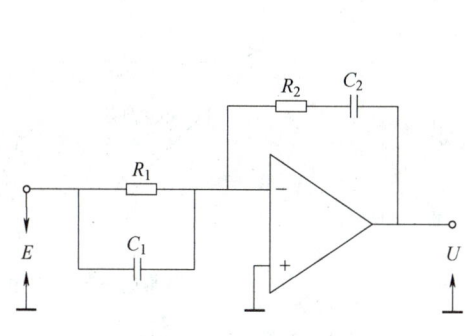
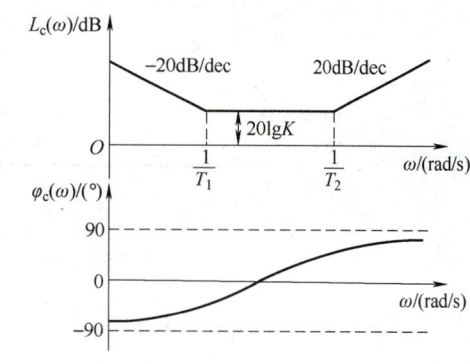

图 6-30　PID 有源校正网络　　　　图 6-31　PID 控制伯德图

本 章 小 结

本章主要介绍了基于对数幅频特性曲线设计的三种串联校正:超前校正、滞后校正和滞后—超前校正。超前校正利用超前校正装置提供的超前角补偿系统的相位裕度,而滞后校正则利用滞后校正装置的高频幅值衰减降低原系统的截止频率来提高系统的相位裕度。在强调改善系统的动态性能,提高反应速度时,宜采用超前校正;在强调提高系统的控制精度,改善稳态性能时,宜采用滞后校正。滞后—超前校正兼具滞后校正和超前校正两者的优点,设计

过程也更为复杂，适合用于对动态性能和稳态性能要求都比较高或者原系统不稳定程度非常高的场合。其次，介绍了反馈控制和前馈控制的基本思想，对前馈与反馈相结合的复合控制进行了重点分析。最后，介绍了 PID 控制器的有源网络实现，并利用伯德图进行了性能分析。控制系统校正的过程体现了"折衷"的哲学思想，不同性能指标往往相互制约，寻求恰当的平衡点是校正的关键。

习　题

6-1　设单位负反馈系统的开环传递函数为

$$G(s) = \frac{K}{s(s+1)}$$

试设计超前校正装置，使校正后系统的在单位斜坡信号作用下，稳态误差 $e_{ss} \leq 0.1$，相位裕度 $\gamma \geq 45°$，幅值裕度 K_g 不小于 10dB，截止频率 $\omega_c \geq 5\text{rad/s}$。

6-2　设一单位反馈系统的开环传递函数为

$$G(s) = \frac{K}{s(0.04s+1)}$$

试设计滞后校正装置，使校正后系统的静态速度误差系数 $K_v = 100\text{s}^{-1}$，相位裕度 $\gamma \geq 45°$，幅值裕度 K_g 不小于 10dB。

6-3　设单位负反馈控制系统，开环传递函数和校正装置对数幅频渐近曲线如图 6-32 所示，要求：

（1）画出校正后系统的对数幅频渐近曲线；

（2）写出每个校正后系统的传递函数；

（3）比较两种校正方案的优缺点。

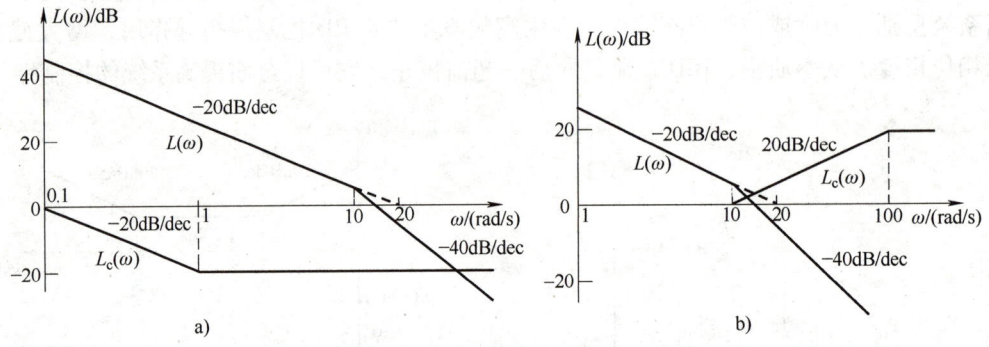

图 6-32　题 6-3 对数幅频渐近曲线图

6-4　设单位负反馈系统的开环传递函数为 $G(s) = \dfrac{K}{s(2s+1)(0.02s+1)}$，试设计串联滞后—超前校正装置，使校正后系统的静态速度误差系数 $K_v = 8\text{s}^{-1}$，相位裕度 $\gamma \geq 50°$，截止频率 $\omega_c \geq 0.8\text{rad/s}$。

6-5　设单位负反馈系统的开环传递函数为 $G(s) = \dfrac{400}{s^2(0.01s+1)}$，图 6-33 给出三种串联校正网络特性，它们均为最小相位环节组成。试问：

（1）在这三种补偿网络中，哪种已校正系统的稳定程度最好？

（2）为了将 12Hz 正弦噪声削减 10 倍，哪种校正网络能满足要求？

6-6　已知负反馈控制系统的开环传递函数为

$$G_0(s) = \frac{2}{s(s+1)(0.1s+1)}$$

（1）画出系统开环对数幅频渐近特性曲线，求截止频率 ω_c 和相位裕度 γ；

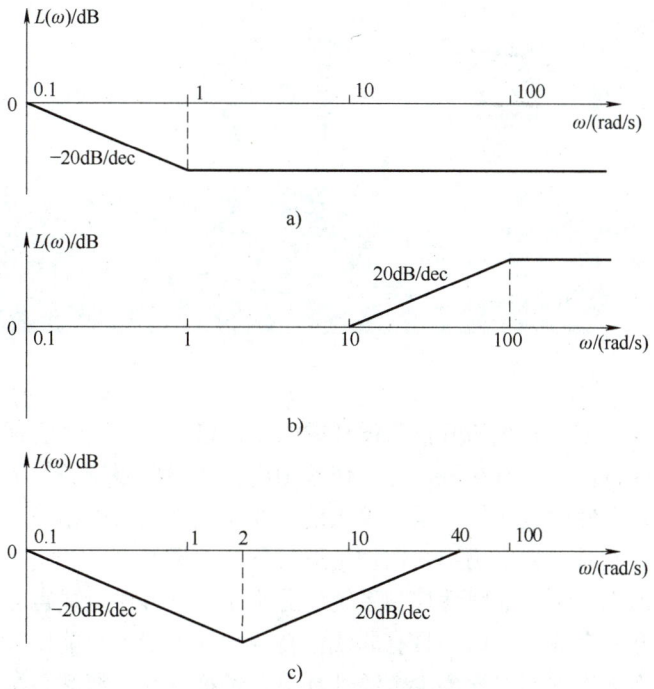

图 6-33 题 6-5 对数幅频渐近曲线图

（2）若要求截止频率 ω_c 和相位裕度 γ 基本不变，而稳态速度误差系数 $K_v = 20\text{s}^{-1}$，试确定应串联何种校正装置，并求出其传递函数 $G_c(s)$。

6-7 设复合校正随动系统如图 6-34 所示，试选择前馈补偿方案和参数，使复合控制系统等效为Ⅱ型系统。

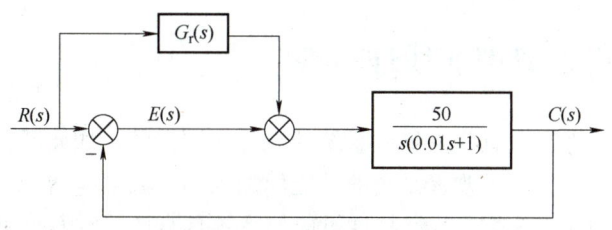

图 6-34 题 6-7 复合校正随动系统

6-8 设按扰动补偿的复合校正随动系统如图 6-35 所示，试选取前馈补偿装置 $G_n(s)$，使系统输出不受扰动影响。

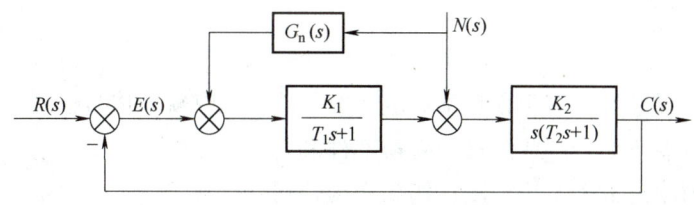

图 6-35 题 6-8 复合校正随动系统

6-9 已知汽车点火系统中有一单位负反馈系统，其开环传递函数为 $G_c(s)G_0(s)$，其中 $G_0(s) = \dfrac{10}{s(s+10)}$，$G_c(s) = K_1 + \dfrac{K_2}{s}$，试确定 K_1 和 K_2 取值，使系统主导极点的阻尼比 $\zeta = 0.707$，而且单位阶跃响应的调节时间 $t_s \leqslant 2\text{s}$，$(\Delta = 5\%)$。

第 7 章

非线性系统分析

前几章讨论了线性定常系统的分析与设计方法。严格来说,一个实际的控制系统都不同程度地存在着非线性特性,只有在一定的工作范围内,在某些限制条件下,才可以近似为线性定常系统。对于非线性程度比较严重、输入信号变化范围较大的系统,某些元件将明显地工作在非线性范围。此时,如果仍用线性理论进行分析与设计,会产生很大的误差,甚至会得出错误的结论。因而,学习非线性控制系统的分析及设计方法就显得非常重要。

如果系统中包含一个或一个以上具有非线性特性的环节,或只能用非线性方程来描述动态过程的环节,那么无论它还包含多少个线性环节,都称它为非线性系统。对于那些不能进行线性化处理的系统称为**本质非线性系统**,有时也简称为非线性系统。非线性和线性特性有着很大的差别。对于非线性系统,叠加原理不再成立。非线性系统的稳定性,除了和系统的结构、参数有关外,还和初始条件、输入信号有关。

本章主要介绍在非线性系统研究中广泛使用的描述函数法和相平面法。

7.1 控制系统中的典型非线性特性

控制系统中的典型非线性特性

控制中常见的非线性特性有些是组成系统的元件所固有的,如死区、饱和、间隙、摩擦等;有些是为了改善系统的性能而加入的,如继电器、变增益放大器等,在系统中加入这类非线性特性可能使系统具有比线性系统更好的动态性能,或更安全、更经济。本书仅介绍最常见、最简单的几种非线性特性。这几种非线性特性在数控机床的控制系统中普遍存在,高端数控机床为我国制造业的战略必争领域之一。

7.1.1 典型非线性特性

1. 死区特性

死区又称为不灵敏区,对于存在不灵敏区的元件,当有输入信号作用于该元件时,其输出为零或保持原状态不变。一些测量、变换部件和各种放大器,在零值附近常有不灵敏区;例如作为执行元件的电动机,由于轴上有静摩擦,施加给电动机的电压必须达到某一数值,即所谓的空载起动电压时,电动机才能开始转动,这个空载起动电压就是电动机的死区电压。

死区特性如图 7-1 所示,图中 $x(t)$、$y(t)$ 分别为

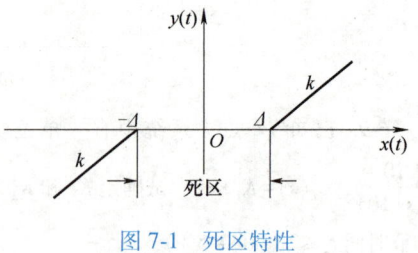

图 7-1 死区特性

非线性元件的输入、输出信号。

数学表达式为

$$y(t)=\begin{cases} k[x(t)+\Delta] & x(t)<-\Delta \\ 0 & -\Delta \leqslant x(t) \leqslant \Delta \\ k[x(t)-\Delta] & x(t)>\Delta \end{cases} \quad (7\text{-}1)$$

式中，Δ 为死区宽度；k 为线性输出的斜率。伺服电动机的死区电压、测量元件的不灵敏区均属死区特性。

2. 饱和特性

在控制系统中，许多元器件的运动范围由于受到能源、功率等条件的限制，都具有饱和输出特性，有时也出于工程的需要，人为引入饱和特性用于限制过载。例如晶体管放大器在大信号输入时即进入饱和，而电动机的转速和控制电压的关系也具有饱和特征。饱和特性如图 7-2 所示。

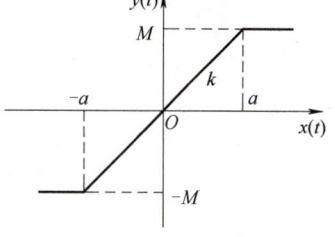

图 7-2　饱和特性

数学表达式为

$$y(t)=\begin{cases} M & x(t)<-a \\ kx(t) & -a \leqslant x(t) \leqslant a \\ -M & x(t)>a \end{cases} \quad (7\text{-}2)$$

式中，a 为线性区宽度；k 为线性输出的斜率；$M=ka$。

3. 间隙特性

在机械传动中，由于加工精度的限制以及运动件相互配合的需要，总会有一些间隙存在。如在齿轮传动中，为保证转动灵活，不发生卡死现象，是容许有少量间隙的。但间隙量不应过大。由于间隙的存在，当机构进行反向运动时，主动齿轮总要转过该空行程后才能推动从轮反向，二者不能同步转动，从而形成如图 7-3 所示的环状间隙特性。

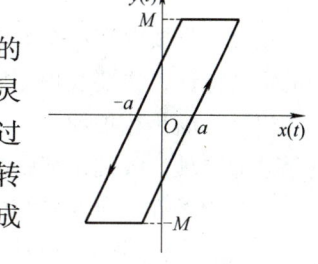

图 7-3　环状间隙特性

数学表达式为

$$y(t)=\begin{cases} k[x(t)-a] & \dot{y}(t)>0 \\ k[x(t)+a] & \dot{y}(t)<0 \\ M\operatorname{sign}x(t) & \dot{y}(t)=0 \end{cases} \quad (7\text{-}3)$$

式中，$2a$ 为间隙宽度；k 为间隙特性斜率；符号函数 $\operatorname{sign}x(t)=\begin{cases} 1 & x(t)>0 \\ -1 & x(t)<0 \end{cases}$。

其特点是，当输入量改变方向时，输出量保持不变，一直到输入量的变化超出一定数值后，输出量才跟着变化。

4. 继电特性

继电器是广泛应用于控制系统和保护装置中的器件。继电器的类型较多，从输入、输出特性上看，有理想继电器(如图 7-4a 所示)、具有死区的继电器(如图 7-4b 所示)、具有滞环的继电器(如图 7-4c 所示)和具有死区与滞环的继电器(如图 7-4d 所示)等。死区的存在是由于继电器线圈需要一定数量的电流才能产生吸合作用。滞环的存在是由于铁磁元件磁滞特性使继电器的吸上电流与释放电流不一样大，继电特性如图 7-4 所示。

一般情况下的继电器特性数学表达式为

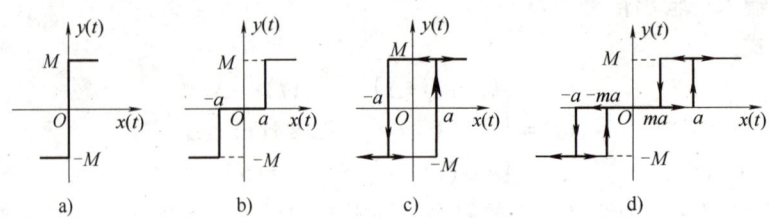

图 7-4 继电特性

$$y(t)=\begin{cases} 0 & -ma<x(t)<a, \dot{x}(t)>0 \\ 0 & -a<x(t)<ma, \dot{x}(t)<0 \\ M\mathrm{sign}x(t) & |x(t)|\geq a \\ M & x(t)\geq ma, \dot{x}(t)<0 \\ -M & x(t)\leq -ma, \dot{x}(t)>0 \end{cases} \quad (7-4)$$

式中，a 为继电器的吸合电压；ma 为继电器的释放电压；M 为饱和输出。由于继电器的吸合电压和释放电压不相等，故继电特性不仅含有死区特性和饱和特性，而且还出现滞环特性。式(7-4)中，若 $a=0$，则为理想继电特性；若 $m=1$，则为含死区无滞环的继电特性；若 $m=-1$，则为仅含滞环的继电特性。

7.1.2 非线性系统的特点

系统中只要存在一个非线性环节，则该系统就称为非线性系统。非线性系统具有许多特殊的运动特性，主要表现在以下几个方面。

（1）不满足叠加原理 线性系统满足叠加原理（包括叠加性和均匀性），非线性系统不满足叠加原理。线性系统的响应形式与输入信号的大小及初始条件无关，通常在典型输入信号与零初始条件下研究系统的特性。而非线性系统的响应形式与输入信号的大小及初始条件有关，当输入信号的大小发生改变或初始条件发生变化时，系统响应形式可能从单调变为振荡或者从振荡变为单调特性。由于非线性系统不满足叠加原理，前面章节中用于线性系统分析的方法都不能采用，系统中串联的各环节位置一般不能交换，否则会导致错误的结论。

比如，$y=x^2$ 为一非线性方程，$y_1=x_1^2$，$y_2=x_2^2$。当 $x=x_1+x_2$ 时，函数 y 并不等于 y_1+y_2。

（2）稳定性 按照平衡状态的定义，在无外作用且系统输出的各阶导数等于零时，系统处于平衡状态。对于线性系统，只有一个平衡状态 $y=0$，线性系统的稳定性即为该平衡状态的稳定性。**对于线性系统，系统的稳定性只取决于系统的结构和参数，而和初始条件、外加作用没有关系。非线性系统的稳定性，除了和系统的结构形式及参数大小有关以外，还和初始条件和外加作用有关。**因此，可以说某个线性系统是稳定的或是不稳定的，而对于非线性系统，不存在系统是否稳定的笼统概念。非线性系统的稳定性一定是针对具体的平衡状态，而平衡状态可能不止一个，各平衡状态可能是稳定的，也可能是不稳定的。非线性系统对某些初始状态的扰动可以是稳定的，而对另一些初始状态的扰动则是不稳定的。当外加扰动很小时，系统是稳定的，但当增大扰动时，系统可能变为不稳定，或者相反。非线性系统的稳定性分析远比线性系统要复杂。

注意：线性系统还存在着有无穷多连续平衡状态的特殊情况，稳定性分析主要针对孤立平衡状态，线性系统只能存在一个孤立的平衡状态。

考虑下述非线性一阶系统，即
$$\dot{y} - y^2 + y = 0$$
令 $\dot{y}=0$，可知该系统存在两个平衡状态点 $y=0$ 和 $y=1$。在 MATLAB 软件中，编写一个函数文件 fun1.m 描述上述非线性微分方程。程序如下：

```
function dy=fun1(t,y)
dy=y*(y-1);
```

利用 MATLAB 函数 ode45( ) 求解函数 fun1 在初值 $y_0=-0.5$，0，0.5，1，1.3，1.5 时的解并绘图，如图 7-5 所示。程序如下：

```
[t1,y1]=ode45('fun1',[0,5],-0.5);
[t2,y2]=ode45('fun1',[0,5],0);
[t3,y3]=ode45('fun1',[0,5],0.5);
[t4,y4]=ode45('fun1',[0,5],1);
[t5,y5]=ode45('fun1',[0,1],1.3);
[t6,y6]=ode45('fun1',[0,1],1.5);
plot(t1,y1,t2,y2,t3,y3,t4,y4,t5,y5,t6,y6);
axis([0 5 -1 4])
grid on
```

由图 7-5 可以看出，当初始条件 $y_0<1$ 时，$y(t)$ 递减并趋于 0；$y_0>1$ 时，$y(t)$ 是发散的。故平衡状态 $y=1$ 是不稳定的，因为稍有偏离，系统不能恢复至原平衡状态；而平衡状态 $y=0$ 在一定范围的扰动下是稳定的。

（3）正弦响应　对于线性系统，当输入为正弦信号时，系统的稳态输出为同频正弦信号，输出的稳态分量和输入信号仅在幅值和相位上有所不同；而对于非线性系统，当输入为正弦信号时，输出不再是简单的同频正弦信号，除了含有同频率的基波成分以外，还常常包含有输入信号中所没有的频率分量。如图 7-6 所示，给具有理想继电特性的非线性环节输入正弦信号时，输出变成了方波信号，方波信号可以通过傅里叶变换展开成无数个正弦谐波信号相叠加。

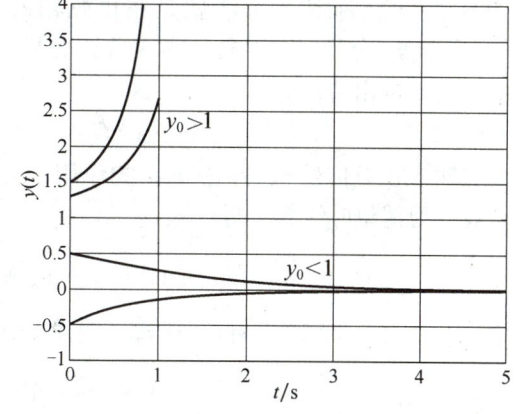

图 7-5　非线性一阶系统的时间响应曲线

（4）自激振荡　非线性系统在没有外界信号作用时，也有可能产生一定频率和幅值的周期振荡，并且在受到扰动时，周期振荡运动仍有可能保持原来的频率与振幅不变，也就是说这种周期运动具有稳定性。非线性系统出现的这种特有的稳定周期运动称为自激振荡，或极限环振荡。线性定常系统只有在临界稳定下才能产生周期运动，而且这一周期运动不能稳定持续下去。例如，当 $\zeta=0$ 时，二阶线性系统进行等幅周期振荡，其表达式为 $c(t)=A\sin(\omega t+\varphi)$，其频率取决于系统的结构和参数，振幅 A 和相位 φ 取决于初始状态。一旦受到扰动，幅值和相位都会发生改变，所以这种周期运动是不稳定的。自激振荡是非线性系统的一个重要特征，也是非线性系统研究的重要内容之一，对工程实践有很大的意义。多数情况下不希望系统有自激振荡产生，特殊情况下，也能利用小幅度的自激振荡改善系统性能。著名的瑞典学者、自动化专家 K. J. Astrom 提出的 PID 控制器参数自整定方法就是自激振荡原理的巧妙应用。

（5）串联部件之间不能互换位置　在线性系统中，互换串联部件之间的位置不影响系统的性能。在非线性系统中，交换非线性与线性部件之间的位置，或者不同非线性环节之间的位置都会改变系统的性能。

7.2　描述函数法

描述函数指的是系统中非线性环节在正弦信号作用下的输出可用一次谐波分量来近似，由此导出该非线性环节的近似等效频率特性。这时，非线性系统就近似为一个线性系统，本书第 5 章中介绍的线性系统频率响应法就可推广应用至此。描述函数法由 P. J. Daniel 于 1940 年提出。

描述函数法主要用于分析在无外作用的情况下 $[r(t)=0]$，非线性系统的稳定性与自激振荡问题。它对系统结构、非线性环节的特性和线性部分的性能都有一定的要求，要求非线性系统能简化成一个非线性环节和一个线性部分闭环连接的形式，且非线性环节的输入、输出特性是奇对称的，线性部分具有较好的低通滤波性能。描述函数法不受系统阶次的限制，一般都能给出较为满意的结果，因而得到广泛的应用，但它只能用于研究系统的频率响应特性，不能给出时间响应的确切信息。

7.2.1　描述函数的概念

本质上说，描述函数法就是在正弦输入下的非线性环节输出只取基波（一次谐波）分量，忽略其他高次谐波分量的一种近似方法。设非线性环节的输入、输出特性为

$$y=f(x) \tag{7-5}$$

在输入正弦信号 $x(t)=A\sin\omega t$ 的作用下，其输出信号 $y(t)$ 一般是非正弦周期信号。将 $y(t)$ 展开为傅里叶级数，得

$$y(t)=A_0+\sum_{n=1}^{\infty}(A_n\cos n\omega t+B_n\sin n\omega t)=A_0+\sum_{n=1}^{\infty}Y_n\sin(n\omega t+\varphi_n) \tag{7-6}$$

其中，A_0 为直流分量；$Y_n\sin(n\omega t+\varphi_n)$ 为第 n 次谐波分量，且有

$$Y_n=\sqrt{A_n^2+B_n^2},\quad \varphi_n=\arctan\frac{A_n}{B_n}$$

式中，A_n 和 B_n 为傅里叶系数，即

$$A_n=\frac{1}{\pi}\int_0^{2\pi}y(t)\cos n\omega t\,\mathrm{d}\omega t \quad n=1,2,\cdots$$
$$B_n=\frac{1}{\pi}\int_0^{2\pi}y(t)\sin n\omega t\,\mathrm{d}\omega t \quad n=1,2,\cdots \tag{7-7}$$

而直流分量为

$$A_0=\frac{1}{2\pi}\int_0^{2\pi}y(t)\,\mathrm{d}(\omega t) \tag{7-8}$$

若非线性特性是中心对称的，则 $y(t)$ 具有奇对称性，$A_0=0$。输出 $y(t)$ 的基波分量为

$$y_1(t)=A_1\cos\omega t+B_1\sin\omega t=Y_1\sin(\omega t+\varphi_1) \tag{7-9}$$

当忽略高次谐波作用后，有

$$y(t)\approx A_1\cos\omega t+B_1\sin\omega t=Y_1\sin(\omega t+\varphi_1) \tag{7-10}$$

式(7-10)表明，非线性环节可近似认为具有和线性环节相类似的频率响应形式。为此，**定义正弦输入信号作用下，非线性环节的稳态输出中一次谐波分量和输入信号的复数比为非线性环节的描述函数**，用 $N(A)$ 表示为

$$N(A)=|N(A)|e^{j\angle N(A)}=\frac{Y_1}{A}e^{j\varphi_1}=\frac{B_1}{A}+j\frac{A_1}{A} \tag{7-11}$$

式中，Y_1 为非线性环节输出信号中的基波分量幅值；A 为输入正弦信号的幅值；φ_1 为非线性环节输出信号中基波分量与输入正弦信号的相位差。描述函数的定义中只考虑了用非线性环节输出中的基波分量来描述其特性，忽略了高次谐波的影响，故这种方法称为谐波线性化。应当注意的是，**线性环节的频率特性是输入正弦信号频率 ω 的函数，与正弦信号的幅值无关，而描述函数表示的非线性环节近似频率特性则是输入正弦信号幅值 A 的函数**。因此，描述函数只是形式上借用了线性系统频率响应的概念，而本质上则保留了非线性的基本特征。

关于描述函数计算，还具有以下特点。若 $y(t)$ 为奇函数，则 $A_1=0$，只需计算基波分量实部 B_1，描述函数为实数；若 $y(t)$ 为奇函数，且又为半周期内对称，则

$$B_1=\frac{4}{\pi}\int_0^{\frac{\pi}{2}}y(\omega t)\sin\omega td\omega t \tag{7-12}$$

有些非线性特性是奇对称的非单值函数，所谓非单值指的是在同一个输入值时输出值不止一个，比如间隙特性、带滞环的继电特性。在正弦输入信号作用下，输出 $y(t)$ 既非奇函数，也非偶函数，故需分别求出 A_1 和 B_1，这类非线性特性的描述函数为复数。

7.2.2 典型非线性特性的描述函数

设元件的输入信号均为 $x(t)=A\sin\omega t$，下面介绍几种典型的非线性特性的描述函数。

1. 理想继电特性

对于如图7-6a所示的理想继电特性，其数学描述为

$$y(t)=\begin{cases} M & x(t)>0 \\ -M & x(t)<0 \end{cases} \tag{7-13}$$

在输入信号 $x(t)=A\sin\omega t$ 的作用下，理想继电环节的输出为

$$y(t)=\begin{cases} M & 0<\omega t<\pi \\ -M & \pi<\omega t<2\pi \end{cases} \tag{7-14}$$

其输入、输出波形如图7-6b所示。由于理想继电特性的输入、输出关于原点对称，故 $A_0=0$。又由于 $y(t)$ 是单值奇对称的，所以 $A_1=0$，$\varphi_1=0$。由于输出波形的对称性，计算基波分量的实部 B_1 时积分时间可以只取一个1/4周期，由公式(7-12)得

$$B_1=\frac{4}{\pi}\int_0^{\frac{\pi}{2}}y(\omega t)\sin\omega td\omega t=\frac{4}{\pi}\int_0^{\frac{\pi}{2}}M\sin\omega td\omega t=\frac{4M}{\pi} \tag{7-15}$$

根据描述函数的定义，理想继电特性的描述函数为 $N(A)=B_1/A=4M/(\pi A)$，相角为0。利用描述函数法分析非线性系统时，一般是通过分析非线性环节的负倒描述函数图形和线性

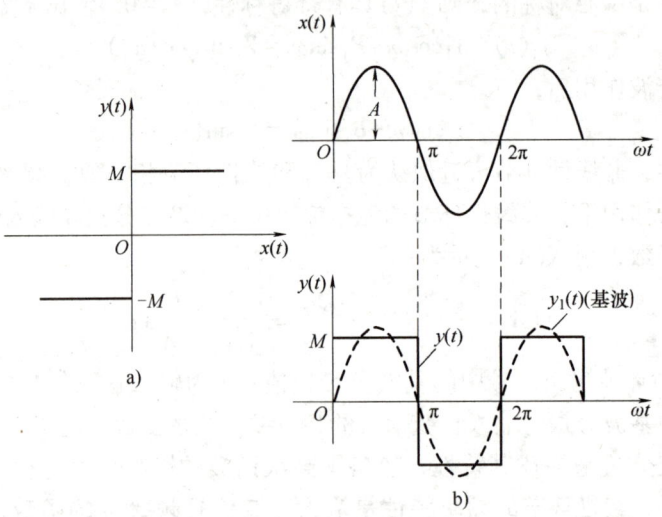

图 7-6 理想继电非线性特性及其输入、输出波形

环节部分的奈奎斯特曲线相交情况来进行的。理想继电特性的负倒描述函数为

$$-\frac{1}{N(A)} = -\frac{\pi A}{4M} \tag{7-16}$$

当输入正弦信号的幅值 A 从 0 到 $+\infty$ 变化时，负倒描述函数的图形起始于坐标原点，沿着负实轴趋向于负无穷远处，如图 7-7 所示。

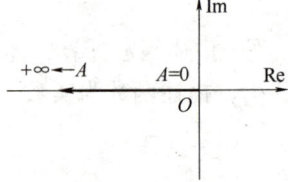

图 7-7 理想继电非线性特性的负倒描述函数图形

2. 饱和特性

饱和非线性元件特性如图 7-8a 所示，其输入、输出波形如图 7-8b 所示。

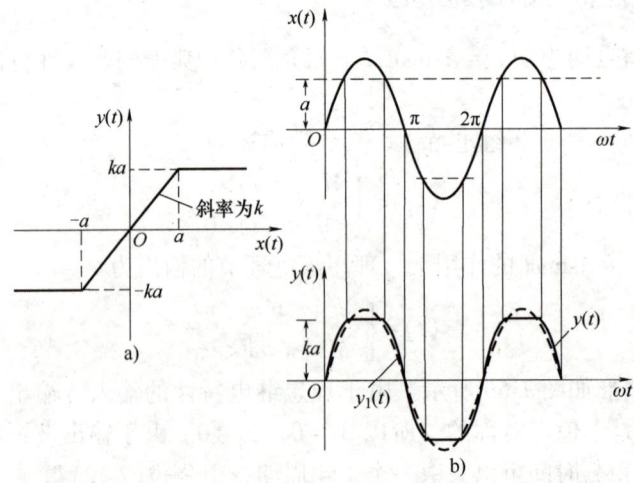

图 7-8 饱和非线性元件特性及其输入、输出波形

非线性环节输入为 $x(t) = A\sin\omega t$，当 $x(t)$ 的幅值 $A < a$ 时，该环节工作于线性区间，输入、输出关系为比例系数等于 k 的比例环节；当 $A \geq a$ 时，输出 $y(t)$ 将会被饱和限幅，饱和

环节工作于非线性部分。因此，只针对 $A \geqslant a$ 时的情况讨论描述函数。

对于图 7-8，当 $\omega t = \omega t_1$ 时，$A\sin\omega t_1 = a$，ωt 再增大时，环节的输出将进入非线性饱和部分，其在一个 1/4 周期内的输出为

$$y(t) = \begin{cases} kA\sin\omega t & 0 \leqslant \omega t \leqslant \omega t_1 \\ ka & \omega t_1 < \omega t \leqslant \dfrac{\pi}{2} \end{cases} \tag{7-17}$$

由于饱和特性是单值奇对称的，因此，$A_0 = 0$，$A_1 = 0$。由 $A\sin\omega t_1 = a$，可得 $\omega t_1 = \arcsin\dfrac{a}{A}$。计算基波分量实部 B_1，由公式(7-12)得

$$\begin{aligned}
B_1 &= \frac{4}{\pi}\int_0^{\frac{\pi}{2}} y(t)\sin\omega t\,\mathrm{d}\omega t \\
&= \frac{4}{\pi}\int_0^{\omega t_1} kA\sin^2\omega t\,\mathrm{d}\omega t + \frac{4}{\pi}\int_{\omega t_1}^{\frac{\pi}{2}} ka\sin\omega t\,\mathrm{d}\omega t \\
&= \frac{4}{\pi}\int_0^{\omega t_1} kA\frac{1-\cos2\omega t}{2}\mathrm{d}\omega t + \frac{4}{\pi}\int_{\omega t_1}^{\frac{\pi}{2}} ka\sin\omega t\,\mathrm{d}\omega t \\
&= \frac{4kA}{\pi}\left[\int_0^{\omega t_1}\frac{1}{2}\mathrm{d}\omega t - \int_0^{\omega t_1}\frac{1}{4}\cos(2\omega t)\,\mathrm{d}2\omega t + \frac{a}{A}\int_{\omega t_1}^{\frac{\pi}{2}}\sin\omega t\,\mathrm{d}\omega t\right] \\
&= \frac{4kA}{\pi}\left(\frac{1}{2}\omega t\bigg|_0^{\omega t_1} - \frac{1}{4}\sin2\omega t\bigg|_0^{\omega t_1} - \frac{a}{A}\cos\omega t\bigg|_{\omega t_1}^{\frac{\pi}{2}}\right) \\
&= \frac{4kA}{\pi}\left(\frac{1}{2}\omega t_1 - \frac{1}{4}\sin2\omega t_1 + \frac{a}{A}\cos\omega t_1\right) \\
&= \frac{2kA}{\pi}\left(\omega t_1 + \frac{a}{A}\cos\omega t_1\right) \\
&= \frac{2kA}{\pi}\left[\arcsin\frac{a}{A} + \frac{a}{A}\sqrt{1-\left(\frac{a}{A}\right)^2}\right]
\end{aligned} \tag{7-18}$$

根据描述函数的定义，饱和非线性的描述函数为

$$N(A) = \frac{B_1}{A} = \frac{2k}{\pi}\left[\arcsin\frac{a}{A} + \frac{a}{A}\sqrt{1-\left(\frac{a}{A}\right)^2}\right] \quad A \geqslant a \tag{7-19}$$

相角为 0。其负倒描述函数为

$$-\frac{1}{N(A)} = -\frac{\pi}{2k}\left[\arcsin\frac{a}{A} + \frac{a}{A}\sqrt{1-\left(\frac{a}{A}\right)^2}\right]^{-1} \quad A \geqslant a \tag{7-20}$$

式中的反正弦函数以弧度为单位。

当 $A = a$ 时，有

$$-\frac{1}{N(A)} = -\frac{\pi}{2k}\left(\frac{\pi}{2}+0\right)^{-1} = -\frac{1}{k}$$

当 $A \to +\infty$ 时，有

$$-\frac{1}{N(A)} = -\frac{\pi}{2k}(0+0)^{-1} = -\infty$$

负倒描述函数的图形起始于 $-\dfrac{1}{k}$，沿着负实轴趋向于负无穷远处，如图 7-9 所示。

3. 死区特性

死区非线性特性及其输入、输出波形如图 7-10 所示。在具有死区的非线性元件中，当输入作用在死区的范围内时，非线性环节没有输出。

死区非线性元件的输入为 $x(t)=A\sin\omega t$，由图 7-10 可知，其在一个 1/4 周期内的输出为

$$y(t)=\begin{cases}0 & 0\leq\omega t\leq\omega t_1\\ k(A\sin\omega t-\Delta) & \omega t_1<\omega t\leq\dfrac{\pi}{2}\end{cases} \quad (7\text{-}21)$$

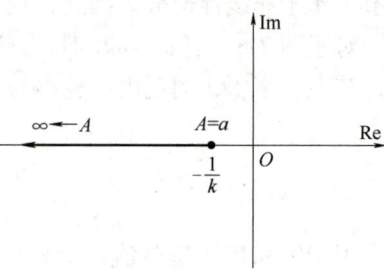

图 7-9　饱和非线性特性的负倒描述函数图形

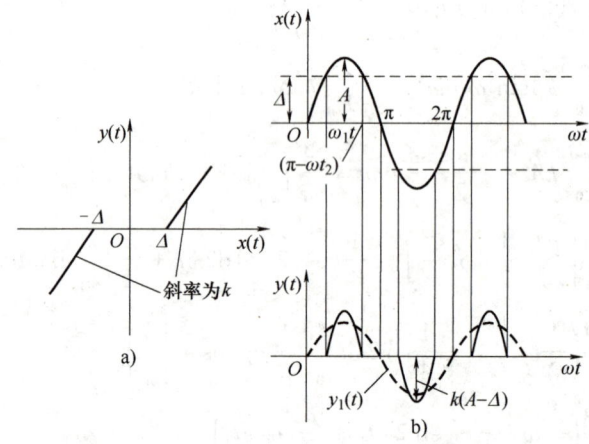

图 7-10　死区非线性特性及其输入、输出波形

由于死区特性单值奇对称，因此，$A_0=0$，$A_1=0$。由 $A\sin\omega t_1=\Delta$，可得 $\omega t_1=\arcsin\dfrac{\Delta}{A}$。计算基波分量实部 B_1，由式(7-12)得

$$\begin{aligned}B_1&=\dfrac{1}{\pi}\int_0^{2\pi}y(t)\sin\omega t\mathrm{d}\omega t\\ &=\dfrac{4}{\pi}\int_{\omega t_1}^{\frac{\pi}{2}}k(A\sin\omega t-\Delta)\sin\omega t\mathrm{d}\omega t\\ &=\dfrac{4kA}{\pi}\int_{\omega t_1}^{\frac{\pi}{2}}kA\sin^2\omega t\mathrm{d}\omega t-\dfrac{4k\Delta}{\pi}\int_{\omega t_1}^{\frac{\pi}{2}}\sin\omega t\mathrm{d}\omega t\\ &=\dfrac{4kA}{\pi}\left(\dfrac{\pi}{4}-\dfrac{1}{2}\omega t_1+\dfrac{1}{2}\sin\omega t_1\cos\omega t_1\right)-\dfrac{4k\Delta}{\pi}\cos\omega t_1\\ &=\dfrac{2kA}{\pi}\left[\dfrac{\pi}{2}-\arcsin\dfrac{\Delta}{A}-\dfrac{\Delta}{A}\sqrt{1-\left(\dfrac{\Delta}{A}\right)^2}\right]\end{aligned}$$

根据描述函数的定义，死区非线性的描述函数为

$$N(A)=\dfrac{B_1}{A}=\dfrac{2k}{\pi}\left[\dfrac{\pi}{2}-\arcsin\dfrac{\Delta}{A}-\dfrac{\Delta}{A}\sqrt{1-\left(\dfrac{\Delta}{A}\right)^2}\right]\quad A\geq\Delta \quad (7\text{-}22)$$

相角为 0。

同理，该环节的负倒描述函数为

$$-\frac{1}{N(A)} = -\frac{\pi}{2k}\left[\frac{\pi}{2} - \arcsin\frac{\Delta}{A} - \frac{\Delta}{A}\sqrt{1-\left(\frac{\Delta}{A}\right)^2}\right]^{-1} \quad A \geq \Delta$$

当输入正弦信号的幅值 A 从 Δ 到 ∞ 变化时，负倒描述函数的图形起始于实轴负无穷远处，沿着负实轴趋向于 $-1/k$，如图 7-11 所示。

上述三种都是单值奇对称的非线性环节，它们的描述函数是实数，输出信号的基波分量与输入正弦信号之间没有相位差。间隙特性、有滞环的继电特性非线性环节是非单值的，其描述函数为复数，输出信号的基波与输入正弦信号之间存在相位差，因推导过程较为复杂，本书略去。典型非线性元件的描述函数及其负倒描述函数图形，见表 7-1。

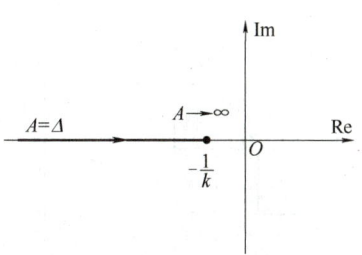

图 7-11 死区非线性特性的负倒描述函数图形

表 7-1 典型非线性元件描述函数及负倒描述函数图形

非线性特性	描述函数 $N(A)$	负倒描述函数图形 $-\dfrac{1}{N(A)}$
饱和特性	$\dfrac{2k}{\pi}\left[\arcsin\dfrac{a}{A} + \dfrac{a}{A}\sqrt{1-\left(\dfrac{a}{A}\right)^2}\right]$ $A \geq a$	
死区特性	$\dfrac{2k}{\pi}\left[\dfrac{\pi}{2} - \arcsin\dfrac{\Delta}{A} + \dfrac{\Delta}{A}\sqrt{1-\left(\dfrac{\Delta}{A}\right)^2}\right]$ $A \geq \Delta$	
理想继电特性	$\dfrac{4M}{\pi A}$	

(续)

非线性特性	描述函数 $N(A)$	负倒描述函数图形 $-\dfrac{1}{N(A)}$
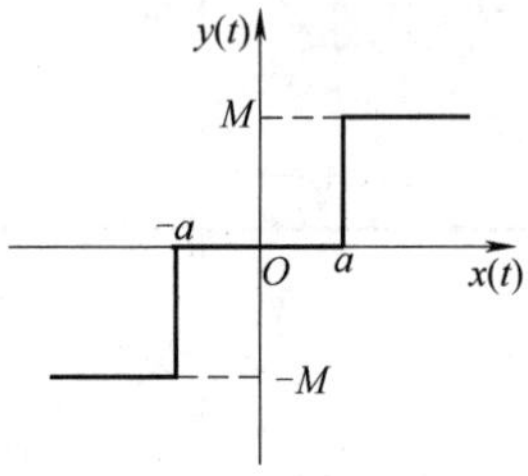 带死区的继电特性	$\dfrac{4M}{\pi A}\sqrt{1-\left(\dfrac{a}{A}\right)^2}$, $A\geqslant a$	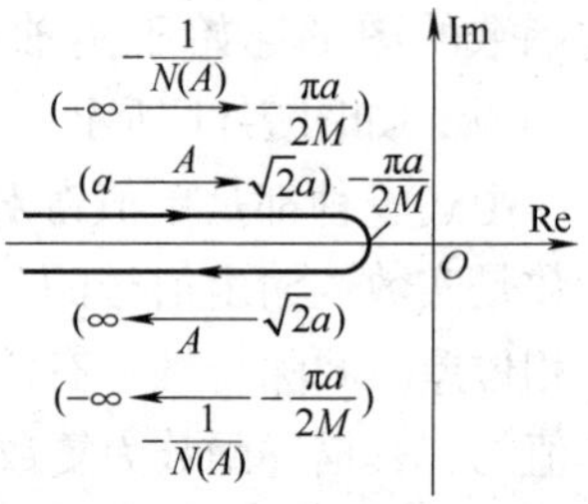
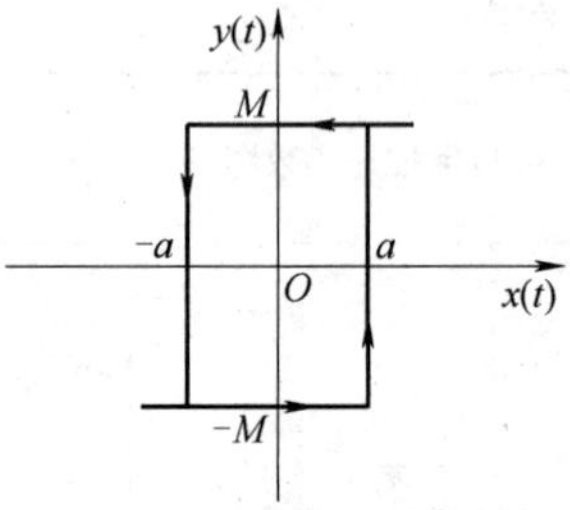 带滞环的继电特性	$\dfrac{4M}{\pi A}\sqrt{1-\left(\dfrac{a}{A}\right)^2}-\mathrm{j}\dfrac{4aM}{\pi A^2}$, $A\geqslant a$	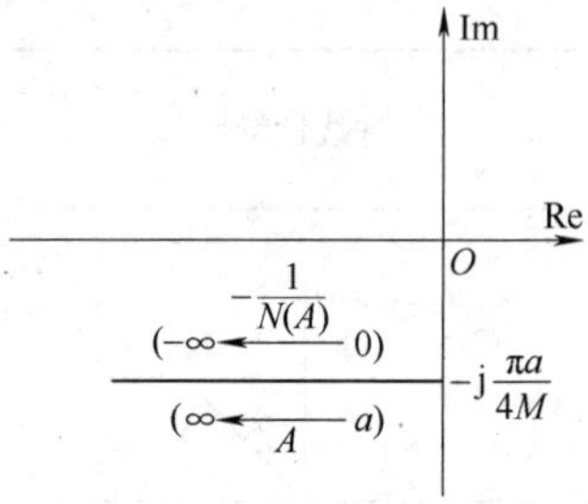
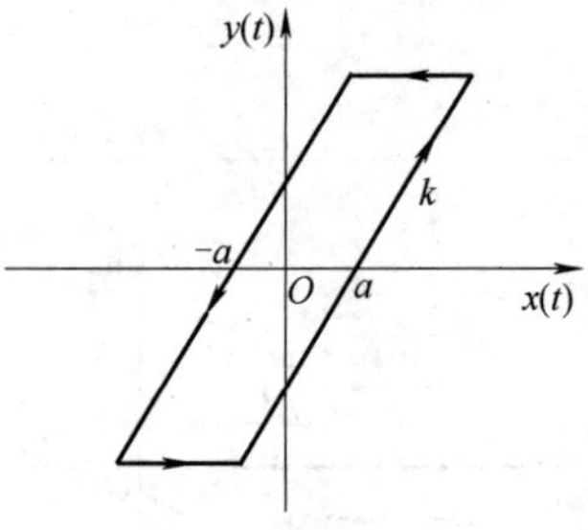 间隙特性	$\dfrac{k}{\pi}\left[\dfrac{\pi}{2}+\arcsin\left(1-\dfrac{2a}{A}\right)+2\left(1-\dfrac{2a}{A}\right)\times\sqrt{\dfrac{a}{A}\left(1-\dfrac{a}{A}\right)}+\mathrm{j}\dfrac{4ka}{\pi A}\left(\dfrac{a}{A}-1\right)\right]$, $A\geqslant a$	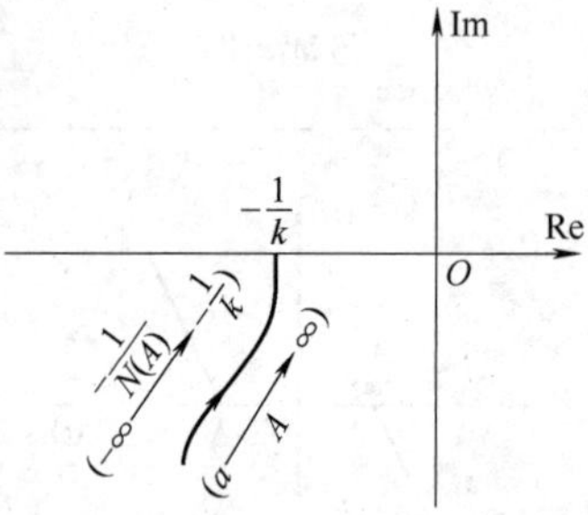
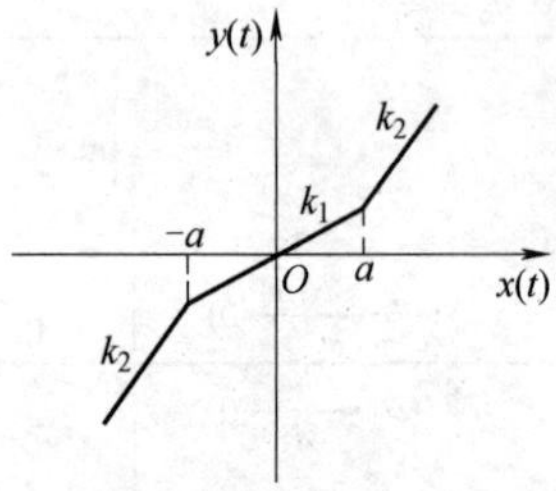 变增益特性	$k_2+\dfrac{2}{\pi}(k_1-k_2)\left[\arcsin\dfrac{a}{A}+\dfrac{a}{A}\sqrt{1-\left(\dfrac{a}{A}\right)^2}\right]$, $A\geqslant a$	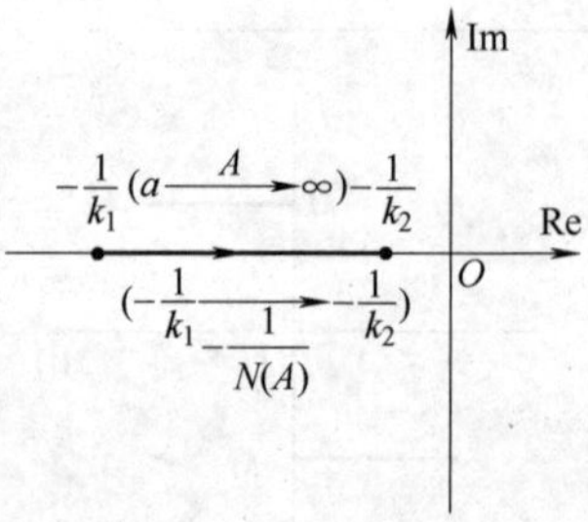

7.2.3 非线性系统的描述函数分析法

1. 运用描述函数法的前提条件

应用描述函数法可以分析非线性系统是否稳定、是否产生自激振荡、确定自激振荡的频率与振幅,以及对系统进行校正以消除或减弱自激振荡。利用描述函数法分析非线性系统时需要满足一定的条件:

非线性系统的描述函数分析法

1) 非线性系统的框图可以简化成只有一个非线性环节 $N(A)$ 和一个线性部分 $G(s)$ 串联的形式,如图 7-12 所示,当系统中有多个非线性环节同向并联或者串联时,需算出等效的非线性特性描述函数。

2) 非线性环节的输入、输出特性是奇对称的,保证非线性特性在正弦输入信号下的输出不包含常值分量,而且非线性环节的输出 $y(t)$ 中基波分量幅值占优。

3) 线性部分具有较好的低通滤波性能,非线性环节产生的高次谐波分量可以在系统内部被充分地衰减掉,使得闭环回路里近似地只有基波分量流通,且线性部分的阶次越高,低通滤波性能越好,用描述函数法所得的分析结果准确性也越高。

当以上这些条件满足时,可以将非线性环节近似成线性环节来处理,将描述函数当作是"频率特性",借用线性系统频域法中的奈奎斯特稳定判据分析系统的稳定性。

2. 非线性系统的稳定性分析

设非线性系统满足上述前提条件,其结构如图 7-12 所示,且图中线性部分传递函数 $G(s)$ 的极点均在 s 左半平面,系统的闭环频率特性为

$$\Phi(j\omega) = \frac{C(j\omega)}{R(j\omega)} = \frac{N(A)G(j\omega)}{1+N(A)G(j\omega)} \tag{7-23}$$

闭环系统的特征方程为

$$1+N(A)G(j\omega) = 0 \tag{7-24}$$

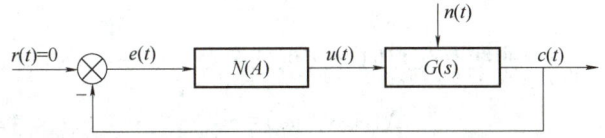

图 7-12 用描述函数近似的非线性系统典型框图

注意到式(7-23)是原非线性系统的一个近似线性模型,根据线性系统稳定性理论,当有 ω 满足式(7-24)时,特征方程存在纯虚根,系统出现等幅振荡。即当 $G(j\omega) = -\dfrac{1}{N(A)}$ 时,系统处于稳定边界。式中的 $-\dfrac{1}{N(A)}$ 称为负倒描述函数,可以将它理解为广义的 $(-1, j0)$ 点。由第 5 章介绍的奈奎斯特稳定判据,当开环传递函数 $G(s)$ 的极点均在 s 右半平面没有极点时($P=0$),要使闭环系统稳定,必须有 $Z=0$,意味着 $G(j\omega)$ 曲线不能包围 $-\dfrac{1}{N(A)}$ 曲线,否则系统不稳定。由此,可得出非线性系统稳定的推广奈奎斯特稳定判据。

推广奈奎斯特稳定判据:若 $G(s)$ 在 s 右半平面没有极点,$G(j\omega)$ 曲线不包围 $-\dfrac{1}{N(A)}$ 曲线,如图 7-13a 所示,则非线性系统稳定,此时图 7-12 中的 $e(t) = -c(t) = A\sin\omega t$,幅值 A 逐

渐趋向于 0，或使 $e(t)$ 为某定值；若 $G(j\omega)$ 曲线包围 $-\dfrac{1}{N(A)}$ 曲线，如图 7-13b 所示，则非线性系统不稳定，此时图 7-12 中的 $e(t) = -c(t) = A\sin\omega t$，幅值 A 将增大，并最终使 A 增大到极限位置或使系统发生故障；若 $G(j\omega)$ 曲线与 $-\dfrac{1}{N(A)}$ 曲线有交点，如图 7-13c 所示，则在交点处必然满足式(7-24)，非线性系统进行等幅周期运动；如果等幅周期运动稳定持续进行，即称系统自激振荡（简称自振）或极限环振荡，且利用自振条件式(7-24)可求得振荡的振幅是交点处 $-\dfrac{1}{N(A)}$ 的 A，振荡频率是 $G(j\omega)$ 在交点处的 ω。非线性系统的等幅周期运动是否是稳定的自激振荡，需要进一步具体分析。

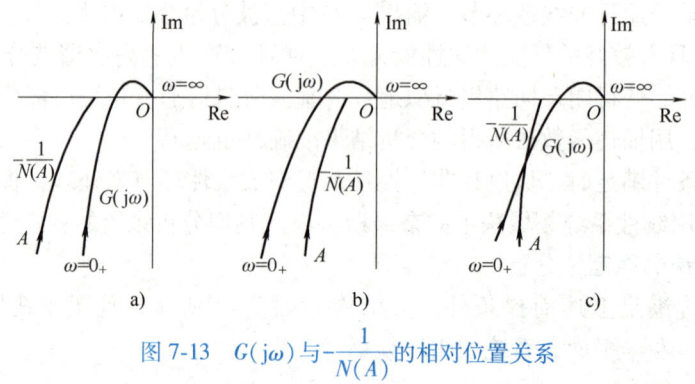

图 7-13　$G(j\omega)$ 与 $-\dfrac{1}{N(A)}$ 的相对位置关系

3. 自激振荡的特点及分析

自激振荡是在没有外部激励条件下，系统内部自身产生的稳定的周期运动，即当系统受到微小扰动作用时偏离原来的周期运动状态，扰动消失后，系统运动能重新回到原来的等幅振荡过程。

在 $G(j\omega)$ 曲线与 $-\dfrac{1}{N(A)}$ 曲线有交点时，交点处满足

$$N(A)G(j\omega) = -1 \tag{7-25a}$$

或写成幅值条件与相位条件，即

$$\begin{cases} |N(A)| \cdot |G(j\omega)| = 1 \\ \angle N(A) + \angle G(j\omega) = -\pi \end{cases} \tag{7-25b}$$

参照图 7-12，可以看出式(7-25)的意义是，在无外作用下，$r(t) = 0$，非线性环节的正弦输入 $e(t) = A\sin\omega t$ 经过非线性环节与线性环节后，输出信号 $c(t)$ 幅值不变，相位相差 180°，经反相反馈后，恰好与输入信号相吻合，系统输出满足自身输入的需求，因此系统可能产生不衰减的振荡。所以式(7-25)是系统自振的必要条件。

设非线性系统的 $G(j\omega)$ 曲线与 $-\dfrac{1}{N(A)}$ 曲线有两个交点 a 与 b，如图 7-14 所示，说明系统中可能产生两个不同振幅和频率的周期运动，这两个周期运动是否都能维持下去，需要具体分析。

首先，可以根据推广奈奎斯特稳定判据判定图 7-14 的坐标平面被 $G(j\omega)$ 的奈奎斯特曲线分隔成了稳定区域和不稳定区域；然后再来分析交点处受到外界扰动后的情况。假

设系统原来工作在 a 点，如果受到外界干扰，使得非线性特性的输入振幅 A 增大，则工作点将由 a 点移至 a' 点，由于点 a' 处于稳定区域，系统有稳定的趋势，振荡衰减将导致振幅 A 逐渐减小，工作点回到 a 点；反之，如果系统受到干扰使振幅 A 减小，则工作点将移至不稳定区域的 a'' 点，此时，系统不稳定，振荡加剧，振幅 A 逐渐增大，而工作点随着 A 的增大从 a'' 点又回到 a 点，故 a 点是稳定的自振点，称 a 点的自振为稳定极限环。同理，假设系统原来工作在 b 点，如果由于干扰使得 A 增大，则工作点移至不稳定区域的 b' 点，A 继续增大，工作点远离 b 点而向 a 点移动；反之，如果外界扰动使得 A 减小，则工作点落到稳定区域的 b'' 点，A 将会继续减小，直到振荡消失，所以 b 点对应的周期运动是不稳定的，称 b 点的周期运动为不稳定极限环。

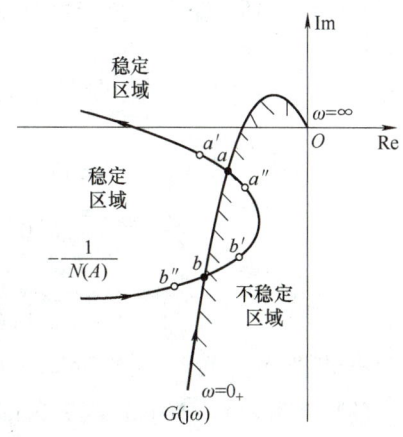

图 7-14　自激振荡分析

由以上分析可知：**在线性部分 $G(j\omega)$ 的奈奎斯特曲线与 $-\dfrac{1}{N(A)}$ 曲线交点处，若 $-\dfrac{1}{N(A)}$ 曲线沿着振幅 A 增加的方向由不稳定区域进入稳定区域时，该交点对应的周期运动是稳定的。反之，若 $-\dfrac{1}{N(A)}$ 曲线沿着振幅 A 增加的方向在交点处由稳定区域进入不稳定区域时，该交点对应的周期运动是不稳定的。**

例 7-1　饱和非线性控制系统如图 7-15 所示。

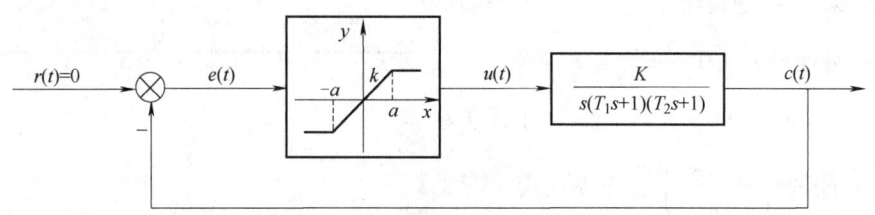

图 7-15　饱和非线性控制系统

其中，非线性环节的比例系数为 $k=2, a=1$，线性部分的参数 $T_1=0.1$，$T_2=0.2$。饱和非线性环节的描述函数为 $N(A)=\dfrac{2k}{\pi}\left[\arcsin\dfrac{a}{A}+\dfrac{a}{A}\sqrt{1-\left(\dfrac{a}{A}\right)^2}\right]$。

1）试确定系统稳定时线性部分增益 K 的临界值。

2）$K=15$ 时，系统自激振荡的振幅和频率。

解　首先，求解线性部分的 $G(j\omega)$ 和非线性部分的 $-\dfrac{1}{N(A)}$，然后在复平面上画出两者的轨迹曲线。

饱和非线性的负倒描述函数为

$$-\frac{1}{N(A)}=-\left[\frac{2k}{\pi}\arcsin\frac{a}{A}+\frac{a}{A}\sqrt{1-\left(\frac{a}{A}\right)^2}\right]^{-1} \tag{7-26}$$

在非线性环节输入正弦信号的幅值 A 从 a 到 ∞ 变化时，$-\dfrac{1}{N(A)}$ 在 s 平面上的曲线起始于 $\left(-\dfrac{1}{k},0\right)$ 点，沿着负实轴趋向于无穷远处。

线性部分为

$$G(j\omega) = \dfrac{K}{j\omega(0.1j\omega+1)(0.2j\omega+1)}$$

$$= \dfrac{K}{\omega\sqrt{1+0.01\omega^2}\sqrt{1+0.04\omega^2}} e^{-j(90°+\arctan 0.1\omega+\arctan 0.2\omega)} \tag{7-27}$$

由 $-90°-\arctan(0.1\omega_g)-\arctan(0.2\omega_g)=-180°$ 可以求出奈奎斯特曲线与负实轴相交时所对应的频率为 $\omega_g=\sqrt{50}\ \text{rad/s}=7.07\ \text{rad/s}$。将 ω_g 带入 $G(j\omega)$ 的幅频特性可求得奈奎斯特曲线与负实轴的交点坐标为 $\left(-\dfrac{K}{15},0\right)$。

（1）随着 K 取值的变化，$G(j\omega)$ 的奈奎斯特曲线与负实轴的交点会发生变化，当 $\dfrac{K}{15}<\dfrac{1}{k}$ 时 $G(j\omega)$ 曲线不含 $-\dfrac{1}{N(A)}$ 曲线，系统稳定；当 $\dfrac{K}{15}>\dfrac{1}{k}$ 时，$G(j\omega)$ 与 $-\dfrac{1}{N(A)}$ 在 $\left(-\dfrac{1}{k},0\right)$ 点左侧相交，$-\dfrac{1}{N(A)}$ 曲线沿着振幅 A 增加的方向由不稳定区域进入稳定区域，存在自激振荡；当 $\dfrac{K}{15}=\dfrac{1}{k}$ 时，是系统稳定与自激振荡的临界点，如图 7-16 所示。由题目给定的 $k=2$，求得临界时线性部分的增益 $K=\dfrac{15}{2}=7.5$。

（2）$K=15$ 时，由图 7-16 知，$G(j\omega)$ 曲线与 $-\dfrac{1}{N(A)}$ 曲线在 $\left(-\dfrac{1}{k},0\right)$ 点左侧相交，存在自激振荡。K 值的变化不改变频率 ω_g 的大小，仍为 $7.07\ \text{rad/s}$，该频率也为自激振荡的频率，即

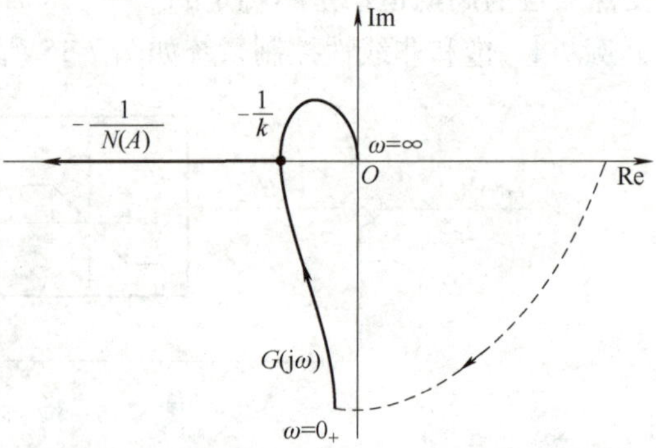

图 7-16 $G(j\omega)$ 曲线与 $-\dfrac{1}{N(A)}$ 曲线

$$|G(j\omega_g)| = \dfrac{15}{\omega\sqrt{1+0.01\omega^2}\sqrt{1+0.04\omega^2}} = \dfrac{15}{\sqrt{50}\times\sqrt{1.5}\times\sqrt{3}} = 1$$

交点处，$|G(j\omega)| = \dfrac{1}{N(A)}$，可得 $N(A)=1$，即

$$\dfrac{4}{\pi}\left[\arcsin\dfrac{1}{A}+\dfrac{1}{A}\sqrt{1-\left(\dfrac{1}{A}\right)^2}\right] = 1$$

由题目给定条件 $a=1$，知 $A>1$，通过试探法可得 $A\approx 2.5$，需要注意的是 $\arcsin\dfrac{1}{A}$ 是以弧度为单位的数值。所以，当 $K=15$ 时，系统自激振荡的振幅约为 2.5，频率为 $7.07\ \text{rad/s}$。在本题中系统输出 $c(t)$ 与非线性环节的输入 $e(t)$ 都是幅值近似为 2.5 的正弦信号，但相位相

差 $180°$。

例 7-2 某非线性系统框图如图 7-17 所示，$M=1$，试用描述函数法分析系统周期运动的稳定性；若存在自激振荡，确定系统输出信号 $c(t)$ 振荡的振幅和频率。非线性环节的描述函数为 $N(A)=\dfrac{4M}{\pi A}$。

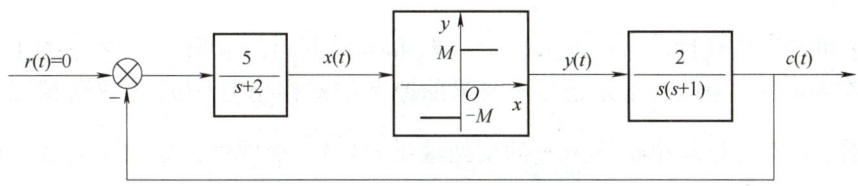

图 7-17　例 7-2 非线性系统的框图

解　首先对题目给出的框图进行等效变换，如图 7-18 所示。

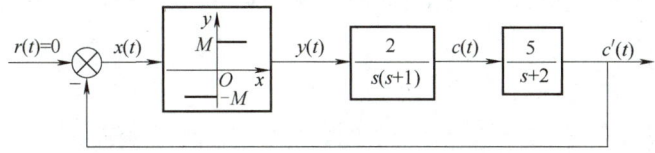

图 7-18　例 7-2 非线性系统的等效框图

线性部分的传递函数为

$$G(s)=\frac{2}{s(s+1)}\frac{5}{(s+2)}=\frac{10}{s(s+1)(s+2)}$$

频率特性为

$$G(\mathrm{j}\omega)=\frac{10}{\mathrm{j}\omega(\mathrm{j}\omega+1)(\mathrm{j}\omega+2)}=\frac{10}{\omega\sqrt{\omega^2+1}\sqrt{\omega^2+4}}\mathrm{e}^{-90°-\arctan\omega-\arctan\frac{\omega}{2}}$$

非线性环节的负倒描述函数为

$$-\frac{1}{N(A)}=-\frac{\pi A}{4}$$

它们在 s 平面上的曲线如图 7-19 所示。随着 A 从 0 到无穷大变化，$-\dfrac{1}{N(A)}$ 的曲线起始于坐标原点，沿着负实轴趋向于负无穷远处，可以看出它与 $G(\mathrm{j}\omega)$ 的奈奎斯特曲线在负实轴上相交。在该交点处，随着振幅 A 的增大，$-\dfrac{1}{N(A)}$ 的曲线从不稳定区域进入稳定区域，所以系统存在自激振荡。

利用 $-90°-\arctan\omega-\arctan\dfrac{\omega}{2}=-180°$，求取相交时的频率为

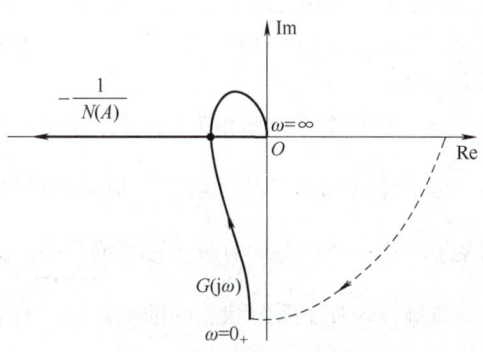

图 7-19　$G(\mathrm{j}\omega)$ 曲线与 $-\dfrac{1}{N(A)}$ 曲线

$$\omega_g = \sqrt{2}\,\text{rad/s} = 1.414\,\text{rad/s}$$

交点的横坐标为

$$-|G(j\omega_g)| = -\frac{10}{\sqrt{2}\times\sqrt{3}\times\sqrt{6}} = -\frac{5}{3}$$

由 $-\dfrac{1}{N(A)} = -\dfrac{5}{3}$，得 $\dfrac{\pi A}{4} = \dfrac{5}{3}$、$A = \dfrac{20}{3\pi} = 2.12$。

由上述可知，非线性环节的输入信号 $x(t)$ 和等效框图的输出 $c'(t)$ 振荡幅值为 2.12，频率为 1.414rad/s，但这并不是题目所要求的原系统输出信号 $c(t)$ 的振荡情况。结合等效框图来看，$c(t)$ 经过频率特性 $\dfrac{5}{j\omega+2}$ 的变换输出 $c'(t)$。由线性系统频率特性的输入、输出关系可知，$c(t)$ 与 $c'(t)$ 是同频率的正弦信号，$\left.\dfrac{|c'(t)|}{|c(t)|} = \dfrac{5}{\sqrt{\omega^2+4}}\right|_{\omega=\sqrt{2}} = 2.04$，$c(t)$ 的振幅为 $\dfrac{2.12}{2.04} = 1.04$。综上，系统存在自激振荡，输出信号 $c(t)$ 振荡的振幅为 1.04，频率为 1.414rad/s。

7.3 相平面法

相平面法是应用相空间概念分析、设计非线性系统的一种有效方法。这种方法的实质是将系统的运动过程形象地转化为相平面上的一个点的移动，通过研究这个点的移动轨迹，就能获得系统运动规律的全部信息。由于它能比较直观、全面地表征系统的运动状态，因而得到广泛应用。相平面法可以用来分析一、二阶线性或非线性系统的稳定性、平衡位置、时间响应、稳态精度以及初始条件和参数对系统运动的影响。

相平面法

7.3.1 相平面的基本概念

1. 相平面、相轨迹

设一个二阶定常系统可以用下列微分方程来描述，即

$$\ddot{x} + f(x,\dot{x}) = 0 \tag{7-28}$$

其中，$f(x,\dot{x})$ 是 x 和 $\dot{x}$ 的线性或非线性函数。该微分方程的解也被称为系统的时间响应，一般可以用两种方式来表示。一种是分别用 $x(t)$ 和 $\dot{x}(t)$ 与时间 t 的关系图来表示，另一种是在 $x(t)$ 和 $\dot{x}(t)$ 中消去时间 t，把 t 作为参变量，用 $x(t)$ 和 $\dot{x}(t)$ 的关系图来表示，即 $\dot{x} = f(x)$。

由于在非全零初始条件 $(x_0, \dot{x}_0)$ 或输入作用下，系统的运动可以用解析式 $x(t)$ 和 $\dot{x}(t)$ 描述。取 $x = \begin{pmatrix} x \\ \dot{x} \end{pmatrix}$ 为该系统的状态，以 x 为横坐标、$\dot{x}$ 为纵坐标构成直角坐标平面，称为相平面，则系统的每一个状态均对应于该平面上的一点。随着时间 t 的变化，这一点在 x-$\dot{x}$ 平面上描绘出的轨迹，表征了系统状态的演变过程，称状态轨迹 $x(t) = \begin{pmatrix} x(t) \\ \dot{x}(t) \end{pmatrix}$ 为相轨迹，如图 7-20 所示。可以看出，其中相轨迹图 7-20a 是由图 7-20b 的 x-t 关系曲线、图 7-20c 的 $\dot{x}$-t 关系曲线合成而得到的。

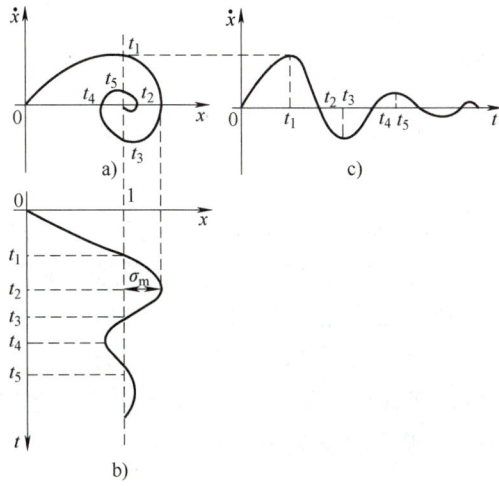

图 7-20 相轨迹

不同初始条件下的系统运动形成不同的相轨迹,形成相轨迹簇,相平面和相轨迹簇构成相平面图。相平面图清楚地表示了系统在各种初始条件或输入作用下的运动过程。**利用相平面图分析系统性能的方法称为相平面法**。

2. 相轨迹的性质

(1) 相轨迹的斜率与普通点

相轨迹在相平面上的任意一点 $(x,\dot{x})$ 处的斜率为 $\dfrac{\mathrm{d}\dot{x}}{\mathrm{d}x}$,考虑到

$$\ddot{x}=\frac{\mathrm{d}^2 x}{\mathrm{d}t^2}=\frac{\mathrm{d}\dot{x}}{\mathrm{d}t}=\frac{\mathrm{d}\dot{x}}{\mathrm{d}x}\frac{\mathrm{d}x}{\mathrm{d}t}=\frac{\mathrm{d}\dot{x}}{\mathrm{d}x}\cdot\dot{x} \tag{7-29}$$

$$\ddot{x}+f(x,\dot{x})=0 \tag{7-30}$$

由式(7-29)、式(7-30)知,斜率可以表示为

$$\frac{\mathrm{d}\dot{x}}{\mathrm{d}x}=-\frac{f(x,\dot{x})}{\dot{x}} \tag{7-31}$$

式(7-31)称为**相轨迹的斜率方程**。只要在点 $(x,\dot{x})$ 处不同时满足 $\dot{x}=0$ 和 $f(x,\dot{x})=0$,则相轨迹的斜率就是一个确定的值。这样,通过该点的相轨迹不可能多于一条,相轨迹不会在该点相交,称这些点为相轨迹上的**普通点**。

(2) 相轨迹的奇点

相平面上同时满足 $\dot{x}=0$ 和 $f(x,\dot{x})=0$(即 $\ddot{x}=0$)的点,相轨迹的斜率 $\dfrac{\mathrm{d}\dot{x}}{\mathrm{d}x}=\dfrac{0}{0}$ 不确定,表明系统可以按任意方向趋近或离开,通过该点的相轨迹有一条以上,称这些相轨迹的交点为**奇点**。由奇点的定义可知,奇点一定位于相平面的横轴上(纵坐标 $\dot{x}=0$)。又由于在奇点处,系统运动的速度与加速度同时为 0,对于二阶系统来说,系统不再运动,处于平衡状态,故奇点也被称为**平衡点**。

(3) 相轨迹的运动方向

在相平面的上半平面,$\dot{x}>0$,表明 x 单调上升,相轨迹上的点沿相轨迹向 x 轴正方向移动,故相轨迹的箭头方向为从左向右;同理,在相平面的下半平面,$\dot{x}<0$,相轨迹箭头向左。总之,相轨迹总是在 x-$\dot{x}$ 平面上顺时针方向运动。

(4) 相轨迹通过 x 轴的方向

相轨迹总是以垂直方向穿过 x 轴。因为在 x 轴上的所有点均满足 $\dot{x}=0$，所以除同时满足 $f(x,\dot{x})=0$ 的奇点外，在其他点上的斜率 $\dfrac{d\dot{x}}{dx}\to\infty$，这表示相轨迹与 x 轴正交。

(5) 相轨迹的对称性

由图形对称的条件可知，相平面图的对称性可以从对称点上相轨迹的斜率来判断，即关于横轴或纵轴对称的曲线，其对称点的斜率大小相等，符号相反；关于原点对称的曲线其对称点的斜率大小相等，符号相同。根据相轨迹的斜率方程(7-31)可知

1) 若 $f(x,\dot{x})=f(x,-\dot{x})$，即 $f(x,\dot{x})$ 是 $\dot{x}$ 的偶函数，则相轨迹对称于 x 轴；
2) 若 $f(x,\dot{x})=-f(-x,\dot{x})$，即 $f(x,\dot{x})$ 是 x 的奇函数，则相轨迹对称于 $\dot{x}$ 轴；
3) 若 $f(x,\dot{x})=-f(-x,-\dot{x})$，则相轨迹对称于原点。

7.3.2 奇点和极限环

1. 奇点

前一小节已对奇点的概念进行了描述，线性系统是非线性系统的特例，本小节以二阶线性系统为例对奇点进行详细讨论。设二阶线性系统自由运动(输入信号为0)的微分方程为

$$\ddot{x}+2\zeta\omega_n\dot{x}+\omega_n^2 x=0 \tag{7-32}$$

在这里 $f(x,\dot{x})=2\zeta\omega_n\dot{x}+\omega_n^2 x$。

对应的斜率方程为

$$\frac{d\dot{x}}{dx}=-\frac{2\zeta\omega_n\dot{x}+\omega_n^2 x}{\dot{x}} \tag{7-33}$$

可见，x-$\dot{x}$ 平面的坐标原点(0,0)为系统的奇点。

假设方程(7-32)的两个根分别为 λ_1 和 λ_2，根据 λ_1 和 λ_2 在复平面上的位置，奇点的特性可分为六种情况。表 7-2 列出了各情况下奇点的类型、特征根分布图、相平面图与时域响应，由此可看出它们之间的关系。

表 7-2 奇点的分类

奇点类型	特征根分布图	相平面图	时域响应
a 稳定焦点			
b 稳定节点			

(续)

奇点类型	特征根分布图	相平面图	时域响应
c 中心点	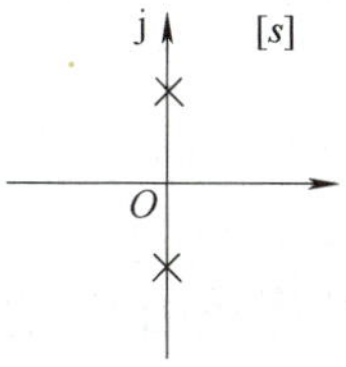	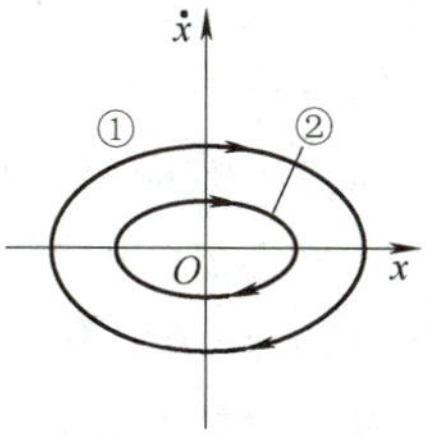	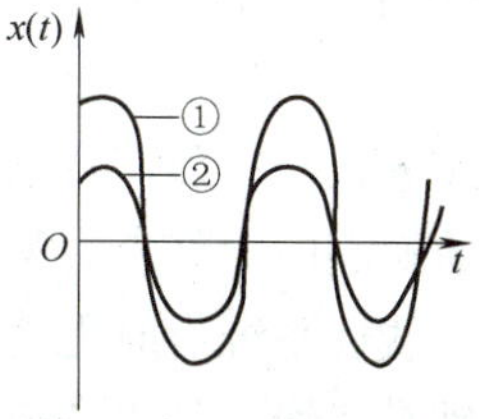
d 不稳定焦点	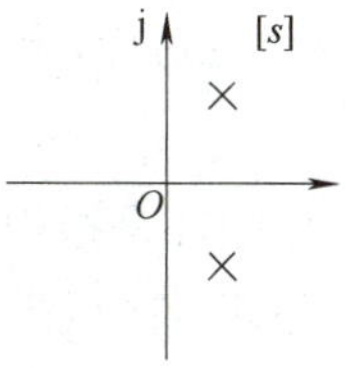	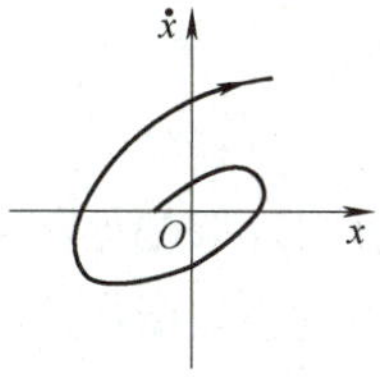	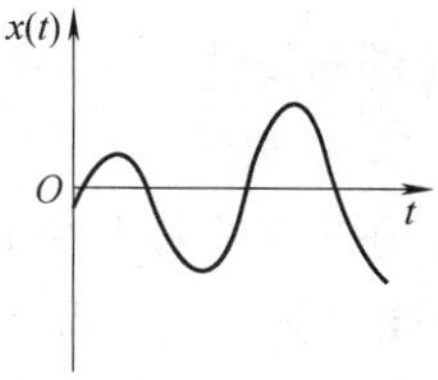
e 不稳定节点	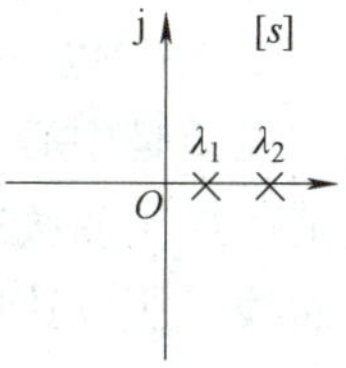	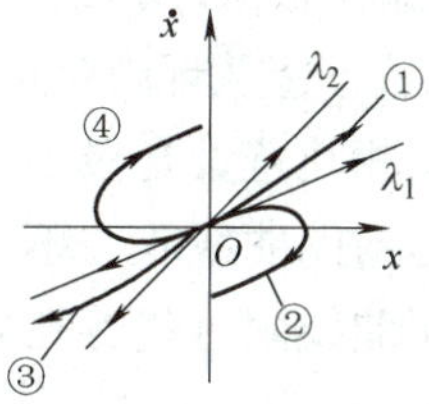	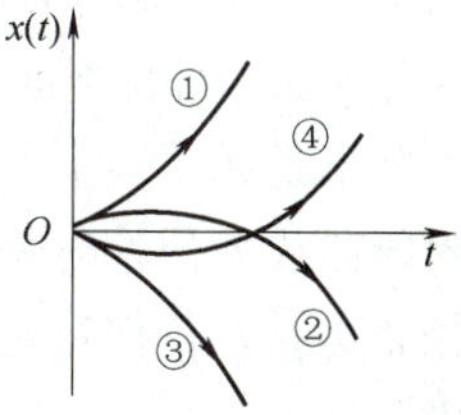
f 鞍点	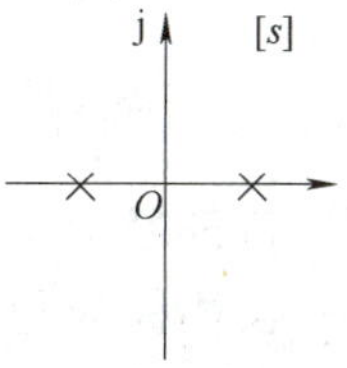	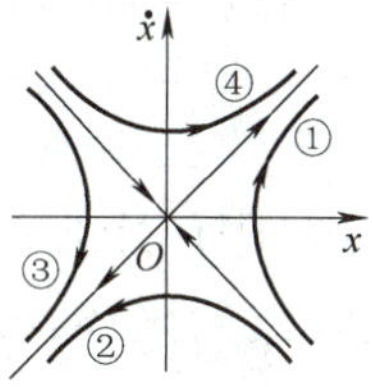	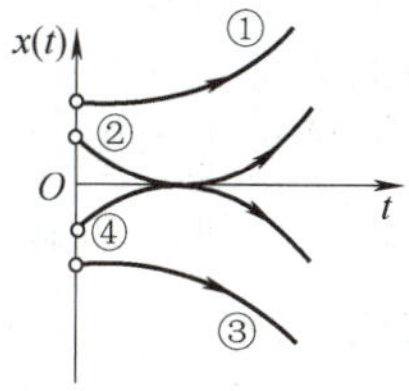

由表 7-2 可以看出：

（1）当 $0<\zeta<1$ 时，λ_1、λ_2 为一对具有负实部的共轭复数根，系统处于欠阻尼状态，系统的自由响应为衰减振荡过程。对应的相轨迹为一簇收敛的对数螺旋线，其中一条轨迹见表 7-2a，此时，称奇点为稳定焦点。

注意：自由响应表示的是在输入信号为 0，初始值不为 0 时，微分方程以时间 t 为变量的解。

（2）当 $\zeta \geqslant 1$ 时，λ_1、λ_2 为两个负实数根，系统处于过阻尼或临界阻尼状态，系统的自由响应按指数衰减。对应的相轨迹是一簇趋向相平面原点的抛物线，见表 7-2b。此时，称奇点为稳定节点。

（3）当 $\zeta=0$ 时，λ_1、λ_2 为一对共轭纯虚根，系统的自由响应为等幅振荡过程，相轨迹是一簇同心椭圆，其中一条轨迹见表 7-2c，此时，称奇点为中心点。

（4）当 $-1<\zeta<0$ 时，λ_1、λ_2 为一对具有正实部的共轭复数根，系统的自由响应振荡发散。对应的相轨迹是发散的对数螺旋线，其中一条轨迹见表 7-2d，此时，称奇点为不稳定

焦点。

(5) 当 $\zeta \leq -1$ 时，λ_1、λ_2 为两个正实数根，系统的自由响应为非周期的发散状态。对应的相轨迹是发散的抛物线簇，见表 7-2e。此时，称奇点为不稳定节点。

(6) 当系统的微分方程形如 $\ddot{x} - \omega_n^2 x = 0$ 时，对应正反馈且 $\zeta = 0$ 的情况，此时 λ_1、λ_2 为一正实数根和一负实数根，系统的自由响应为非周期的发散状态。对应的相轨迹是双曲线簇，相轨迹趋向于奇点后又离开，见表 7-2f，此时，称奇点为鞍点。

线性系统有时无奇点，比如 $\ddot{x} + 1 = 0$；有时存在连续区域的奇点（奇线），比如 $\ddot{x} + \dot{x} = 0$，横轴是奇线；如果有孤立的奇点，一定是唯一的，它的类型确定了系统性能。对于非线性系统有时无奇点，有时存在连续区域的奇点，但还可能有一个以上的孤立奇点。对于可分段线性化的非线性系统，可把相平面划分成若干区域，每一个区域对应于一线性工作状态。

2. 极限环

在非线性系统的分析中，极限环等幅振荡非常重要。极限环是指相平面图中存在的孤立的封闭相轨迹。所谓孤立的封闭相轨迹是指在这类封闭曲线的邻近区域内只存在着卷向它或起始于它而卷出的相轨迹。系统中可能有两个或两个以上极限环，有大环套小环的情况，但在相邻的两个极限环之间存在着卷向某个极限环，或从某个极限环卷出的相轨迹。极限环把相平面分为内部平面和外部平面。相轨迹不能从环内穿越极限环进入环外，也不能从环外进入环内。

并不是相平面上所有封闭相轨迹都是极限环，奇点的性质是中心点时，对应的相轨迹也是封闭曲线。但这时相轨迹是封闭曲线簇，不存在卷向某条封闭曲线或由某条封闭曲线卷出的相轨迹，在任何特定的封闭曲线附近仍存在着封闭的曲线。所以这些封闭的相轨迹曲线不是极限环。

极限环有稳定、不稳定和半稳定之分，分析极限环邻近相轨迹的运动特点，可以判断极限环的类型。

(1) 稳定极限环

如果在极限环附近，起始于极限环外部和内部的相轨迹都趋于该极限环，即环内的相轨迹发散到该环，环外的相轨迹收敛到该环，则这样的极限环称为稳定极限环，如图 7-21a 所示。

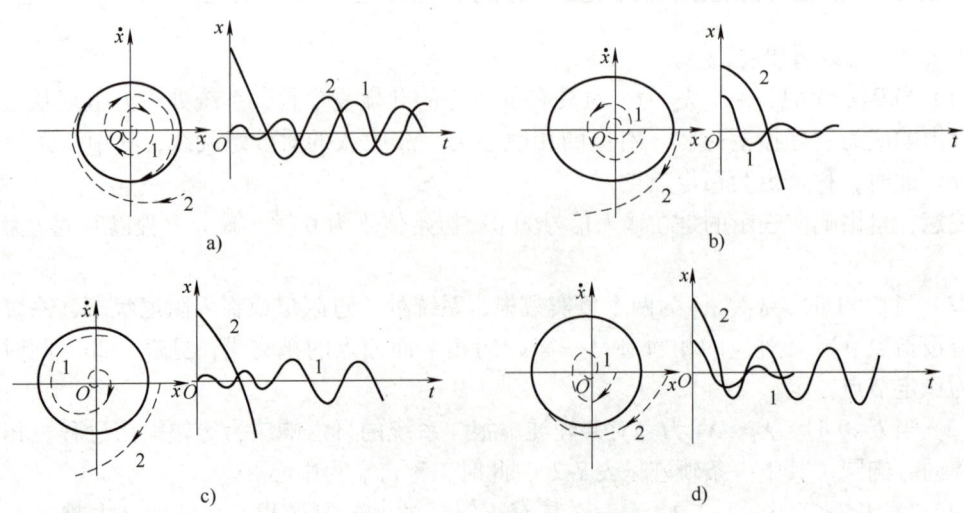

图 7-21 极限环稳定性示意图

（2）不稳定极限环

如果在极限环附近，起始于极限环内部的相轨迹离开该极限环逐渐收敛到环内奇点，起始于极限环外部的相轨迹离开该极限环而发散，则该极限环称为不稳定极限环，如图 7-21b 所示。

（3）半稳定极限环

半稳定极限环如图 7-21c 和图 7-21d 所示，有两种情况：一种是起始于极限环外部的相轨迹从极限环发散出去，而起始于极限环内部的相轨迹发散到极限环；另一种情况相反，起始于极限环外的相轨迹收敛于极限环，起始于极限环内的相轨迹收敛于环内的奇点。

7.3.3 相轨迹的绘制

要利用相平面法分析非线性系统，需首先绘制出系统在不同初始状态下的相轨迹。相轨迹的绘制方法主要有解析法和图解法。

1. 解析法

当描述系统的微分方程比较简单时，可采用解析法求出 x-$\dot{x}$ 的关系，并绘制在 x-$\dot{x}$ 平面上。

例 7-3 已知某二阶系统的微分方程为 $\ddot{x}+M=0$，初始条件为 $\dot{x}(0)=0$，$x(0)=x_0$，请绘制其相平面图。

解 斜率方程为

$$\frac{d\dot{x}}{dx} = -\frac{M}{\dot{x}}$$

即

$$d\dot{x} \cdot \dot{x} = -M dx$$

$$\int \dot{x} d\dot{x} = -M \int dx$$

$$\frac{1}{2}\dot{x}^2 = -M(x-x_0)$$

$$\dot{x}^2 = -2M(x-x_0) \tag{7-34}$$

其相轨迹为抛物线，$M=1$ 和 $M=-1$ 时的相轨迹，如图 7-22 所示。

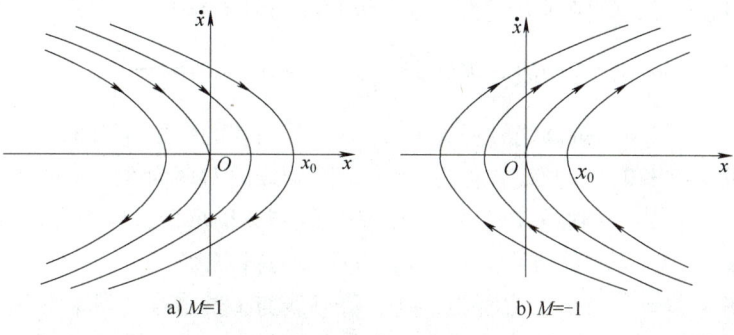

图 7-22 例 7-3 的相轨迹图

注意：该抛物线方程没有奇点。

2. 等倾线法

将不同初始条件下的相轨迹中斜率相同的点连成一条线称为等倾线。等倾线法是求取相轨迹的一种图解方法。图解法求取相轨迹不需要求解微分方程,而是根据相轨迹的规律来绘制,这对于求解困难的非线性微分方程尤显重要。图解法需要逐步画图,其准确性取决于画图的步数。等倾线法就是一种图解法,它既适用于非线性特性能用数学表达式表示的非线性系统,也可以用于线性系统。

设描述系统的微分方程为 $\ddot{x}+f(x,\dot{x})=0$,其斜率方程为 $\dfrac{\mathrm{d}\dot{x}}{\mathrm{d}x}=-\dfrac{f(x,\dot{x})}{\dot{x}}$。令相轨迹的斜率为 $\dfrac{\mathrm{d}\dot{x}}{\mathrm{d}x}=\alpha$,即

$$-\frac{f(x,\dot{x})}{\dot{x}}=\alpha \tag{7-35}$$

式(7-35)称为**等倾线方程**。对于给定的斜率 α,根据式(7-35)可以在相平面 $x\text{-}\dot{x}$ 上画出一条曲线(在特殊情况下为直线),经过该曲线的相轨迹在交点处的斜率都为 α,这条曲线就是**等倾线**。当 α 取不同值时,可以在相平面上画出许多等倾线。

用等倾线法绘制相轨迹的一般步骤是:根据给定系统,求解系统的等倾线方程;α 取不同的值,在 $x\text{-}\dot{x}$ 平面上画出不同的等倾线;在各等倾线曲线上,画出斜率为 α 的短线段,并以箭头表示切线方向,构成相轨迹切线的方向场;根据给定初始条件,顺序连接这些短线段,即可获得相轨迹。

例 7-4 已知系统微分方程为 $\ddot{x}+2\zeta\omega_n\dot{x}+\omega_n^2 x=0$,利用等倾线法绘制 $\omega_n=1$,$\zeta=0.5$ 时的相轨迹图。

解 等倾线方程为

$$\alpha=\frac{\mathrm{d}\dot{x}}{\mathrm{d}x}=\frac{-2\zeta\omega_n\dot{x}-\omega_n^2 x}{\dot{x}} \tag{7-36}$$

由 $\omega_n=1$,$\zeta=0.5$,得

$$\dot{x}=\frac{-1}{\alpha+1}x \tag{7-37}$$

给定不同的 α 值,可得到一簇过原点的直线。比如,以下几种不同的 α 取值:

相轨迹斜率 $\alpha=-2$,等倾线方程为 $\dot{x}=x$,等倾线的斜率为 1;

相轨迹斜率 $\alpha=-1.6$,等倾线方程为 $\dot{x}=\dfrac{5}{3}x$,等倾线的斜率为 $\dfrac{5}{3}$;

相轨迹斜率 $\alpha=-1.4$,等倾线方程为 $\dot{x}=2.5x$,等倾线的斜率为 2.5;

相轨迹斜率 $\alpha=-1.2$,等倾线方程为 $\dot{x}=5x$,等倾线的斜率为 5;

相轨迹斜率 $\alpha=-1$,等倾线方程为 $x=0$,等倾线与 $\dot{x}$ 轴重合,斜率为 $+\infty$;

相轨迹斜率 $\alpha=0$,等倾线方程为 $\dot{x}=-x$,等倾线的斜率为 -1;

相轨迹斜率 $\alpha=+\infty$,等倾线方程为 $\dot{x}=0$,等倾线与 x 轴重合,斜率为 0;

依此类推,求出多条等倾线曲线,然后在各曲线上画出,如图 7-23 所示,其斜率为相应 α 的短线段。假如初始点为图 7-23 中 A 点所示位置,顺序连接这些短线段,即可得一条相轨迹。相轨迹在 $x\text{-}\dot{x}$ 的上半平面方向向右,在 $x\text{-}\dot{x}$ 的下半平面方向向左。

当等倾线是直线时,该方法比较简单,如果等倾线是曲线,则该方法比较复杂,且精度

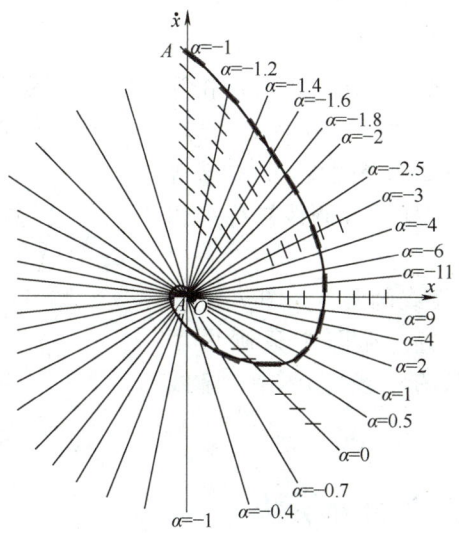

图 7-23 例 7-4 相轨迹图

较差。实际画图时,可结合相轨迹的对称性、相轨迹的走向等。

当等倾线方程为直线时,在一些特定的情况下,等倾线的斜率等于过等倾线的相轨迹的斜率,即等倾线也是一条相轨迹,这样的等倾线称为渐近线。利用等倾线法画相轨迹图时,需注意渐近线。相轨迹只能趋近于该渐近线,但不能穿越它。

应当指出,应用 MATLAB 软件,调用函数"ode45( )"及"plot( )"或利用 Simulink 图形化界面仿真,都可以解出微分方程的各状态变量值并绘制出相应的相轨迹。因而,等倾线法主要用来分析相轨迹的形状和走向。利用等倾线法粗略绘制相轨迹且等倾线为直线时,只需绘出等倾线斜率为 ∞,1,0,−1 的四条等倾线即可,即将坐标平面八等分的四条直线。

例 7-5 绘制如下二阶线性系统 $\ddot{x}+3\dot{x}+2x=0$ 的相轨迹图。

解 该系统的特征方程为

$$\lambda^2+3\lambda+2=0 \tag{7-38}$$

有两个负实数特征根:$\lambda_1=-1$,$\lambda_2=-2$,为过阻尼系统。

(1)奇点的位置

由 $\begin{cases}\dot{x}=0\\\ddot{x}=0\end{cases}$,可得系统奇点为 $\begin{cases}\dot{x}=0\\x=0\end{cases}$,即系统奇点在坐标原点。

(2)等倾线方程

令 $\alpha=-\dfrac{3\dot{x}+2x}{\dot{x}}$,得

$$\dot{x}=\dfrac{-2}{\alpha+3}x \tag{7-39}$$

该等倾线为直线方程,等倾线的斜率为 $\dfrac{-2}{\alpha+3}$,记 $\beta=\dfrac{-2}{\alpha+3}$。假如等倾线的斜率与相轨迹的斜率相等,即 $\beta=\alpha$,则有

$$\beta=\dfrac{-2}{\beta+3} \tag{7-40}$$

$$\beta^2+3\beta+2=0$$

式(7-40)与系统的特征方程式(7-39)相同,可见在过阻尼或临界阻尼的情况下,β 存在与 α 相等的实数根,且与系统的特征根相同,$\beta_1=\alpha_1=-1$,$\beta_2=\alpha_2=-2$。在斜率为-1和-2的等倾线上,相轨迹的斜率也分别为-1和-2,这样的等倾线被称为相轨迹的渐近线。

α 取不同的值,利用等倾线画图,如图7-24所示,为了突出渐近线的位置,在图中只画出了 $\alpha_1=-1$ 和 $\alpha_2=-2$ 的等倾线(渐近线)。图中,虚线为渐近线,实线为相轨迹。

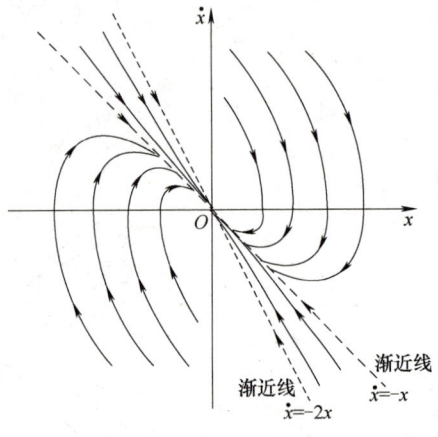

图 7-24 例 7-5 相轨迹图

7.4 非线性系统的相平面分析法

在非线性控制系统中,常见的非线性环节有些是分段线性的,有些可以用分段线性来近似。这样,一个非线性系统就可以通过几个分段的线性系统来近似。在用相平面法分析时,首先要根据非线性特性的分段情况,将相平面分成几个区,即所谓"非线性分段,相平面分区"。然后列写各区的线性微分方程,并确定各个区域奇点的位置和类型,画出各区的相轨迹。最后根据系统状态变化的连续性,在各区的分界线上,将相轨迹彼此衔接成连续曲线。

非线性系统的相平面分析法

通常将各区域的分界线称为切换线。在切换线上相轨迹的衔接点称为切换点。在分区绘制相轨迹时,每个区域都可能具有奇点,奇点的位置可以在本区域之内,也可以在本区域之外。如果奇点的位置在本区域之内,称为实奇点,该区的相轨迹可以汇集于这个实奇点;如果奇点的位置在本区之外,则称为虚奇点,该区的相轨迹不可能汇集于虚奇点。辨明虚、实奇点对于正确分析系统的运动是非常重要的。

用相平面法分析可以分段线性化的非线性系统的一般步骤如下:

(1)将非线性特性用分段的直线特性来表示,写出各段的数学表达式。

(2)选择合适的坐标,常用误差 e 及其导数 $\dot{e}$ 分别作为相平面的横坐标和纵坐标。根据非线性特性将相平面分成若干区域,使非线性特性在每个区域内都呈线性特性。

(3)确定每个区域内奇点的类型和在相平面上的位置。

(4)画出各区的相轨迹。

(5)在切换点上将相邻区域的相轨迹连接起来。

(6)由相轨迹图分析系统的运动特性。

例 7-6 含饱和环节的非线性控制系统如图7-25所示,其中线性部分传递函数为欠阻尼的,饱和环节的线性部分斜率 $k=1$,线性宽度为 e_0,试用相平面法分析系统在输入 $r(t)=R\cdot 1(t)$ 时的阶跃响应。

解 首先建立系统关于 $e\text{-}\dot{e}$ 的方程,针对各环节输入、输出关系建立该方程。由线性环节传递函数 $\dfrac{C(s)}{U(s)}=\dfrac{K}{s(Ts+1)}$,可得该环节输入和输出的关系为

$$T\ddot{c}(t)+\dot{c}(t)=Ku(t) \qquad (7\text{-}41)$$

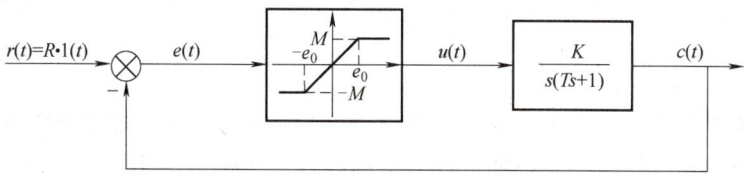

图 7-25　含饱和环节的非线性控制系统框图

饱和非线性环节的输入、输出关系为

$$u(t)=\begin{cases}M & e(t)>e_0\\ e(t) & |e(t)|\leq e_0\\ -M & e(t)<-e_0\end{cases}$$

系统误差和输入、输出的关系为：$e(t)=r(t)-c(t)$。

将 $c(t)=r(t)-e(t)$ 代入 $T\ddot{c}(t)+\dot{c}(t)=Ku(t)$ 中，并将系统的输入信号写在等号右边，可得

$$T\ddot{e}(t)+\dot{e}(t)+Ku(t)=T\ddot{r}(t)+\dot{r}(t) \tag{7-42}$$

由 $r(t)=R\cdot 1(t)$，可知 $\dot{r}(t)=\ddot{r}(t)=0$，进一步将饱和输入、输出特性代入式(7-42)，可得

$$\begin{cases}T\ddot{e}(t)+\dot{e}(t)+KM=0 & e(t)>e_0 & (\text{Ⅰ区})\\ T\ddot{e}(t)+\dot{e}(t)+Ke(t)=0 & |e(t)|\leq e_0 & (\text{Ⅱ区})\\ T\ddot{e}(t)+\dot{e}(t)-KM=0 & e(t)<-e_0 & (\text{Ⅲ区})\end{cases} \tag{7-43}$$

从式(7-43)可知，该非线性系统可分解为三个分段线性系统，即通过 $e(t)=e_0$ 和 $e(t)=-e_0$ 把整个相平面分割为三个部分，分别记为Ⅰ区，Ⅱ区和Ⅲ区，各部分都为二阶线性系统。

Ⅰ区：

系统模型为 $T\ddot{e}(t)+\dot{e}(t)+KM=0$，考虑其奇点。

由方程组 $\begin{cases}\dot{e}(t)=0\\ \ddot{e}(t)=0\end{cases}$ 求奇点，即 $\begin{cases}\dot{e}(t)=0\\ -\dfrac{1}{T}[\dot{e}(t)+KM]=0\end{cases}$，由于 KM 不为零，所以该方程组无解，也就是说系统在Ⅰ区不存在奇点。

考虑渐近线，相轨迹的斜率方程为

$$\frac{\mathrm{d}\dot{e}(t)}{\mathrm{d}e(t)}=-\frac{1}{T}\frac{\dot{e}(t)+KM}{\dot{e}(t)}$$

令 $-\dfrac{1}{T}\dfrac{\dot{e}(t)+KM}{\dot{e}(t)}=\alpha$，得等倾线方程为

$$\dot{e}(t)=-\frac{KM}{T\alpha+1}$$

等倾线方程中不包含横坐标变量 $e(t)$，对于任意给定的 α，纵坐标 $\dot{e}(t)$ 为常数，等倾线是斜率为零的直线。当 $\alpha=0$ 时，相轨迹的斜率和等倾线的斜率相等，即 $\dot{e}(t)=-KM$ 为相轨迹的渐近线。

Ⅲ区：

系统特性为 $T\ddot{e}(t)+\dot{e}(t)-KM=0$，与Ⅰ区比较可发现二者情况类似，同理可求得其奇点

不存在，渐近线为 $\dot{e}(t) = KM$，采用等倾线法可得系统在上述两区的相轨迹，如图 7-26a 所示。

Ⅱ区：

系统模型为 $T\ddot{e}(t) + \dot{e}(t) + Ke(t) = 0$，其为典型的二阶系统，且已知该系统为欠阻尼系统。由 7.3.2 节内容可知，该系统的奇点为坐标原点，相轨迹形状为收敛到坐标原点的螺旋线，如图 7-26b 所示。

假设系统初始状态静止，即输出信号的初始值 $c(0) = 0$，$\dot{c}(0) = 0$。又因输入信号为幅值等于 R 的阶跃信号，则误差的初始值为 $e(0) = R$，$\dot{e}(0) = 0$，该系统完整的相轨迹如图 7-26c 所示，起点为 $e-\dot{e}$ 平面上的 $(R, 0)$ 点，从Ⅰ区穿越Ⅱ区和Ⅲ区，逐渐收敛到原点，系统无稳态误差。由于对控制量 $u(t)$ 存在饱和限制，系统输出的振荡情况减弱。KM 值的变化会影响系统的动态特性，如果 KM 值变大，则振荡加剧，收敛变慢。

注意：根据饱和环节线性区间的斜率和宽度可知，本题中 $M = e_0$；系统的阶跃输入信号 $r(t)$ 在时间 $t = 0$ 是间断的，即 $r(0_-) \neq r(0_+)$，相轨迹以 0_+ 作为起始时刻。

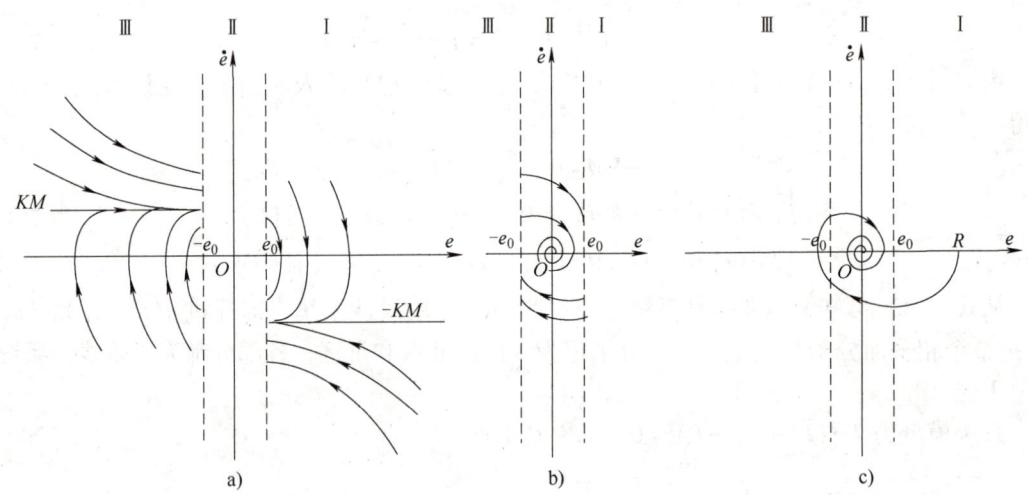

图 7-26 含饱和环节的非线性系统相平面图

例 7-7 含有死区环节的非线性控制系统框图如图 7-27 所示，死区特性线性区段的比例系数为 1，死区宽度为 e_0，试利用相平面法分析系统的阶跃响应，分析系统的运动规律。

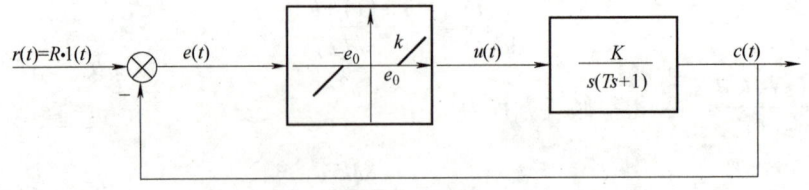

图 7-27 含死区环节的非线性系统框图

解 由线性环节的传递函数 $\dfrac{C(s)}{U(s)} = \dfrac{K}{s(Ts+1)}$，可得其输入、输出关系为

$$T\ddot{c}(t) + \dot{c}(t) = Ku(t) \tag{7-44}$$

死区非线性输入、输出关系为

$$u(t) = \begin{cases} e(t) - e_0 & e(t) > e_0 \\ 0 & |e(t)| \leq e_0 \\ e(t) + e_0 & e(t) < -e_0 \end{cases}$$

误差与系统输入、输出关系为

$$e(t) = r(t) - c(t)$$

将 $c(t) = r(t) - e(t)$ 代入式(7-44)中，可得

$$T\ddot{e}(t) + \dot{e}(t) + Ku(t) = T\ddot{r}(t) + \dot{r}(t) \tag{7-45}$$

由 $r(t) = R \cdot 1(t)$，可知 $\dot{r}(t) = \ddot{r}(t) = 0$，进一步将死区输入、输出特性代入式(7-45)，可得

$$\begin{cases} T\ddot{e}(t) + \dot{e}(t) + K[e(t) - e_0] = 0 & e(t) > e_0 \quad (\text{I区}) \\ T\ddot{e}(t) + \dot{e}(t) = 0 & |e(t)| \leq e_0 \quad (\text{II区}) \\ T\ddot{e}(t) + \dot{e}(t) + K[e(t) + e_0] = 0 & e(t) < -e_0 \quad (\text{III区}) \end{cases} \tag{7-46}$$

由式(7-46)可知，e-$\dot{e}$ 相平面被分成了三个区，以 $e(t) = e_0$ 和 $e(t) = -e_0$ 为切换线。

对于I区，系统的微分方程为

$$T\ddot{e}(t) + \dot{e}(t) + K[e(t) - e_0] = 0 \tag{7-47}$$

由 $\begin{cases} \dot{e} = 0 \\ \dfrac{1}{T}\dot{e} + \dfrac{K}{T}(e - e_0) = 0 \end{cases}$，可得奇点为 $\begin{cases} \dot{e}(t) = 0 \\ e(t) = e_0 \end{cases}$。

I区奇点位置位于 $(e_0, 0)$，在I区和II区的分界线上，它是一个虚奇点。式(7-47)本质是一个典型的二阶线性系统，该奇点为稳定的焦点或者节点，根据参数 T，K 值而定。假设式(7-47)为欠阻尼系统，则该区相轨迹为以 $(e_0, 0)$ 为奇点的螺旋线形状。

II区特性为 $T\ddot{e}(t) + \dot{e}(t) = 0$，相轨迹斜率方程为

$$\frac{d\dot{e}(t)}{de(t)} = -\frac{1}{T}$$

可见相轨迹的斜率与 $e(t)$ 和 $\dot{e}(t)$ 无关，恒等于 $-\dfrac{1}{T}$。这表明整个I区为等倾面，相轨迹是一组斜率为 $-\dfrac{1}{T}$ 的直线，如图7-28所示。

由 $\begin{cases} \dot{e} = 0 \\ \ddot{e} = 0 \end{cases}$，可得奇点为 $\begin{cases} \dot{e} = 0 \\ e \text{ 任意} \end{cases}$，即奇点位于整个横轴上，构成奇线。

III区特性为 $T\ddot{e} + \dot{e} + K(e + e_0) = 0$，与I区非常类似，其奇点为 $(-e_0, 0)$，位于II区和III区的分界线上，也是一个虚奇点。考虑为欠阻尼情况，奇点为稳定焦点，相轨迹为螺旋线。

基于上述分析，可得系统相轨迹图如图7-28所示。

若系统原来处于静止状态，即 $c(0) = 0$，那么有 $e(0) = R$，$\dot{e}(0) = 0$，系统实际相轨迹如图7-28中粗线所示。始于I区的初始状态 $(R, 0)$ 点，穿越II区到达III区，由III区再进入II区，最终停留在II区的奇线上。根据 R，T 和 K 取值的不同，相轨迹的具体形状不同，但最终相轨迹都将收敛于II区的奇线上。由图可见，该系统的特点是所有相轨迹只要进入由 $-e_0 \leq e(t) \leq e_0$ 表征的死区且 $\dot{e}(t) = 0$，便停止运动，达到平衡状态。因此，系统的稳态误差范围为 $-e_0 \sim e_0$。

如果系统中没有死区特性，则系统为一典型的二阶系统，考虑欠阻尼情况，则系统相轨迹为以(0,0)为奇点的螺旋线，即系统的稳态误差为0，因此，死区的引入可能增加系统的稳态误差。但是，加入了死区非线性环节后，系统的动态特性有所改善，其响应时间和超调有所减小。在人为引入死区非线性环节时，是以牺牲一定的稳态性能来获取更好的动态性能的。

例 7-8 设非线性系统框图如图 7-29 所示，如输出为零初始条件，$r(t) = R \cdot 1(t)$，试在 $e\text{-}\dot{e}$ 平面上画出相轨迹，并分析系统运动的特点。

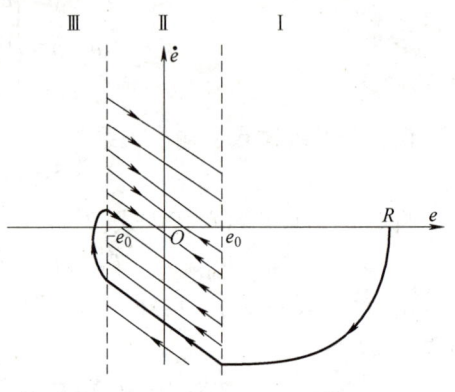

图 7-28　死区非线性相轨迹曲线图

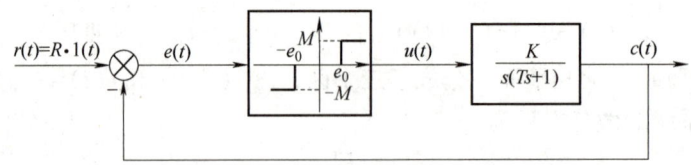

图 7-29　含带死区的继电器环节非线性系统框图

解　由线性环节的传递函数 $\dfrac{C(s)}{U(s)} = \dfrac{K}{s(Ts+1)}$，可得其输入、输出关系为

$$T\ddot{c}(t) + \dot{c}(t) = Ku(t) \tag{7-48}$$

带死区的继电器非线性输入、输出关系为

$$u(t) = \begin{cases} M & e(t) \geqslant e_0 \\ 0 & |e(t)| < e_0 \\ -M & e(t) \leqslant -e_0 \end{cases}$$

误差与系统输入、输出关系为

$$e(t) = r(t) - c(t)$$

将 $c(t) = r(t) - e(t)$ 代入式(7-48)中，可得

$$T\ddot{e}(t) + \dot{e}(t) + Ku(t) = T\ddot{r}(t) + \dot{r}(t) \tag{7-49}$$

由 $r(t) = R \cdot 1(t)$，可知 $\dot{r}(t) = \ddot{r}(t) = 0$，进一步将死区输入、输出特性代入式(7-49)，可得

$$\begin{cases} T\ddot{e}(t) + \dot{e}(t) + KM = 0 & e(t) \geqslant e_0 \quad (\text{Ⅰ区}) \\ T\ddot{e}(t) + \dot{e}(t) = 0 & |e(t)| < e_0 \quad (\text{Ⅱ区}) \\ T\ddot{e}(t) + \dot{e}(t) - KM = 0 & e(t) \leqslant -e_0 \quad (\text{Ⅲ区}) \end{cases} \tag{7-50}$$

由式(7-50)可知，$e\text{-}\dot{e}$ 相平面被分成了三个区，以 $e(t) = e_0$ 和 $e(t) = -e_0$ 为切换线。

Ⅰ区和Ⅲ区的相轨迹与例 7-6 中Ⅰ区和Ⅲ区的相同，Ⅱ区的相轨迹与例 7-7 中Ⅱ区的相同，如图 7-30a、b 所示，这里不再重复论述。

结合题目所给出的初始条件和输入信号可知，$e(0) = R$，$\dot{e}(0) = 0$，系统的实际相轨迹由坐标为$(R, 0)$的初始点 A 出发，经 B、C、D、E、F 等切换点，最后收敛到奇线上的 G 点，如图 7-30c 所示，$\overline{OG}$ 的长度代表系统稳态误差的大小。在不同幅值的阶跃信号作用下，稳态误差的大小会有所不同,最大稳态误差为 e_0。同样,KM 值的变化会影响系统的动态特性,如果 KM 值变大,则振荡加剧,收敛变慢。如果 T 值发生变化,则引起Ⅱ区的等倾线斜率变化,从而引起收敛速度的变化。

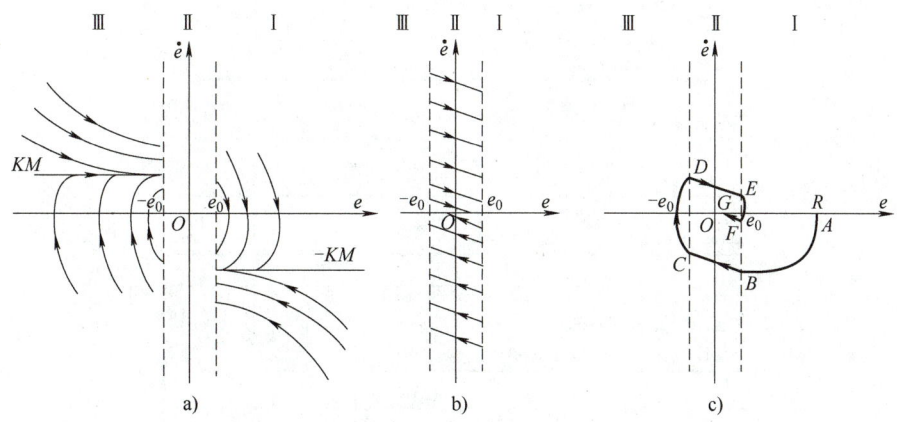

图 7-30　含带死区的继电器环节非线性系统相平面图

7.5　MATLAB 在非线性控制系统中的应用

MATLAB 中的可视化仿真工具 Simulink 提供了一些常用的非线性仿真模块,比如图 7-31 中给出的四种。利用这些模块可以方便地对非线性系统进行仿真研究。本节以继电特性为例说明如何利用 Simulink 绘制非线性系统的相轨迹。

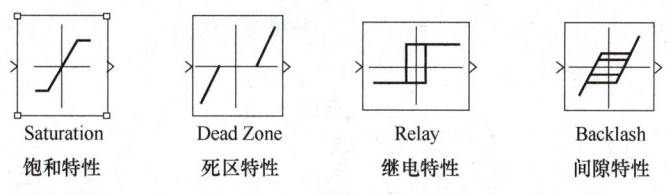

图 7-31　常用非线性仿真模块

双击继电特性模块(Relay),打开继电特性模块参数设置对话框,如图 7-32 所示。Switch on point 表示继电器的吸合电压;Switch off point 表示继电器的释放电压,其值小于等于吸合电压;Output when on 表示吸合时的饱和输出值;Output when off 表示释放时的饱和输出值。如果设置吸合电压等于释放电压,此时该模块为理想继电器;如果设置吸合电压大于释放电压,此时该模块为带滞环的继电器;如果将死区仿真模块与继电仿真模块串联使用,适当设置参数可以实现带死区的继电特性。需要指出的是,当两个非线性环节串联时,等效特性取决于前后次序。调换次序则等效非线性特性发生变化。当需要多个模块配合组成更复杂的非线性特性时需要仔细分析其等效特性,并通过仿真进行验证。

例 7-9　具有继电特性的非线性系统结构图如图 7-33 所示,输入为阶跃信号,利用 Simulink 绘制输出 $c(t)$ 的变化曲线,并在 e-$\dot{e}$ 平面上画出相轨迹。

在 Simulink 环境下搭建仿真框图,如图 7-34 所示。继电特性模块参数设置如图 7-32 所示,仿真后可得输出 $c(t)$ 随时间的变化曲线如图 7-35 所示,e-$\dot{e}$ 相轨迹如图 7-36 所示。

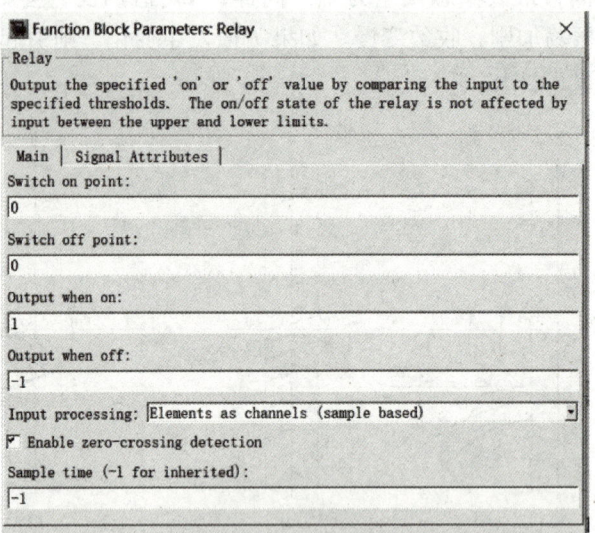

图 7-32　继电特性模块参数设置对话框

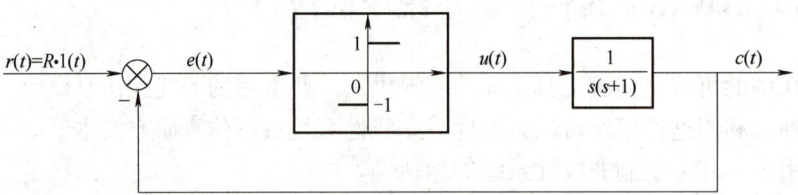

图 7-33　非线性系统结构图

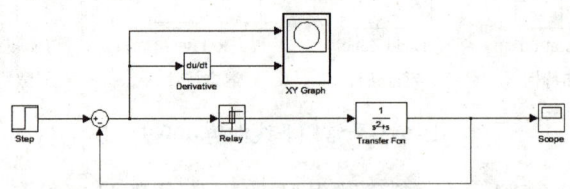

图 7-34　Simulink 仿真框图

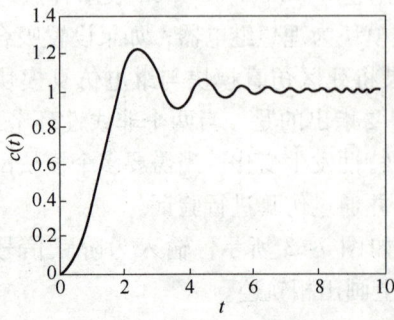

图 7-35　例 7-9 系统输出曲线

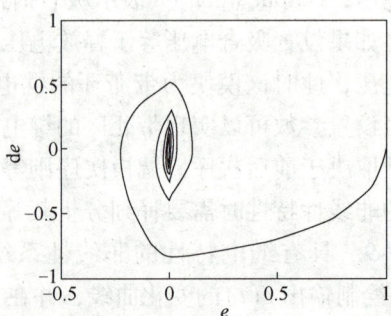

图 7-36　例 7-9 相轨迹

例 7-10 将例 7-9 中的理想继电器换成带滞环的继电器，非线性系统结构图如图 7-37 所示，利用 Simulink 绘制输出 $c(t)$ 的变化曲线，并在 e-$\dot{e}$ 平面上画出相轨迹。

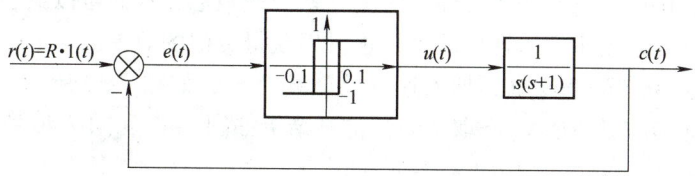

图 7-37 非线性系统结构图

Simulink 仿真框图与图 7-34 相同，只需修改继电特性仿真模块的参数 Switch on point 为 0.1，Switch off point 为 -0.1。设置输入阶跃信号的幅值 $R=1$，仿真后可得输出 $c(t)$ 随时间的变化曲线如图 7-38 所示，e-$\dot{e}$ 相轨迹如图 7-39 所示。设置输入阶跃信号的幅值 $R=0.1$，仿真后可得输出 $c(t)$ 随时间的变化曲线如图 7-40 所示，e-$\dot{e}$ 相轨迹如图 7-41 所示。

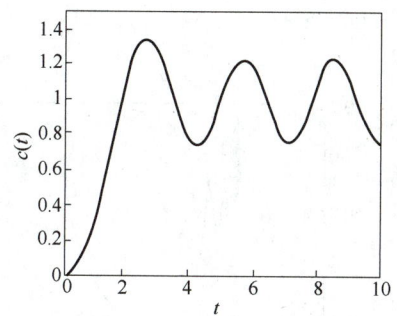

图 7-38 例 7-10 系统输出曲线 ($R=1$)

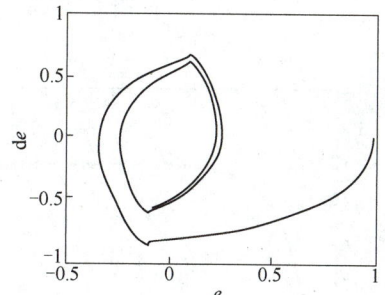

图 7-39 例 7-10 相轨迹 ($R=1$)

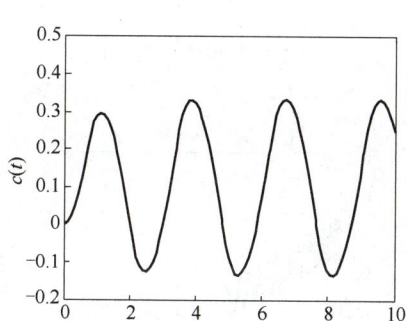

图 7-40 例 7-10 系统输出曲线 ($R=0.1$)

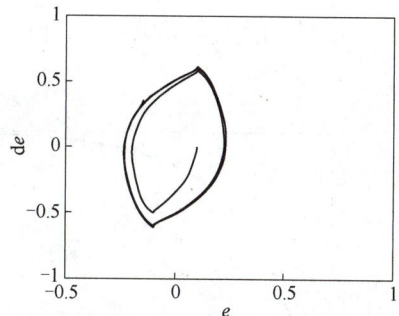

图 7-41 例 7-10 相轨迹 ($R=0.1$)

由图 7-39 和图 7-41 可以看出，初始状态较大的相轨迹有向内收敛的趋势，而初始状态较小的相轨迹有向外发散的趋势。介于从内向外发散的相轨迹和从外向内收敛的相轨迹之间，存在一个封闭的曲线。由于初始点在外面和在里面的相轨迹都逐渐趋近于该封闭曲线，所以它是一个稳定的极限环。不论初始条件如何，该系统都产生自激振荡，振荡的周期和振幅仅取决于系统的参数，而与初始条件无关。

通过以上仿真结果可以看出，继电型非线性系统的相轨迹易形成极限环，输出趋向于等幅振荡状态。即使在没有极限环的情况下，系统的收敛过程也往往较长。在二阶线性随动系统中引入速度反馈，其效果相当于把对象的时间常数和增益按同一比例缩小。容易证明，开环时间常数与增益按同一比例缩小，能增大闭环系统的阻尼，因而可以减小超调量和振荡次数。在继电型非线性系统中引入速度反馈，也可以获得类似的效果。

在例 7-10 仿真框图的基础上，加入速度反馈环节 τs，如图 7-42 所示。τ 取 0.8 时，仿真结果如图 7-43 和图 7-44 所示；τ 取 2 时，仿真结果如图 7-45 和图 7-46 所示。

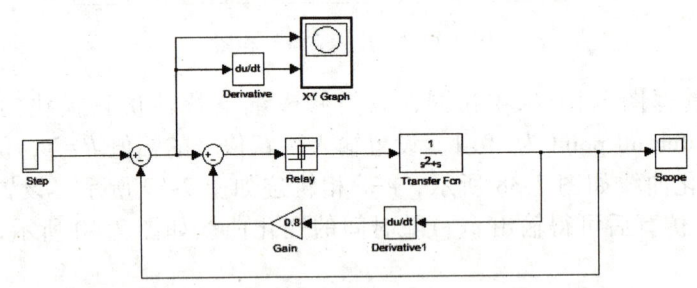

图 7-42　带速度反馈的 Simulink 仿真框图

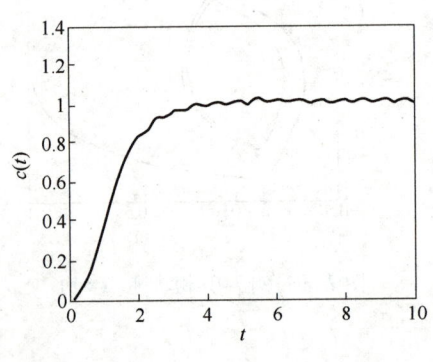

图 7-43　系统输出曲线($\tau=0.8$)

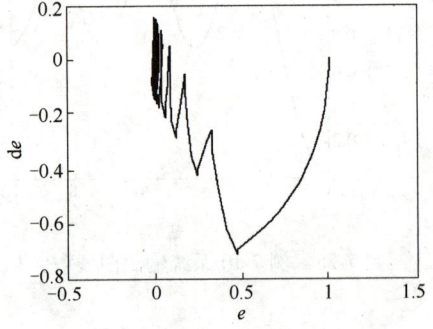

图 7-44　相轨迹($\tau=0.8$)

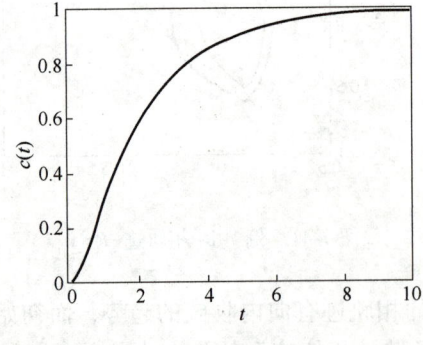

图 7-45　系统输出曲线($\tau=2$)

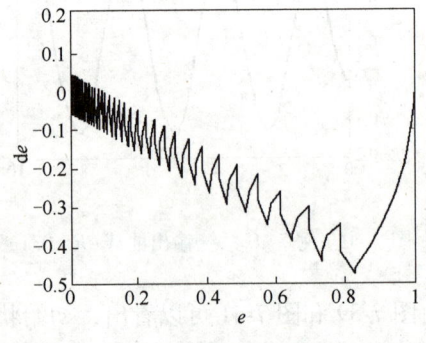

图 7-46　相轨迹($\tau=2$)

将图 7-43、图 7-45 与图 7-38 相比可以明显看到速度反馈校正的效果，即阶跃响应的超调量减小、调节时间缩短、振荡次数减少。

本 章 小 结

非线性特性广泛存在于实际系统中,但非线性的作用有强有弱,在控制系统的分析与设计中,当非线性作用不明显时,往往把它当作线性系统处理。如果非线性对系统影响显著,则不可被忽视,必须用相应的分析处理方法。本章首先简要介绍了常见的非线性特性、非线性系统的性质。在此基础上,介绍了两种最基本的非线性处理方法:描述函数法和相平面法。描述函数法的基本思想是用输出信号中的基波分量来代替非线性环节在正弦输入下的实际输出。描述函数法主要用来分析系统的稳定性,确定系统出现自激振荡时的振幅和频率。相平面分析法通过图解分析,直观反映了系统的动态状况,但主要针对二阶系统,而且主要适用于可采用分段线性化方法处理的非线性环节。工程科学建立在对现实问题简化、分解的基础上,对非线性系统的处理要点是抓住主要矛盾,用最直接、最简洁的办法解决复杂问题。

习 题

7-1 与线性系统相比,非线性系统有哪些特点?

7-2 采用描述函数分析非线性系统稳定性时,系统应具备什么样的基本条件?

7-3 利用相平面法分析典型二阶线性系统时,当输入为斜坡信号时,系统相平面图与输入信号为阶跃信号相比,有何异同之处?

7-4 下述三个非线性系统中的非线性环节相同,线性部分分别为

a) $G_1(s) = \dfrac{2}{s(0.1s+1)}$

b) $G_2(s) = \dfrac{2}{s(s+1)}$

c) $G_3(s) = \dfrac{2(1.5s+1)}{s(s+1)(0.1s+1)}$

那么,用描述函数法分析系统时,哪个系统分析的准确性高?

7-5 已知非线性控制系统如图 7-47 所示。

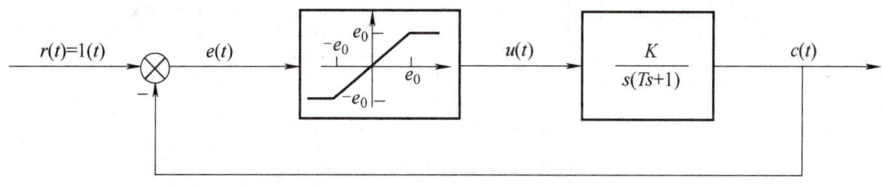

图 7-47 题 7-5 系统框图

设线性二阶系统为欠阻尼系统。

(1) 在不加非线性环节时,系统在 e-$\dot{e}$ 相平面上的相平面图为螺旋线,请说明 $e(t)$ 的运动特征;

(2) 加入饱和非线性环节后,$e(t)$ 的运动有何变化?

7-6 已知一含有饱和非线性特性的系统,其线性部分的传递函数为 $G(s) = \dfrac{4.5}{s(2s+1)(0.5s+1)}$,饱和非线性特性如图 7-48 所示,分析系统是否存在稳定的自激振荡;若不存在,则不必求自激振荡的振幅和频率;若存在,请求出。

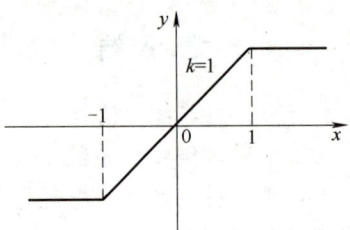

图 7-48　题 7-6 饱和非线性特性图

7-7　已知一非线性系统框图如图 7-49 所示，请问 K 取何值时，系统临界稳定。

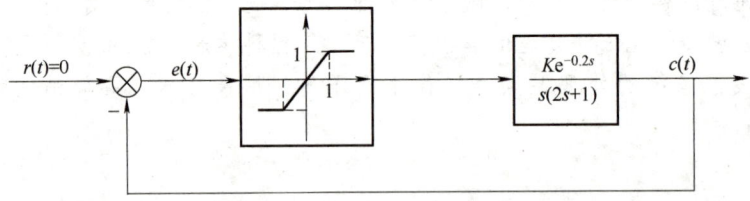

图 7-49　题 7-7 系统框图

7-8　已知一非线性系统如图 7-50 所示，请问若系统存在自激振荡，则 h 应取何值？

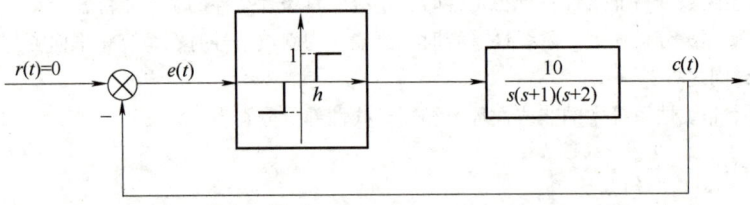

图 7-50　题 7-8 系统框图

7-9　已知非线性控制系统如图 7-51 所示。

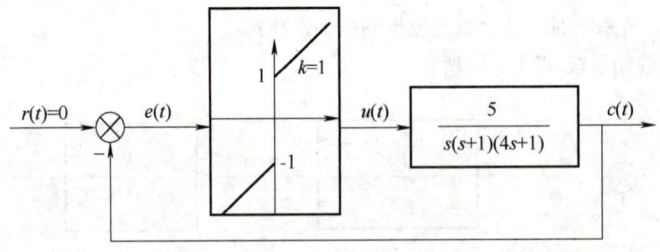

图 7-51　题 7-9 系统框图

其中非线性元件的描述函数为 $N(A)=1+\dfrac{4}{\pi A}$，$A \geqslant 0$。

(1) 请画图分析系统的稳定性；

(2) 若回路中有 $e(t)=0.1\sin(t)$，系统的输出 $c(t)$ 将会怎样变化？

7-10　请确定下列方程的奇点及其类型，并用等倾线法绘制其相轨迹。

　　a) $T\ddot{e}+\dot{e}=0$

　　b) $\ddot{x}+4\dot{x}+4=0$

　　c) $\ddot{x}+\dot{x}+|x|=0$

7-11 已知一非线性系统如图 7-52 所示。

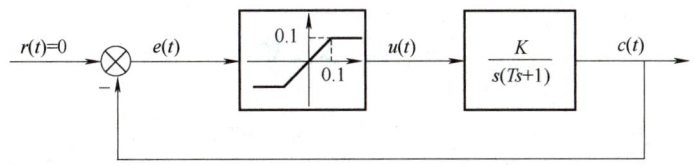

图 7-52 题 7-11 系统框图

（1）分区求渐近线、奇点；
（2）绘制系统的 $e\text{-}\dot{e}$ 相平面图；
（3）画初值为 $(0.05,0)$ 和 $(0.4,0)$ 的相轨迹；
（4）分析初值为 $(0.4,0)$ 的相轨迹，并与不加饱和环节的情况比较系统的运动特点。

7-12 已知一非线性系统如图 7-53 所示，请利用 $c\text{-}\dot{c}$ 相平面图分析系统稳定性。

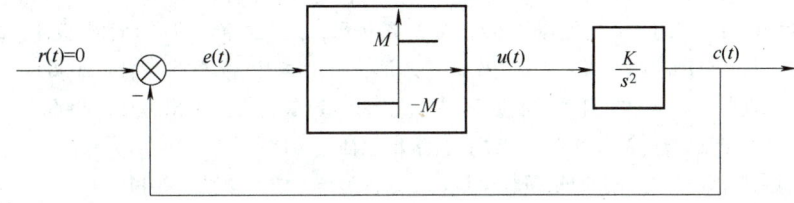

图 7-53 题 7-12 系统框图

参 考 文 献

[1] 胡寿松. 自动控制原理[M]. 6 版. 北京：科学出版社，2018.
[2] 胡寿松. 自动控制原理习题解析[M]. 2 版. 北京：科学出版社，2013.
[3] 孙优贤，王慧. 自动控制原理[M]. 北京：化学工业出版社，2011.
[4] 孙优贤，王慧. 自动控制原理学习辅导[M]. 北京：化学工业出版社，2017.
[5] 吴麒，王诗宓. 自动控制原理：上册[M]. 2 版. 北京：清华大学出版社，2006.
[6] 刘丁. 自动控制理论[M]. 2 版. 北京：机械工业出版社，2010.
[7] 田作华，陈学中，翁正新，等. 工程控制基础[M]. 2 版. 北京：清华大学出版社，2016.
[8] 常俊林，郭西进. 自动控制原理[M]. 徐州：中国矿业大学出版社，2010.
[9] PHILLIPS C L，PARR J M. 反馈控制系统[M]. 詹俦军，译. 北京：清华大学出版社，2017.
[10] 裴润，宋申民. 自动控制原理：上册[M]. 哈尔滨：哈尔滨工业大学出版社，2006.
[11] 刘明俊，于明祁，杨泉林. 自动控制原理[M]. 长沙：国防科技大学出版社，2000.
[12] 梅晓榕. 自动控制原理[M]. 4 版. 北京：科学出版社，2018.
[13] 王建辉，顾树生. 自动控制原理[M]. 2 版. 北京：清华大学出版社，2014.
[14] 田玉平. 自动控制原理[M]. 2 版. 北京：科学出版社，2006.
[15] 薛定宇. 控制系统计算机辅助设计：MATLAB 语言与应用[M]. 3 版. 北京：清华大学出版社，2012.
[16] 黄家英. 自动控制原理：上册[M]. 北京：高等教育出版社，2003.
[17] 李开复，王咏刚. 人工智能[M]. 北京：文化发展出版社，2017.
[18] OGATA K. 现代控制工程：原书第 4 版[M]. 卢伯英，于海勋，等译. 北京：电子工业出版社，2003.
[19] FRANKLIN G F，等. 动态系统的反馈控制：原书第 4 版[M]. 张丽珂，原新，等译. 北京：电子工业出版社，2004.
[20] FRANKLIN G F，等. 自动控制原理与设计：原书第 5 版[M]. 李中华，张雨浓，译. 北京：人民邮电出版社，2007.
[21] 高志强. 自抗扰控制思想探究[J]. 控制理论与应用，2013，30(12)：1497-1509.
[22] 李友善. 自动控制原理[M]. 3 版. 北京：国防工业出版社，2008.
[23] 王广雄，何朕. 控制系统设计[M]. 北京：清华大学出版社，2008.
[24] 刘慧英. 自动控制原理：考研教案[M]. 4 版. 西安：西北工业大学出版社，2006.
[25] 冯卫国. 积分变换[M]. 上海：上海交通大学出版社，2000.